普通高等院校电子信息类系列教材

光纤通信原理

（第 2 版）

邓大鹏 等 编著

人民邮电出版社

北 京

图书在版编目（CIP）数据

光纤通信原理 / 邓大鹏等编著. -- 2版. -- 北京：
人民邮电出版社，2009.9（2022.1重印）
（普通高等院校电子信息类系列教材）
ISBN 978-7-115-20828-6

Ⅰ. 光… Ⅱ. 邓… Ⅲ.光纤通信-高等学校-教材
Ⅳ. TN929.11

中国版本图书馆CIP数据核字（2009）第084463号

内 容 提 要

本书全面介绍了光纤通信的发展，光纤的组成、导光原理，光纤光缆的损耗特性、色散特性，常用无源光器件的原理、结构和特性，光源的种类、结构、工作原理，光发送机的组成及特性，光电探测器及光接收电路的工作原理和特性指标，光放大器的工作原理、特性指标，光同步数字传输网、光互联网、光接入网、智能交换光网络、全光网络，常用光复用技术，模拟光纤通信系统和数字光纤通信系统的构成、性能和系统设计，以及相干光通信、光孤子通信等光通信新技术。

本书力求内容新颖，难易适度，深入浅出；避免大篇幅深奥理论推导，也不像科普读物过分简单，注重理论性与实用性的结合。

本书可作为高等院校通信类专业的大专、本科学生的教材，也可作为从事光纤通信的科研、生产、管理人员的培训教材或参考用书。

普通高等院校电子信息类系列教材

光纤通信原理（第 2 版）

- ◆ 编　著　邓大鹏　等
　　责任编辑　滑　玉

- ◆ 人民邮电出版社出版发行　　北京市丰台区成寿寺路11号
　　邮编　100164　电子邮件　315@ptpress.com.cn
　　网址　http://www.ptpress.com.cn
　　大厂回族自治县聚鑫印刷有限责任公司印刷

- ◆ 开本：787×1092　1/16
　　印张：16.25　　　　　　　　　2009 年 9 月第 2 版
　　字数：393 千字　　　　　　　2022 年 1 月河北第 17 次印刷

ISBN 978-7-115-20828-6/TN

定价：28.00 元

读者服务热线：(010)81055256　　印装质量热线：(010)81055316
反盗版热线：(010)81055315

《光纤通信原理》第 1 版出版后，由于在内容的取舍、难易程度的掌控上较好地满足了读者的需求，因此深受广大读者的欢迎，5 年里曾 11 次印刷。随着光纤通信的发展和光纤传送网络承载业务的多样化，光纤通信的主流技术也发生了不少变化，认为是电子瓶颈的电时分复用 40Gbit/s 速率的设备由实验室走进了商用，智能交换光网络（ASON）技术的标准也日趋成熟，EPON、GPON 光纤接入技术应用范围也越来越广，光孤子通信也由梦想变为现实；5 年里我们也收到了一些热心读者的建议：由于非光纤通信专业的学生，学校往往只开设一门光纤通信课程，希望教材中除光纤通信原理外，还应介绍像光网络一类时下应用非常广泛的光纤通信技术，改善学生的知识结构，更有利于学生了解光纤通信的应用，方便今后的工作；加之在多年的应用中我们也发现书中有一些不妥之处。因此，根据我们自己近几年学习、研究的情况和读者反馈的意见，摈弃原理与技术的严格界线，对本教材进行了一些修订。

这次修订的原则是保留第 1 版内容系统，条理清晰，难易适中的特点，力求修订后教材在内容上更新、更全面，与实际应用联系更为紧密。使之更适应在校通信工程专业学生和从事通信的工程技术人员的学习需要。读者通过本书的学习，能较系统地掌握光纤通信的基本原理，光纤通信的新技术、新器件，了解光纤通信的发展趋势。

修改后的教材增加了当前大量商用的光纤光栅、光隔离器、光环形器等新器件；光同步数字传输体制（SDH）的帧结构、映射复用过程、网元设备、网络结构及恢复保护机制；多业务传送平台（MSTP）的组成和技术特点；光互联网中的 IP over SDH 技术和 IP over WDM 技术的协议、帧格式及分层模型；光接入网中有望成为光纤到家主流技术的 EPON 和 GPON 的工作原理、网络结构和协议进展；能代表下一步光纤传送网发展方向的智能交换光网络的特点、体系结构、协议进展及关键技术；最后还对全光网的基本概念和核心技术作了简单介绍。

本书由邓大鹏、李卫、王英杰、解东宏、滕秀芳、杨富印、党利宏、张引发、谢小平编写与修订，全书由邓大鹏同志统稿。在本书的编写和修订过程中，得到了西安通信学院领导和同事的大力帮助，在此表示感谢。

由于光纤通信技术、器件、标准都发展很快，加之编者的学识有限，书中难免还存在一些缺点和错误，恳请广大读者批评指正。

编　者
2009 年 4 月

目　录

第1章 概　述

3000多年前人们就开始利用光进行通信，但光通信的真正飞跃是在光纤出现之后，由于光纤无可比拟的优越性，在短短的几十年中迅速地取代了电通信的地位，通信速率由几Mbit/s，发展到单信道10Gbit/s，40Gbit/s。

本章主要介绍光纤通信的一些发展背景、基本概念和预备知识。

1.1　光纤通信的发展与现状

1.1.1　早期的光通信

几千年前，中国就有火光通信，它的设施叫烽火台。其中著名的有周朝的骊山烽火台，秦汉的长城烽火台。当时汉武帝大修万里长城，城上每隔五里设一个报警烽火台，一旦发现敌人入侵，白天燃烟，夜间举火，利用火光来传送军事情报。这种烽火台报警，就是古代的光通信方式。它也可以说是世界上最早利用光波通信的形式了。

烽火台报警虽然简陋，但它却包含着近代光通信的一些基本要素。首先，要有一个光源，烽火台报警用的光源就是烽火；其次，必须有接收器（在光纤通信中又称为光信号接收机），也就是要有能感受火光的装置，烽火台报警用的接收机就是人的眼睛；第三，必须设法把要传送的信息加在光波上，就是对光波进行调制，在烽火台通信中，被调制的火光信号只有两种状态：有火光或无火光；第四，必须有良好的光通道，烽火台报警，就是利用地球表面的大气作为天然的光通道。

到了1880年，贝尔发明了第一个光电话，这一大胆的尝试，可以说是现代光通信的开端。

贝尔的光电话是以弧光灯作光源，发出的光投射在话筒的音膜上，当音膜按照说话人声音的强弱及音调的不同而作相应的振动时，从音膜上反射出来的光的强弱也随之变化。这种被声音信号所调制的光，通过大气传播一段距离后，被一个大型抛物面镜所接收，在该抛物面镜的焦点上放着一个硅光电池，它就是光探测器。硅光电池能将射在它上面的光转变成电信号，这个电信号的强弱及变化频率，都恰好能反映原来用于调制光信号的声音的强弱及频率。这个电信号被送进听筒，就能还原成原来的声音，完成了整个通信过程，如图1-1所示。

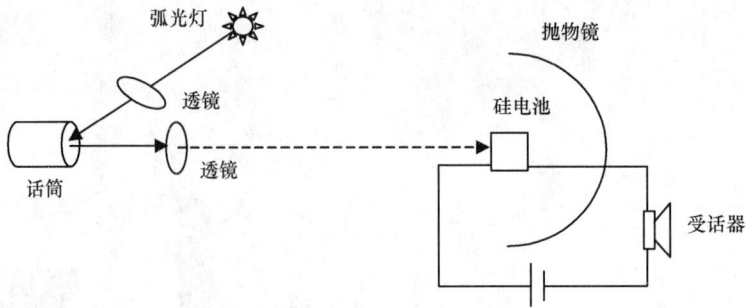

图 1-1　贝尔光电话系统

在这里，将弧光灯的恒定光束投射在话筒的音膜上，随声音的振动而得到强弱变化的反射光束，这个过程就是调制。而在接收端，载有信息的光射在硅光电池上，直接产生反映声音变化规律的光电流的过程就是解调。将这一电流送入听筒，从而恢复成声音信号，称为信息的再现。贝尔的光电话装置在晴天时通话距离可达数千米至十几千米。

贝尔光电话和烽火报警一样，都是利用大气作为光通道，光波传播易受气候的影响，在大雾天气，它的可见度距离很短，遇到下雨下雪天也有影响。因此气候不好，光电话常常是不能通话，这显然限制了人们去考虑它的发展，甚至被人们忽视，几乎处于停顿状态。但是，贝尔光电话的遗产在现代光通信中仍闪烁着光芒。它的伟大发明，证明了可用光波作为载波来传递信息。

1.1.2　光纤通信

在大气光通信受阻之后，人们将研究的重点转入到地下光波通信的实验，先后出现过反射波导和透镜波导等地下通信的实验，如图 1-2 所示。但由于系统复杂、造价昂贵、施工调试困难而无法投入使用。1950 年，也曾出现过导光用的玻璃纤维（光纤），但传输损耗高达 1000dB/km 左右。于是有人认为用这类光纤作为光波传输手段并无实际意义。

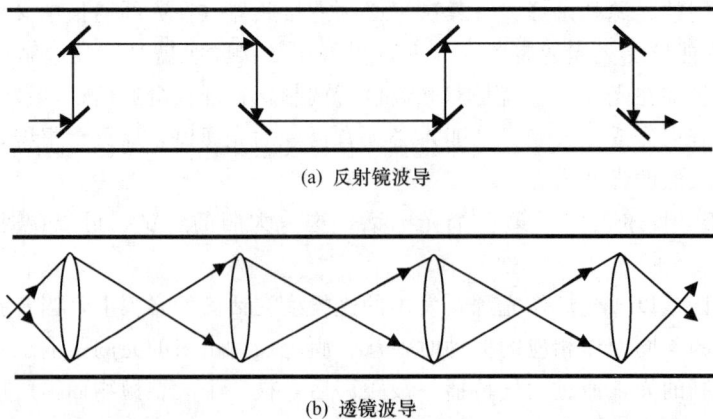

(a) 反射镜波导

(b) 透镜波导

图 1-2　反射波导和透镜波导

1966 年，英籍华人高锟（K. C. Kao，当时工作于英国标准电信研究所）博士深入研究了光在石英玻璃纤维中的严重损耗问题，发现这种玻璃纤维引起光损耗的主要原因是其中含有过量的铬、铜、铁与锰等金属离子和其他杂质，其次是拉制光纤时工艺技术造成了芯、包层分界面不均匀及其所引起的折射率不均匀，他还发现一些玻璃纤维在红外光区的损耗较小。同年 7 月，高锟和他的同事 A. G. Heckhom 等人发表了著名的论文《介质纤维表面光频波导》，首次谈到实用型光纤的制造与在通信上的应用，提出了光纤传输光信号理论。并指出如能将光纤中过渡金属离子减少到最低限度，并改进制造工艺，提高材料的均匀性，就可使光纤的质量大大地提高而成为实用的光传输介质，而且有可能使光纤的光损耗减少到每千米 1 分贝左右。他说：“一根带有包层的玻璃纤维，其芯线直径约为一个波长，总直径约100 个波长，这根纤维就成为一根可能有实用价值的光学波导。它有充当新型通信手段的巨大潜力，其信息容量可能超过 100MHz。”

在高锟理论的指导下，1970 年美国的康宁公司拉出了第一根损耗为 20dB/km 的光纤。同一年贝尔实验室研制成功室温下可以连续工作的半导体激光器，其体积小、重量轻、功耗低、效率高，是光纤通信的理想光源。从此光纤通信开始飞速发展。

1977 年美国在芝加哥进行了 44.736Mbit/s 的现场实验。1978 年，日本开始了32.064Mbit/s 和 97.728Mbit/s 的光纤通信实验。1979 年，美国 AT&T 和日本 NTT 均研制出了波长为 1.35μm 的半导体激光器，日本也做出了超低损耗的光纤（损耗为 0.2dB/km，波长为 1.55μm），同时进行了多模光纤（同时允许多个方向的光线在其中传送的光纤）1.31μm 的长波长传输系统的现场试验。到 1980 年，多模光纤通信系统已经投入了商用，单模光纤（只允许一个方向的光线在其中传送的光纤）通信系统也进入了现场试验。1983年，日本新建了一条从北海道至冲绳岛纵贯南北的光缆干线，全长 3 400km，采用了 24 芯单模光纤光缆，传输速率为 400Mbit/s；美国也从东西海岸各敷设了一条光缆干线，长度分别为 600km 和 270km，芯数为 144 芯；紧接着又在 1985 年敷设了 2 002km 的南北干线，增设了总长 5 万千米的光缆，把 22 个州用光缆连了起来，形成了长途光缆干线网。

我国从 20 世纪 70 年代初开始光通信的研究，到 1976 年研制出了可用于通信的多模光纤；1979 年，多模光纤在短波长窗口的损耗已低于 50dB/km，长波长窗口的损耗已低于1.0dB/km，并于当年建成了长约 5.7km 的光纤数字通信试验系统。此后又分别在北京、上海、武汉、天津等地建立了现场试验系统，特别是 1983 年建成的连接武汉三镇的 8Mbit/s，1985 年扩容为 34Mbit/s 的数字光纤传输系统的开通使用，使我国的光纤通信开始走向实用化阶段。1987 年底，我国建成了从武汉至荆州全长约 250km 的第一条长距离架空光缆，使用国产长途光纤通信系统，传送 34Mbit/s 的数字信号。1988 年起，国内光纤通信系统的应用从多模向单模发展，建成了扬州至高邮全长 75km 的单模光纤传输系统，传输速率为34Mbit/s；1989 年建成了合肥至芜湖单模光纤传输系统，传输速率为 140Mbit/s；1990 年利用国产设备建成了兰州至乌鲁木齐的直埋式长途光缆通信干线。“六五”期间，我国公用通信网建设光缆线路 331.5km，“七五”期间建设光缆线路 7 310.5km，“八五”期间完成 22条光缆干线的建设任务，使国内光缆总长度达到 14.5 万千米。1994 年以后，除极少数干线采用 622Mbit/s 系统外，大多数干线直接采用 2.5Gbit/s 系统、10Gbit/s 系统和波分复用系统。截止到 1998 年底，我国公用通信网已完成了连接全国 31 个省（自治区、直辖市）的“八纵八横”骨干光缆传输网建设，铺设的长途和本地中继光缆（不包括接入网）总长度为100 万千米。到“十五”末全国光缆线路纤芯长度达 7 596.6 万芯千米。

到如今，光纤通信已经发展到以采用光放大器（Optical Amplifier，OA）增加中继距离和采用波分复用技术（Wavelength Division Multiplexing，WDM）增加传输容量为特征的第四代系统。单信道商用速率（采用电时分复用 ETDM）可以高达 40Gbit/s，几乎到达了电子器件的极限速率；商用波分复用系统在单根光纤中复用的业务通道数量可达 192 波，每波接入的速率可达 10Gbit/s；如仅接入 C 波段 80 个波道时，每波接入的速率可以达到 40Gbit/s；目前波分复用系统最高速率已经达到单光纤 25.6Tbit/s；朗讯公司采用 80nm 谱宽的光放大器创造了波长数达 1 022 波的世界记录；Essex 公司更是宣称实现了信道间隔 1GHz 的 4 000 个波长的密集波分复用系统；在超长距离传输方面，华为公司能够实现 10Gbit/s 信号 5 000km 无电中继传送，单跨超长传输距离可达 380km。

1.2　光纤通信的主要特性

光纤通信在短短的几十年中发展如此迅速，并使得世界上 80% 以上的电信业务在光纤通信网中传送，是与其无可比拟的优越性分不开的。

1.2.1　光纤通信的优点

1. 光纤的容量大

光纤通信是以光纤为传输媒介，光波为载波的通信系统，其载波—光波具有很高的频率（约 10^{14} Hz），因此光纤具有很大的通信容量。目前商用系统单信道速率可达 40Gbit/s（相当于一对光纤上同时传送 48 万多路电话），多信道总容量可达 1.6Tbit/s（相当于 1 920 多万路电话）。即便如此，使用的带宽也大概只有光纤带宽的 1%。图 1-3 所示为目前使用的石英光纤的带宽潜力。从图中可以看到：目前使用的 1 310nm 和 1 550nm 两窗口的带宽和就有 20THz，如果消除 OH 吸收峰，长波长窗口的可用带宽可以到 50THz，从 1 100nm～1 700nm 的带宽达 140THz。

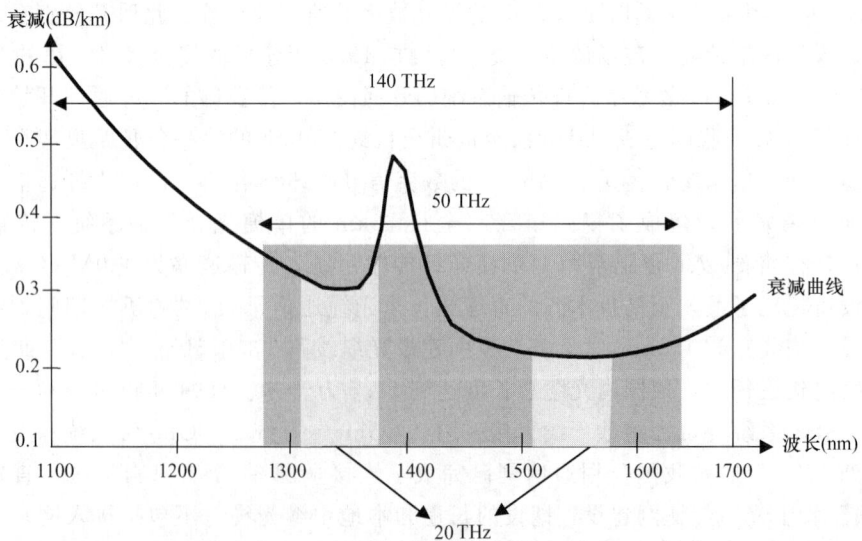

图 1-3　光纤带宽潜力

2. 损耗低、中继距离长

目前，实用的光纤通信系统使用的光纤多为石英光纤，此类光纤在 $1.55\mu m$ 波长区的损耗可低到 $0.18dB/km$，比已知的其他通信线路的损耗都低得多，因此，由石英光纤组成的光纤通信系统的中继距离也较其他介质构成的系统长得多，参见表 1-1。

表 1-1 各种传输线路的中继距离

传输线路类型	最大通信容量（路）	中继距离（km）
大同轴电缆	10 800	1.5
小同轴电缆	3 600	2.1
微波线路	3 600	40
140Mbit/s 光纤通信系统	1 920	100
2.5Gbit/s 光纤通信系统	30 240	50~60

如果今后采用非石英光纤，并工作在超长波长（$>2\mu m$），光纤的理论损耗系数可以下降到 $10^{-3}\sim10^{-5}dB/km$，此时光纤通信的中继距离可达数千，甚至数万千米。这样，在任何情况下光纤通信系统均可以不设中继系统，它对于降低海底通信的成本、提高可靠性及稳定性具有特别的意义。

3. 抗电磁干扰能力强

我们知道，电话线和电缆一般是不能跟高压电线平行架设的，也不能在电气铁化路附近铺设。这是因为高压电线会辐射出比较强的电磁波，开动的电气列车会产生很强的电火花，它们都会干扰电话线和电缆里传送的电信号，甚至会使打电话的人听不清对方在说什么。而光导纤维是石英玻璃丝，是一种非导电的介质，交变电磁波在其中不会产生感生电动势，即不会产生与信号无关的噪声。这样，即使把它平行铺设到高压电线和电气铁路附近，也不会受到电磁干扰。因而光纤通信除了可以在邮电通信部门使用外，还特别适合在铁道、电力等部门使用。

4. 保密性能好

对通信系统的重要要求之一是保密性好。然而，随着科学技术的发展，电通信方式很容易被人窃听：只要在明线或电缆附近（甚至几千米以外）设置一个特别的接收装置，就可以获取明线或电缆中传送的信息。更不用去说无线通信方式。

光纤通信与电通信不同，由于光纤的特殊设计，光纤中传送的光波被限制在光纤的纤芯和芯包界面附近传送，很少会跑到光纤之外。即使在弯曲半径很小的位置，泄漏光功率也是十分微弱的。并且成缆以后光纤的外面包有金属做的防潮层和橡胶材料的护套，这些均是不透光的，因此，泄漏到光缆外的光几乎没有。更何况长途光缆和中继光缆一般均埋于地下。所以光纤的保密性能好。

此外，由于光纤中的光信号一般不会泄漏，因此电通信中常见的线路之间的串话现象也可忽略。

5. 体积小，重量轻

目前常用光纤的纤芯直径只有几个微米，加上包层以后，光纤的直径是 $125\mu m$，比一根头发丝稍微粗一点。这样的光纤，500m 长也不过一两重。为了保护光纤，同时使它抗拉又抗弯，在制作光纤的时候，还在它的表面加上一层聚丙烯或者尼龙套层。加上这层套层以后，它的直径也不超过 2mm。在实际通信线路中使用的不是单根的光纤，而是把好多根光纤跟抗拉的钢丝、塑料和填充材料等组合在一起，外面再套上厚橡胶皮，这就是通常所说的光缆。这种光缆比电缆轻多了。有人把含有四根光纤的四芯光缆跟含有四根同轴管的同轴电缆作过比较，同轴电缆的直径是 45mm，而四芯光缆的直径只有 9mm，1km 的四管同轴电缆重 4 400kg，而 1km 的四芯光缆只有 200kg 重，是电缆重量的 4.6%。采用这种又细又轻的光缆，不管是运输，还是铺设线路，都很方便。另外，这种又细又轻的光缆，还特别适合用在飞机和宇宙飞船上。

6. 节省有色金属和原材料

光纤的主要成分是二氧化硅（SiO_2），因此，使用光纤可以节约大量的有色金属。我们知道，生产电缆需要大量的铜和铅。比如，生产 1km 四管同轴电缆，需要 500kg 铜、1 500kg 铅，这些有色金属在地球上的含量是极其有限的。而二氧化硅在地球上遍地都是，可以说，取之不尽，用之不竭。所以，光纤通信技术的发展应用既节约了大量的有色金属材料，也不会受到资源的限制。

1.2.2 光纤通信的缺点

事物都是一分为二的，光纤通信有许多优点，因而发展很快，但光纤通信也有以下缺点。

1. 抗拉强度低

光纤的理论抗拉强度要大于钢的抗拉强度。但是，由于光纤在生产过程中表面存在或产生微裂痕，光纤受拉时应力全都加于此，从而使光纤的实际抗拉强度非常低，这就是裸光纤很容易折断的原因。为了保护光纤，在光纤制造使用过程中采用一系列保护措施。一是，在光纤的生产过程中，给裸光纤增加涂覆层。二是，在光缆制造过程中，增加特殊的抗拉元件。三是，在光缆的施工过程中应将绝大部分拉力加在抗拉元件上，使光纤基本不受到拉力。

2. 光纤连接困难

要使光纤的连接损耗小，两根光纤的纤芯必须严格对准。由于光纤的纤芯很细（只有几个微米），加之石英的熔点很高，因此连接很困难，需要有昂贵的专门工具。

3. 光纤怕水

水进入光缆后主要会产生 3 个方面的问题。其一，水进入光纤后，会增加光纤的 OH^- 吸收损耗，使信道总损耗增大，甚至使通信中断；其二，水进入光缆后，会造成光缆中的金属构件氧化，使金属构件腐蚀，导致光缆强度降低；其三，进入光缆中的水遇冷后，水结冰体积增大有可能压坏光纤。为了保持光纤的特性不致劣化，在光纤和光缆的结构设计、生产、运输、施工、维护中应采取针对性的防水措施。

另外，光纤通信还存在分路、耦合不方便，弯曲半径不能太小等缺点。但应当指出，随着研究的深入和技术的发展，光纤通信的这些缺点都已被克服了，已经不再影响光纤通信的推广和应用。在此介绍这些缺点的目的，是要求我们在实际应用时尽量避免这些问题的发生。

1.3 光纤通信系统的组成和分类

1.3.1 光纤通信系统的组成

光纤通信系统是以光纤为传输媒介，光波为载波的通信系统。主要由光发送机、光纤光缆、中继器和光接收机组成，如图 1-4 所示（图中只画出了一个传输方向）。此外，系统中还包含了一些互连和光信号处理部件，如光纤连接器、隔离器、光开关等。

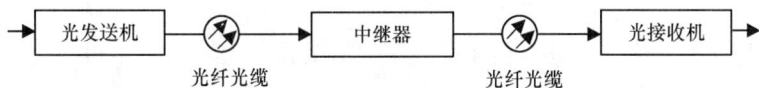

图 1-4 光纤通信系统构成

系统中光发送机的作用是将电信号转换为光信号，并将生成的光信号注入光纤。光发送机一般由驱动电路、光源和调制器构成，如果是直接强度调制可以省去调制器，这些将在后续章节中详细介绍。

光接收机的作用是将光纤送来的光信号还原成原始的电信号。它一般由光电检测器和解调器组成，对于直接强度调制解调器可以省略。

光纤光缆的作用是为光信号的传送提供传送媒介（信道），将光信号由一处送到另一处。

中继器分为电中继器和光中继器（光放大器）两种，其主要作用就是延长光信号的传输距离。电中继器是将经过长途传输损耗了的、有畸变的光信号转换为电信号，进行再定时、整形、再生出规则的电脉冲，然后再转换为光信号送入光纤；光中继器（光放大器）不需要进行光—电—光的转换，直接对光信号进行放大，因此比较简单。但光放大器不能对被放大信号进行再定时、整形和再生，也就是说，它在放大信号的同时，也放大了噪声，因此，一般在连续应用几个光放大器以后，要用一个电中继器进行再定时和整形。

1.3.2 光纤通信系统的分类

根据不同的分类方法，光纤通信系统可以分为不同的类型。

根据调制信号的类型，光纤通信系统可以分为模拟光纤通信系统和数字光纤通信系统。模拟光纤通信系统的调制信号为模拟信号，它具有设备简单的特点，一般多用于广播电视系统传送视频信号，如有线电视的 HFC 网。数字光纤通信系统的调制信号是数字信号，它具有通信质量高，传输距离远等优点，目前得到了广泛的应用。

根据光源的调制方式，光纤通信系统可以分为直接调制光纤通信系统和间接调制光纤通信系统。直接调制光纤通信系统是用输入电信号直接施加于光源的驱动电路上，对光源的注入电流进行调制，具有设备简单的特点，因此在低速率设备中得到了广泛应用。在直接调制产生的啁啾噪声影响通信系统的性能时，就要采用外调制器将电信号调制在光波上，这种系统就是间接调制光纤通信系统，它具有调制速率高的优点，因此在一些高速系统中经常采用。

根据光纤的传导模数量，光纤通信系统可以分为多模光纤通信系统和单模光纤通信系统。多模光纤通信系统是以多模光纤为传输媒介的光纤通信系统，早期应用较多，目前应用较少，只在部分局域网中还在使用，其传输距离短、带宽窄。单模光纤通信系统是以单模光纤为传输媒介的光纤通信系统，其传输距离长，传输带宽宽，目前被广泛应用于长途以及大容量的通信系统中。

根据系统的工作波长，光纤通信系统可分为短波长光纤通信系统、长波长光纤通信系统和超长波长光纤通信系统。短波长光纤通信系统的工作波长为 $0.7\sim0.9\mu m$，由于其线路损耗大，传输距离短，早已不再使用。长波长光纤通信系统的工作波长为 $1.1\sim1.6\mu m$，是现在普遍采用的光纤通信系统，其损耗小，中继距离长。超长波长光纤通信系统的工作波长大于 $2\mu m$，采用的光纤为非石英光纤，具有损耗极低，中继距离极长的优点，是光纤通信的发展方向。

根据其他的分类方法，光纤通信系统还可以有其他类型，这里不再叙述。

复习思考题

1. 第一根光纤是什么时候出现的？其损耗是多少？
2. 试述光纤通信系统的组成及各部分的作用。
3. 光纤通信有哪些优缺点？
4. 查阅相关资料，简述当前光纤通信系统的商用和实验室速率（单信道、多信道）。
5. 查阅相关资料，简述当前光纤研究的一些最新技术。

第**2**章　光纤和光缆

光纤作为光纤通信系统的物理传输媒介，有着巨大的优越性。简单地说光纤就是用来导光的透明介质纤维。光纤虽细，但其传输理论却很复杂。众所周知，光具有波粒二象性，光既可以看成电磁波，又可以看成由粒子组成的粒子流。因此，分析光纤中光的传输理论也有两套：波动光学理论和射线光学（即几何光学）理论。

本章首先介绍光纤的结构与类型，然后用射线光学理论和波动光学理论重点分析光在阶跃型光纤中的传播情况，最后简要介绍光缆的构造、典型结构与光缆的型号。

2.1　光纤的结构与类型

2.1.1　光纤的结构

光纤（Optical Fiber，OF）是用来导光的透明介质纤维。一根实用化的光纤是由多层透明介质构成的，一般可以分为 3 部分：折射率较高的纤芯、折射率较低的包层和外面的涂覆层，如图 2-1 所示。纤芯是由高度透明的材料制成的；包层的折射率略小于纤芯的折射率，从而造成一种光波导效应，使大部分的电磁场被束缚在纤芯中传输；涂覆层的作用是保护光纤不受水汽的侵蚀和机械擦伤，同时增加光纤的柔韧性，它不用来导光，因此可以染成各种颜色。

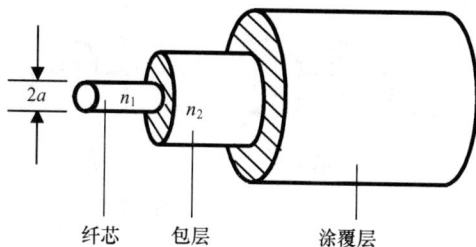

图 2-1　光纤结构示意图

为了满足不同的导光要求，包层有的是单层，有的是多层；涂覆层一般分为一次涂覆层和二次涂覆层，二次涂覆层是在一次涂覆层的外面涂上一层热塑材料，故又称为套塑。现在通信用光纤包层直径一般为 $125\mu m$。纤芯的粗细、纤芯材料的折射率分布和包层材料的折射率分布，对光纤特性起着决定性的作用。包层材料通常是均匀材料，折射率为常数；如果有多层包层，则各包层的折射率不同（如 W 型光纤）。

2.1.2　光纤的类型

光纤的分类方法很多，既可以按照光纤截面折射率分布来分类，又可以按照光纤中传输模式数的多少、光纤使用的材料或传输的工作波长来分类。根据不同的分类方法，同一根光纤将会有不同的名称。

1. 按光纤截面上折射率分布分类

按照截面上折射率分布的不同，可以将光纤分为阶跃型光纤（Step-Index Fiber，SIF）和渐变型光纤（Graded-Index Fiber，GIF），其折射率分布如图2-2所示。

阶跃型光纤中纤芯的折射率为常数 n_1，而在纤芯与包层的分界面处折射率突然变小，包层的折射率为 n_2，如图2-2（a）所示。光纤的折射率变化可以用折射率沿半径的分布函数 $n(r)$ 来表示。

$$n(r) = \begin{cases} n_1 & r < a \\ n_2 & r \geqslant a \end{cases} \tag{2-1}$$

渐变型光纤纤芯的折射率连续变化，轴心处的折射率最大，然后随着 r 的增大逐渐减小，直到等于包层的折射率，如图2-2（b）所示。折射率的变化也可以用 $n(r)$ 来表示。

$$n(r) = \begin{cases} n_m \left[1 - 2\Delta \left(\dfrac{r}{a} \right)^\alpha \right]^{1/2} & r < a \\ n_c & r \geqslant a \end{cases} \tag{2-2}$$

式中：α 为光纤折射率分布指数，a 为光纤纤芯半径，Δ 为光纤的相对折射率差，n_m 为纤芯中的最大折射率，n_c 为包层的折射率。

α 值不同，光纤的折射率分布也不一样，如图2-3所示。$\alpha = 2$ 时为抛物线型折射率分布；$\alpha = 1$ 时为三角型折射率分布；$\alpha \to \infty$ 时，光纤的折射率分布呈阶跃型，因此阶跃型光纤可以认为是渐变光纤的一种极限形式。

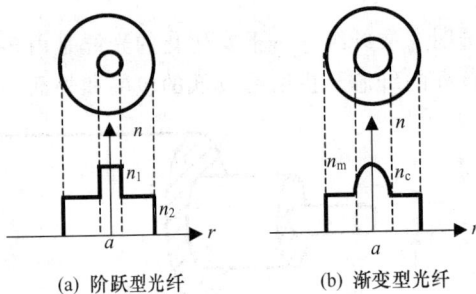

(a) 阶跃型光纤　　(b) 渐变型光纤

图2-2　光纤的折射率分布

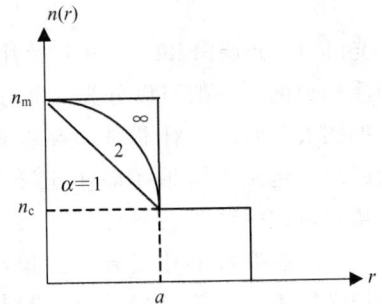

图2-3　不同 α 值的折射率分布

2. 按传输模式的数量分类

按光纤中传输的模式数量，可以将光纤分为多模光纤（Multi-Mode Fiber，MMF）和单模光纤（Single Mode Fiber，SMF）。

在一定的工作波长上，当有多个模式在光纤中传输时，则这种光纤称为多模光纤。多模光纤截面折射率的分布有均匀和非均匀两种，如图2-4（a）、（b）所示，前者称为多模均匀光纤，即阶跃型多模光纤；后者称为多模非均匀光纤，即渐变型多模光纤。多模光纤的纤芯直径一般为 $50\mu m$，包层外径为 $125\mu m$。由于纤芯直径较大，传输模式较多，这种光纤的传输特性较差，带宽较窄，传输容量也较小。

单模光纤是只能传输一种模式的光纤，单模光纤只能传输基模（最低阶模），不存在模间时延差，具有比多模光纤大得多的带宽，这对于高码速传输是非常重要的。单模光纤的折射率一般呈阶跃型分布，如图 2-4（c）所示，纤芯直径一般为 $8\sim10\mu m$，包层直径为 $125\mu m$。

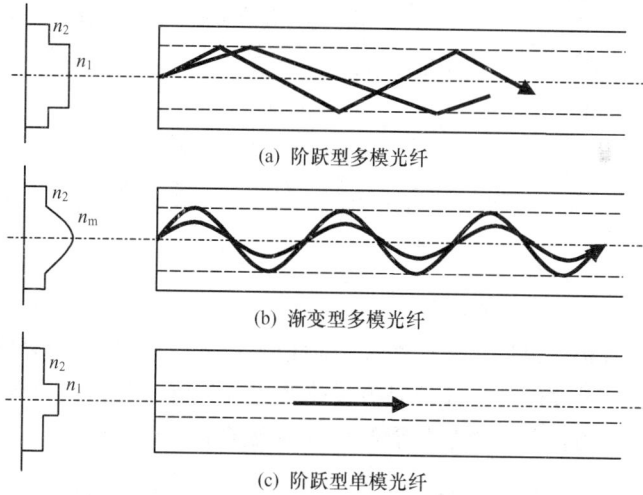

(a) 阶跃型多模光纤

(b) 渐变型多模光纤

(c) 阶跃型单模光纤

图 2-4　几种主要的光纤

3. 按光纤的工作波长分类

按光纤的工作波长可以将光纤分为短波长光纤、长波长光纤和超长波长光纤。短波长光纤的工作波长在 $0.7\sim0.9\mu m$ 范围内，主要用于短距离、小容量的光纤通信系统中；长波长光纤的工作波长在 $1.1\sim1.6\mu m$ 范围内，主要用于中长距离、大容量的光纤通信系统中；超长波长光纤的工作波长大于 $2\mu m$，这种光纤损耗特别低，是传输介质的发展方向。

4. 按 ITU-T 建议分类

按照 ITU-T 关于光纤类型的建议，可以将光纤分为 G.651 光纤（渐变型多模光纤）、G.652 光纤（常规单模光纤）、G.653 光纤（色散位移光纤）、G.654 光纤（截止波长光纤）和 G.655（非零色散位移光纤）光纤。G.651 光纤具有较大的芯径和数值孔径，以利于更有效地与光源耦合，但传输带宽较小。G.652 光纤的零色散波长在 $1.31\mu m$ 处，但是在 $1.55\mu m$ 波长处衰减最小，这种光纤的工作波长既可工作在 $1.31\mu m$ 处，又可工作在 $1.55\mu m$ 处，是目前使用最为广泛的单模光纤。G.653 光纤是通过改变光纤的结构参数、折射率分布形状等，从而将零色散点从 $1.31\mu m$ 处搬移到 $1.55\mu m$ 处，实现 $1.55\mu m$ 处最低衰减和零色散波长一致。G.654 光纤在 $1.55\mu m$ 波长工作窗口具有极小的衰减（$0.18dB/km$），主要用于远距离无需插入有源器件的无中继海底通信系统中。G.655 光纤是专门为新一代密集波分复用系统（Dense Wavelength Division Multiplexing，DWDM）设计和制造的新型光纤。

此外，按套塑（二次涂覆层）可以将光纤分为松套光纤和紧套光纤。光纤能在套管中活动的叫松套光纤，否则叫紧套光纤；按照制造材料的不同，可以将光纤分为石英光纤、塑料光纤和氧化物光纤等，目前通信上使用的是石英光纤。

现在实用的石英光纤通常有以下 3 种：阶跃型多模光纤、渐变型多模光纤和阶跃型单模光纤，3 种光纤的主要特点如表 2-1 所示。

表 2-1 　　　　　　　　　　　　　　**3 种光纤的主要特点**

光纤类型	纤芯直径（μm）	包层直径（μm）	相对折射率差（%）	传输带宽（MHz·km）	接续和成本
阶跃型多模光纤	50	125	1～3	较大（<200）	接续较易，成本费最小
渐变型多模光纤	50	125	1～3	大（200～3000）	接续较易，成本费最大
阶跃型单模光纤	<10	125	0.1～0.5	很大（>3000）	接续较难，成本费较小

2.2　光纤的射线理论分析

射线理论是从几何光学出发，用射线光学理论分析光纤中光的传播特性，这种理论对于光波长远远小于光波导尺寸的多模光纤是容易得到光在光纤中传播的直观图像和一些简单的概念。但对于复杂的问题，射线光学只能给出较粗糙的概念。

2.2.1　基本光学定义和定律

光在均匀介质中是沿直线传播的，其传播速度为：

$$v = c/n \tag{2-3}$$

式中：$c = 2.997 \times 10^5$ km/s，是光在真空中的传播速度；n 是介质的折射率（空气的折射率为 1.00027，近似为 1；玻璃的折射率为 1.45 左右）。如果有两种不同折射率的介质，通常把折射率较大的称为光密介质，折射率较小的称为光疏介质。根据式（2-3）可知，光在光疏介质中的传播速度较光密介质中快。

光在一种均匀介质中传播而遇到另一种介质时，将在两种介质的分界面上发生反射和折射现象，如图 2-5 所示。此时将有一部分光返回原来的介质，另一部分光进入第二种介质，且满足反射定律和折射定律（即斯涅尔定律）。

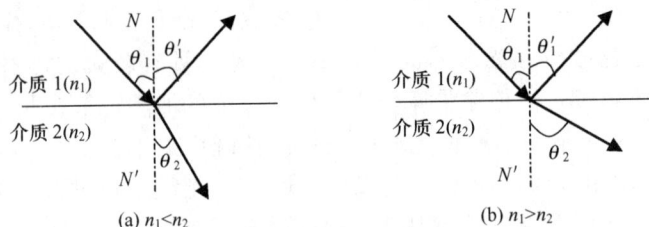

图 2-5　光的反射和折射

反射定律：反射光线位于入射光线和法线所决定的平面内，反射光线和入射光线处于法线的两侧，并且反射角等于入射角，即：$\theta_1' = \theta_1$。

折射定律：折射光线位于入射光线和法线所决定的平面内，折射光线和入射光线位于法线的两侧，且满足：

$$n_1 \sin\theta_1 = n_2 \sin\theta_2 \tag{2-4}$$

如果光线由光疏介质折射进入光密介质时，则由式（2-4）可知，折射角 θ_2 小于入射角

θ_1，即存在 $\theta_2 < \theta_1$，如图 2-5 （a）所示；反之，光线由光密介质进入光疏介质时，折射角 θ_2 大于入射角 θ_1，即存在 $\theta_2 > \theta_1$，如图 2-5 （b）所示，并且 θ_2 随 θ_1 的增加而增加。如果不断增加入射角 θ_1，可使折射角 θ_2 达到 90°，此时的入射角 θ_1 称为临界角（一般用 θ_c 表示）。因此，临界角的大小与分界面两侧的折射率之比有关。

$$\theta_c = \arcsin\left(\frac{n_2}{n_1}\right) \tag{2-5}$$

若入射角在 θ_c 的基础上再增加，则折射光线消失，光线全部反射回第一种介质，这种现象称为全反射现象。当光线由光密介质射向光疏介质，并且入射角大于全反射时的临界角时，就会产生全反射现象。光纤就是利用光的这种全反射现象来导光的。

全反射时，反射波的幅度等于入射波的幅度，但在反射点要产生一个相位超前相移（用 δ 表示），这种现象称为高斯—汉欣（Goos-Hanchen）相移，相移的大小与入射角、界面两侧的折射率分布以及电场矢量的分布有关[1]。

当电场矢量与入射面垂直时，相位超前为：

$$\delta = 2\text{arctg}\,\frac{\sqrt{\sin^2\theta_1 - \sin^2\theta_c}}{\cos\theta_1} \tag{2-6a}$$

当电场矢量与入射面平行时，相位超前为：

$$\delta = 2\text{arctg}\left(\frac{n_1}{n_2}\right)^2 \frac{\sqrt{\sin^2\theta_1 - \sin^2\theta_c}}{\cos\theta_1} \tag{2-6b}$$

2.2.2　光纤中光的传播

一束光线从光纤的入射端面耦合进光纤时，光纤中光线的传播分两种情形：一种情形是光线始终在一个包含光纤中心轴线的平面内传播，并且一个传播周期与光纤轴线相交两次，这种光线称为子午射线，那个包含光纤轴线的固定平面称为子午面；另一种情形是光线在传播过程中不在一个固定的平面内，并且不与光纤的轴线相交，这种光线称为斜射线。下面主要对子午射线在光纤中的传播情况进行分析。

1. 子午射线在阶跃型光纤中的传播

阶跃型光纤是由半径为 a、折射率为常数 n_1 的纤芯和折射率为常数 n_2 的包层组成，并且 $n_1 > n_2$，如图 2-6 所示。

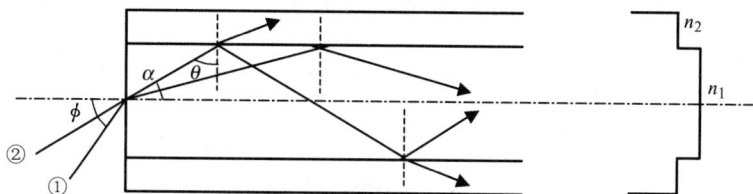

图 2-6　光线在阶跃型光纤中的传播

对于光线①，它是以 ϕ 角从空气（$n=1$）中入射到光纤的端面，将有一部分光射入纤芯，此时 $1 \cdot \sin\phi = n_1 \sin\alpha$。由于 $n_1 > 1$，则折射角 $\alpha < \phi$。光线继续以 $\theta = (90° - \alpha)$ 角入射到纤芯和包层的分界面上，如果 θ 角小于芯包界面的临界角 $\theta_c = \arcsin(n_1 / n_2)$，则一部分光线折射进包

层而辐射掉，另一部分反射回纤芯，因此这条光线经几次反射和折射后，很快就损耗掉了。如果 ϕ 角减小，如光线②所示，则 α 也随之减小，$\theta = (90° - \alpha)$ 角就相应增大。如果 θ 增大到略大于芯包界面的临界角 θ_c 时，则此光线在芯包界面产生全反射，能量全部反射回纤芯，当它继续传播再次遇到芯包界面时，再次发生全反射。如此反复，光线从一端沿着折线就传输到另一端。下面分析 ϕ 角小到多少才能将光线由光纤的一端传到另一端。

假设：$\phi = \phi_0$ 时，$\theta = \theta_c$，$\alpha = \alpha_0$，则：

$$1 \cdot \sin\phi_0 = n_1 \sin\alpha_0 = n_1 \sin(90° - \theta_c)$$
$$= n_1 \sqrt{1 - \sin^2\theta_c}$$
$$= \sqrt{n_1^2 - n_2^2} \tag{2-7}$$
$$= n_1 \sqrt{2\Delta}$$

式中：Δ 称为光纤的相对折射率差。

$$\Delta = \frac{n_1^2 - n_2^2}{2n_1^2} \tag{2-8}$$

$\sin\phi_0$ 称为光纤的数值孔径，一般用英文缩写 NA（Numerical Aperture）表示；ϕ_0 称为光纤的数值孔径角。

$$NA = \sin\phi_0 = n_1 \sqrt{2\Delta} \tag{2-9}$$

数值孔径表示光纤的集光能力，即凡是入射到圆锥角 ϕ_0 以内的所有光线都可以满足全反射条件，在芯包界面上发生全反射，从而将光线束缚在纤芯中沿轴向传播。从式（2-9）中可见，光纤的数值孔径与光纤相对折射率差的平方根成正比，即：光纤纤芯和包层的折射率相差越大，则光纤的数值孔径越大，其集光能力越强。

2. 子午射线在渐变型光纤中的传播

渐变型光纤与阶跃型光纤的区别在于其纤芯的折射率不是常数，而是随半径的增加而递减直到等于包层的折射率。要分析渐变型光纤中光线的传播，我们可以采用与数学中"积分定义"相同的方法。先将光纤纤芯分成无数个同心的薄圆柱层，每一层的厚度很薄，折射率近似地看作常数（即每一层都为均匀介质），相邻层的折射率有一阶跃，但相差很小，如图 2-7 所示，各层之间的折射率满足 $n_1 > n_2 > n_3 > n_4 > n_5 > \cdots > n_c$。当有一束光线以 ϕ 角从光纤的端面入射进光纤时，此光线以入射角 θ_1 入射到 1、2 层的分界面，由于光线是从光密介质射向光疏介质，其折射角 θ_1' 将比 θ_1 大；由图 2-7 所知，此光线将以 $\theta_2 = \theta_1'$ 为新

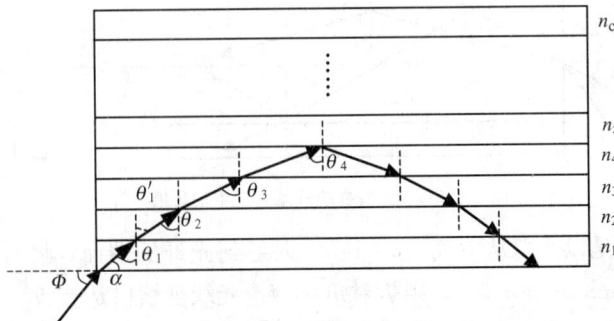

图 2-7　光在多层折射率分布光纤中的传播

的入射角在 2、3 层界面上发生折射，依此类推。由于光线都是从光密介质射向光疏介质，其入射角将会逐渐增大，显然应该有 $\theta_1 < \theta_2 < \theta_3 < \theta_4 < \cdots < \theta_N$ 直到在某一界面处入射角大于其全反射时的临界角，光线在此处发生全反射。接下来光线以完全对称的形式，一层层的折向中心轴。由于中心轴下方的折射率分布和上方完全相同，光线过了中心轴后受到同样的折射，入射角增大，直至发生全反射，再折回中心轴。然后又重新以 θ_1 角入射到 1、2 层分界面，周而复始，从而将光线从光纤的一端传输到另一端。

　　下面再来分析一下纤芯被分成 N 层的光纤的导光条件，即要让光线限制在纤芯中传输，入射角 ϕ 必须满足的条件。要使光线限制在纤芯中，光线必须在第 N 层与包层的分界面或其前的界面上发生全反射，最迟必须在第 N 层与包层的分界面上发生全反射。因此，临界状态是光线在第一层到第 N 层受到折射，入射角不断增大，并使 θ_N 大于第 N 层与包层分界面的全反射临界角。根据光的折射定律，有：

$$n_1 \sin\theta_1 = n_2 \sin\theta_2 = n_3 \sin\theta_3 = \cdots = n_N \sin\theta_N > n_c \sin 90° \tag{2-10}$$

从上式得：

$$\theta_1 > \arcsin \frac{n_c}{n_1} \tag{2-11}$$

光线从端面折射进光纤时满足：

$$\sin\phi = n_1 \sin\alpha = n_1 \sin(90° - \theta_1) \tag{2-12}$$

将式（2-11）代入式（2-12），有：

$$\sin\phi < \sqrt{n_1{}^2 - n_c^2} \tag{2-13}$$

　　要使光线全部限制在光纤纤芯中，ϕ 角必须满足式（2-13）。它只与第一层和包层的折射率有关，而与中间各层折射率的分布无关。随着 ϕ 角的减小，光线将在离第一层更近处发生全反射。

　　如果 N 趋于无穷大，每层的厚度趋于零，相邻层之间的折射率趋于连续，上面分析光纤的极限就是渐变型光纤。由此可知，图 2-7 和式（2-13）的极限就是渐变型光纤中光线的传播路径和必须满足的条件。图 2-7 曲线的极限是一条连续的弯曲线；式（2-13）中的 n_1 应该是光纤中心轴线处的折射率，我们用 $n(0)$ 来表示。渐变型光纤中光线是蛇行传播的，且 ϕ 角越小，光线越靠近中心轴蛇行传播，如图 2.8 所示。与阶跃型光纤一样，把 $\sin\phi_0$ 称为渐变型光纤的数值孔径（NA）。根据式（2-13），可得：

$$NA = \sin\phi_0 = \sqrt{n(0)^2 - n_c^2} = n(0)\sqrt{2\Delta} \tag{2-14}$$

式中：$n(0)$ 为光纤轴线处的折射率；n_c 为包层折射率；$\Delta = \dfrac{n(0)^2 - n_c^2}{2n(0)^2}$ 为渐变型光纤的相对折射率差。

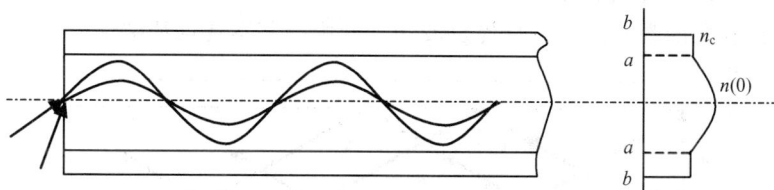

图 2-8　光线在渐变型光纤中的传播

　　综上所述，光纤之所以能够导光就是利用纤芯折射率略高于包层折射率的特点，使落于数值孔径角（ϕ_0）内的光线都能收集在光纤中，并在芯包边界以内形成全反射，从而将光线限制在光纤中传播，这就是光纤的导光原理。

要构成优良的光纤，除了必须具备纤芯折射率比包层折射率高这一基本要求外，还要求纤芯和靠近芯包边界的包层部分具有极小的光损耗，这就要求它们必须由纯度极高的材料构成。此外，根据不同的工作要求，光纤各部分还必须具有严格的几何尺寸和折射率分布形状，以满足不同传输参数的要求。

3. 斜射线在光纤中的传播

子午射线的传播过程始终在一个子午面内，因此，可以在二维的平面内来分析，很直观。但是，斜射线的传播不在一个平面内，而是在一个三维的立体空间中以螺旋方式前进的，要分析它必须利用三维坐标，比较抽象，也相当麻烦，在此不作深究。

2.2.3 光纤中的模式传输

1. 传导模的概念

模式是波动理论的概念。在波动理论中，一种电磁场的分布称之为一个模式。在射线理论中，通常认为一个传播方向的光线对应一种模式，有时也称之为射线模式。光源在光纤中激励出所有模式中的一部分模式能由光纤的一端传到另一端，这种能在光纤中长距离传播的模式称之为传导模（简称导模）。

上面已根据光线在不同介质分界面上的折射和全反射阐述了光纤的导光原理。在分析过程中可以看到，只要入射到芯包界面光线的入射角大于此处的临界角 θ_c 时，光线就能发生全反射而向前传播。因此，根据这种单纯的射线光学理论，在 $\theta_c < \theta \leqslant \pi/2$ 范围内将有无数个连续变化的入射角，这些光线射入光纤后都能发生全反射，这样就对应着无数个连续变化的传导模式。

当进一步考虑到光的波动性时，就会发现上述结论必须加以修正，在上述条件之外再附加一个条件。也就是说：在光纤中只有那些既满足全反射条件又满足相位一致条件的光线才能真正存在。或者说：在光纤中只有那些既满足全反射条件又满足相位一致条件的光线才能成为导模。因此，根据波动理论，在光纤中不存在无数个连续变化的导模，而只存在有限个、离散的传导模。

2. 相位一致条件

光纤中光波相位的变化情况如图 2-9 所示，在这里以阶跃型光纤为例来讨论光纤的相位一致条件，不作复杂的数学推导，只提及波动光学中的基本观点和结论。

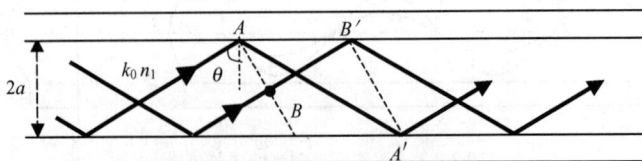

图 2-9 光纤中光波相位的变化情况

一束光线在纤芯中传播时，其波矢量的方向是光线的传播方向（即图中箭头所指的方向），大小为 $k_0 n_1$，称为传播常数，其物理意义是光传播单位距离时其相位变化的大小。因此，传播常数乘以光在传播方向上所传播的距离就是光波经过这段距离后相位的变化量。根据高斯—汉欣相移知道，全反射时的反射光相对于入射光将发生相位跃变（δ），如图 2-9 中的 A、A'、B' 反射点都将发生 δ 的相位突变，而且相位变化的大小与入射角、分界面两边的折射率和电场矢量的分布有关。在波动光学中，光波是以波阵面向前传播的，波阵面即通常所说的等相面，它与光波的传播方向垂直，并且波阵面上各点的相位相等，图中用虚线表示各等相面。

相位一致条件就是说：如果图 2-9 中所示的这个模式在 A、B 处相位相等，则经过一段传播距离后，在 A'、B' 处也应该相位相等或相差 2π 的整数倍。从图 2-9 中可以看出，A、B 点处于全反射前，而 A' 处于全反射后，A、B、A'、B' 的相位分别用 Φ_A、Φ_B、$\Phi_{A'}$、$\Phi_{B'}$ 表示，则相位一致条件表示为：

若：$\qquad\qquad \Phi_A = \Phi_B$

则：$\qquad\qquad \Phi_{A'} - \Phi_{B'} = 2N\pi \qquad\qquad (N = 0,1,2\cdots) \qquad\qquad$ (2-15)

即：

$$(k_0 n_1 \overline{AA'} - 2\delta) - k_0 n_1 \overline{BB'} = 2N\pi \quad (N = 0,1,2\cdots) \qquad (2\text{-}16)$$

根据平面几何知识，可以把式（2-16）化简为

$$2k_0 n_1 a\cos\theta - \delta = N\pi \quad (N = 0,1,2\cdots) \qquad (2\text{-}17)$$

光纤的相位一致条件也可以从另外一个角度分析得到。根据物理学的知识可知：波在无限空间中传播时，形成行波；而在有限空间传播时，形成驻波。光纤的横向正好是有限空间，光在这一方向上应形成驻波。如图 2-10 所示，考虑一根光线从 A 点出发传播一个周期到达 A' 点，横向相位变化为 $4ak_0 n_1 \cos\theta - 2\delta$。经过一周传播到 A' 点的波必须与 A 点的波相位相差 2π 的整数倍，这样迭加才会相干加强形成驻波，否则相干抵消。因此要形成驻波，或者说这个模式要在光纤中存在就必须有：

$$4k_0 n_1 a\cos\theta - 2\delta = 2N\pi \quad (N = 0,1,2\cdots) \qquad (2\text{-}18)$$

化简后就是式（2-17）。式中 a 为光纤纤芯的半径。

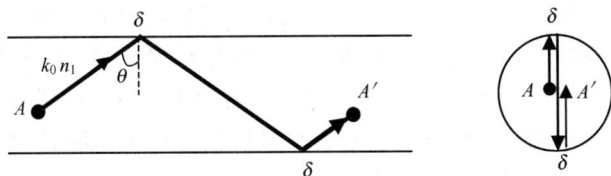

图 2-10 光波的相位变化

综上所述，模式要能成为传导模在光纤中传播，不仅要满足全反射条件，还应满足相位一致条件。

一旦确定了光波导和光波长，那么 n_1、n_2、纤芯直径 $2a$ 以及真空中光的传播常数 k_0 也就确定了，而且式（2-17）中的最大 N 值也就确定了。不同的 N 值对应不同的模式，所以光纤中传导模的数量是有限的、离散的。当 $N=0$ 时对应的模式称为基模；$N=1$，$2\cdots$ 时对应的模式分别称为一阶模、二阶模……，N 值越大对应模式的阶数越高。

在阶跃型多模光纤中，模式的阶数越高，其芯包界面的入射角 θ 越小，模在光纤中折射的次数越多，传播的路径越长，如图 2-11 所示。由于纤芯是均匀的，各模式的传播速度一样，因此各导模到达终点所需的时延不同，于是在高阶模和低阶模之间出现较大的时延差，不利于高码速脉冲的传输。

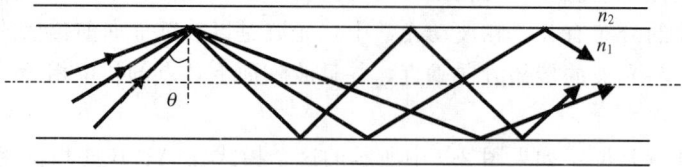

图 2-11 阶跃型多模光纤中各模式的光线轨迹

对于渐变型多模光纤，同样，其导模不仅要满足全反射条件，还要满足相位一致条件。这样渐变型光纤中也只存在有限个离散的传导模。不同的是在阶跃型光纤中光线在芯部折线前进，而在渐变型光纤中，光线则是蜿曲蛇行传播，如图 2-12 所示。在渐变型光纤中，模式的阶数越低，光线轨迹越靠近光纤轴线弯曲传播，而高阶模则远离光纤中心轴弯曲前进。

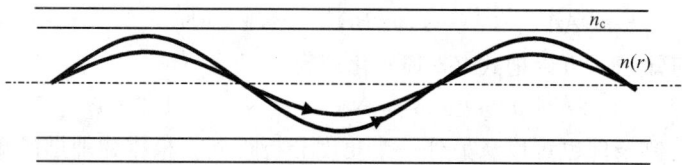

图 2-12 渐变型多模光纤中各模式的光线轨迹

在渐变型多模光纤中，低阶模由于靠近光纤轴线，其传播路程短，但靠近轴线处的折射率大，该处光线传播速度慢；高阶模远离轴线，它的传播路程长，但离轴线越远折射率越小，该处光线的传播速度越快。这样，高低阶模间的时延差就得到了补偿。选择合适的折射率分布，可使这种时延差减小到理想的程度，从而可以实现高速信号的传输。

2.2.4 多模光纤与单模光纤

多模光纤和单模光纤是由光纤中传输的模式数决定的，判断一根光纤是不是单模传输，除了光纤自身的结构参数外，还与光纤中传输的光波长有关。对于同一根光纤中传输不同波长的光，有可能是单模传输，也有可能多模传输。例如 $1.31\mu m$ 单模光纤，如果用 $1.31\mu m$ 的光通过这根光纤，它只能让基模通过，进行单模传输；但是用波长为 $0.6328\mu m$ 的光通过这根光纤时，它除了让基模通过外，还允许其他更高阶的模式通过，进行多模传输。

为了描述光纤中传输的模式数目，在此引入一个非常重要的结构参数，即光纤的归一化频率，一般用 V 表示，其表达式如下：

$$V = k_0 n_m a \sqrt{2\Delta} = \frac{2\pi}{\lambda_0} n_m a \sqrt{2\Delta} = \frac{\omega}{c} n_m a \sqrt{2\Delta} \qquad (2-19)$$

式中：$k_0 = 2\pi/\lambda_0$ 是光在真空中的传播常数；λ_0 是真空中的光波长；ω 是光波的角频率，a 是光纤纤芯半径；n_m 是光纤纤芯中最大折射率；Δ 则是光纤的相对折射差，正是由于 V 值是一个无量纲参数，又与光波的频率成正比，因此，被称为光纤的归一化频率。V 值的大小不仅决定多模光纤中传导模的数目，而且判断一根光纤是否是单模传输也取决于 V 值的大小。

1. 多模光纤

顾明思义，多模光纤就是允许多个模式在其中传输的光纤，或者说在多模光纤中允许存在多个分离的传导模。

当前通信用多模光纤的芯径和外径一般为 $50\mu m$ 和 $125\mu m$，最大相对折射率差 Δ 约为 1%。为了最大限度地减小多模光纤中高阶模和低阶模之间的时延差，其折射率分布一般采用近似的抛物线分布，即折射率分布指数 $\alpha = 2$。假设纤芯轴线处的折射率为 1.46，则根据式（2-14）和式（2-19）不难求出光纤的数值孔径和归一化频率。

$$NA = n(0)\sqrt{2\Delta} = 1.46 \times \sqrt{2 \times 0.01} = 0.206$$

$1.31\mu m$ 波长时：

$$V = \frac{2\pi}{\lambda_0}n_1 a\sqrt{2\Delta} = \frac{2\pi}{1.31} \times 1.46 \times 25 \times \sqrt{2 \times 0.01} = 25$$

$0.85\mu m$ 波长时：$V = 38$。

根据波动理论，多模光纤中传导有限个分离的模。传导模的数目可以从求解波动方程得出。对于折射率为幂律分布的光纤，近似公式为[2][3]：

$$N = \frac{\alpha}{\alpha + 2} \cdot \frac{V^2}{2} \tag{2-20}$$

式中：V 是光纤的归一化频率；α 是光纤的折射率分布指数。

对于抛物线型光纤，即 $\alpha = 2$，所以：

$$N = \frac{1}{4}V^2 \tag{2-21}$$

因此，在 $1.31\mu m$ 波长时，光纤中的传导模数 $N = 156$；而在 $0.85\mu m$ 波长时，光纤中的传导模数 $N = 361$。说明了光纤中的传导模数量是一个相对量，它不仅与光纤本身的结构参数有关，还与工作波长有关，不同的工作波长在同一根光纤中传输时，存在的传导模数目是不同的。

对于阶跃型光纤，即 $\alpha \rightarrow \infty$，所以：

$$N = \frac{1}{2}V^2 \tag{2-22}$$

从式（2-21）和式（2-22）中可以看出，对具有相同芯部最大折射率和芯径的阶跃型多模光纤和抛物线型多模光纤，在同一工作波长时，它们有相同的归一化频率，但在多模传输时，阶跃型多模光纤中的导模数比抛物线型多模光纤中的导模数多一倍。

阶跃多模光纤不仅理论分析简单，而且结构简单，制造工艺也易于实现，是早期光纤的主要类型。但是由于这种光纤模间时延差较大，传输带宽只有几十 MHz·km，不能满足高速通信的要求，所以这种结构的光纤已经被淘汰。在渐变型多模光纤中，由于折射率近似为抛物线分布的光纤能使模间时延差极大地减小，从而使光纤的带宽大约提高两个数量级到 1000 MHz·km 以上。由于多模光纤芯径大，对光纤接头和连接器的要求都不高，使用起来比单模光纤方便，因此广泛用于四次群以下的低速通信系统中。

2. 单模光纤

只能传输一种模式的光纤称为单模光纤。单模光纤只能传输基模（最低阶模），它不存在模间时延差，因此，它具有比多模光纤大得多的带宽，这对于高码速传输是非常重要的。单模光纤的带宽一般都在几十 GHz·km 以上。由于阶跃型光纤制造简单，单模光纤又不存在模间时延差，所以单模光纤多采用折射率阶跃分布。

同多模光纤一样，目前通信用单模光纤的外径一般为 $125\mu m$，但它的纤芯直径一般为 $8\sim10\mu m$，比多模光纤小得多。对于目前普遍使用的 $1.31\mu m$ 单模光纤，其芯部最大相对折射率差 Δ 为 $0.3\%\sim0.4\%$。因此，单模光纤的数值孔径和归一化频率较多模光纤小得多。假设光纤的参数为 $n_1=1.45$、$\Delta=0.35\%$、$a=4\mu m$、$\lambda_0=1.31\mu m$，则不难求出：

$$NA = 1.45 \times \sqrt{2 \times 0.0035} = 0.12$$

$$V = \frac{2\pi}{1.31} \times 1.45 \times 4 \times \sqrt{2 \times 0.0035} = 2.327$$

由于单模光纤的数值孔径较小，即单模光纤的入射和出射孔径角还不到 8°，因此，光源和光纤的耦合、光纤的接续等都比多模光纤要求要高；另外，单模光纤的归一化频率也比多模光纤的归一化频率要小。

前面已经提到，判断一根光纤是不是单模传输，主要依据是归一化频率的大小。光纤单模工作的充分必要条件是：光纤的归一化频率要小于次低阶模的归一化截止频率 V_c，即：

$$V < V_c \tag{2-23}$$

所谓光纤次低阶模的归一化截止频率是指光纤中第二个低阶模截止时的归一化频率。V_c 值主要与光纤的折射率分布指数有关。在此给出一个由光纤折射率分布指数计算 V_c 值的近似公式[4]。

$$V_c = 2.405 \times \sqrt{1 + \frac{2}{\alpha}} \tag{2-24}$$

对于阶跃型光纤，$\alpha\rightarrow\infty$，则 $V_c=2.405$；对于抛物线型光纤，$\alpha=2$，则 $V_c=3.401$。上面给出的阶跃型单模光纤算出 $V=2.327<V_c=2.405$，因此该光纤满足单模传输条件。

从式（2-24）中可以看到，光纤的折射率分布指数 α 越小，其归一化频率截止率 V_c 越大，允许单模工作的相对折射率差 Δ 值和纤芯半径 a 也相应增大。

2.3 均匀光纤的波动理论分析

光具有波粒二象性。因此，对光纤导光机理的分析也有两套理论，即光学射线理论和光学波动理论。上节已经用光学射线理论分析了光在光纤中的传播原理，由于光学射线理论对光的传输特性描述的不够精确，因此要严密、精确地分析光纤的传输特性还必须采用光学波动理论。光学波动理论是把光纤中的光作为经典电磁场来处理，从麦克斯韦方程组出发，根据光纤的边界条件严格求解，得到光纤中电磁场的各种分布状态，给出波导中容许的场结构形式（即模式），从而给出光纤中完善的场描述，其结论很精确。

2.3.1 平面波在理想介质中的传播

1. 均匀平面波的一般概念

所谓均匀平面波是指在与传播方向垂直的无限大的平面上，电场强度 E 和磁场强度 H

的幅度和相位都相等的波型，简称为平面波。平面波是非常重要的波型，一些复杂的波可以由平面波叠加得到。在折射率为 n 的无限大的介质中，一工作波长为 λ_0 的平面波在其中传播，其波数为：

$$k = \frac{2\pi n}{\lambda_0} = k_0 n = \omega \sqrt{\mu\varepsilon} \qquad (2\text{-}25)$$

式中：k_0 是真空中的波数，ω 是光的角频率，μ 和 ε 分别是介质的导磁率和介电常数，设平面波传播方向的单位矢量为 $\boldsymbol{a}_s$，则 $\boldsymbol{k} = \boldsymbol{a}_s \cdot k$ 称为平面波在该介质中的波矢量。平面波的表达式与坐标的选取有关，为了讨论方便，选取直角坐标系如图 2-13 所示。

在任意 A 点，由原点至 A 点的矢径为 $\boldsymbol{R}$，则平面波的电场和磁场表达式分别为：

$$\boldsymbol{E}(\boldsymbol{R}) = \boldsymbol{E}_0 e^{-j\boldsymbol{k}\cdot\boldsymbol{R}} \qquad (2\text{-}26\text{a})$$

$$\boldsymbol{H}(\boldsymbol{R}) = \boldsymbol{H}_0 e^{-j\boldsymbol{k}\cdot\boldsymbol{R}} \qquad (2\text{-}26\text{b})$$

式中：$\boldsymbol{E}_0$ 和 $\boldsymbol{H}_0$ 是原点的电场强度和磁场强度矢量。标量积 $\boldsymbol{k} \cdot \boldsymbol{R}$ 表示其相位随矢径的变化。

根据平面波电场和磁场之间的关系还可以得出：

$$\boldsymbol{H}_0 = \frac{\boldsymbol{a}_s \times \boldsymbol{E}_0}{Z} = \frac{\boldsymbol{a}_s \times \boldsymbol{E}_0}{\sqrt{\dfrac{\mu}{\varepsilon}}} \qquad (2\text{-}27)$$

式中：Z 是介质的波阻抗，并且表明电场、磁场和传播方向三者两两相互垂直，其数量关系由波阻抗 Z 联系。

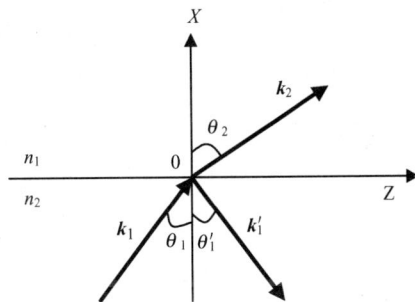

2. 平面波在介质分界面上的反射和折射

如图 2-14 所示，折射率为 n_1 和 n_2 半无限大介质，其分界面为 $x=0$ 的平面，平面波沿 $\boldsymbol{k}_1$ 方向由介质 1 入射到两介质的分界面上，这时将产生反射和折射：一部分能量沿 $\boldsymbol{k}'_1$ 方向反射回原来的介质，称为反射波；另一部分能量沿 $\boldsymbol{k}_2$ 方向进入第二种介质，称为折射波或传递波。反射和折射的基本规律是由斯涅耳定律和菲涅耳公式表示的[1]。斯涅耳定律说明反射波、传递波与入射波的方向之间的关系，即上节介绍的反射定律和折射定律。菲涅耳公式表明反射波、传递波与入射波的复振幅之间的关系。入射波、反射波、传递波的电场强度表示式分别为：

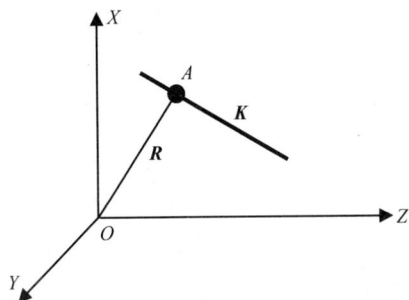

图 2-13　平面波的波矢量及所用的坐标　　　　图 2-14　平面波的反射和折射

$$\boldsymbol{E}_1 = \boldsymbol{E}_{01} e^{-j\boldsymbol{k}_1 \cdot \boldsymbol{R}} \qquad (2\text{-}28\text{a})$$

$$\boldsymbol{E_1}' = \boldsymbol{E_{01}}' e^{-j\boldsymbol{k'_1} \cdot \boldsymbol{R}} \tag{2-28b}$$

$$\boldsymbol{E_2} = \boldsymbol{E_{02}} e^{-j\boldsymbol{k_2} \cdot \boldsymbol{R}} \tag{2-28c}$$

E_{01}、E'_{01}、E_{02}分别为原点处入射波、反射波、传递波电场的矢量复振幅。反射波与入射波在原点处的复振幅之比称为反射系数；传递波与入射波在原点处的复振幅之比称为传递系数，表示为：

$$R = \frac{E'_{01}}{E_{01}} = |R| e^{j2\Phi_1} \tag{2-29a}$$

$$T = \frac{E_{02}}{E_{01}} = |T| e^{j2\Phi_2} \tag{2-29b}$$

式中：R、T都是复数，包括大小及相位。其模值分别表示反射波、传递波与入射波幅度的大小之比；$2\Phi_1$、$2\Phi_2$是R和T的相角，分别表示在介质分界面上反射波、传递波比入射波超前的相位。

电场和磁场的极化方向可能是任意的，但不论怎样，平面波总可以分解为水平极化波和垂直极化波。电场矢量垂直于入射面的平面波称为垂直极化波；而电场矢量在入射面内的平面波称为水平极化波。它们的入射波、反射波、传递波场矢量的极化方向如图2-15所示。

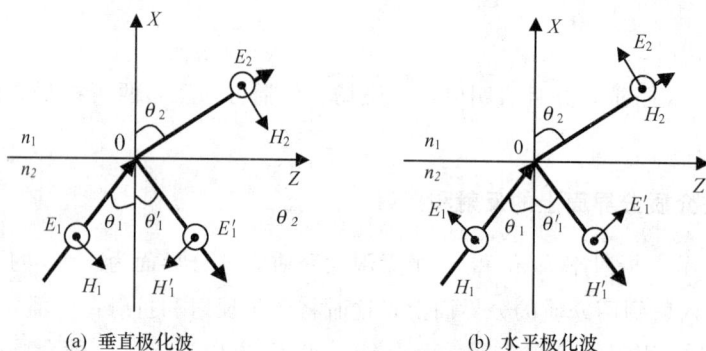

(a) 垂直极化波   (b) 水平极化波

图2-15 垂直极化波与水平极化波的折射与折射

垂直极化波和水平极化波的反射系数与传递系数是不同的。下面分别给出两种极化情况下 R、T 的表达式[1]。

垂直极化波：

$$R = \frac{n_1 \cos\theta_1 - n_2 \cos\theta_2}{n_1 \cos\theta_1 + n_2 \cos\theta_2} \tag{2-30a}$$

$$T = \frac{2n_1 \cos\theta_1}{n_1 \cos\theta_1 + n_2 \cos\theta_2} \tag{2-30b}$$

水平极化波：

$$R = \frac{n_2 \cos\theta_1 - n_1 \cos\theta_2}{n_2 \cos\theta_1 + n_1 \cos\theta_2} \tag{2-31a}$$

$$T = \frac{2n_1 \cos\theta_1}{n_2 \cos\theta_1 + n_1 \cos\theta_2} \tag{2-31b}$$

根据折射定律，可用入射角 θ_1 表示折射角 θ_2，即：

$$\cos\theta_2 = \pm \sqrt{1 - \sin^2\theta_2} = \pm \sqrt{1 - \left(\frac{n_1}{n_2}\right)^2 \sin^2\theta_1} \tag{2-32}$$

因此，R、T 是由介质的折射率参数 n_1、n_2 及入射角 θ_1 所决定的。

3. 平面波的全反射

全反射是一种重要的物理现象，当光波从光密介质射入光疏介质，且入射角大于临界角时才能产生全反射，即全反射必须满足：$n_1 > n_2$，$\theta_c < \theta_1 < 90°$。

（1）全反射情况时介质 1 中波的特点

在全反射时，式（2-32）根号中是负数，因此可以变化成下面的形式。

$$\cos\theta_2 = \pm j \sqrt{\left(\frac{n_1}{n_2}\right)^2 \sin^2\theta_1 - 1} \tag{2-33}$$

式（2-33）可以取"＋"号，也可以取"－"号。但是当取"＋"号时，第二种介质中光波的幅度将随离开界面距离的增加而增大，在无限远处为无限大，因此，从物理概念的合理性上考虑，应取"－"号。即：

$$\cos\theta_2 = -j \sqrt{\left(\frac{n_1}{n_2}\right)^2 \sin^2\theta_1 - 1} \tag{2-34}$$

将式（2-34）代入式（2-30a），即可得到垂直极化波全反射时的反射系数。

$$R = |R| e^{j2\Phi_1} = 1 \cdot e^{j2\arctg\frac{\sqrt{\sin^2\theta_1 - \sin^2\theta_c}}{\cos\theta_1}} \tag{2-35}$$

在全反射时，反射系数的模值为 1，说明反射波的幅度等于入射波的幅度，其相位说明反射波超前入射波的相位是 $2\Phi_1$。即上节介绍的高斯－汉欣相移。

同样，将式（2-34）代入式（2-31a），可以得到全反射时水平极化波的反射系数。

$$R = |R| e^{j2\Phi_1} = 1 \cdot e^{j2\arctg\left[\left(\frac{n_1}{n_2}\right)^2 \frac{\sqrt{\sin^2\theta_1 - \sin^2\theta_c}}{\cos\theta_1}\right]} \tag{2-36}$$

需要说明的是，水平极化波的 Φ_1 与垂直极化波是不同的。

在介质 1 中，既有入射波，又有反射波。因此，介质 1 中的波应为二者叠加后的合成波。下面以垂直极化波为例，讨论合成波的特点。

由于入射波和反射波电场方向相同（都是 Y 方向），如图 2-15（a）所示，因此，可将式（2-28a）和式（2-28c）在直角坐标系下展开，并表示为：

$$E_1 = E_{01} e^{-jk_{1x}x} e^{-jk_{1z}z} \tag{2-37a}$$

$$E_1' = E_{01} e^{j2\Phi_1} e^{jk_{1x}x} e^{-jk_{1z}z} \tag{2-37b}$$

式中：

$$k_{1x} = k_1 \cos\theta_1 = k_0 n_1 \cos\theta_1 \tag{2-37c}$$

$$k_{1z} = k_1 \sin\theta_1 = k_0 n_1 \sin\theta_1 \tag{2-37d}$$

合成波为二者的叠加，即：

$$E = E_1 + E_1' = 2E_{01} \cos(k_{1x}x + \Phi_1) e^{-j(k_{1z}z - \Phi_1)} \tag{2-38}$$

式（2-38）包含随 X 变化的因子 $\cos(k_{1x}x + \Phi_1)$ 和随 Z 变化的因子 $e^{-j(k_{1z}z - \Phi_1)}$ 两部分，分别说明合成波沿 X 方向和 Z 方向的变化规律。沿 X 方向按三角函数规律变化，说明能量在 X 方向上不传播，波呈驻波分布。沿 Z 方向呈行波状态，说明合成波是沿 Z 方向传播的，其相位传播常数为：

$$\beta = k_{1z} = k_0 n_1 \sin\theta_1 \tag{2-39}$$

（2）全反射情况时介质 2 中波的特点

全反射时，将式（2-34）代入式（2-30b），即可得到垂直极化波全反射时的传递系数。

$$T = |T| e^{j2\Phi_2} = 2\frac{n_1 \cos\theta_1}{\sqrt{n_1^2 - n_2^2}} e^{j \arctan \frac{\sqrt{\sin^2\theta_1 - \sin^2\theta_c}}{\cos\theta_1}} \tag{2-40}$$

从式（2-40）中可以看出，传递系数的模值是随入射角 θ_1 而变化的。另外，在介面处传递波的一相位突变 $2\Phi_2$，它恰好等于反射波相移的一半，即 $2\Phi_2 = \Phi_1$。

在介质 2 中只有传递波，所以：

$$\begin{aligned}E_2 &= E_{01} |T| e^{j\Phi_1} e^{-jk_{2x}x} e^{-jk_{2z}z} \\ &= E_{01} |T| e^{-\alpha x} e^{-j(k_{1z}z - \Phi_1)}\end{aligned} \tag{2-41}$$

式中：

$$k_{2x} = k_0 n_2 \cos\theta_2 = -jk_0 n_1 \sqrt{\sin^2\theta_1 - \left(\frac{n_2}{n_1}\right)^2} \tag{2-42a}$$

$$\alpha = k_0 n_1 \sqrt{\sin^2\theta_1 - \left(\frac{n_2}{n_1}\right)^2} \tag{2-42b}$$

$$k_{2z} = k_0 n_2 \sin\theta_2 = k_0 n_1 \sin\theta_1 = k_{1z} = \beta \tag{2-42c}$$

从式（2-41）中得出，介质 2 中的波也包含两个因子。随 Z 方向变化的因子 $e^{-j(k_{1z}z - \Phi_1)}$，说明沿 Z 方向呈行波分布，且传播常数与介质 1 中的相同；随 X 方向变化的因子是 $e^{-\alpha x}$，说明波的幅度随离开界面的距离按指数形式衰减，衰减的快慢由参数 α 决定，α 称为 X 方向的衰减常数。从式（2-42b）中可以看出，衰减常数 α 与入射角 θ_1 有关，在临界状态时，$\theta_1 = \theta_c$，$\alpha = 0$，介质 2 中的电磁波并不衰减，一直延伸到无限远处，当 $\theta_1 = 90°$ 时，α 最大，衰减最快；其次，衰减常数 α 与两介质折射率差有关，两介质的折射率差别越大，衰减越快；另外，衰减常数 α 还与工作波长 λ_0 有关，λ_0 越短，α 越大，对电磁波集中越有利。在光波波段，工作波长在微米数量级，因此一般情况下，光波能量只限制在介质 1 及其表面附近很小的距离，这对用介质波导传播光波是极为有利的。

（3）导行波和辐射波的概念

上面讨论了全反射时介质 1 和介质 2 中波的特点。沿 Z 方向，它们都是以相同的传播常数 $\beta = k_{1z}$ 在传播；沿 X 方向，在介质 1 中电场的幅度按三角函数规律变化，呈驻波分布，而在介质 2 中则按指数规律衰减。如果衰减常数 α 足够大，介质 2 中的波将只存在于介质 1 的表面，并沿与界面平行的方向传播，是由介质表面导行的，因此称为导行波，简称导波。导波的相位只沿 Z 方向变化，令 z 为常数，可得到等相面，所以等相面是与传播方向垂直的一系列平面；当 x 为常数时，可得到等幅面，所以等幅面是与传播方向平行的一系列平面。可见，导波的等幅面与等相面是相互垂直的。这与均匀平面波是根本不同的。

不满足全反射条件时，即 $\theta_1 < \theta_c$，平面波入射到两介质分界面上，就产生部分反射和折射，一部分能量反射回介质 1 中，另一部分能量辐射到介质 2 中，这种波称为辐射波。对于介质波导来说，辐射波远没有导波重要，因此只对它在介质 2 中的特点作一简单介绍。

对于垂直极化波，其电场在介质 2 中的表示式仍为：

$$E_2 = E_{02} e^{-jk_{2x}x} e^{-jk_{2z}z} \tag{2-43}$$

式中：$k_{2x} = k_0 n_2 \cos\theta_2 = k_0 n_2 \sqrt{1 - \left(\frac{n_1}{n_2}\right)^2 \sin^2\theta_1}$ 为实数，沿 X 方向产生相移而不产生衰减，表示能量也在 X 方向上传播，因此 k_{2x} 称为横向传播常数；$\beta = k_{2z} = k_{1z} = k_0 n_1 \sin\theta_1$ 为 Z 向的

传播常数。水平极化波的情况与垂直极化波相似，不再重复。

综上所述，当平面波由光密介质射向两介质分界面上时，根据入射角 θ_1 的大小，可以产生两种类型的波：当入射角大于临界角时产生导行波，能量集中在光密介质及其界面附近；当入射角小于临界角时产生辐射波，一部分能量辐射到光疏介质中并在其中传播。对于光波导来说，导波是一种重要的波型。

2.3.2　阶跃光纤的波动理论

光波是一种特定波长范围内的电磁波，当光在光纤中传播时，实质上就是电磁波在介质波导中的传播过程，因此，它必须满足麦克斯韦方程组。用波动理论分析光纤波导中的波，就是求满足边界条件的麦克斯韦方程组的解。

1. 基本概念

（1）麦克斯韦方程组和边界条件[1]

在均匀光纤中，介质材料一般是线性和各向同性的，并且不存在电流和自由电荷，因此在无源区域，均匀、无损、简谐形式的麦克斯韦方程组为：

$$\nabla \times \boldsymbol{E} = -\mathrm{j}\omega\mu\boldsymbol{H} \tag{2-44a}$$

$$\nabla \times \boldsymbol{H} = \mathrm{j}\omega\varepsilon\boldsymbol{E} \tag{2-44b}$$

$$\nabla \cdot \boldsymbol{D} = 0 \tag{2-44c}$$

$$\nabla \cdot \boldsymbol{B} = 0 \tag{2-44d}$$

式中：$\boldsymbol{E}$ 为电场强度矢量；$\boldsymbol{D}$ 为电位移矢量；$\boldsymbol{H}$ 为磁场强度矢量；$\boldsymbol{B}$ 为磁感应强度矢量。且 $\boldsymbol{D}$ 与 $\boldsymbol{E}$，$\boldsymbol{B}$ 与 $\boldsymbol{H}$ 有下列关系。

$$\boldsymbol{D} = \varepsilon\boldsymbol{E} \tag{2-45a}$$

$$\boldsymbol{B} = \mu\boldsymbol{H} \tag{2-45b}$$

根据电磁场理论的有关知识可知，在介质分界面上，电场强度矢量 $\boldsymbol{E}$ 和磁场强度矢量 $\boldsymbol{H}$ 的切向分量应连续，电位移矢量 $\boldsymbol{D}$ 和磁感应强度矢量 $\boldsymbol{B}$ 的法向分量应连续，如果用下标 t 和 n 分别表示介质分界面上的切向分量和法向分量，用下标 1 和 2 分别表示两种不同的介质，则介质 1 和介质 2 交界面上的边界条件可写成：

$$E_{1t} = E_{2t} \tag{2-46a}$$

$$H_{1t} = H_{2t} \tag{2-46b}$$

$$D_{1n} = D_{2n} \tag{2-46c}$$

$$B_{1n} = B_{2n} \tag{2-46d}$$

（2）亥姆霍兹方程

从麦克斯韦方程组出发，可以导出光波所满足的亥姆霍兹方程。根据矢量关系，有如下两个等式。

$$\nabla \times (\nabla \times \boldsymbol{A}) = \nabla(\nabla \cdot \boldsymbol{A}) - \nabla^2\boldsymbol{A} \tag{2-47a}$$

$$\nabla \times (\varphi\boldsymbol{A}) = \varphi\nabla \times \boldsymbol{A} + \nabla\varphi \times \boldsymbol{A} \tag{2-47b}$$

式中：$\boldsymbol{A}$ 代表任何一个矢量，当然 $\boldsymbol{E}$、$\boldsymbol{H}$ 也满足式（2-47）。如果对式（2-44a）两边取旋度，则有：

$$\nabla \times (\nabla \times \boldsymbol{E}) = -\mathrm{j}\omega\nabla \times (\mu \boldsymbol{H}) \tag{2-48}$$

在均匀介质中，其导磁率 μ 一般近似为常数，且介电常数 ε 不随坐标变化，式（2-48）可表示为：

$$\nabla \times (\nabla \times \boldsymbol{E}) = -\mathrm{j}\omega\mu\nabla \times \boldsymbol{H} \tag{2-49}$$

而：

$$\nabla \times (\nabla \times \boldsymbol{E}) = \nabla(\nabla \cdot \boldsymbol{E}) - \nabla^2\boldsymbol{E} = -\nabla^2\boldsymbol{E} \tag{2-50}$$

将式（2-50）和式（2-44b）代入式（2-49），得：

$$\nabla^2\boldsymbol{E} = -\omega^2\mu\varepsilon\boldsymbol{E} \tag{2-51a}$$

同理，可以推导出：

$$\nabla^2\boldsymbol{H} = -\omega^2\mu\varepsilon\boldsymbol{H} \tag{2-51b}$$

式（2-51）就是电场矢量和磁场矢量的亥姆霍兹方程。

令：

$$k^2 = \omega^2\mu\varepsilon = \mu_r\varepsilon_r(\omega^2\mu_0\varepsilon_0) = n^2k_0^2 \tag{2-52a}$$

$$k_0 = \omega\sqrt{\mu_0\varepsilon_0} = \frac{\omega}{c} = \frac{2\pi}{\lambda_0} \tag{2-52b}$$

因此，电场矢量和磁场矢量的亥姆霍兹方程可以简写为：

$$\begin{cases} \nabla^2\boldsymbol{E} + k^2\boldsymbol{E} = 0 & (2\text{-}53a) \\ \nabla^2\boldsymbol{H} + k^2\boldsymbol{H} = 0 & (2\text{-}53b) \end{cases}$$

在直角坐标系中，将 $\boldsymbol{E}$ 和 $\boldsymbol{H}$ 展开并代入式（2-53），根据矢量相等时各分量必相等的原则，就可以得到 6 个标量的方程组，不论是 E_x、E_y、E_z，还是 H_x、H_y、H_z 方程的形式都一样，均为：

$$\nabla^2 A + k^2 A = 0 \tag{2-54}$$

式中：A 可以是 $\boldsymbol{E}$ 和 $\boldsymbol{H}$ 中 6 个分量的任意一个，式（2-54）就称为标量的亥姆霍兹方程。它应用较简单、方便。

但是，在圆柱坐标系中，由于坐标系中的 a_r 和 a_φ 单位矢量的方向随 φ 变化，只有 a_z 方向不变，因此只有 E_z 和 H_z 才满足标量的亥姆霍兹方程式（2-54）。

（3）波的类型和模式

在单一均匀介质中传播的波为平面波，称为横电磁波，用 TEM 表示，TEM 波的电场和磁场方向与波的传播方向垂直，即在波导的传播方向上既没有磁场分量也没有电场分量，且三者两两相互垂直。当波在几种介质组成的空间中传播时，根据传播方向上电磁场分量的情况又可以分为 TE 波、TM 波、EH 波和 HE 波。TE 波又称为横电波，它在波导的传播方向上只有磁场分量而没有电场分量；TM 波又称为横磁波，它在波导的传播方向上只有电场分量而没有磁场分量；EH 波在波导的传播方向上既有磁场分量又有电场分量，但以电场分量为主；HE 波在波导的传播方向上既有磁场分量又有电场分量，但以磁场分量为主。EH 波和 HE 波称为混合波，在光纤中存在 TE 波、TM 波、EH 波和 HE 波四种波型。

对于同一类型的波，其场强在圆周方向（即 φ 方向）或径向方向（即 r 方向）的分布情况又会有所区别，即电磁场的分布会不尽相同。通常把一种电磁场的分布就叫做一个模式。这样电磁场就有很多模式，一般用 TE_{mn}、TM_{mn}、EH_{mn} 和 HE_{mn} 表示。m 表示电场或磁场沿圆周角 φ 方向分量的波节数；n 表示电场或磁场沿半径方向分量的波节数，即沿半径方向的暗区个数。例如 TE_{01} 模，模式中 $m=0$，表示电场分量 E_φ 沿 φ 方向没有变化；$n=1$ 表示电

场分量 E_r 沿半径 r 方向有一个波节点，在光纤的中心处出现一个暗区。图 2-16 所示给出了光纤中几种传播模式的电磁场分布。HE_{11} 模是光纤中的基模，它的截止波长为无穷大。单模光纤中传播的就是这种模式。

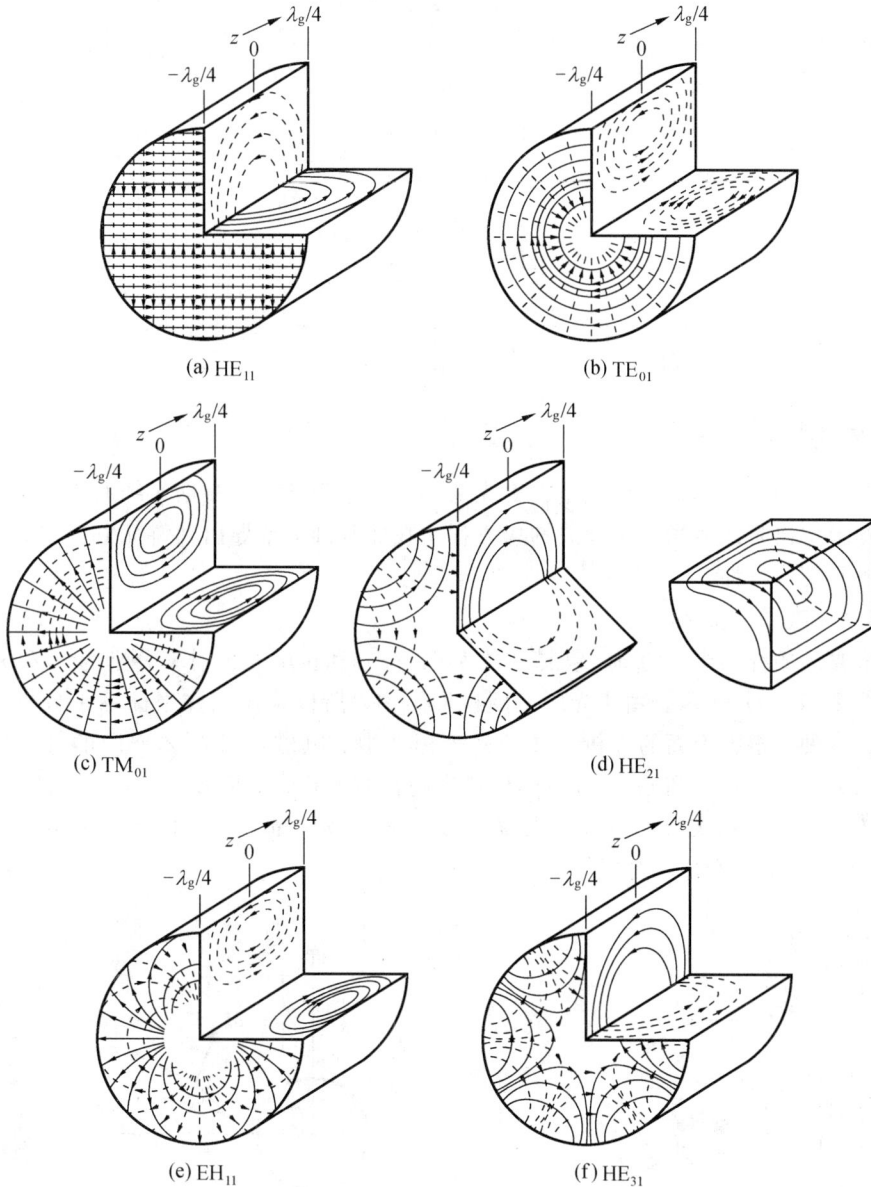

(a) HE_{11}

(b) TE_{01}

(c) TM_{01}

(d) HE_{21}

(e) EH_{11}

(f) HE_{31}

图 2-16　几个低阶模的场型（实线为电力线，虚线为磁力线，$\lambda g = 2\pi/\beta$）

目前，通信用光纤的相对折射率差 $\Delta \ll 1$，称为弱导光纤。这种光纤可以近似地用平面波束分析光的传播。在研究波动理论时，发现其中一些精确模的传播速度接近相同，或者说它们的传播常数接近相同，通常把这种现象称为简并，这些模式称为简并模。这些简并模迭加的结果是一极化方向几乎保持不变的模，即线偏振模（Linearly Polarized Mode，LPM）。因此，如果暂不考虑 TE、TM、EH 和 HE 的区别，而只注意各精确模的传播常数，就可以把传播常数相同的模式给一个相同的名称，即 LP_{mL} 模。m 和 L 表示不同 LP 模的特征。值得注意的是，只有弱导光纤才有 LP 模的概念，且是一种近似的表示方法。表 2-2 所示的是一些低阶 LP 模与 TE 波、TM 波、EH 波和 HE 波的对应关系。

表 2-2   LP 模与精确模的对应关系

LP 模名称	精确模名称与数量	简 并 度
LP_{01}	$HE_{11} \times 2$	2
LP_{11}	TE_{01}，TM_{01}，$HE_{21} \times 2$	4
LP_{21}	$EH_{11} \times 2$，$HE_{31} \times 2$	4
LP_{02}	$HE_{12} \times 2$	2
LP_{12}	TE_{02}，TM_{02}，$HE_{22} \times 2$	4
LP_{03}	$HE_{12} \times 2$	2
LP_{13}	TE_{03}，TM_{03}，$HE_{23} \times 2$	4

2. 阶跃型光纤的波动理论

阶跃型光纤的波动理论分析就是以麦克斯韦方程组为基础，根据光纤的边界条件，从亥姆霍兹方程求解出阶跃型光纤中导波的场方程，在此基础上推导出其特征方程，研究其导波模式，分析其传输特性。

（1）亥姆霍兹方程的解

阶跃型光纤的纤芯半径为 a，包层半径为 b，纤芯和包层的折射率分别为 n_1 和 n_2，其截面形状如图 2-17（a）所示。由于光纤是圆柱形结构，所以采用圆柱坐标系来分析光纤波导比较简单、方便。根据上面的分析，在圆柱坐标系中，电磁场只有 Z 方向的分量满足标量的亥姆霍兹方程，而得不到 r、φ 分量的标量亥姆霍兹方程，如图 2-17（b）所示。因此，首先利用 Z 方向场分量的亥姆霍兹方程求解出 Z 方向的场分量，然后再利用麦克斯韦方程求解出 r、φ 方向的电场和磁场分量。

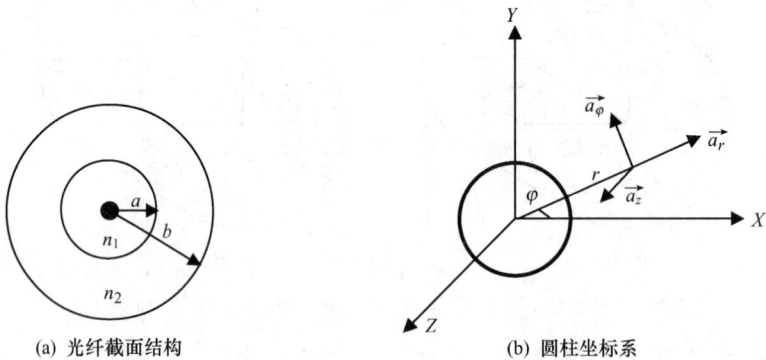

(a) 光纤截面结构   (b) 圆柱坐标系

图 2-17   阶跃型光纤的结构及坐标

利用式（2-54）可以得到 Z 方向电场和磁场分量的亥姆霍兹方程。

$$\begin{cases} \nabla^2 E_z + n^2 k_0^2 E_z = 0 & \text{(2-55a)} \\ \nabla^2 H_z + n^2 k_0^2 H_z = 0 & \text{(2-55b)} \end{cases}$$

在柱坐标系下，有：

$$\nabla^2 E_z = \frac{1}{r}\frac{\partial}{\partial r}\left(r\frac{\partial E_z}{\partial r}\right) + \frac{1}{r^2}\frac{\partial^2 E_z}{\partial \varphi^2} + \frac{\partial^2 E_z}{\partial z^2} \tag{2-56a}$$

$$\nabla^2 H_z = \frac{1}{r}\frac{\partial}{\partial r}\left(r\frac{\partial H_z}{\partial r}\right) + \frac{1}{r^2}\frac{\partial^2 H_z}{\partial \varphi^2} + \frac{\partial^2 H_z}{\partial z^2} \tag{2-56b}$$

利用式（2-56），则式（2-55）在柱坐标系下展开为：

$$\frac{1}{r}\frac{\partial}{\partial r}\left(r\frac{\partial E_z}{\partial r}\right) + \frac{1}{r^2}\frac{\partial^2 E_z}{\partial \varphi^2} + \frac{\partial^2 E_z}{\partial z^2} + n^2 k_0^2 E_z = 0 \tag{2-57a}$$

$$\frac{1}{r}\frac{\partial}{\partial r}\left(r\frac{\partial H_z}{\partial r}\right) + \frac{1}{r^2}\frac{\partial^2 H_z}{\partial \varphi^2} + \frac{\partial^2 H_z}{\partial z^2} + n^2 k_0^2 H_z = 0 \tag{2-57b}$$

解此方程并使其解满足光纤的边界条件，就可以得到 E_z 和 H_z 分量的表达式。式(2-57)是一个三维的偏微分方程，可以用分离变量法求解。由于式（2-57a）和式（2-57b）的形式完全相同，下面以式（2-57a）为例来说明如何求解此类方程。

将 E_z 写成 3 个变量的乘积形式，令：

$$E_z = A R(r)\Phi(\varphi)Z(z) \tag{2-58}$$

将式（2-58）代入式（2-57a），得：

$$\frac{1}{r}\frac{\partial}{\partial r}\left[rA\Phi(\varphi)Z(z)\frac{\mathrm{d}R(r)}{\mathrm{d}r}\right] + \frac{1}{r^2}AR(r)Z(z)\frac{\mathrm{d}^2\Phi(\varphi)}{\mathrm{d}\varphi^2} + AR(r)\Phi(\varphi)\frac{\mathrm{d}^2 Z(z)}{\mathrm{d}z^2}$$
$$+ \left[\left(k_0^2 n^2 - \beta^2 - \frac{m^2}{r^2}\right) + \beta^2 + \frac{m^2}{r^2}\right]AR(r)\Phi(\varphi)Z(z) = 0 \tag{2-59}$$

将式（2-59）分离变量，得到：

$$\frac{1}{Z(z)} \cdot \frac{\mathrm{d}^2 Z(z)}{\mathrm{d}z^2} = -\beta^2 \tag{2-60a}$$

$$\frac{1}{\Phi(\varphi)} \cdot \frac{\mathrm{d}^2 \Phi(\varphi)}{\mathrm{d}\varphi^2} = -m^2 \tag{2-60b}$$

$$r^2\frac{\mathrm{d}^2 R(r)}{\mathrm{d}r^2} + r\frac{\mathrm{d}R(r)}{\mathrm{d}r} + \left[(k_0^2 n^2 - \beta^2)r^2 - m^2\right]R(r) = 0 \tag{2-60c}$$

式（2-60a）和式（2-60b）形式一样，其解可以是：$\cos Ax$、$\sin Ax$、$\mathrm{e}^{-\mathrm{j}Ax}$、$\mathrm{e}^{+\mathrm{j}Ax}$ 四种函数类型中的任意两个的线性组合。到底该如何确定，应根据实际情况和四种函数表示的物理意义来确定。

$Z(z)$ 表示导模沿光纤轴向的变化规律。设模式是沿"+Z"方向传输的，沿该方向呈行波分布状态。用 β 表示 Z 方向的相位传播常数，所以 $Z(z)$ 应取：

$$Z(z) = \mathrm{e}^{-\mathrm{j}\beta z} \tag{2-61}$$

$\Phi(\varphi)$ 表示 E_z 沿圆周方向的变化规律，φ 方向是有限的，E_z 沿该方向呈驻波分布状态，所以 $\Phi(\varphi)$ 应取为：

$$\Phi(\varphi) = \cos m\varphi \tag{2-62a}$$

或

$$\Phi(\varphi) = \sin m\varphi \tag{2-62b}$$

在下面的讨论中，暂取定式（2-62b）。为了在边界上进行匹配，纤芯和包层中的 $\Phi(\varphi)$ 函数应取同一类型。由场强的唯一性以及 φ 的取值，则 $\Phi(\varphi)$ 必须是以 2π 为周期的函数。这样式（2-62）中的 m 必须取整数，即 $m=0$，1，$2\cdots$。

下面求解 $R(r)$，由于阶跃型光纤中纤芯和包层的折射率 n 是不同的，所以将 n_1 和 n_2

分别代替式（2-60c）中的 n，即可得到光纤纤芯和包层中对应的方程。

在纤芯中：

$$r^2 \frac{d^2 R(r)}{dr^2} + r \frac{dR(r)}{dr} + \left[(k_0^2 n_1^2 - \beta^2)r^2 - m^2\right]R(r) = 0 \tag{2-63}$$

式（2-63）是一个典型的贝塞尔方程。数学上标准的贝塞尔方程的形式及其解为[3]：

$$x^2 \frac{d^2 R(x)}{dx^2} + x \frac{dR(x)}{dx} + (x^2 - m^2)R(x) = 0 \tag{2-64}$$

其解的形式为：

$$R(x) = AJ_m(x) + BY_m(x) \tag{2-65}$$

式中：$J_m(x)$ 为贝塞尔函数，$Y_m(x)$ 为聂曼函数，A 和 B 分别为其系数。贝塞尔函数和聂曼函数的图形如图 2-18 所示。

根据式（2-64）、式（2-65）和图 2-18，在纤芯中 $R(r)$ 取什么样有解要根据贝塞尔函数和聂曼函数的性质和物理意义来确定。在纤芯中呈驻波分布，其解应是驻波解，因此可取贝塞尔函数和聂曼函数的形式。但聂曼函数在 $r=0$ 处为无限大，如图 2-18 所示，这与场的实际情况不符，因此应弃去聂曼函数而只取贝塞尔函数。所以，在纤芯中，式（2-63）的解为：

$$R(r) = J_m\left(\sqrt{k_0^2 n_1^2 - \beta^2}\, r\right) \tag{2-66}$$

在包层中，式（2-60c）可以写成：

$$r^2 \frac{d^2 R(r)}{dr^2} + r \frac{dR(r)}{dr} + \left[(k_0^2 n_2^2 - \beta^2)r^2 - m^2\right]R(r) = 0 \tag{2-67}$$

由于在阶跃型光纤中，导波场在包层中呈衰减分布，所以式（2-67）可以变为：

$$r^2 \frac{d^2 R(r)}{dr^2} + r \frac{dR(r)}{dr} - \left[(\beta^2 - k_0^2 n_2^2)r^2 + m^2\right]R(r) = 0 \tag{2-68}$$

式（2-68）是一个典型的修正贝塞尔方程。数学上修正的贝塞尔方程的形式及其解为[3]：

$$x^2 \frac{d^2 R(x)}{dx^2} + x \frac{dR(x)}{dx} - (x^2 + m^2)R(x) = 0 \tag{2-69}$$

其解的形式为：

$$R(x) = CI_m(x) + DK_m(x) \tag{2-70}$$

式中：$I_m(x)$、$K_m(x)$ 为第一类和第二类修正的贝塞尔函数；C 和 D 分别为其系数。第一类和第二类修正的贝塞尔函数的图形如图 2-19 所示。

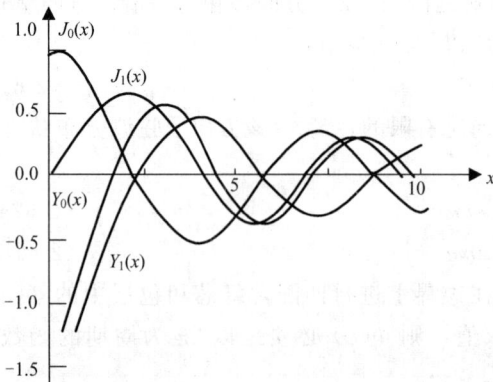

图 2-18 贝塞尔函数和聂曼函数

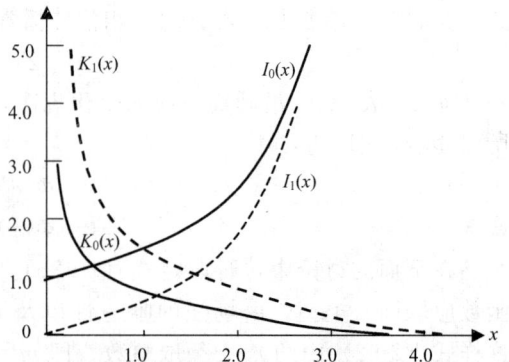

图 2-19 第一、二类修正的贝塞尔函数

由图 2-19 可以看出，当 $x \to \infty$ 时，$I_m(x) \to \infty$，而 $K_m(x) \to 0$。在分析光纤中的导波时，在包层中，场随 r 的增加而减小，是衰减波。因此，$R(r)$ 应取第二类修正的贝塞尔函数。所以，在包层中，式（2-68）的解为：

$$R(r) = K_m \left(\sqrt{\beta^2 - k_0^2 n_2^2} \, r \right) \tag{2-71}$$

为了简化式（2-66）和式（2-71），在此引进两个新的参量，令：

$$\frac{U}{a} = \sqrt{k_0^2 n_1^2 - \beta^2} \qquad \frac{W}{a} = \sqrt{\beta^2 - k_0^2 n_2^2}$$

于是：
$$U = a \sqrt{k_0^2 n_1^2 - \beta^2} \tag{2-72a}$$

$$W = a \sqrt{\beta^2 - k_0^2 n_2^2} \tag{2-72b}$$

式中：U 定义为导模的径向归一化相位常数；W 定义为导模的径向归一化衰减常数。它们各表示为在光纤的纤芯和包层中，导模场沿径向的变化情况。

令：
$$V = \sqrt{U^2 + W^2} = k_0 a \sqrt{n_1^2 - n_2^2} = k_0 n_1 a \sqrt{2\Delta} \tag{2-72c}$$

式中：V 称为光纤的归一化频率，从式（2-72c）中可以看出，它与光纤的结构参数和工作波长有关，是一个综合性参数。光纤的很多特性都与光纤的归一化频率 V 有关。这些在射线理论中也已经提到。引入了 U 和 W 后，导模的径向变化函数 $R(r)$ 可表示为：

$$R(r) = \begin{cases} J_m \left(\dfrac{U}{a} r \right) & r \leqslant a \tag{2-73a} \\[3mm] K_m \left(\dfrac{W}{a} r \right) & r \geqslant a \tag{2-73b} \end{cases}$$

至此，将式（2-61）、式（2-62b）和式（2-73）代入式（2-58）中，就可以得到 E_z 的表达式。

$$E_z = \begin{cases} A_1 e^{-j\beta z} \sin m\varphi \cdot J_m \left(\dfrac{U}{a} r \right) & r \leqslant a \tag{2-74a} \\[3mm] A_2 e^{-j\beta z} \sin m\varphi \cdot K_m \left(\dfrac{W}{a} r \right) & r \geqslant a \tag{2-74b} \end{cases}$$

为了下面分析的方便，令 $A_1 = \dfrac{A}{J_m(U)}$。根据边界条件可以求出 A_2。在 $r = a$ 处，电场的切向分量应连续，即 $E_{z1} = E_{z2}$。将式（2-74）代入边界条件可得到 $A_2 = \dfrac{A}{K_m(W)}$。所以，E_z 的表达式可以改写为：

$$E_z = A e^{-j\beta z} \sin m\varphi \begin{cases} \dfrac{J_m \left(\dfrac{U}{a} r \right)}{J_m(U)} & r \leqslant a \tag{2-75a} \\[5mm] \dfrac{K_m \left(\dfrac{W}{a} r \right)}{K_m(W)} & r \geqslant a \tag{2-75b} \end{cases}$$

同理，可以求解出式（2-57b）中的 H_z 分量。

$$H_z = B e^{-j\beta z} \cos m\varphi \begin{cases} \dfrac{J_m \left(\dfrac{U}{a} r \right)}{J_m(U)} & r \leqslant a \tag{2-76a} \\[5mm] \dfrac{K_m \left(\dfrac{W}{a} r \right)}{K_m(W)} & r \geqslant a \tag{2-76b} \end{cases}$$

这里只给出了 E_z 用 $\sin m\varphi$ 表示，H_z 用 $\cos m\varphi$ 表示的一套解（由于电场强度矢量和磁场强度矢量相互垂直，所以 E_z 用 $\sin m\varphi$ 表示时，H_z 只能用 $\cos m\varphi$ 表示），另外还存在着 E_z 用 $\cos m\varphi$ 表示，H_z 用 $\sin m\varphi$ 表示的另一套解。但这两套解的特性相似，在此只讨论其中的一套。

有了 E_z 和 H_z 的表达式，其他场分量可以根据麦克斯韦方程组推导出来。将式(2-44a) 和式 (2-44b) 在柱坐标系下展开，根据矢量相等各分量必相等的原则，因此可以变成 6 个标量方程，把 E_z 和 H_z 代入即可求解出 E_r、E_φ、H_r、E_φ 4 个场分量。由于求解过程较为烦琐，在此只给出其结果[3]。用下标 1 表示纤芯中各分量，用下标 2 表示包层中各分量。

$$E_{r1} = j\left(\frac{a}{U}\right)^2 \left[\frac{\omega\mu_0 mB}{r} \cdot \frac{J_m\left(\frac{U}{a}r\right)}{J_m(U)} - \frac{\beta AU}{a} \cdot \frac{J'_m\left(\frac{U}{a}r\right)}{J_m(U)}\right] e^{-j\beta z} \sin m\varphi \qquad (2\text{-}77a)$$

$$E_{r2} = j\left(\frac{a}{W}\right)^2 \left[-\frac{\omega\mu_0 mB}{r} \cdot \frac{K_m\left(\frac{W}{a}r\right)}{K_m(W)} + \frac{\beta AW}{a} \cdot \frac{K'_m\left(\frac{W}{a}r\right)}{K_m(W)}\right] e^{-j\beta z} \sin m\varphi \qquad (2\text{-}77b)$$

$$E_{\varphi1} = j\left(\frac{a}{U}\right)^2 \left[-\frac{\beta mA}{r} \cdot \frac{J_m\left(\frac{U}{a}r\right)}{J_m(U)} + \frac{\omega\mu_0 BU}{a} \cdot \frac{J'_m\left(\frac{U}{a}r\right)}{J_m(U)}\right] e^{-j\beta z} \cos m\varphi \qquad (2\text{-}78a)$$

$$E_{\varphi2} = j\left(\frac{a}{W}\right)^2 \left[\frac{\beta mA}{r} \cdot \frac{K_m\left(\frac{W}{a}r\right)}{K_m(W)} - \frac{\omega\mu_0 BW}{a} \cdot \frac{K'_m\left(\frac{W}{a}r\right)}{K_m(W)}\right] e^{-j\beta z} \cos m\varphi \qquad (2\text{-}78b)$$

$$H_{r1} = j\left(\frac{a}{U}\right)^2 \left[\frac{\omega\varepsilon_0 n_1^2 mA}{r} \cdot \frac{J_m\left(\frac{U}{a}r\right)}{J_m(U)} - \frac{\beta BU}{a} \cdot \frac{J'_m\left(\frac{U}{a}r\right)}{J_m(U)}\right] e^{-j\beta z} \cos m\varphi \qquad (2\text{-}79a)$$

$$H_{r2} = j\left(\frac{a}{W}\right)^2 \left[-\frac{\omega\varepsilon_0 n_2^2 mA}{r} \cdot \frac{K_m\left(\frac{W}{a}r\right)}{K_m(W)} + \frac{\beta BU}{a} \cdot \frac{K'_m\left(\frac{W}{a}r\right)}{K_m(W)}\right] e^{-j\beta z} \cos m\varphi \qquad (2\text{-}79b)$$

$$H_{\varphi1} = j\left(\frac{a}{U}\right)^2 \left[\frac{\beta mB}{r} \cdot \frac{J_m\left(\frac{U}{a}r\right)}{J_m(U)} - \frac{\omega\varepsilon_0 n_1^2 AU}{a} \cdot \frac{J'_m\left(\frac{U}{a}r\right)}{J_m(U)}\right] e^{-j\beta z} \sin m\varphi \qquad (2\text{-}80a)$$

$$H_{\varphi2} = j\left(\frac{a}{W}\right)^2 \left[-\frac{\beta mB}{r} \cdot \frac{K_m\left(\frac{W}{a}r\right)}{K_m(W)} + \frac{\omega\varepsilon_0 n_2^2 AW}{a} \cdot \frac{K'_m\left(\frac{W}{a}r\right)}{K_m(W)}\right] e^{-j\beta z} \sin m\varphi \qquad (2\text{-}80b)$$

形成导模时，要求 U、W 为正实数，即：$W>0$，$U>0$。由式 (2-72) 可以得出导模的传播常数 β 必须满足以下的取值范围：

$$k_0 n_2 < \beta < k_0 n_1 \qquad (2\text{-}81)$$

即导模的传播常数 β 介于纤芯材料和包层材料中平面波的波数之间。这和射线理论中得到的结论一致。

如果在包层中出现振荡解，导模就被截止从而变成辐射模。因此，导模截止的临界状态是 $\beta = k_0 n_2$。此时参数 $W=0$，$U=V$。

（2）特征方程

要确定光纤中导模的特性，就需要确定参数 U、W 和 β，只有亥姆霍兹方程的解是不够的。由于光纤中的导模还必须满足光纤的边界条件，所以还要利用光纤的边界条件来确定场表达式中的参数 U、W 和 β。

光纤的边界条件就是在纤芯和包层的分界面上，电场和磁场的切向分量均应连续。即在 $r=a$ 处，有：

$$E_{\varphi 1} = E_{\varphi 2} \tag{2-82a}$$

$$H_{\varphi 1} = H_{\varphi 2} \tag{2-82b}$$

$$E_{z1} = E_{z2} \tag{2-82c}$$

$$H_{z1} = H_{z2} \tag{2-82d}$$

利用边界条件，将式（2-78）和式（2-80）分别代入式（2-82a）、式（2-82b）中，得：

$$\begin{cases} \omega \mu_0 B \left[\dfrac{1}{U} \cdot \dfrac{J'_m(U)}{J_m(U)} + \dfrac{1}{W} \cdot \dfrac{K'_m(W)}{K_m(W)} \right] = \beta m A \left(\dfrac{1}{U^2} + \dfrac{1}{W^2} \right) & (2\text{-}83a) \\[3mm] \omega \varepsilon_0 A \left[\dfrac{n_1^2}{U} \cdot \dfrac{J'_m(U)}{J_m(U)} + \dfrac{n_2^2}{W} \cdot \dfrac{K'_m(W)}{K_m(W)} \right] = \beta m B \left(\dfrac{1}{U^2} + \dfrac{1}{W^2} \right) & (2\text{-}83b) \end{cases}$$

将式（2-83a）和式（2-83b）的两边相乘，得：

$$\omega^2 \mu_0 \varepsilon_0 \left[\frac{1}{U} \cdot \frac{J'_m(U)}{J_m(U)} + \frac{1}{W} \cdot \frac{K'_m(W)}{K_m(W)} \right] \left[\frac{n_1^2}{U} \cdot \frac{J'_m(U)}{J_m(U)} + \frac{n_2^2}{W} \cdot \frac{K'_m(W)}{K_m(W)} \right]$$
$$= \beta^2 m^2 \left(\frac{1}{U^2} + \frac{1}{W^2} \right)^2 \tag{2-84}$$

式（2-84）是阶跃型光纤中导模必须满足的条件，称之为导波的特征方程。从特征方程出发，可以确定光纤中导波的模式及其特性。但它是一个超越方程，其形式比较复杂，一般要用数值法求解。

目前通信用光纤一般是弱导光纤，即 $n_1 \approx n_2, k_0 n_1 \approx \beta \approx k_0 n_2$。所以在弱导光纤中，式（2-84）可近似为：

$$\frac{J'_m(U)}{U J_m(U)} + \frac{K'_m(W)}{W K_m(W)} = \pm m \left(\frac{1}{U^2} + \frac{1}{W^2} \right) \tag{2-85}$$

式（2-85）就是弱导光纤的特征方程。下面的讨论将以该特征方程为依据进行分析。

需要说明的是，式（2-85）有两组解。方程的右边取"＋"号时，用于研究 EH 模的特性；方程的右边取"－"号时，用于研究 HE 模的特性。

（3）光纤中的导模类型及特征方程

上面已经得到了光纤中场的亥姆霍兹方程和弱导光纤中导波的特征方程，接下来分析光纤中存在哪些模式及这些模式的特征方程。

① TEM 波

光纤中是否存在 TEM 波呢？根据定义，TEM 波在波导的传播方向（Z 方向）上既没有电场分量，又没有磁场分量。即 $E_z=0$、$H_z=0$。如果光纤中存在 TEM 波，则根据 E_z、H_z 的表达式（2-75）和式（2-76）可以得到 $A=B=0$，再将 $A=B=0$ 代入式（2-77）、式（2-78）得到 E_r、E_φ、H_r、E_φ 都为零，即光纤中不存在电磁场，所以光纤中根本不存在 TEM 波。

② TE 波和 TM 波

光纤中是否存在 TE 波和 TM 波，实际上是看单独的 TE 波和 TM 波是否满足边界条件。如果光纤中存在 TE 波，根据 TE 波的定义，TE 波在波导的传播方向（Z 方向）上没有电场分量，只有磁场分量，即 $E_z=0$，根据 E_z 表达式（2-75）可以得到 A＝0，然后，将 A＝0 代入式（2-83b）中得到：

$$\beta m B \left(\frac{1}{U^2} + \frac{1}{W^2} \right) = 0 \tag{2-86}$$

式中导模的传播常数 β 不能为零，$\left(\frac{1}{U^2} + \frac{1}{W^2} \right)$ 也不能为零，B 也不能为零（如果 A、B 同时为零，此时光纤中不存在电磁场）；因此，只有 $m=0$。这就是说：光纤中的 TE 波只有在 $m=0$ 时才能存在。同理可以证明，光纤中的 TM 波也只有在 $m=0$ 时才能存在。因此光纤中只存在 $m=0$ 时的 TE 波和 TM 波。

把 $m=0$ 代入弱导光纤的特征方程式（2-85）中，就可以得到 TE 波和 TM 波的特征方程，即：

$$\frac{J'_0(U)}{UJ_0(U)} = -\frac{K'_0(W)}{WK_0(W)} \tag{2-87}$$

根据贝塞尔函数的递推公式：

$$J'_0(U) = -J_1(U)$$

$$K'_0(W) = -K_1(W)$$

把式（2-87）化简为：

$$-\frac{J_1(U)}{UJ_0(U)} = \frac{K_1(W)}{WK_0(W)} \tag{2-88}$$

这就是 TE 波和 TM 波在 $m=0$ 时的特征方程。

③ EH 波和 HE 波

从上面的阐述中可以看到，当 $m \neq 0$ 时，光纤中不能存在 TE 波和 TM 波，而只能是 E_z、H_z 同时存在的 EH 波和 HE 波。

根据式（2-85），EH 波和 HE 波的特征方程分别为：

EH 波：
$$\frac{J'_m(U)}{UJ_m(U)} + \frac{K'_m(W)}{WK_m(W)} = m \left(\frac{1}{U^2} + \frac{1}{W^2} \right) \tag{2-89a}$$

HE 波：
$$\frac{J'_m(U)}{UJ_m(U)} + \frac{K'_m(W)}{WK_m(W)} = -m \left(\frac{1}{U^2} + \frac{1}{W^2} \right) \tag{2-89b}$$

式（2-89）中含有贝塞尔函数的导数，可以根据贝塞尔函数的递推公式[5]将其化简。

$$J'_m(U) = \frac{m}{U} J_m(U) - J_{m+1}(U)$$

$$= -\frac{m}{U} J_m(U) + J_{m-1}(U)$$

$$K'_m(W) = \frac{m}{W} K_m(W) - K_{m+1}(W)$$

$$= -\frac{m}{W} K_m(W) - K_{m-1}(W)$$

将上两式代入式（2-89）并化简，即可得到最简单的 EH 波和 HE 波的特征方程。

EH 波：
$$-\frac{J_{m+1}(U)}{UJ_m(U)} = \frac{K_{m+1}(W)}{WK_m(W)} \tag{2-90}$$

HE 波：
$$\frac{J_{m-1}(U)}{UJ_m(U)} = \frac{K_{m-1}(W)}{WK_m(W)} \tag{2-91}$$

综上所述，光纤中可存在四种典型的模式，即 TE 模、TM 模、EH 模和 HE 模。TE 模和 TM 模只有在 $m=0$ 时才存在，而 EH 模和 HE 模在 $m>0$ 时存在。实际上在给定工作波长的情况下，每对应一个 m 值，就可以解出一系列的 U 值。每个 U 值对应电磁场的一个解，即对应一个模式。因此在 TE、TM、EH 和 HE 后加上下标，即 TE_{mn}、TM_{mn}、EH_{mn} 和 HE_{mn}，其中 m 表示贝塞尔函数的阶数，n 表示 m 阶贝塞尔函数根的序号。m 和 n 的值也表明各模式的场型特征，有明确的物理意义，这在上节中已经介绍过。如果光纤的归一化频率足够大，光纤中可存在一系列的 TE_{0n}、TM_{0n} 模和一系列的 EH_{mn}、HE_{mn} 模，并在光纤中传播。

（4）导模的特性

模的特性可以用 3 个特征参数 U、W 和 β 来描述。U 表示导模场在纤芯内部的横向分布规律；W 表示导模场在纤芯外部的横向分布规律。两者结合起来，就可以完整地描述导模的横向分布规律。β 是轴向的相位传播常数，表明导模的纵向传输特性。一般根据特征方程确定其中一个参数，然后根据式（2-72）很容易求解出另外两个参数。但是，各模式的特征方程是一个超越方程，在给定工作波长后根据特征方程来求解 U 或 W 非常复杂，必须用数值法求解。在此只讨论两种极限情况，即导模截止时的情况和导模远离截止时的情况，这样就可以求得各模式 U 值的取值范围，从而得到各模式在光纤中成为导模必须满足的条件。

① 导模的截止条件

前面已经提到，在阶跃型光纤中，模式处于临界状态时，$W=0$。此时对应的归一化频率称为归一化截止频率（V_c），对应的径向归一化相位常数记为 U_c，且 $U_c = V_c$。即在临界状态下，归一化频率等于径向归一化相位常数。因此，如果能求出 U_c，就可以得到导模的归一化截止频率 V_c。下面就从弱导光纤的特征方程出发求出各模式的归一化截止频率。

● TE_{0n} 和 TM_{0n} 模归一化截止频率

根据贝塞尔函数的性质，当 $W \to 0$ 时，有如下的近似式[5]：

当 $m = 0$ 时：
$$K_0(W) = \ln \frac{2}{W} \tag{2-92a}$$

当 $m \neq 0$ 时：
$$K_m(W) = \frac{1}{2}(m-1)! \cdot \left(\frac{2}{W}\right)^m \tag{2-92b}$$

因此：
$$K_1(W) = \frac{1}{W} \tag{2-92c}$$

将式（2-92a）和式（2-92c）代入式（2-88）中，在临界状态下有：

$$-\frac{J_1(U_c)}{U_c J_0(U_c)} = \lim_{W \to 0} \frac{\dfrac{1}{W}}{W \cdot \ln \dfrac{2}{W}} = \lim_{W \to 0} \frac{1}{W^2} = \infty$$

$$\Rightarrow U_c J_0(U_c) = 0$$

如果 $U_c = 0$，则 $-\dfrac{J_1(U_c)}{U_c J_0(U_c)} = -\dfrac{J_1(0)}{0 \cdot J_0(0)} = -\dfrac{0}{0}$，成为不定型，所以 $U_c \neq 0$，只有：

$$J_0(U_c) = 0 \tag{2-93}$$

式（2-93）就是 TE_{0n} 和 TM_{0n} 在临界状态下的特征方程。

U_c 就是零阶贝塞尔函数的根，有一系列的值。如果用 μ_{0n} 表示零阶贝塞尔函数的第 n 根，则 $U_c = \mu_{0n}$。

零阶贝塞尔函数的根为：$\mu_{0n} = 2.40483$，5.52008，8.65373，$11.79153\cdots$

由此得到一系列的 U_c 值。每一个 U_c 值对应一定的场分布及相位传播常数 β，从而决定一个 TE 模和 TM 模。当 $U_c = 2.40483$ 时，得到 TE_{01} 和 TM_{01} 模；当 $U_c = 5.52008$ 时，得到

TE_{02} 和 TM_{02} 模；其他依此类推。

有了 U_c 值，根据 $U_c = V_c$，就很容易得到各模式的归一化截止频率 V_c。因此，TE_{0n} 和 TM_{0n} 模式的归一化截止频率为：

$$TE_{01}模和TM_{01}模 \qquad V_c = \mu_{01} = 2.40483$$
$$TE_{02}模和TM_{02}模 \qquad V_c = \mu_{02} = 5.52008$$
$$TE_{03}模和TM_{03}模 \qquad V_c = \mu_{03} = 8.65373$$
$$TE_{04}模和TM_{04}模 \qquad V_c = \mu_{04} = 11.79153$$

各模式能否在光纤中传播而成为导模，是由光纤的实际归一化频率（V）与模式的归一化截止频率（V_c）的相对大小决定的。如果光纤的归一化频率大于某一模式的归一化截止频率，则这个模式能在光纤中传播，成为导模。如果光纤的归一化频率小于某一模式的归一化截止频率，则这个模式被截止，不能在光纤中传播。即：

$$导行条件 \qquad V > V_c$$
$$截止条件 \qquad V < V_c$$
$$临界条件 \qquad V = V_c$$

由于下标相同的 TE_{0n} 和 TM_{0n} 模的归一化截止频率相同，因此，它们是互相简并的。

● EH_{mn} 模的归一化截止频率

根据 EH 模的特征方程式（2-90）和式（2-92b），在临界状态下有：

$$-\frac{J_{m+1}(U_c)}{U_c J_m(U_c)} = \lim_{W \to 0} \frac{\frac{1}{2} m! \cdot \left(\frac{2}{W}\right)^{m+1}}{W \cdot \frac{1}{2}(m-1)! \cdot \left(\frac{2}{W}\right)^m} = \lim_{W \to 0} \frac{2m}{W^2} = \infty$$

从而得到：

$$J_m(U_c) = 0 \qquad\qquad (2-94)$$

式（2-94）就是 EH_{mn} 在临界状态下的特征方程。

U_c 是 m（$m \geqslant 1$）阶贝塞尔函数的根，有一系列的值。如果用 μ_{mn} 表示 m 阶贝塞尔函数的第 n 根，则 $U_c = \mu_{mn}$。每一组 m、n 值对应一个 μ_{mn}，从而决定一个 EH 模式，记作 EH_{mn} 模。

当 $m = 1$ 时，即一阶贝塞尔函数的根为：$\mu_{1n} = 3.83171$，7.01559，10.17347，$13.32369 \cdots$ 时，对应一族 EH_{1n} 模式，其归一化截止频率为：

$$EH_{11}模 \qquad V_c = \mu_{11} = 3.83171$$
$$EH_{12}模 \qquad V_c = \mu_{12} = 7.01559$$
$$EH_{13}模 \qquad V_c = \mu_{13} = 10.17347$$
$$EH_{14}模 \qquad V_c = \mu_{14} = 13.32369$$

当 $m = 2$ 时，即二阶贝塞尔函数的根为：$\mu_{2n} = 5.13562$，8.41724，11.61984，$14.79595 \cdots$ 时，对应一族 EH_{2n} 模式，其归一化截止频率为：

$$EH_{21}模 \qquad V_c = \mu_{21} = 5.13562$$
$$EH_{22}模 \qquad V_c = \mu_{22} = 8.41724$$
$$EH_{23}模 \qquad V_c = \mu_{23} = 11.61984$$
$$EH_{24}模 \qquad V_c = \mu_{24} = 14.79595$$

其他依此类推。

- HE_{mn} 模的归一化截止频率

由于当 $W \to 0$ 时，$K_0(W)$ 和 $K_m(W)(m \neq 0)$ 的近似公式不同，在这里要分 $m = 1$ 和 $m \geq 2$ 两种情况讨论。

a. 当 $m = 1$ 时

根据 HE 模的特征方程式（2-91）、式（2-92a）和式（2-92c），在临界状态下有：

$$\frac{J_0(U_c)}{U_c J_1(U_c)} = \lim_{W \to 0} \frac{K_0(W)}{W K_1(W)} = \lim_{W \to 0} \frac{\ln \frac{2}{W}}{W \cdot \frac{1}{W}} = \lim_{W \to 0} \ln \frac{2}{W} = \infty$$

从而得到：

$$\begin{cases} U_c = 0 \\ J_1(U_c) = 0 \end{cases} \tag{2-95}$$

式（2-95）就是 HE_{1n} 在临界状态下的特征方程。此时之所以能取 $U_c = 0$，是因为当 $U_c = 0$ 时，$\frac{J_0(U_c)}{U_c J_1(U_c)} = \frac{1}{0 \cdot 0} = \infty$，等式成立。所以，当 $m = 1$ 时，U_c 的取值应为零和一阶贝塞尔函数的根，即 $U_c = 0$、μ_{1n}，而 $\mu_{1n} = 3.83171$，7.01559，10.17347，$13.32369 \cdots$ 时，如果把 $U_c = 0$ 看成一阶贝塞尔函数的第 0 个根，则 $U_c = \mu_{1,n-1} = 0$，3.83171，7.01559，10.17347，$13.32369 \cdots$ 时，各模式与对应的归一化截止频率为：

$$\begin{aligned}
HE_{11} 模 \qquad & V_c = \mu_{10} = 0 \\
HE_{12} 模 \qquad & V_c = \mu_{11} = 3.83171 \\
HE_{13} 模 \qquad & V_c = \mu_{12} = 7.01559 \\
HE_{14} 模 \qquad & V_c = \mu_{13} = 10.17347 \\
HE_{15} 模 \qquad & V_c = \mu_{14} = 13.32369
\end{aligned}$$

可以看出，EH_{1n} 的归一化截止频率等于 $HE_{1,n+1}$ 的归一化截止频率，是互相简并的。另外，HE_{11} 模的归一化截止频率最低（$V_c = 0$）。由于光纤的实际归一化频率 V 都是大于零的，根据模式的导行条件（$V > V_c$），说明 HE_{11} 模没有截止现象，是光纤中的最低阶模，存在于所有光纤中。如果适当设计光纤的结构参数和工作波长，就可以使 HE_{11} 模以外的所有模式全部截止，则光纤就成为单模光纤，因此 HE_{11} 模是单模光纤的工作模式。

b. 当 $m \geq 2$ 时

根据 HE 模的特征方程式（2-91）和式（2-92b），在临界状态下有：

$$\frac{J_{m-1}(U_c)}{U_c J_m(U_c)} = \lim_{W \to 0} \frac{K_{m-1}(W)}{W K_m(W)} = \lim_{W \to 0} \frac{\frac{1}{2}(m-2)! \cdot \left(\frac{2}{W}\right)^{m-1}}{W \cdot \frac{1}{2}(m-1)! \cdot \left(\frac{2}{W}\right)^m} = \frac{1}{2(m-1)}$$

从而得到：

$$U_c J_m(U_c) = 2(m-1) J_{m-1}(U_c) \tag{2-96}$$

根据贝塞尔函数的递推公式[5]：

$$2m J_m(U_c) = U_c J_{m-1}(U_c) + U_c J_{m+1}(U_c) \tag{2-97}$$

将式（2-97）代入式（2-96），得：

$$U_c J_m(U_c) = U_c J_{m-2}(U_c) + U_c J_m(U_c)$$

$$\Rightarrow \qquad U_c J_{m-2}(U_c) = 0 \qquad\qquad (2\text{-}98)$$

式中：如果 $U_c=0$，则 $\dfrac{J_{m-1}(U_c)}{U_c J_m(U_c)} = \dfrac{J_{m-1}(0)}{0 \cdot J_m(0)} = \dfrac{0}{0}$，成为不定型，所以 $U_c \neq 0$，只有：

$$J_{m-2}(U_c) = 0 \qquad\qquad (2\text{-}99)$$

式（2-99）就是 HE_{mn}（$m \geqslant 2$）模在临界状态下的特征方程。

对于 HE_{mn}（$m \geqslant 2$）模，与其对应的 U_c 值为一系列（$m-2$）阶贝塞尔函数的根，即 $U_c = \mu_{m-2,n}$。

当 $m=2$ 时，对应一系列 HE_{2n} 模，$U_c = \mu_{0n}$。各模式的归一化截止频率为：

$$\begin{aligned}
HE_{21}\text{模} \qquad & V_c = \mu_{01} = 2.40483 \\
HE_{22}\text{模} \qquad & V_c = \mu_{02} = 5.52008 \\
HE_{23}\text{模} \qquad & V_c = \mu_{03} = 8.65373 \\
HE_{24}\text{模} \qquad & V_c = \mu_{04} = 11.79153
\end{aligned}$$

可以看出，HE_{2n} 模与 TE_{0n} 和 TM_{0n} 模的归一化截止频率相同，是互相简并的。

当 $m=3$ 时，对应一系列 HE_{3n} 模，$U_c = \mu_{1n}$ 各模式的归一化截止频率为：

$$\begin{aligned}
HE_{31}\text{模} \qquad & V_c = \mu_{11} = 3.83171 \\
HE_{32}\text{模} \qquad & V_c = \mu_{12} = 7.01559 \\
HE_{33}\text{模} \qquad & V_c = \mu_{13} = 10.17347 \\
HE_{34}\text{模} \qquad & V_c = \mu_{14} = 13.32369
\end{aligned}$$

可以看出，HE_{3n} 模与 EH_{1n} 模和 $HE_{1,n+1}$ 模的归一化截止频率相同，是互相简并的。

依此类推，当 $m>3$ 时，HE_{mn} 模与 $EH_{m-2,n}$ 模的归一化截止频率相同，是相互简并的。

在求出了各模式的归一化截止频率之后，就可以讨论弱导光纤中单模传输的条件了。现将较低的几个模的归一化截止频率按由低到高的顺序排列如下：

$$\begin{aligned}
V_c = 0 \qquad\qquad & HE_{11}\text{模} \\
V_c = 2.40483 \qquad\qquad & TE_{01}、TM_{01}、HE_{21}\text{模} \\
V_c = 3.83171 \qquad\qquad & EH_{11}、HE_{12}、HE_{31}\text{模} \\
V_c = 5.13562 \qquad\qquad & EH_{21}、HE_{41}\text{模} \\
V_c = 5.52008 \qquad\qquad & TE_{02}、TM_{02}、HE_{22}\text{模} \\
V_c = 6.38016 \qquad\qquad & EH_{31}、HE_{51}\text{模}
\end{aligned}$$

其中 HE_{11} 模的归一化截止频率最低（$V_c = 0$），其次是 TE_{01}、TM_{01}、HE_{21} 模（$V_c = 2.40483$）。因此，要保证光纤单模传输，即光纤中只传输 HE_{11} 模，则光纤的归一化频率 V 只要满足：

$$0 < V < 2.40483 \qquad\qquad (2\text{-}100)$$

光纤的归一化频率 $V = k_0 n_1 a \sqrt{2\Delta}$，由于光波的工作波长 λ_0 很短，从而 k_0 很大，所以要保证光纤的结构参数 $V < 2.40483$ 是不太容易的，它要求很小的纤芯半径 a。但 a 太小，在制作、耦合、连接上都会造成困难；如果采取小的相对折射率差 Δ，就可容许较大的光纤芯径，这也是为什么通信用光纤做成弱导光纤的原因之一。当采用长波长光波时，k_0 减小，这对制造单模光纤是非常有利的。

② 远离截止时的 U 值

光纤中导模的 U 值是随频率而变化的。上面所讨论的 U_c 值只适用于导模截止时的情况。现在再分析另一个极端情况，即远离截止时的情况。随着光纤的归一化频率 V 的增加，导模的径向归一化衰减常数 W 越来越大，这就意味着导模在包层中的径向衰减越来越快，其能量越来越往纤芯集中。当 V 和 W 足够大时，导模能量（除靠近截止的几个高阶模外）基本上集中在光纤的纤芯之中，我们把这种状态称为远离截止状态。现讨论 $V \to \infty$ 时的极限情况。

由于 $V = 2\pi n_1 \cdot \dfrac{a}{\lambda_0} \sqrt{2\Delta}$，所以当 $V \to \infty$ 时，比值 $\dfrac{a}{\lambda_0} \to \infty$。此时光波相当于在折射率为 n_1 的无限大介质中传播，其相位传播常数 $\beta \approx k_0 n_1$，于是：

$$W = \sqrt{\beta^2 - k_0^2 n_2^2}\, a \approx k_0 a \sqrt{n_1^2 - n_2^2}$$

$$= 2\pi \cdot \frac{a}{\lambda_0} \sqrt{n_1^2 - n_2^2} \to \infty$$

当 $W \to \infty$ 时，$K_m(W)$ 的近似表达式为[5]：

$$K_m(W) = \sqrt{\frac{\pi}{2W}} e^{-w} \tag{2-101}$$

式（2-101）对 $m=0$ 和 $m>0$ 都适用。将其代入各模式的特征方程就可以得到远离截止时的特征方程。

● TE_{0n} 模和 TM_{0n} 模远离截止时的 U 值

将式（2-101）代入 TE 模和 TM 模的特征方程（2-88）式中，可得到：

$$-\frac{J_1(U)}{U J_0(U)} = \lim_{w \to \infty} \frac{K_1(W)}{W K_0(W)} = \lim_{w \to \infty} \frac{1}{W} = 0$$

从而得到：

$$J_1(U) = 0 \tag{2-102}$$

式（2-102）就是 TE_{0n} 模和 TM_{0n} 模远离截止时特征方程。

可见 U 值是一阶贝塞尔函数的根 $\mu_{1n} = 3.83171$，7.01559，10.17347，$13.32369\cdots$，其中 3.83171 是 TE_{01} 模和 TM_{01} 模远离截止时的 U 值；7.01559 是 TE_{02} 模和 TM_{02} 模远离截止时的 U 值；10.17347 是 TE_{03} 模和 TM_{03} 模远离截止时的 U 值；依此类推，μ_{1n} 是 TE_{0n} 模和 TM_{0n} 模远离截止时的 U 值。与前面截止时的 U_c 值联系起来可以看出：TE_{0n}、TM_{0n} 模的 U 值是限制在零阶贝塞尔函数的第 n 个根与一阶贝塞尔函数的第 n 个根之间的。图 2-20 所示清楚地表明各模式 U 值的变化范围。

● EH_{mn} 模远离截止时的 U 值

将式（2-101）代入 EH 模的特征方程式（2-90）中，可得到：

$$-\frac{J_{m+1}(U)}{U J_m(U)} = \lim_{w \to \infty} \frac{K_{m+1}(W)}{W K_m(W)} = \lim_{w \to \infty} \frac{1}{W} = 0$$

从而得到：

$$J_{m+1}(U) = 0 \tag{2-103}$$

式（2-103）就是 EH_{mn} 模远离截止时特征方程。

EH_{mn} 模在远离截止时，其 U 的取值为 $(m+1)$ 阶贝塞尔函数的根，即 $\mu_{m+1,n}$，记

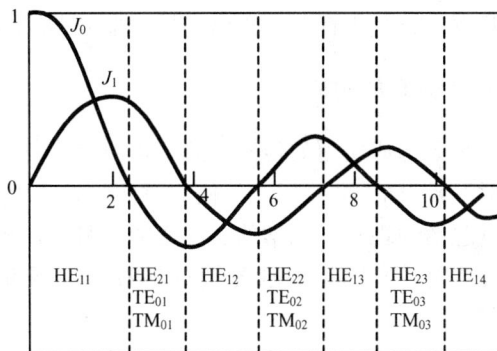

图 2-20 几个低阶模 U 值变化范围

作：$U=\mu_{m+1,n}$，与截止时的情况综合考虑，EH_{mn}模的 U 值变化范围在 μ_{mn} 和 $\mu_{m+1,n}$ 之间。

● HE_{mn} 模远离截止时的 U 值

将式（2-101）代入 HE 模的特征方程式（2-91）中，可得到：

$$\frac{J_{m-1}(U)}{UJ_m(U)} = \lim_{W \to \infty} \frac{K_{m-1}(W)}{WK_m(W)} = \lim_{W \to \infty} \frac{1}{W} = 0$$

从而得到：

$$J_{m-1}(U) = 0 \qquad (2\text{-}104)$$

式（2-104）就是 HE_{mn} 模远离截止时特征方程。

HE_{mn} 模在远离截止时，其 U 的取值为 $(m-1)$ 阶贝塞尔函数的根，即 $\mu_{m-1,n}$，记作：$U=\mu_{m-1,n}$。与截止时的情况综合考虑，当 $m=1$ 时，HE_{1n} 模的 U 值变化范围在 $\mu_{1,n-1}$ 和 μ_{0n} 之间；当 $m \geq 2$ 时，HE_{mn} 模的 U 值变化范围在 $\mu_{m-2,n}$ 和 $\mu_{m-1,n}$ 之间。

综上所述，各模式 U 值变化范围如表 2-3 所示。

表 2-3 各模式 U 值变化范围

模 式 名 称		TE_{0n}模 TM_{0n}模	EH_{mn}模	HE_{mn}模	
				$m=1$	$m \geq 2$
U 值	截止	μ_{0n}	μ_{mn}	$\mu_{1,n-1}$	$\mu_{m-2,n}$
	远离截止	μ_{1n}	$\mu_{m+1,n}$	μ_{0n}	$\mu_{m-1,n}$

2.4 光 缆

经过一次涂覆和二次涂覆（套塑）的光纤虽然具有一定的抗拉强度，但还是比较脆弱，经不起弯折、扭曲和侧压力的作用，因此只能用于实验室。为了能使光纤用于多种环境条件下，并顺利地完成敷设施工，必须把光纤和其他元件组合起来构成一体，这种组合体就是光缆。

2.4.1 光缆的典型结构

光缆一般用于野外，暴露于自然外力和人为外力之中，不仅受到各种自然灾害和人为因素的损伤，还可能受到化学侵蚀，甚至鼠、鸟、兽的伤害，并且在施工过程中还会遇到弯曲、拉伸和扭曲等情况，所以要使光缆适应外界条件，就必须要求光缆的机械性能非常高，并且要有抗化学性等。当然还要考虑安装、维护方便以及接续迅速等因素。

1. 光缆的构造

为了构成实用的传输线路，需要将光纤制成光缆。对光缆技术方面的主要要求是：在敷设时及敷设后 20 年以上的使用时间内，要为光纤提供足够的保护，从而使光纤不会遭受外力（包括物理的、化学的、动态的、静态的外界影响）而损坏；同时应保证光纤的传输特性不能劣化；其次是要求光缆的芯径细、重量轻，使光缆接续、敷设容易，使用、维护方便等。

根据上述对光缆的要求，从光纤到构成光缆，需要考虑一系列因素。如果裸光纤直接与外界接触，易产生接触伤痕，使用也不方便，为此要进行一次涂覆和二次涂覆；其次光纤如果受到侧压力，就会增大损耗，在设计光缆结构时，要尽量减小光纤受到的侧压力，为此可以在一次涂覆和二次涂覆之间使用缓冲层；另外，在敷设光缆时，为使光纤不产生断裂，就要尽量控制光缆伸长，以控制加到缆芯中光纤的张力，为此在光缆中使用金属线或加强纤维塑料等加强构件。因此，光缆的构造一般分为缆芯和护层两大部分。

（1）缆芯

在光缆的构造中，缆芯是主体，其结构是否合理，与光纤的安全运行关系很大。一般来说，缆芯结构应满足以下基本要求：光纤在缆芯内处于最佳位置和状态，保证光纤传输性能稳定，在光缆受到一定的拉力、侧压力等外力时，光纤不应承受外力影响；其次缆芯内的金属线对也应得到妥善安排，并保证其电气性能；另外缆芯截面应尽可能小，以降低成本和敷设空间。

缆芯内有光纤、光纤套管、骨架和加强元件（必要时还有铜线），在缆芯内还需填充油膏，加强元件的作用是承受光缆敷设时的拉力，以增加光缆的机械强度；铜线多用于远距离供电回路，向无电力的中继站提供电源；油膏具有可靠的防潮性能，防止潮气在缆芯中扩散。但是当缆芯中含有铜线或金属加强元件时，光缆就失去了能抗御电磁干扰的优良特性。因此，在雷电和强电影响严重的地区，选用玻璃纤维增强塑料作为缆芯的加强元件；缆芯内不加铜线，中继站采用太阳能电池、蓄电池组和本地市电相结合的就地供电方式，使缆芯成为无金属缆芯。

（2）护层

光缆护层同电缆护层一样，是由护套和外护层构成的多层组合体。其作用是进一步保护光纤，使光纤能适应在各种场合敷设，如架空、管道、直埋、室内、过河、跨海等。对于采用外围加强元件的光缆，护层还需提供足够的抗拉、抗压、抗弯曲等机械特性方面的能力。

加强构件可用金属线（钢丝）、非金属的纤维增强塑料或玻璃纤维制成。利用非金属的加强构件组成的非金属光缆，能更有效地防止雷电和强电的影响。光缆中加强构件的配置方式一般分为中心加强构件和外围加强构件两种配置方式。中心加强构件是指加强构件一般处于缆芯中央，亦称加强芯，它可以是单根高强度钢线，也可以是多股钢绞线。外围加强构件是指加强构件一般以螺旋形扭绞在某一光缆组件上，其柔韧性较好，便于施工。

除此之外，护层必须提供防潮防水的功能。因为水和潮气进入光缆内会产生下列问题：一是水进入光缆后，会在光纤中产生 OH^- 吸收损耗，使信道总衰减增大，甚至通信中断；二是水和潮气进入光缆后，使光纤材料的原子结构产生缺陷，导致光纤的抗拉强度降低；第三会造成光缆中金属构件的腐蚀现象，导致光缆强度降低；另外，水和潮气进入光缆后，遇到低温时，水结冰后体积增大，可能压坏光纤。因此，为了保证光纤的特性不致劣化，在光纤和光缆结构设计、生产、运输、施工和维护中都采取了一系列的防水措施。一般直埋光缆从外到内有聚乙烯外护套、金属护层、聚乙烯内护套、防水填充料、光纤松套管、油膏、光纤。可见若要危及光纤，则要突破几道"防线"。

2. 光缆的典型结构

光缆的基本结构按缆芯组件的不同一般可以分为层绞式、骨架式、束管式和带状式 4 种，如图 2-21 所示。我国及欧亚各国使用的较多的是传统结构的层绞式和骨架式两种。

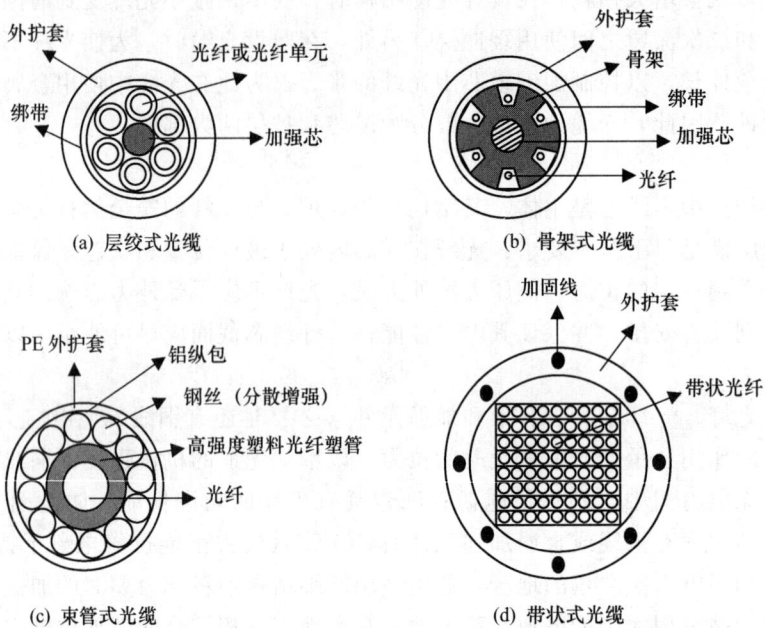

图 2-21　光缆的典型结构示意图

（1）层绞式结构

层绞式光缆的结构类似于传统的电缆结构方式，又称为古典式光缆。其加强构件位于光缆的中心，属中心加强构件配置方式，制造较容易，光纤数量较少时多采用这种结构。起初有紧套光纤也有松套光纤，后来随着光纤数目的增多，出现了单元式绞合，一个松套管就是一个单元，其内部可以有多根光纤。生产时先绞合成单元，再制成松套管，然后再绞合成缆。目前松套式一管多纤的层绞式结构得到了大量的使用。

（2）骨架式结构

骨架式光缆中的光纤置于塑料骨架的槽中，槽的横截面可以是 V 形、U 形或其他合理的形状，槽的纵向呈螺旋形或正弦形，一个空槽可放置 5～10 根一次涂覆光纤。为了识别纤序，要用色谱标志。在空槽中也有放置光纤带的，即在一个槽内放置若干个光纤带，从而构成大容量的光缆。槽的数目可以根据光纤数量设计（例如 6～18 槽），一条光缆可容纳数十根到上千根光纤。如果是放置一次涂覆光纤，槽内应填充油膏以保护光纤，这时槽的作用类似于松套管。这种结构简单，对光纤保护较好，耐压、抗弯性能较好，节省了松套管材料和相应的工序，但也对放置光纤入槽工艺提出了更高的要求，因为仅经过一次涂覆的光纤在成缆过程中稍一受力就容易损伤，影响成品合格率。

（3）束管式结构

束管式结构的光缆近年来得到了较快的发展。它相当于把松套管扩大为整个缆芯，成为一个管腔，将光纤集中松放其中。管内填充油膏，改善了光纤在光缆内受压、受拉和受弯曲时的受力状态，每根光纤都有很大的活动空间。加强元件相应地由缆芯中央移至缆芯外部的护层中，所以缆芯可以做得很细，同时将抗拉功能与护套功能结合起来，达到一材两用的设计目的。光纤束中的光纤采用有色谱标志的一次涂覆光纤，松放或由数根至数十根为一束并采用有颜色的扎丝带捆扎成束。一个加强中心管内可放置许多个这样的光纤束，总的光纤数目可达近百根。这种光缆把光学和环境的优点结合在一个新的小型尺寸中，并且大大地减少了安装时间。束管式光缆体积小、重量轻、制造容易、成本低，是更能发挥光纤优点的光缆结构之一。

（4）带状式结构

带状式结构的光缆首先将一次涂覆的光纤放入塑料带内做成光纤带，然后将几层光纤带叠放在一起构成光缆芯。带状式结构光缆的优点是可容纳大量的光纤（一般在 100 芯以上），作为用户光缆可满足需要；同时每个单元的接续可以一次完成，以适应大量光纤接续、安装的需要。

带状式结构光缆是一种空间利用率最高的光缆。在一条护套外径仅为 12mm 的光缆中，可容纳 12 层（每一层为含 12 根光纤的光纤带单元）光纤带（144 根光纤）的正方形叠层。由于带状式结构光缆内部光纤涂覆层的特性与聚脂带粘胶面的特性不能完全相同，从而产生微弯曲，导致损耗增大，这对单模光纤尤其不利。这种结构原来除美国少数国家采用外，其他国家采用较少。但随着光缆线路在光纤接入网中的大量使用，需要大量大芯数结构的光缆。因此，带状式结构的光缆目前已经得到了世界各国的大力开发和应用。

在实际应用时，当使用光纤的数量不要求很大时，可直接用上述四种缆芯基本结构单元之一作为缆芯构成光缆；当使用光纤的数量要求很大时，可用上述的缆芯基本结构单元组合在一起来构成所需的光缆。随着科学技术的发展还将出现一些新的光缆结构。

2.4.2 光缆的种类与型号

1. 光缆的种类

光缆的种类很多，其分类方法也很多，习惯的分类有：

根据光缆的传输性能、距离和用途，光缆可以分为市话光缆、长途光缆、海底光缆和用户光缆；

根据光纤的种类，光缆可以分为多模光缆、单模光缆；

根据光纤套塑的种类，光缆可以分为紧套光缆、松套光缆、束管式新型光缆和带状式多芯单元光缆；

根据光纤芯数的多少，光缆可以分为单芯光缆和多芯光缆等；

根据加强构件的配置方式，光缆可以分为中心加强构件光缆（如层绞式光缆、骨架式光缆等）、分散加强构件光缆（如束管式光缆）和护层加强构件光缆（如带状式光缆）；

根据敷设方式，光缆可以分为管道光缆、直埋光缆、架空光缆和水底光缆；

根据护层材料性质，光缆可以分为普通光缆、阻燃光缆和防蚁、防鼠光缆等。

2. 光缆的型号[6]

光缆的种类较多，同其他产品一样，具有具体的型式和规格。根据 ITU-T 的有关建议，目前光缆的型号是由光缆的型式代号和光纤的规格两部分构成，中间用一短线（即 "-"）分开。

（1）光缆的型式代号

光缆的型式代号是由分类、加强构件、派生（形状、特性等）、护套和外护层五部分组成，如图 2-22 所示。

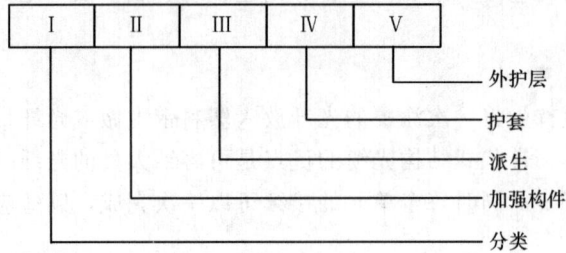

图 2-22　光缆的型式代号

① 光缆分类代号及其意义

GY：通信用室（野）外光缆；

GR：通信用软光缆；

GJ：通信用室（局）内光缆；

GS：通信用设备内光缆；

GH：通信用海底光缆；

GT：通信用特殊光缆；

GW：通信用无金属光缆。

② 加强构件的代号及其意义

无符号：金属加强构件；

F：非金属加强构件；

G：金属重型加强构件；

H：非金属重型加强构件。

③ 派生特征的代号及其意义

B：扁平式结构；

Z：自承式结构；

T：填充式结构；

S：松套结构。

注：当光缆型式兼有不同派生特征时，其代号字母顺序并列。

④ 护套的代号及其意义

Y：聚乙烯护套；

V：聚氯乙烯护套；

U：聚氨酯护套；

A：铝、聚乙烯护套；

L：铝护套；

Q：铅护套；

G：钢护套；

S：钢、铝、聚乙烯综合护套。

⑤ 外护层的代号及其意义

外护层是指铠装层及铠装层外面的外被层，参照国标 GB2952-82 的规定，外护层采用两位数字表示，各代号的意义如表 2-4 所示。

表 2-4 外护层的代号及意义

代 号	铠 装 层	代 号	外 被 层
0	无	0	无
1	……	1	纤维层
2	双钢带	2	聚氯乙烯套
3	细圆钢丝	3	聚乙烯套
4	粗圆钢丝		
5	单钢带皱纹纵包		

（2）光纤的规格代号

光纤的规格代号是由光纤数目、光纤类别、光纤主要尺寸参数、传输性能和适用温度五部分组成，各部分均用代号或数字表示。光纤的规格代号如图 2-23 所示。

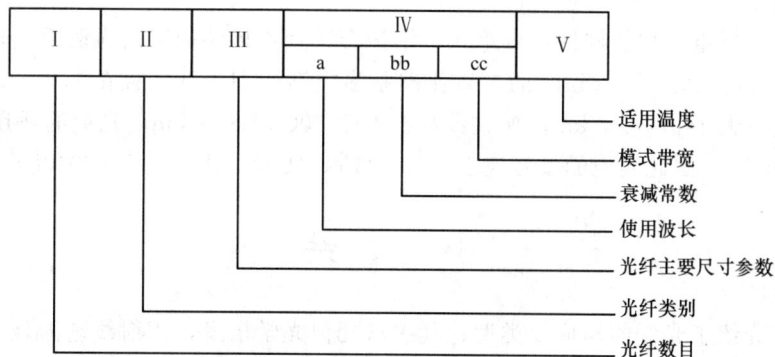

图 2-23 光纤的规格代号

① 光纤数目

用光缆中同类别光纤的实际有效数目的阿拉伯数字表示。

② 光纤类别的代号及其意义

　　J：二氧化硅系多模渐变型光纤；

　　T：二氧化硅系多模阶跃型（突变型）光纤；

　　Z：二氧化硅系多模准突变型光纤；

　　D：二氧化硅系单模光纤；

　　X：二氧化硅纤芯塑料包层光纤；

　　S：塑料光纤。

③ 光纤的主要尺寸参数代号及其意义

用阿拉伯数字（含小数点）以 μm 为单位表示多模光纤的芯径/包层直径或单模光纤的模场直径/包层直径。

④ 传输性能代号及其意义

光纤的传输特性代号是由使用波长、损耗系数、模式带宽的代号（分别为 a、bb、cc）构成。其中 a 表示使用波长的代号，其数字代号规定如下：

1：使用波长在 $0.85\mu m$ 区域；

2：使用波长在 $1.31\mu m$ 区域；

3：使用波长在 $1.55\mu m$ 区域。

bb 表示损耗系数（或称衰减系数）的代号，其数字依次为光缆中光纤损耗系数值（dB/km）的个位和十分位。

cc 表示模式带宽的代号，其数字依次是光缆中光纤模式带宽数值（MHz·km）的千位和百位数字。单模光纤无此项。

注意：同一光缆适用于两种以上的波长，并具有不同的传输特性时，应同时列出各波长上的规格代号，并用"/"划开。

⑤ 适用温度代号及其意义

A：适用于 $-40℃ \sim +40℃$；

B：适用于 $-30℃ \sim +50℃$；

C：适用于 $-20℃ \sim +60℃$；

D：适用于 $-5℃ \sim +60℃$。

例如：一金属重型加强构件，自承式、铝护套、聚乙烯外护层的通信用室外光缆，包括 12 根芯径/包层直径为 $50/125\mu m$ 的二氧化硅系多模渐变型光纤，且在 $1.31\mu m$ 波长上，光纤的衰减系数不大于 0.4 dB/km，模式带宽不大于 800 MHz·km；光缆的适用温度范围为 $-20℃ \sim +60℃$；因此光缆的型号应表示为：GYGZL03-12J50/125（20408）C。

小　　结

本章首先介绍了光纤的构成及类型；其次从几何光学出发，用射线理论分析了阶跃型光纤和渐变型光纤的传输特性及单模光纤和多模光纤的概念，得到的结论较直观、简单。

其次在分析均匀介质中波的传播特性和一些基本概念的基础上，重点用波动理论分析了阶跃型光纤的传输理论及其特性。对于阶跃型光纤，可以采用波动光学理论进行较严格的分析，这种方法是求解波导问题所采用的传统方法，其步骤可以归纳为：①求解 E_z 和 H_z 分量所满足的标量亥姆霍兹方程；②将 E_z 和 H_z 分量代入麦克斯韦方程求出 E_r、E_φ、H_r 和 H_φ 分量；③利用边界条件确定常数并推导出特征方程；④由特征方程进行模式分类，推导出光纤中各模式的特征方程，并研究各模式的截止条件、远离截止条件、传输常数等。本章用这种方法给出了阶跃型光纤中完善的场描述，给出了阶跃型弱导光纤中存在的 TE_{0n}、TM_{0n}、EH_{mn} 和 HE_{mn} 模的场分布、特征方程及截止条件。对于阶跃型弱导光纤，HE_{11} 模是最低阶模（即基模），满足单模传输的条件 $V<2.405$。

本章还简单介绍了光缆的构造和典型结构，并根据 ITU-T 的建议介绍了光缆型号的组成及命名方法。

复习思考题

1. 光纤是由哪几部分组成的？各部分有何作用？

2. 光纤是如何分类的？阶跃型光纤和渐变型光纤的折射率分布是如何表示的？

3. 阶跃型光纤和渐变型光纤的数值孔径 NA 是如何定义的？两者有何区别？它是用来衡量光纤什么的物理量？

4. 简述光纤的导光原理。

5. 什么是传导模？推导相位一致条件，并说明其物理意义。

6. 在均匀光纤中，为什么单模光纤的芯径和相对折射率差 Δ 比多模光纤小？

7. 均匀光纤纤芯和包层的折射率分别为 $n_1 = 1.50$，$n_2 = 1.45$，光纤的长度 $L = 10\text{km}$。试求：

（1）光纤的相对折射率差 Δ；

（2）数值孔径 NA；

（3）若将光纤的包层和涂敷层去掉，求裸光纤的 NA 和相对折射率差 Δ。

8. 已知阶跃型光纤，纤芯折射率 $n_1 = 1.50$，相对折射率差 $\Delta = 0.5\%$，工作波长 $\lambda_0 = 1.31\mu\text{m}$，试求：

（1）保证光纤单模传输时，光纤的纤芯半径 a 应为多大？

（2）若 $a = 5\mu\text{m}$，保证光纤单模传输时，n_2 应如何选择？

9. 已知抛物线型渐变多模光纤，纤芯轴线处的最大折射率 $n(0) = 1.50$，相对折射率差 $\Delta = 5\%$，纤芯半径 $2a = 50\mu\text{m}$，工作波长 $\lambda_0 = 0.85\mu\text{m}$。试求此光纤可传输的模式数。

10. 证明：垂直极化波和水平极化波的反射系数和传递系数的表达式。

垂直极化波：

$$R = \frac{n_1\cos\theta_1 - n_2\cos\theta_2}{n_1\cos\theta_1 + n_2\cos\theta_2}$$

$$T = \frac{2n_1\cos\theta_1}{n_1\cos\theta_1 + n_2\cos\theta_2}$$

水平极化波：

$$R = \frac{n_2\cos\theta_1 - n_1\cos\theta_2}{n_2\cos\theta_1 + n_1\cos\theta_2}$$

$$T = \frac{2n_1\cos\theta_1}{n_2\cos\theta_1 + n_1\cos\theta_2}$$

11. 根据上题证明的结果，推导垂直极化波和水平极化波在全反射情况下介质 1 和介质 2 中场的表达式，并简要说明介质 1 和介质 2 中波的特点。

12. 简述 TEM 波、TE 波、TM 波、EH 波和 HE 波各自的特点。弱导光纤中存在哪些类型的波？为什么不存在 TEM 波？

13. 模的特性是用哪些参数来衡量的？各描述的是什么含义？

14. 根据 TE_{0n} 和 TM_{0n} 模在弱导光纤中的特征方程：

$$-\frac{J_1(U)}{UJ_0(U)} = \frac{K_1(W)}{WK_0(W)}$$

证明 TE_{0n} 和 Tm_{0n} 模在截止状态下有：$J_0(U_c) = 0$

15. 根据 HE_{mn} 模在弱导光纤中的特征方程：

$$\frac{J_{m-1}(U)}{UJ_m(U)} = \frac{K_{m-1}(W)}{WK_m(W)}$$

试求：HE_{11}、HE_{12}、HE_{21} 和 HE_{22} 模的归一化截止频率 V_c。

16. 根据 EH_{mn} 模在弱导光纤中的特征方程：

$$-\frac{J_{m+1}(U)}{UJ_m(U)} = \frac{K_{m+1}(W)}{WK_m(W)}$$

试求：EH_{11}、EH_{12}、EH_{21} 和 EH_{22} 模的径向归一化相位常数 U 值。

17. 如果在导弱光纤中存在 EH_{21} 模，则光纤中至少还存在哪些模式？如果光纤中只让 HE_{11} 模存在，则光纤的归一化频率 V 必须满足什么条件？

18. 已知阶跃型多模光纤，其纤芯半径 $a = 8\mu m$，纤芯折射率 $n_1 = 1.46$，相对折射率差 $\Delta = 1\%$，工作波长 $\lambda_0 = 1.31\mu m$。试求此阶跃型光纤中可传输哪些模式？

19. 光缆的典型结构有哪几种？各有什么特点？

20. 光缆进潮进水有哪些危害？光缆在结构上是如何防潮防水的？

21. 光缆型号是由哪几部分构成的？

22. 识别光缆型号：

GYFTY21-12J50/125（30409）B

GYZT53-24D8/125（303）A

光纤的特性很多，基本上可以分为几何尺寸特性、光学特性、传输特性、机械特性和温度特性五类。几何尺寸特性包括光纤的包层直径、芯径、偏心度和椭圆度等；光学特性主要包括折射率分布、数值孔径、模场直径和截止波长；传输特性主要指光纤的损耗特性、色散和带宽特性。传输特性是光纤最主要的特性。

本章主要介绍光纤的传输特性，首先重点分析光纤的损耗特性、色散特性及色散和带宽对通信容量的影响，其次简要介绍成缆对光纤特性的影响以及典型光纤的主要特性参数。

3.1 光纤的损耗特性

光纤通信是随着光纤损耗的不断降低而发展起来的，造成光纤损耗的原因很多，其损耗机理也很复杂。下面就以石英光纤为例来讨论引起光纤损耗的各种机理。

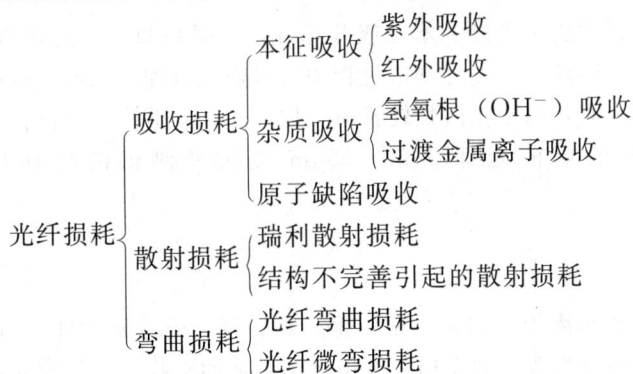

$$
光纤损耗
\begin{cases}
吸收损耗 \begin{cases}
本征吸收 \begin{cases} 紫外吸收 \\ 红外吸收 \end{cases} \\
杂质吸收 \begin{cases} 氢氧根（OH^-）吸收 \\ 过渡金属离子吸收 \end{cases} \\
原子缺陷吸收
\end{cases} \\
散射损耗 \begin{cases} 瑞利散射损耗 \\ 结构不完善引起的散射损耗 \end{cases} \\
弯曲损耗 \begin{cases} 光纤弯曲损耗 \\ 光纤微弯损耗 \end{cases}
\end{cases}
$$

3.1.1 吸收损耗

吸收损耗是由制造光纤材料本身以及其中的过渡金属离子和氢氧根离子（OH^-）等杂质对光的吸收而产生的损耗，前者是由光纤材料本身的特性所决定的，称为本征吸收损耗。

1. 本征吸收损耗

本征吸收损耗在光学波长及其附近有两种基本的吸收方式。在短波长区，主要是紫外吸收的影响；在长波长区，红外吸收起主导作用。

（1）紫外吸收损耗

紫外吸收损耗是由光纤中传输的光子流将光纤材料中的电子从低能级激发到高能级时，光子流中的能量将被电子吸收，从而引起的损耗。这种吸收损耗对于波长小于 $0.4\mu m$ 的紫外区中的光波表现得特别强烈，形成紫外吸收带。其吸收损耗曲线可延伸到光纤通信波段（即 $0.8 \sim 1.7\mu m$ 波段）。在短波长范围内，引起的光纤损耗小于 $0.1dB/km$。

（2）红外吸收损耗

红外吸收损耗是由于光纤中传播的光波与晶格相互作用时，一部分光波能量传递给晶格，使其振动加剧，从而引起的损耗。由于这种吸收损耗对于红外区中 $2\mu m$ 以上的光波表现得特别强烈，因此称为红外吸收。它对光纤通信波段影响不太大，对短波长不引起损耗，如图 3-1 所示。由此可见，石英系光纤的工作波长不能大于 $2\mu m$。

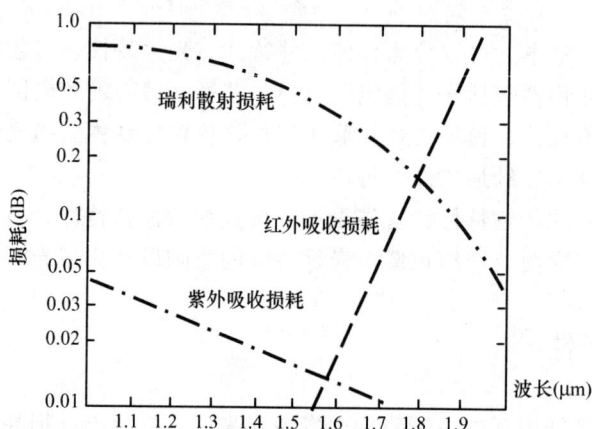

图 3-1　掺杂 GeO_2 的光纤本征损耗

紫外吸收损耗和红外吸收损耗，构成了光纤的本征吸收损耗，它是材料本身所固有的，只有改变材料成分才能有微小改变。因此，在光纤制造过程中可以通过合理地选择光纤的掺杂材料来减小本征吸收损耗。实验表明：当工作波长较长时，掺 GeO_2 杂质的光纤材料是最理想的。用 SiO_2-GeO_2 材料制成的单模光纤，在 $1.55\mu m$ 波长处测得的损耗仅为 $0.2dB/km$。

2. 杂质吸收损耗

光纤中的有害杂质主要有过渡金属离子，如铁、钴、镍、铜、锰、铬等和 OH^-。这些杂质离子主要是在光纤传输的电磁场（光波）的作用下产生振动，从而吸收一部分光能，引起损耗。它们的影响可以随杂质浓度降低而减小，直到清除。降低材料中的过渡金属离子比较容易，目前已可以使它们的影响减小到最小程度。但是材料中的 OH^- 的振动吸收影响较大，尽管它的含量较其他过渡金属离子的含量低几个数量级。OH^- 振动的基波为 $2.73\mu m$，二次谐波为 $1.38\mu m$，三次谐波为 $0.95\mu m$，它的各次振动谐波和它的组合波，将在 $0.6 \sim 2.73\mu m$ 的波长范围内产生若干吸收峰。如图 3-2 所示，图中的 3 个峰都是 OH^- 吸收造成的。由该图可以看出，OH^- 对长波长 $1.38\mu m$ 附近的振动吸收特别强烈，这对长波长通信是不利的。不过，随着科技的发展和工艺的不断提高，OH^- 的含量将不断降低。当降到 $0.8 \sim 1.0ppb$（10^{-9}）时，在整个 $0.7 \sim 1.6\mu m$ 波谱范围内，其吸收峰基本消失，得到如图 3-2 中虚线所示的曲线，$1.31\mu m$ 波长窗口和 $1.55\mu m$ 波长窗口不再被 OH^- 吸收峰隔开，因此，可以得到一个很宽的低损耗波长窗口，有利于波分复用。

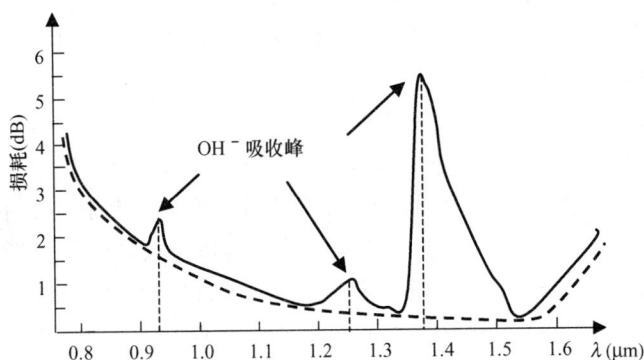

图 3-2　OH^- 的吸收损耗

3. 原子缺陷吸收损耗

通常在光纤的制造过程中，光纤材料受到某种热激励或光辐射时将会发生某个共价键断裂而产生原子缺陷，此时晶格很容易在光场的作用下产生振动，从而吸收光能，引起损耗，其峰值吸收波长约为 630nm 左右。原子缺陷吸收，可以通过选用合适的制造工艺、不同的掺杂材料及含量，使之减小到可以忽略不计的程度。

3.1.2　散射损耗

光线通过均匀透明介质时，从侧面是难以看到光线的。如果介质不均匀，如空气中飘浮的大量灰尘，我们便可以从侧面清晰地看到光束的轨迹。这是由于介质中的不均匀性使光线朝四面八方散开的结果，这种现象称之为散射。散射损耗是以光能的形式把能量辐射出光纤之外的一种损耗。散射损耗可分为线性散射损耗和非线性散射损耗两大类[3][7]。

1. 线性散射损耗

任何光纤波导都不可能是完美无缺的，无论是材料、尺寸、形状和折射率分布等，均可能有缺陷或不均匀，这将引起光纤传播模式散射性的损耗，由于这类损耗所引起的损耗功率与传播模式的功率成线性关系，所以称为线性散射损耗。

（1）瑞利散射

瑞利散射是一种最基本的散射过程，属于固有散射。在光纤的制造过程中，热骚动使原子产生压缩性的不均匀或压缩性的起伏，这使物质的密度不均匀，从而使折射率不均匀，这种不均匀性或起伏在冷却过程中被固定下来。这些不均匀尺寸比光波长还小，当光纤中传播的光照射在这些不均匀微粒上时，就会向各个方向散射。人们把这种粒子的尺寸比波长小得多时产生的散射称为瑞利散射。在光纤中，这些散射光线有些受到波导影响，可以向前或向后传播，有些则由于偏离传播方向而变成辐射模。从而造成光纤中向前传播的光能减小，形成损耗。瑞利散射引起的损耗与 λ^{-4} 成正比。从图 3-1 中可以看到，这种损耗随着波长的增加而急剧减小。从图 3-1 还可以看出，对于短波长光纤，损耗主要取决于瑞利散射损耗。值得强调的是：瑞利散射损耗也是一种本征损耗，它和本征吸收损耗一起构成光纤损耗的理论极限值。

（2）光纤结构不完善引起的散射损耗（波导散射损耗）

在光纤制造过程中，由于工艺、技术问题以及一些随机因素，可能造成光纤结构上的缺陷，如光纤的纤芯和包层的界面不完整、芯径变化、圆度不均匀、光纤中残留气泡和裂痕等。这些结构上不完善处的尺寸远大于光波波长，引起与波长无关的散射损耗。在这里，散射是一种直观的描述。实际上，它是由结构的不完善所引起的模式转换或模式耦合，如图3-3所示。当光纤的芯包界面不呈直线而凹凸不平时，使原来传播光线的入射角发生了变化，由于θ角变化而使原来的模式变为另一个模式，这就是模式转换。当低阶模变为高阶模时，其传播路径增加，使衰耗增大；当变化后的θ不再满足全反射条件时，光就会辐射到包层中，形成辐射模。因此这些散射光线不能沿光纤长距离传输，致使光纤传输的光功率受到损耗，整个光纤的损耗谱曲线上移。不过随着工艺的改进，一般来说结构缺陷引起的损耗可以降低到 0.01～0.05dB/km 的范围之内。

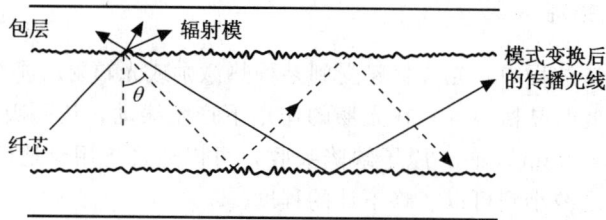

图 3-3　界面散射引起的模式变换

2. 非线性散射损耗

光纤中存在两种非线性散射，它们都与石英光纤的振动激发态有关，分别称为受激喇曼散射和受激布里渊散射。在高功率传输时，光纤中的受激喇曼散射和受激布里渊散射能导致相当大的损耗，一旦入射光功率超过阈值，散射光强将呈指数增长。系统采用波分复用（WDM）和掺铒光放大器（EDFA）时，一定要考虑这两种散射损耗的影响[7]。

3.1.3　弯曲损耗

光纤的弯曲有两种形式：一种是曲率半径比光纤的直径大得多的弯曲，我们习惯称为弯曲或宏弯；另一种是光纤轴线产生微米级的弯曲，这种高频弯曲习惯称为微弯。

在光缆的生产、接续和施工过程中，不可避免地出现弯曲。它的损耗机理如图3-4所示。光纤弯曲时会造成模式转换，如低阶模变为高阶模时，传输路径增加，从而损耗增大；若导模转换为辐射模，则造成辐射损耗。为了

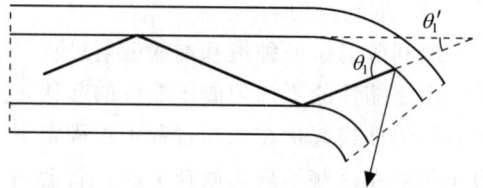

图 3-4　光纤的弯曲影响

尽量减小这种损耗，施工过程中严格规定了光纤光缆的允许弯曲半径，使弯曲损耗降低到可以忽略不计的程度。

微弯是由于光纤受到侧压力和套塑光纤遇到温度变化时，光纤的纤芯、包层和套塑的热膨胀系数不一致而引起的，其损耗机理和弯曲一致，也是由模式变换引起的。这种微弯损耗的减小，依赖于对光纤结构的合理设计。如增大相对折射率差 Δ 值等，可以提高光纤的抗微弯能力。

至此，已介绍了引起光纤损耗的几个主要因素。下面以 GeO_2-P_2O_5-SiO_2 光纤损耗的波谱图为例，介绍光纤的各种损耗特性，如图 3-5 所示。首先看到紫外吸收和红外吸收两条曲线，这是因为当光子中携带的能量足以激励材料中的电子时，光能被吸收而变为少量的热能或机械能。目前，光纤通信利用紫外和红外吸收尾之间"窗口"的波段，属于近红外区。其次看到图上的 OH^- 吸收高峰，这是因为在制造玻璃过程中 $SiCl_4$ 液体与氧作用时遇到氢气而形成的。如果 OH^- 存在 1ppm（10^{-6}），将在 $1.38\ \mu m$ 产生 $50dB/km$ 损耗。因此，在制造光纤预制棒时应尽量把 OH^- 除去。再次看到瑞利散射与 λ^4 成反比的曲线，它是光纤的本征损耗，无法避免，但它在长波长的影响较小。最后又看到波导不完善引起的损耗，其值较小，且与波长无关。

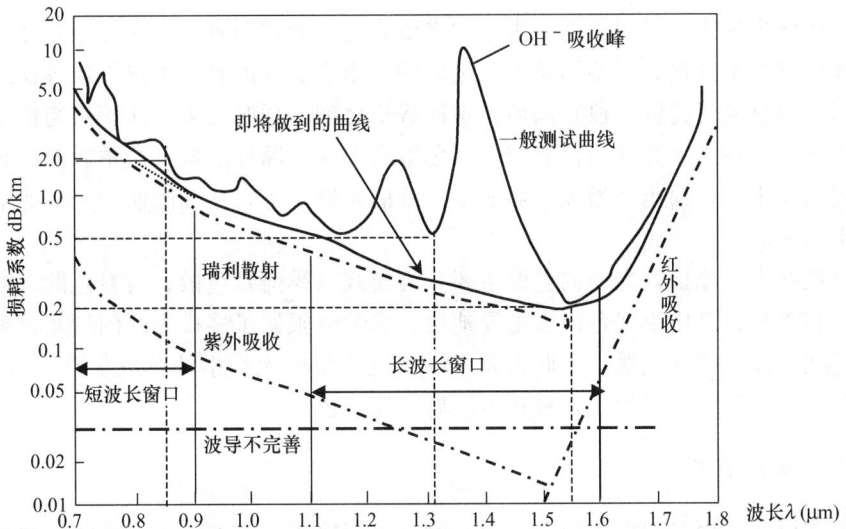

图 3-5 GeO_2-P_2O_5-SiO_2 光纤的损耗波谱

前面已经指出光纤有 3 个低损耗窗口。在图 3-5 上，标明了这 3 个常用的低损耗窗口。波长为 $0.85\ \mu m$ 附近的低损耗窗口是 20 世纪 70 年代初确定的，它是为了和当时生产的半导体激光器的工作波长相一致。到 20 世纪 70 年代末又获得了损耗更低的长波长光纤和与它相配合的半导体激光器件，因而又形成了波长为 $1.31\ \mu m$ 和 $1.55\ \mu m$ 附近的两个低损耗窗口。

值得指出的是：上面所讨论的均为目前情况下实用的石英系光纤，它并非是损耗值最低的理想光纤，目前正在研究采用导光性能更好的超长波长光纤。

3.1.4 光纤损耗系数

为了衡量一根光纤损耗特性的好坏，在此引入损耗系数（衰减系数）的概念，即传输单位长度（1km）光纤所引起的光功率减小的分贝数，一般用 α 表示损耗系数，单位是 dB/km。用数学表达式表示为：

$$\alpha = \frac{10}{L}\lg\frac{P_1}{P_2}(\text{dB/km}) \tag{3-1}$$

式中：L 为光纤长度，以 km 为单位；P_1 和 P_2 分别为光纤的输入和输出光功率，以 mW 或 μW 为单位。如果光纤的输入和输出光功率以 dB 为单位，则损耗系数 α 为：

$$\alpha = \frac{P_1 - P_2}{L}(\text{dB/km}) \tag{3-2}$$

3.2 光纤的色散特性

3.2.1 色散的概念

在物理光学中，色散是指由于某种物理原因使具有不同波长的光经过透明介质后被散开的现象，例如，一束白光经三棱镜后分为彩色光带，这是因为玻璃对不同波长（不同频率）的光有不同的折射率，即玻璃的折射率是光波长（光波频率）的函数，从而不同波长的光在玻璃中的传播速度也不相同。

在光纤传输理论中，借用了这一古老的术语表达了新的内容。在光纤中，光信号是由很多不同的成份（如不同模式、不同频率）组成的，由于信号的各频率成份或各模式成份的传播速度不同，经过光纤传输一段距离后，不同成份之间出现时延差，从而引起信号畸变，这种现象称为色散。在数字光纤通信系统中，色散会引起光脉冲展宽，严重时前后脉冲将相互重叠，形成码间干扰，误码率增大，影响了光纤的传输带宽，从而限制了光纤通信系统的传输容量和中继距离。

按照色散产生的原因，光纤的色散主要分为模式（模间）色散、材料色散、波导色散和极化色散。在多模光纤中模式色散占主导地位，它最终限制了多模光纤的带宽；单模光纤只传输一个模式，没有模式色散，因此带宽可以很宽。单模光纤中的色散主要包括材料色散、波导色散和极化色散，严格地说，极化色散属于模式色散。

3.2.2 模式色散

所谓模式色散，用光的射线理论来说，就是由于轨迹不同的各光线沿轴向的平均速度不同所造成的时延差。模式色散一般存在于多模光纤中，由于在多模光纤中同时存在多个模式，不同模式沿光纤轴向的传播速度不同，到达终端时就有先有后，出现时延差，从而引起脉冲展宽。时延差越大，色散就越严重，所以常用时延差表示色散程度。理想的单模光纤中由于只传输一个模式（基模），因而不存在模式色散。

1. 阶跃型光纤中的模式色散

在阶跃型光纤中，传播最快的和最慢的两条光线分别是沿轴线方向传播的光线①和以临界角 θ_c 入射的光线②，如图 3-6 所示。因此，在阶跃型光纤中最大色散是光线①和光线②到达终端的时延差。

根据几何光学，光线①和②沿轴线方向的传播速度分别为 $\frac{c}{n_1}$ 和 $\frac{c}{n_1}\sin\theta_c$。因此光纤的模式色散 τ_M 为：

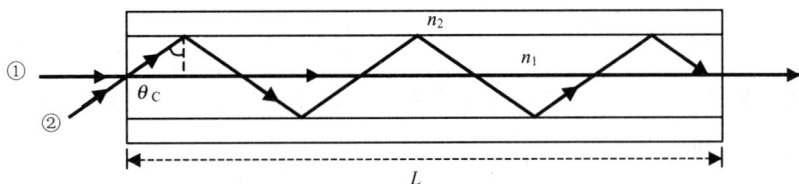

图 3-6 阶跃型光纤的模式色散

$$\tau_M = \frac{L}{\dfrac{c}{n_1}\sin\theta_c} - \frac{L}{\dfrac{c}{n_1}} = \frac{Ln_1}{c}\left(\frac{n_1}{n_2} - 1\right) \approx \frac{Ln_1}{c}\Delta \tag{3-3}$$

式中：Δ 为阶跃型光纤的相对折射率差。在弱导光纤（n_1 和 n_2 相差很小）中：

$$\Delta \approx \frac{n_1 - n_2}{n_1} \approx \frac{n_1 - n_2}{n_2} \tag{3-4}$$

如果 $\Delta = 1\%$，石英的纤芯折射率 $n_1 = 1.5$，则 $L = 1\text{km}$ 长的光纤的模式色散（模时延差）$\tau_M = 50\text{ns}$。由此可见，阶跃型多模光纤的模式色散是很严重的。而实际上由于各种原因（如弯曲、微弯）的影响，模式之间会发生转换，模式色散较最坏情况时要好些。原因是由于传导模间的相互变换（纵向传播速度快的模变换为纵向传播速度慢的模，或相反）使纵向传播速度得到平均；再者，传导模和辐射模的变换，使那些纵向传播速度慢得多的高阶模转变为辐射模而被损耗掉，这样模时延差相对减少了一些。

2. 渐变型光纤中的模式色散

在渐变型光纤中合理地设计光纤折射率分布，使光线在光纤中传播时速度得到补偿，从而使模式色散引起的光脉冲展宽将减小。下面从几何光学理论分析折射率沿径向呈抛物线分布时的模式色散。从推导出的理论结果可以看到：渐变型光纤的色散特性较阶跃型光纤的色散特性好得多。

图 3-7 所示是子午光线（在包含光纤轴线的纵剖面内传输的光线）在渐变光纤中的传播轨迹。纤芯的折射率分布呈抛物线分布，即：

$$n(r) = n(0)\left[1 - 2\Delta\left(\frac{r}{a}\right)^2\right]^{1/2} \tag{3-5}$$

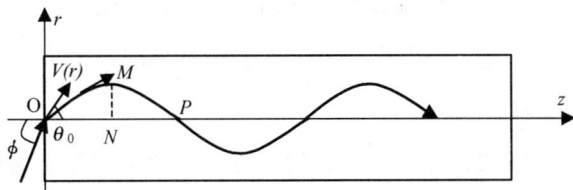

图 3-7 子午光线在渐变型光纤中传播轨迹

下面来分析光线传播半个周期（即从 O 点至 P 点）所走的轴向距离及时延。

设光线在光纤入射端面的入射角为 ϕ，折射角为 θ_0，在传播轨迹上任意一点 (z, r) 处的射线角为 θ，M 点是 r 值为最大的点（即顶点），此处的 $\theta = 0$。根据前面对渐变光纤的分析，OM 和 MP 完全对称，光线经历的时间也相等。因此：

$$\overline{OP} = 2\int_0^{r_{\mathrm{M}}} \frac{1}{\mathrm{tg}\,\theta}\mathrm{d}r = 2\int_0^{r_{\mathrm{M}}} \frac{\cos\theta_0}{\sqrt{\left[\frac{n(r)}{n(0)}\right]^2 - \cos^2\theta_0}}\mathrm{d}r = \frac{\pi a}{\sqrt{2\Delta}}\cos\theta_0 \tag{3-6}$$

设光线传播轨迹在 (z, r) 点处的光速为 $v(r)$，方向为轨迹的切线方向，则 r 方向有：$\frac{\mathrm{d}r}{\mathrm{d}t} = v(r)\sin\theta$。根据轨迹的对称性，光线从 O 点传播到 P 点所用的时间 T 为：

$$T = 2\int_0^{r_{\mathrm{M}}} \frac{1}{v(r)\sin\theta}\mathrm{d}r = \frac{a\pi}{c}\frac{1}{\sqrt{2\Delta}}n(0) \times \frac{1+\cos^2\theta_0}{2} \tag{3-7}$$

那么，传播 L 长度光纤时的时延为：

$$t = \frac{L}{\overline{OP}} \cdot T = \frac{1}{2} \cdot \frac{Ln(0)}{c} \cdot \frac{1+\cos^2\theta_0}{\cos\theta_0} \tag{3-8}$$

由图 3-7 可以看到最大的 θ_0 应满足：

$$1 \cdot \sin\phi_0 = n(0)\sin\theta_0$$

而：

$$1 \cdot \sin\phi_0 = NA = n(0)\sqrt{2\Delta}$$

所以：

$$\Delta = \frac{1}{2}(1-\cos^2\theta_0) = \frac{1}{2}(1+\cos\theta_0)(1-\cos\theta_0)$$

由于 θ_0 很小，所以，有以下近似式：

$$\Delta \approx 1-\cos\theta_0$$

将上式代入式（3-8），就可以得到最大的时延：

$$t_{\max} \approx \frac{1}{2} \cdot \frac{Ln(0)}{c}\Delta^2 + \frac{Ln(0)}{c} \tag{3-9}$$

而最小的时延是光线沿光纤轴向（即 $\theta_0 = 0$）传播时所需的时间，即：

$$t_{\min} = \frac{Ln(0)}{c} \tag{3-10}$$

因此，折射率按抛物线分布的渐变型光纤的模式色散为：

$$\tau_{\mathrm{M}} = t_{max} - t_{min} \approx \frac{1}{2} \cdot \frac{Ln(0)}{c}\Delta^2 \tag{3-11}$$

由于折射率按抛物线分布的渐变光纤的模式色散与 Δ^2 成正比，而阶跃型光纤的模式色散与 Δ 成正比；当 $\Delta = 1\%$ 时，折射率按抛物线分布的渐变光纤的模式色散仅为阶跃型光纤的 $1/200$。

同样，可以导出折射率为其他指数分布的渐变型光纤的模式色散近似计算公式：

$$\tau_{\mathrm{M}} = \left(\frac{\alpha-2}{\alpha+2}\right)\frac{Ln(0)}{c}\Delta \qquad (\alpha \neq 2) \tag{3-12}$$

式中：α 为光纤的折射率分布指数。

为了和阶跃型光纤的模式色散做一个比较，也举一个参数和前面相同的例子。$\Delta = 1\%$，$n_1 = 1.5$，$L = 1\mathrm{km}$，$\alpha = 2$ 和 $\alpha = 2.22$ 的两根渐变型光纤，利用式（3-11）和式（3-12）分别求得模式色散 $\tau_{\mathrm{M}} = 0.25\mathrm{ns}$ 和 $\tau_{\mathrm{M}} = 2.6\mathrm{ns}$，比阶跃型光纤的模式色散（50ns）小得多。

从式（3-3）、式（3-11）和式（3-12）中可以清楚地看到：光纤的 Δ 值越大，模式色散就越大，相应带宽就越窄；而光纤的数值孔径 NA 与 $\Delta^{1/2}$ 成正比，即 Δ 越大，光纤的集光能力就越强，有利于光源与光纤的耦合，可以增加入纤的光功率。由此可见，光纤的模式色散和数值孔径之间存在着矛盾，设计时必须综合考虑。

3.2.3 材料色散

光纤材料的折射率随光波长的变化而变化，从而引起脉冲展宽的现象称为材料色散。在光纤通信系统中，实际使用的光源发出的光并不是单一波长的光，而是具有一定的谱线宽度。光在其中的传播速度 $v(\lambda) = c/n(\lambda)$ 也是随波长的变化而变化的。当具有一定谱线宽度的光源所发出的光脉冲入射到光纤中传输时，不同波长的光脉冲将有不同的传播速度，在到达出射端面时将产生时延差，从而使脉冲展宽，这就是材料色散的机理。

1. 材料色散系数[4]

一般情况下，材料色散往往是用色散系数这个物理量来衡量，色散系数定义为单位波长间隔内各频率成份通过单位长度光纤所产生的时延差，用 $D(\lambda)$ 表示，单位是 ps/(nm·km)。色散的具体表达式可以根据群速度定义导出。

$$D(\lambda) = \frac{\mathrm{d}\tau}{\mathrm{d}\lambda} \tag{3-13}$$

设单一模式的相位传播常数为 β，则相应的群速度为：

$$v_{\mathrm{g}} = \frac{\mathrm{d}\omega}{\mathrm{d}\beta} \tag{3-14}$$

因此，光波在单位长度光纤上的时延为：

$$\tau = \frac{1}{v_{\mathrm{g}}} = \frac{\mathrm{d}\beta}{\mathrm{d}\omega} = \frac{\mathrm{d}\beta}{\mathrm{d}k_0} \cdot \frac{\mathrm{d}k_0}{\mathrm{d}\omega} = \frac{1}{c}\frac{\mathrm{d}\beta}{\mathrm{d}k_0} \tag{3-15}$$

所以：

$$D(\lambda) = \frac{\mathrm{d}\tau}{\mathrm{d}\lambda} = \frac{\mathrm{d}\tau}{\mathrm{d}k_0} \cdot \frac{\mathrm{d}k_0}{\mathrm{d}\lambda} = \frac{1}{c}\frac{\mathrm{d}^2\beta}{\mathrm{d}k_0{}^2} \cdot \left(-\frac{2\pi}{\lambda^2}\right) \tag{3-16}$$

为此，必须首先找出 β 的解析表达式。对于纤芯、包层折射率分别为 n_1、n_2，纤芯半径为 a 的阶跃型光纤，其归一化频率为：

$$V^2 = U^2 + W^2 = a^2 k_0{}^2 (n_1{}^2 - n_2{}^2) \tag{3-17}$$

为了方便，在此定义归一化传播常数 b 为：

$$b = \frac{W^2}{V^2} = \frac{\beta^2 - k_0{}^2 n_2{}^2}{k_0{}^2 (n_1{}^2 - n_2{}^2)} \tag{3-18}$$

移项可得到：

$$\begin{aligned}
\beta &= \left[k_0{}^2 n_2{}^2 + k_0{}^2 (n_1{}^2 - n_2{}^2) b\right]^{\frac{1}{2}} \\
&= k_0 n_2 (1 + 2b\Delta)^{\frac{1}{2}} \\
&\approx k_0 n_2 (1 + b\Delta) \\
&= k_0 [n_2 + (n_1 - n_2) b] \\
&\approx k_0 [n_1 + (n_1 - n_2) b]
\end{aligned} \tag{3-19}$$

先求 β 对 k_0 的一阶导数，即：

$$\begin{aligned}
\frac{\mathrm{d}\beta}{\mathrm{d}k_0} &= \frac{\mathrm{d}(k_0 n_1)}{\mathrm{d}k_0} + \frac{\mathrm{d}(k_0 n_1 b)}{\mathrm{d}k_0} - \frac{\mathrm{d}(k_0 n_2 b)}{\mathrm{d}k_0} \\
&= N_1 + b(N_1 - N_2) + (n_1 - n_2) k_0 \frac{\mathrm{d}b}{\mathrm{d}k_0}
\end{aligned} \tag{3-20}$$

式中：$N_1 = \dfrac{\mathrm{d}(k_0 n_1)}{\mathrm{d}k_0}$，$N_2 = \dfrac{\mathrm{d}(k_0 n_2)}{\mathrm{d}k_0}$ 分别为纤芯和包层的群折射率，在弱导光纤中，$n_1 \approx n_2$，

$$\frac{\mathrm{d}n_1}{\mathrm{d}\lambda} \approx \frac{\mathrm{d}n_2}{\mathrm{d}\lambda}, \ \frac{\mathrm{d}^2 n_1}{\mathrm{d}\lambda^2} \approx \frac{\mathrm{d}^2 n_2}{\mathrm{d}\lambda^2}。$$

因为：

$$N_1 - N_2 = n_1 - n_2 + k_0 \left(\frac{\mathrm{d}n_1}{\mathrm{d}k_0} - \frac{\mathrm{d}n_2}{\mathrm{d}k_0} \right) \approx n_1 - n_2$$

$$\frac{\mathrm{d}b}{\mathrm{d}k_0} = \frac{\mathrm{d}b}{\mathrm{d}V} \cdot \frac{\mathrm{d}V}{\mathrm{d}k_0} = \frac{V}{k_0} \cdot \frac{\mathrm{d}b}{\mathrm{d}V}$$

所以：

$$\begin{aligned}
\frac{\mathrm{d}\beta}{\mathrm{d}k_0} &= N_1 + b(N_1 - N_2) + (N_1 - N_2)V \frac{\mathrm{d}b}{\mathrm{d}V} \\
&= N_1 + (N_1 - N_2) \frac{\mathrm{d}(Vb)}{\mathrm{d}V}
\end{aligned} \tag{3-21}$$

$$\begin{aligned}
\frac{\mathrm{d}^2 \beta}{\mathrm{d}k_0^2} &= \frac{\mathrm{d}}{\mathrm{d}k_0} \left[N_1 + (N_1 - N_2) \frac{\mathrm{d}(Vb)}{\mathrm{d}V} \right] \\
&= \frac{\mathrm{d}N_1}{\mathrm{d}k_0} + \frac{\mathrm{d}(N_1 - N_2)}{\mathrm{d}k_0} \frac{\mathrm{d}(Vb)}{\mathrm{d}V} + (N_1 - N_2) \frac{V}{k_0} \cdot \frac{\mathrm{d}^2 (Vb)}{\mathrm{d}V^2} \\
&\approx \frac{\mathrm{d}N_1}{\mathrm{d}k_0} + (N_1 - N_2) \frac{V}{k_0} \cdot \frac{\mathrm{d}^2 (Vb)}{\mathrm{d}V^2}
\end{aligned} \tag{3-22}$$

将式（3-22）代入式（3-16），最后得到：

$$\begin{aligned}
D(\lambda) &= -\frac{2\pi}{c\lambda^2} \left[\frac{\mathrm{d}N_1}{\mathrm{d}k_0} + (N_1 - N_2) \frac{V}{k_0} \cdot \frac{\mathrm{d}^2 (Vb)}{\mathrm{d}V^2} \right] \\
&= -\frac{\lambda}{c} \frac{\mathrm{d}^2 n_1}{\mathrm{d}\lambda^2} - \frac{n_1 \Delta}{c\lambda} V \cdot \frac{\mathrm{d}^2 (Vb)}{\mathrm{d}V^2}
\end{aligned} \tag{3-23}$$

从式（3-23）中可以看出，$D(\lambda)$ 分为两部分，第一项是由于纤芯材料的折射率随波长的变化而变化，故称为材料色散系数，用 $D_{\mathrm{m}}(\lambda)$ 表示。

$$D_{\mathrm{m}}(\lambda) = -\frac{\lambda}{c} \frac{\mathrm{d}^2 n_1}{\mathrm{d}\lambda^2} \tag{3-24}$$

从式（3-24）中可以看出，材料色散系数与纤芯材料的折射率对波长的二阶导数成正比，图 3-8 示出了 SiO_2 光纤的材料色散系数与波长的关系。

从图 3-8 中可以看到，在波长 $1.29\ \mu m$ 附近有一零色散波长 λ_0。不同的掺杂材料和掺杂浓度会使 λ_0 有所移动，但变化甚微，所以材料色散可以用纯 SiO_2 的材料色散代替。过了零色散波长，在较长波长区，材料色散系数为正值。

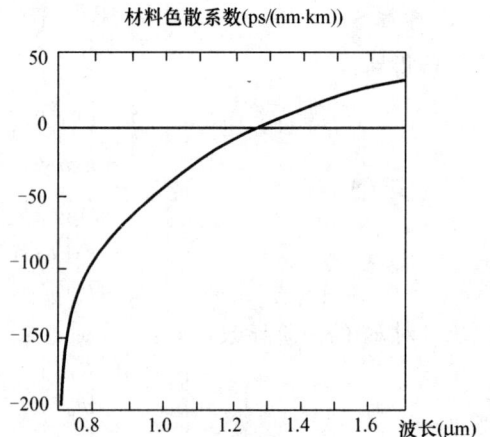

图 3-8　SiO_2 的材料色散系数与波长的关系

2. 材料色散

在已知材料色散系数的前提下，材料色散的表达式可根据色散系数的定义导出，材料色散用 τ_{m} 表示。

$$\tau_m(\lambda) = D_m(\lambda) \cdot \Delta\lambda \cdot L \tag{3-25}$$

式（3-25）中：$\Delta\lambda$ 为光源的谱线宽度，即光功率下降到峰值光功率一半时所对应的波长范围；L 是光纤的传播长度。

例如：一 $1.31\mu m$ 波长的光纤，最大材料色散系数 $D_m(\lambda) = 3.5 ps/(nm \cdot km)$，如果用一中心波长为 $1.31\mu m$ 的半导体激光器，光源的谱线宽度 $\Delta\lambda = 4nm$，在光纤上传输 1km，则材料色散为：

$$\tau_m = 3.5 \times 4 \times 1 = 14 ps = 0.014 ns$$

比渐变型多模光纤的模式色散还要小一个数量级以上。

另外还必须指出，一根光纤的色散系数可能是正数，也可能是负数。在光纤中，如果群时延 $\tau(\lambda)$ 随光波长的增加而增加，或者说波长较长的光比波长较短的光传播速度慢时，色散系数为正值，称为正色散；反之群时延 $\tau(\lambda)$ 随光波长的增加而减小，或者说波长较长的光比波长较短的光传播速度快时，色散系数为负值，称之为负色散。无论是正色散光纤还是负色散光纤，都会使光脉冲展宽，但是将两根色散系数相反的光纤熔接起来，光纤色散会得到改善。如果第一根光纤是正色散光纤，波长为 $\lambda + (\Delta\lambda/2)$ 的光速比波长为 $\lambda - (\Delta\lambda/2)$ 光速慢，光脉冲经过 L_1 长的光纤后，$\lambda - (\Delta\lambda/2)$ 的光先到达，而 $\lambda + (\Delta\lambda/2)$ 光后到达，光脉冲被展宽；当此被展宽的光脉冲进入第二根长度为 L_2 具有负色散系数的光纤后，情况与上述完全相反，这根光纤中波长越长的光其传播速度越快，这样波长为 $\lambda + (\Delta\lambda/2)$ 的光就逐渐地赶上波长为 $\lambda - (\Delta\lambda/2)$ 的光，使原来的时延差得到补偿而越来越小，即被展宽的脉冲逐渐缩拢变窄。因此，光脉冲经过这根组合光纤后，总的时延差得到了补偿。光脉冲宽度的变化情况如图 3-9 所示。

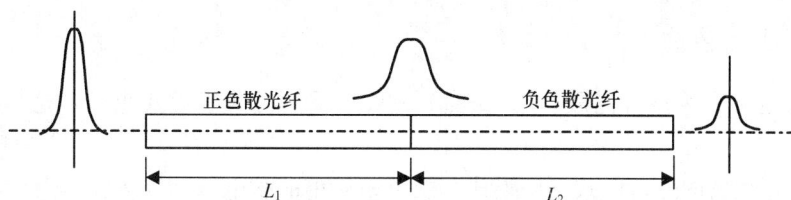

图 3-9　光纤中光脉冲宽度的变化情况

3.2.4　波导色散

式（3-23）中的第二项与波导的归一化传播常数 b 和波导的归一化频率 V 有关，而 b 和 V 又都是光纤折射率剖面结构参数的函数，所以式（3-23）中的第二项称之为波导色散系数，用 $D_w(\lambda)$ 表示。

$$D_w(\lambda) = -\frac{n_1\Delta}{c}\frac{V}{\lambda} \cdot \frac{d^2(Vb)}{dV^2} \tag{3-26}$$

波导色散系数是由于传播常数随波长的变化引起的，从式（3-26）中可以看出，它与归一化频率 V 和 $\dfrac{d^2(Vb)}{dV^2}$ 的乘积成正比，而 V 和 b 又都是光纤波导结构参数的函数。图 3-10 示出了波导参数 b、$\dfrac{d(Vb)}{dV}$、$\dfrac{d^2(Vb)}{dV^2}$ 与 V 的关系曲线[4][5]，从而可以求出波导色散系数，其大小可以和材料色散系数相比拟。在感兴趣的波长区域内，波导色散 τ_w 均为负值。其幅度由纤芯半径 a、相对折射率差 Δ 及剖面形状决定。一般来说，纤芯越小，Δ 越大，波导色散也越小。在一定的波长范围内，波导色散与材料色散具有相反的符号。改变光纤的折射率分布和剖面结构参数，可以改变波导色散的值，从而在所希望的波长上实现材料色散和波导色散的代数和为零，如图 3-11 所示。

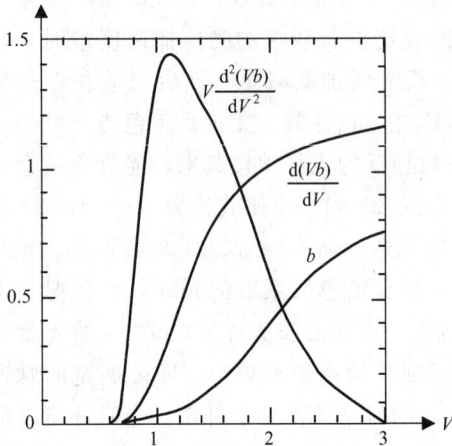

图 3-10　波导参数与 V 的函数关系

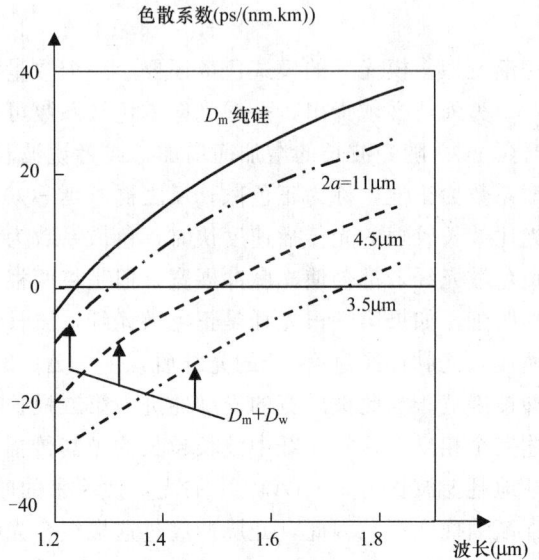

图 3-11　纤芯半径与零色散波长的关系

3.2.5　极化色散

极化色散也称为偏振模色散，用 τ_p 表示。从本质上讲属于模式色散，这里仅给出粗略的概念。

在光纤中，光场的分布形式（即模式）既不是简单的横电（TE）模，也不是简单的横磁（TM）模，而是图像更为复杂的混合或者简并模式，统称为线偏振模（Linearly Polarized Mode，LPM）。单模光纤中只传输基模，用 LP_{01} 表示。LP_{01} 又按场强的偏振方向区分为 LP_{01}^x 和 LP_{01}^y 两种，x 和 y 表示在垂直光纤轴线的平面内的两个相互垂直方向。

单模光纤中可能同时存在 LP_{01}^x 和 LP_{01}^y 两种基模，也可能只存在其中一种模式，并且可能由于激励和边界条件的随机变化而出现这两种模式的交替。在理想的圆柱形对称结构的单模光纤中，其横截面应是圆形，横截面的尺寸及折射率分布沿轴线应处处均匀，没有畸变，LP_{01}^x 和 LP_{01}^y 具有相等的传播常数，因此它们在光纤中传输的群时延相同，不存在时延差，并且极化状态保持不变。然而，实际的光纤总是存在一定的不完善性，如光纤的弯曲、光纤的椭圆度等，而且还经常受到局部应力的扰动，结果导致光纤内部产生双折射现象，则两个极化正交的 LP_{01}^x 和 LP_{01}^y 的传播常数不同，即两个模式不再简并，它们沿光纤传输时将产生群时延差，即差分群时延。极化色散指的就是由差分群时延引起的光脉冲展宽现象。

当光纤中存在着双折射现象时，两个极化正交的 LP_{01}^x 和 LP_{01}^y 模传播常数 β_x 和 β_y 不相等。对于弱导光纤，β_y 和 β_x 之差可以近似地表示为：

$$\Delta\beta = \beta_y - \beta_x \approx \frac{\omega}{c}(n_y - n_x) \qquad (3\text{-}27)$$

式中：n_x 和 n_y 分别为 x 方向和 y 方向的折射率。

对长度为 L 的光纤，两个极化正交的 $LP_{01}{}^x$ 和 $LP_{01}{}^y$ 模的群时延差为：

$$\tau_p = L\frac{\mathrm{d}(\Delta\beta)}{\mathrm{d}\omega} = L\left[\frac{n_y - n_x}{c} + \frac{\omega}{c}\left(\frac{\mathrm{d}n_y}{\mathrm{d}\omega} - \frac{\mathrm{d}n_x}{\mathrm{d}\omega}\right)\right]$$
$$\approx L\frac{n_y - n_x}{c} \qquad (3\text{-}28)$$

即极化色散是由双折射程度所决定的。双折射程度常用归一化双折射 B 和拍长 L' 来表示。B 定义为：

$$B = \frac{\Delta\beta}{\beta_{av}} = \frac{\beta_y - \beta_x}{(\beta_y + \beta_x)/2} \qquad (3\text{-}29)$$

式中：β_{av} 是平均传播常数。

拍长代表两极化正交模式的相位差达到 2π 时光纤的长度，即：

$$L' = \frac{2\pi}{\Delta\beta} = \frac{2\pi}{\beta_y - \beta_x} \qquad (3\text{-}30)$$

在单模光纤的许多应用中，都要求极化色散很小或者要求输出极化保持恒定，因此，必须减小单模光纤的不完善性，尽量减小其椭圆度、减小其内部残余应力，以尽量减小单模光纤中的双折射现象，从而减小极化色散的影响。目前，对于普通单模光纤，$\tau_p/L \leqslant 0.1\mathrm{ps/km}$，与材料色散和波导色散相比很小，可以忽略不计。

3.2.6 总色散

光纤中存在着模式色散、材料色散、波导色散和极化色散，这几种色散的大小有下列关系：模式色散≫材料色散＞波导色散＞极化色散。由于极化色散很小，一般忽略不计。在多模光纤中，主要存在模式色散、材料色散和波导色散；单模光纤中不存在模式色散，而只存在材料色散和波导色散。因此，光纤的总色散为：

$$\text{多模光纤} \qquad \tau = \sqrt{\tau_M{}^2 + (\tau_m + \tau_w)^2} \qquad (3\text{-}31)$$
$$\text{单模光纤} \qquad \tau = \tau_m + \tau_w \qquad (3\text{-}32)$$

必须说明的是，单模光纤一般只给出色散系数 D，其中包含了材料色散和波导色散的共同影响。

3.2.7 光纤的色散和带宽对通信容量的影响

光纤的色散和带宽描述的是光纤的同一特性。其中色散特性是在时域中的表现形式，即光脉冲经过光纤传输后脉冲在时间坐标轴上展宽了多少；而带宽特性是在频域中的表现形式，在频域中对于调制信号而言，光纤可以看作是一个低通滤波器，当调制信号的高频分量通过光纤时，就会受到严重衰减，如图 3-12 所示。输入信号保持辐度不变，当改变调制信号频率时，输出信号的幅度随频率的变化而变化。

通常把调制信号经过光纤传播后，光功率下降一半（即 3dB）时的频率（f_c）的大小，定义为光纤的带宽（B）。由于它是光功率下降 3dB 对应的频率，故也称为 3dB 光带宽。可

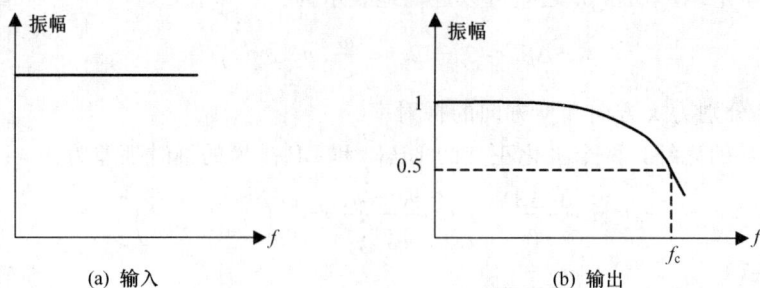

图 3-12　光纤的带宽（f 为调制信号频率）

用式（3-33）表示：

$$10\lg \frac{P_{\text{光}}(f_{\text{c}})}{P_{\text{光}}(0)} = -3\text{dB} \tag{3-33}$$

光功率总是要用光电子器件来检测，而光检测器输出的电流正比于被检测的光功率，于是：

$$10\lg \frac{P_{\text{电}}(f_{\text{c}})}{P_{\text{电}}(0)} = 20\lg \frac{I_{\text{电}}(f_{\text{c}})}{I_{\text{电}}(0)} = 20\lg \frac{P_{\text{光}}(f_{\text{c}})}{P_{\text{光}}(0)} = -6\text{dB} \tag{3-34}$$

从式（3-34）中可以看出，3dB 光带宽对应于 6dB 电带宽。

1. 色散与带宽的关系

　　既然脉冲展宽、色散和带宽描述着光纤的同一个特性，那么它们之间必然存在着一定的联系。为使推导简洁，先给出图 3-13 所示的模型。假设光纤的输入信号为宽度极窄的光脉冲，其波形用冲击函数 $\delta(t)$ 描述。不考虑光纤中的损耗以及噪声和干扰因素的影响，只单独讨论光纤的色散效应导致的脉冲展宽。光纤输出端的光信号波形将由光纤的冲击响应 $h(t)$ 来描述。实验证明 $h(t)$ 接近高斯函数。

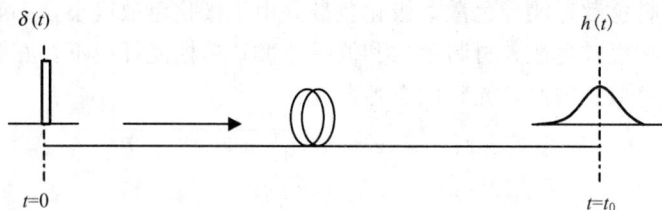

图 3-13　超窄脉冲在光纤中传播展宽

　　因此，色散展宽的波形可以用式（3-35）来表示：

$$h(t) = \frac{1}{\sqrt{2\pi}\sigma} \exp\left[\frac{-(t-t_0)^2}{2\sigma^2}\right] \tag{3-35}$$

式（3-35）中，t_0 为光信号在光纤中的平均时延。为了推导方便，令输出波形的中心为时间零点。上式便简化为：

$$h(t) = \frac{1}{\sqrt{2\pi}\sigma} \exp\left(\frac{-t^2}{2\sigma^2}\right) \tag{3-36}$$

在此，定义半高全宽度为信号的脉冲宽度 τ，则有：

$$\exp\left[\frac{-(\tau/2)^2}{2\sigma^2}\right] = \frac{1}{2} \Rightarrow \tau = 2\sigma\sqrt{2\ln 2} \tag{3-37}$$

式中：σ 为变量 t 的均方根值。由于前面已假定输入信号为冲击函数 $\delta(t)$，其脉冲宽度可以忽略，所以式（3-37）中的 τ 就是信号在光纤中传播时的展宽量。光纤的传递函数 $H(\omega)$ 为 $h(t)$ 的傅里叶变换。

$$\begin{aligned}
H(\omega) &= \frac{1}{\sqrt{2\pi}\sigma}\int_{-\infty}^{+\infty}\exp\left(-\frac{t^2}{2\sigma^2}\right)\cdot\exp(-\mathrm{j}\omega t)\mathrm{d}t \\
&= \frac{1}{\sqrt{2\pi}\sigma}\int_{-\infty}^{+\infty}\exp\left[-\left(\frac{t^2}{2\sigma^2}+\mathrm{j}\omega t\right)\right]\mathrm{d}t \\
&= \frac{\exp(-\sigma^2\omega^2/2)}{\sqrt{2\pi}\sigma}\int_{-\infty}^{+\infty}\exp\left\{-\left[\frac{1}{\sqrt{2}\sigma}(t+\mathrm{j}\omega\sigma^2)\right]^2\right\}\mathrm{d}t
\end{aligned}$$
(3-38)

令：

$$\frac{1}{\sqrt{2}\sigma}(t+\mathrm{j}\omega\sigma^2)=x \tag{3-39}$$

将式（3-39）代入式（3-38）并化简，最终得到：

$$H(\omega)=\exp(-\sigma^2\omega^2/2) \tag{3-40}$$

运用式（3-40），求 3dB 光带宽。由于 $\omega=\omega_{3\mathrm{dB}}$ 时，有：

$$\exp(-\sigma^2\omega_{3\mathrm{dB}}{}^2/2)=\frac{1}{2} \tag{3-41}$$

所以，3dB 光带宽应为：

$$B_{3\mathrm{dB}}=\frac{\omega_{3\mathrm{dB}}}{2\pi}=\frac{1}{2\pi}\sqrt{\frac{2\ln 2}{\sigma^2}}=\frac{\sqrt{2\ln 2}}{2\pi\sigma} \tag{3-42}$$

将式（3-37）代入式（3-42），得：

$$B_{\mathrm{T}}=B_{3\mathrm{dB}}=\frac{2\ln 2}{\pi\tau}=\frac{0.441}{\tau} \tag{3-43}$$

式（3-43）中：B_{T} 为光纤的总带宽，单位是 Hz；τ 为脉冲展宽，单位是 s。工程中习惯带宽 B_{T} 以 GHz、脉冲展宽 τ 以 ps 为单位，则相应地关系式（3-43）应改为：

$$B_{\mathrm{T}}=\frac{441}{\tau(\mathrm{ps})}\qquad(\mathrm{GHz}) \tag{3-44}$$

脉冲展宽 τ 也可以用光纤输入端的脉冲半高全幅宽度和光纤输出端的脉冲半高全幅宽度 τ_2 来近似表示，即：

$$\tau=\sqrt{\tau_2{}^2-\tau_1{}^2} \tag{3-45}$$

另外，脉冲展宽 τ 也可以用光纤中的总色散来表示，即：

$$\tau=\sqrt{\tau_{\mathrm{M}}{}^2+(\tau_{\mathrm{m}}+\tau_{\mathrm{w}})^2} \tag{3-46}$$

2. 模式畸变带宽和波长色散带宽

由于总色散包括模式色散、材料色散和波导色散，所以光纤的总带宽也可表示为：

$$B_{\mathrm{T}}=\left[B_{\mathrm{M}}^{-2}+B_{\mathrm{c}}^{-2}\right]^{-\frac{1}{2}} \tag{3-47}$$

式中：B_{M} 是由模式色散引起的模式畸变带宽；B_{c} 是由材料色散和波导色散引起的波长色散带宽。

波长色散带宽定义为：

$$B_{c} = \frac{441}{\Delta \lambda \cdot D(\lambda) \cdot L} \quad \text{(GHz)} \tag{3-48}$$

式中：$\Delta \lambda$ 是光源的谱线宽度，单位是 nm；L 是光纤的长度，单位是 km；$D(\lambda)$ 是材料色散和波导色散的色散系数（即波长色散系数），单位是 ps/(nm·km)，其中材料色散占主导地位。

模式畸变带宽定义为：

$$B_{M} = \frac{441}{\tau_{M}} \quad \text{(GHz)} \tag{3-49}$$

式中：τ_{M} 是模式色散，单位是 ps。

3. 链路总带宽对通信容量的影响

从上面几个等式看，光纤的总带宽似乎与距离成反比。然而实际测试结果表明，只有光纤的长度较短时才成立。长光纤的总带宽并不一定与长度 L 成反比。

光纤链路总带宽与光纤长度之间的关系要分光纤链路中间有无接头。对于无接头的一个制造长度的光纤总带宽 B_{T} 与其单位千米带宽 B 的关系如下：

$$B_{T} = B \cdot L^{-\gamma} \tag{3-50}$$

式中：L 是光纤的制造长度（km），γ 为带宽距离指数，它的取值与光纤的剖面分布及模式耦合状态有关，一般在 $0.5 \sim 1.0$ 之间（多模光纤 $\gamma = 0.5 \sim 0.9$，单模光纤 $\gamma = 1$）。

若光纤链路中间有接头，则光纤链路的总带宽 B_{T} 与各段光纤的带宽 B_{n} 有如下关系：

$$B_{T} = \left[\sum_{n=1}^{N} B_{n}^{\left(-\frac{1}{\gamma_{n}}\right)} \right]^{-\gamma} \tag{3-51}$$

式中：N 是光纤链路中的光纤段数，γ_{n} 为第 n 段光纤的带宽距离指数；γ 则为一批光纤的平均带宽距离指数；B_{n} 是链路中第 n 根光纤的带宽，而不是单位千米带宽。值得说明的是：如果链路中每段光纤的单位千米带宽相同，则式（3-51）和式（3-50）是等效的，用其中任何一个公式计算总带宽均可；但如果链路中各段光纤的单位千米带宽不同，则总带宽必须用式（3-51）计算。

实践证明，适当地搭配光纤，链路总带宽有时会有所改善。这是因为光纤连接时在接头处发生模式耦合变换，导致时延差减小，从而改善了带宽特性。

3.3 成缆对光纤特性的影响

3.3.1 光缆特性

光缆的传输特性取决于被覆光纤。对光缆机械特性和环境特性的要求由使用条件确定。光缆生产出来后，对这些主要特性要根据国家标准的规定做例行试验。成品光缆一般要求给出下述特性，这些特性的参数都可以用经验公式进行分析计算，在此只作简要的定性说明。

1. 拉力特性

光缆能承受的最大拉力取决于加强构件的材料和横截面积，一般要求大于 1km 光缆的重量，多数光缆在 $100 \sim 400$kg 范围。

2. 压力特性

光缆能承受的最大侧压力取决于护套的材料和结构，多数光缆能承受的最大侧压力在 100kg/10cm～400kg/10cm。

3. 弯曲特性

弯曲特性主要取决于纤芯与包层的相对折射率差 Δ 以及光缆的材料和结构。实用光纤的最小弯曲半径一般为 50～70mm，光缆的最小弯曲半径一般为 500～700mm，等于或大于光纤最小弯曲半径的 10 倍。在以上条件下，光辐射引起的光纤附加损耗可以忽略，若小于最小弯曲半径，附加损耗则急剧增加。

4. 温度特性

光纤本身具有良好的温度特性。光缆温度特性主要取决于光缆材料的选择及结构的设计，采用松套管二次涂覆光纤的光缆温度特性较好。温度变化时，光纤损耗增加，主要是由于光缆材料（塑料）的热膨胀系数比光纤材料（石英）要大 3～4 个数量级，在冷缩或热胀过程中，光纤受到应力作用而产生的。在我国，对光缆使用温度的要求，一般在低温地区为 $-40℃～+40℃$，在高温地区为 $-5℃～+60℃$。

3.3.2 成缆对光纤特性的影响

1. 成缆的附加损耗

不良的成缆工艺，把光纤制成光缆后，会带来附加损耗，称之为成缆损耗。主要原因是由于成缆过程中光纤受到了应力，如侧压力、磨损弯曲，或者高温使光纤套塑变形。骨架式结构的光缆附加损耗几乎为零，因为光纤在槽内几乎不受应力。

2. 成缆可以改善光纤的温度特性

套塑光纤或带有表面涂层的光纤，它的损耗随温度变化如图 3-14 中虚线所示。其原因是

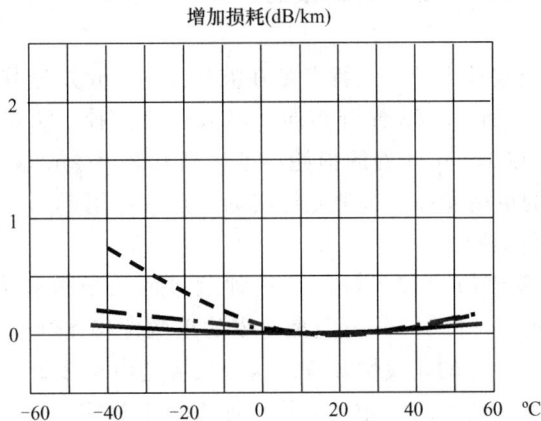

图 3.14 光纤和光缆的温度特性

塑料或涂层的膨胀系数较大，约 10^{-3}，而石英玻璃的膨胀系数较小，约 10^{-7}。低温时，塑料收缩快使光纤发生微弯，所以衰耗增加了。温度过高时，塑料套管伸长，使光纤受到应力，也会增加衰耗，一般这种情况较少。选用优质的套塑和涂层材料并采用优良的工艺，可以减小温度对光纤衰耗的影响，如图 3-14 中的点划线所示。

把光纤制成光缆，温度特性会得到相当大的改善，如图 3-14 中的实线所示。这是因为光缆中的金属加强构件的支撑作用，阻止了光纤套管在温度变低时的收缩。若采用优质的玻璃钢作为光缆的加强构件，则可以得到非常良好的温度特性。

3. 机械强度增加

这一点是很显然的。一般光纤的断点强度约为 $1\sim5$kg，而由于光缆结构中加入了加强构件、护套、甚至铠装层等，因此其断点强度远大于上述值；不仅如此，光缆的抗侧压、抗冲击和抗扭曲性能都有明显增强。

3.4 典型光纤参数

目前，ITU-T（国际电信联盟－电信标准化机构）分别对 G.651 光纤、G.652 光纤、G.653 光纤、G.654 光纤、G.655 光纤的主要参数特性进行了标准化。表 3-1 中列出了 ITU-T 已公布的光纤特性的标准。

G.651 光纤称为渐变型多模光纤，这种光纤在光纤通信发展初期广泛应用于中小容量、中短距离的通信系统中。

G.652 光纤称为常规单模光纤，其特点是在波长 $1.31\mu m$ 处色散为零，系统的传输距离一般只受损耗的限制。目前世界上已敷设的光缆线路 90% 采用这种光纤。G.652 光纤的缺点是在零色散波长 $1.31\mu m$ 处的损耗不是最小值，大约为 0.4dB/km 左右。在 $1.31\mu m$ 光纤放大器投入使用之前，要实现长距离通信，只能采用光－电－光的中继方式。

G.653 光纤称为零色散位移光纤，其特点是在波长 $1.55\mu m$ 处色散为零，损耗又最小。G.653 光纤适用于大容量长距离通信系统中，特别是 20 世纪 80 年代末期 $1.55\mu m$ 分布式反馈激光器（DFB-LD）研制成功和 90 年代初期 $1.55\mu m$ 掺铒光纤放大器（EDFA）投入使用后，突破了通信距离受损耗的限制，进一步提高了大容量长距离通信系统的水平。

G.654 光纤称为截止波长光纤，其特点是在波长 $1.31\mu m$ 处色散为零，在 $1.55\mu m$ 处色散为 $17\sim20$ps/nm·km，和 G.652 光纤相同。但从损耗上看，G.654 光纤在 $1.55\mu m$ 处的损耗要小于 G.652 光纤在 $1.55\mu m$ 处的损耗，可达到 0.2dB/km 以下，因此 G.654 光纤也称为 $1.55\mu m$ 损耗最小的单模光纤。这种光纤实际上是一种用于 $1.55\mu m$ 波长的改进的常规单模光纤，目的是增加传输距离。

G.655 光纤称为非零色散位移光纤，是一种改进的色散位移光纤。在密集波分复用（DWDM）系统中，当使用波长 $1.55\mu m$ 色散为零的色散位移光纤时，由于复用信道多，信道间隔小，将会出现四波混频的非线性效应。这种效应是由于多个波长的传输光混合而产生的有害频率分量，从而使各信道之间相互干扰。如果色散为零，四波混频的干扰十分严重；如果在光纤中存在微量色散，四波混频反而减小。为了消除四波混频的非线性效应，研制出了非零色散位移光纤。G.655 光纤的特点是有效面积较大，零色散波长不在 1.55μm，而在 1.525μm 或 1.585μm 处，在 1.55μm 处有适当的微量色散，其值大到足以抑制 DWDM 系统中的四波混频效应，允许信道速率达到 10Gbit/s 以上。非零色散位移光纤具有常规单模光纤和色散位移光纤的优点，是最新一代的光纤。这种光纤在密集波分复用系统和孤子传输系统中使用，实现了超大容量、超长距离的通信。

表 3-1　　　　　　　　　　　　　　　传输光纤的参数指标

	光纤类型	多模渐变型 G.651 光纤	常规单模 G.652 光纤	色散位移 G.653 光纤	截止波长 G.654 光纤	非零色散位移 光纤 G.655
几何尺寸	纤芯直径（μm）	50±6%				
	包层直径（μm）		125±2.4%			
	纤芯不圆度（%）	<6				
	包层不圆度（%）	<2	<2	<2	<2	<2
	同芯误差（%）	<6				
	模场同心误差（%）		<1	<1	<1	<1
光学特性	折射率分布	近似抛物线				
	数值孔径	(0.18~0.24) ±0.02				
	模场直径（μm）		(9~10)±10%	(7~8.3)±10%	10.5±10%	8~11
	2m 光纤截止波长 λ_c（μm）		1 100~1 280	待研究	1 350~1 600	1 470
	22m 光缆截止波长 λ_{cc}（μm）		<1 270	待研究		1 480
传输特性	损耗（dB/km） 850nm 1 310nm 1 550nm	<4 <2	<1.0 <0.5	<1.0 <0.5	<0.25	<0.5 <0.24
	零色散波长（μm）		1 300~1 324	1 500~1 600		1.525 或 1.585
	零色散斜率 (ps/nm²·km)		≤0.093	≤0.085		≤0.093
	色散系数 (ps/nm·km) 850nm 1 310nm 1 550nm	≤120 ≤6	≤3.5 ≤20	≤3.5	≤20	0.1~6
	带宽（MHz·km） 850nm 1 310nm	200~1 000 200~1 200				

小　结

本章主要讨论了光纤的两大传输特性——损耗特性和色散特性。对于所有类型的石英系光纤，产生损耗的物理机理是相同的，而且各种光纤的损耗都已接近或达到其理论极限值。但是对于色散，不同类型的光纤相差甚大。对于阶跃型多模光纤，模式色散起主导地位，由于模式色散很大而使带宽限制在 200 MHz·km 以下。渐变型多模光纤的模式色散与折射率的分布有关，当折射率分布取最佳值（抛物线分布）时，可以大大减小模式色散，使光纤具有较大的带宽，但是要使折射率分布被严格地控制在最佳值上，这对光纤的制造工艺提出了很高的要求。单模光纤消除了模式色散，又可以在适当的光波长上用波导色散抵消材料色散，使单模光纤的总色散大大减小，因此，具有相当大的带宽。对于工作在零色散波长的单模光纤，极化色散将成最后的极限。光纤的带宽对光纤通信系统的最大传输容量起着决定性的作用。

本章还讨论了成缆对光纤的影响和 ITU-T 建议的几种光纤的主要特性参数。光缆的机械特性和温度特性较裸光纤好得多，但是在成缆过程中会增加一定的附加损耗。

随着传输速率的提高，传输距离的加长和波分复用技术的实用化，工作在传输损耗最低区域（$1.55\mu m$ 附近）的非零色散位移光纤将获得迅速的发展。

复习思考题

1. 简述石英系光纤损耗产生的原因，光纤损耗的理论极限值是由什么决定的？

2. 当光在一段长为 10km 光纤中传输时，输出端的光功率减小至输入端光功率的一半。求：光纤的损耗系数 α。

3. 光纤色散产生的原因有哪些？对数字光纤通信系统有何危害？

4. 为什么单模光纤的带宽比多模光纤的带宽大得多？

5. 均匀光纤纤芯和包层的折射率分别为 $n_1 = 1.50, n_2 = 1.45$，光纤的长度 $L = 10$km。试求：

(1) 子午光线的最大时延差；

(2) 若将光纤的包层和涂敷层去掉，求子午光线的最大时延差。

6. 一制造长度为 2km 的阶跃型多模光纤，纤芯和包层的折射率分别为 $n_1 = 1.47$，$n_2 = 1.45$，使用工作波长为 $1.31\mu m$，光源的谱线宽度 $\Delta\lambda = 3$nm，材料色散系数 $D_m = 6$ps/(nm·km)，波导色散 $\tau_w = 0$，光纤的带宽距离指数 $\gamma = 0.8$。试求：

(1) 光纤的总色散；

(2) 总带宽和单位千米带宽。

7. 一制造长度为 2km 的抛物线型渐变多模光纤，纤芯轴线处的折射率 $n(0) = 1.5$，包层的折射率 $n_c = 1.48$，使用工作波长为 $0.85\mu m$，光源的谱线宽度 $\Delta\lambda = 6$nm，材料色散系数 $D_m = 15$ps/(nm·km)，波导色散 $\tau_w = 10$ps，光纤的带宽距离指数 $\gamma = 0.9$。试求：

(1) 光纤的总色散；

(2) 总带宽和单位千米带宽。

8. 某系统使用工作波长 $\lambda_0 = 1.31\mu m$,谱线宽度 $\Delta\lambda = 5nm$ 的光源和长度为 3km 的阶跃型光纤,其纤芯的折射率 $n_1 = 1.458$,相对折射率差 $\Delta = 0.8\%$,纤芯半径 $a = 8\mu m$,光纤的材料色散系数 $D_m = 8ps/(nm \cdot km)$,波导色散 $\tau_w = 0$,其带宽速率比为 0.8。试求光纤的模式畸变带宽和波长色散带宽。

光纤通信中所用的光器件可分成光有源器件和光无源器件两大类。二者的区别在于器件在实现本身功能的过程中，其内部是否发生光电能量转换。若出现光电能量转换，则称其为有源光器件；若未出现光电能量转换，即便也需要一些电信号的介入，均称为光无源器件。光无源器件有多种分类方法，目前最常用的是按功能分类。按照器件在光纤传输线路上所发挥的功能可分为光隔离器、光纤连接器、光合/分路器、光耦合器、光开关、光衰减器以及光极化控制器、光环行器、滤光器等。

本章主要介绍目前常用的光无源器件中的连接器、耦合器、波分复用器、光开关、光纤光栅、光隔离器和光环形器等器件的结构、工作原理及特性参数。

4.1 光纤连接器

4.1.1 光纤连接器的结构与种类

光纤（缆）活动连接器是实现光纤（缆）之间活动连接的光无源器件，它还具有将光纤（缆）与其他无源器件、光纤（缆）与系统和仪表进行活动连接的功能。活动连接器伴随着光纤通信的发展而发展，现在已经形成门类齐全、品种繁多的系列产品，成为光纤通信以及其他光纤应用领域中不可缺少的、应用最广的光无源器件之一。

1. 光纤连接器的结构

光纤连接器基本上是采用某种机械和光学结构，使两根光纤的纤芯对准，保证 90% 以上的光能够通过，目前有代表性并且正在使用的光纤连接器主要有五种结构。

（1）套管结构

套管结构的连接器由插针和套筒组成。插针为一精密套管，光纤固定在插针里面。套筒也是一个加工精密的套管（有开口和不开口两种），两个插针在套筒中对接并保证两根光纤对准。其原理是：当插针的外同轴度、插针的外圆柱面和端面以及套筒的内孔加工得非常精密时，两根插针在套筒中对接，就实现了两根光纤的对准，如图 4-1 所示。

由于这种结构设计合理，加工技术能够达到要求的精度，因而得到了广泛应用。FC、SC、D₄ 等型号的连接器均采用这种结构。

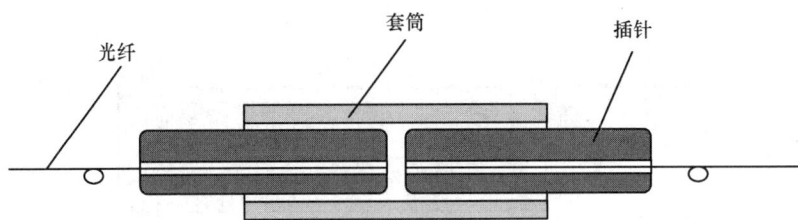

图 4-1　套管结构

（2）双锥结构

双锥结构连接器是利用锥面定位。插针的外端面加工成圆锥面，套筒的内孔也加工成双圆锥面。两个插针插入套筒的内孔实现纤芯的对接，如图 4-2 所示。插针和套筒的加工精度极高，锥面与锥面的结合既要保证纤芯对准，还要保证光纤端面间的间距恰好符合要求。它的插针和套筒采用聚合物压制成型，精度和一致性都很好。这种结构由 AT&T 创立和采用。

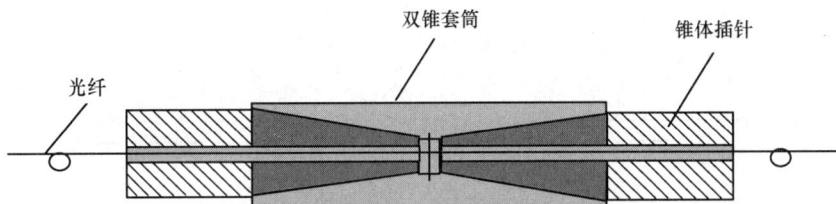

图 4-2　双锥结构

（3）V 形槽结构

V 形槽结构的光纤连接器是将两个插针放入 V 形槽基座中，再用盖板将插针压紧，利用对准原理使纤芯对准，如图 4-3 所示。这种结构可以达到较高的精度。其缺点是结构复杂，零件数量多。

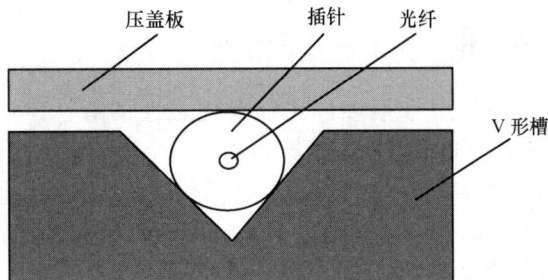

图 4-3　V 形槽结构

（4）球面定心结构

球面定心结构连接器由两部分组成，一部分是装有精密钢球的基座，另一部分是装有圆锥面（相当于车灯的反光镜）的插针。钢球开有一个通孔，通孔的内径比插针的外径大。当两根插针插入基座时，球面与锥面接合将纤芯对准，并保证纤芯之间的间距控制在要求的范围内，这种设计思想是巧妙的，但零件形状复杂，加工调整难度大，如图 4-4 所示。

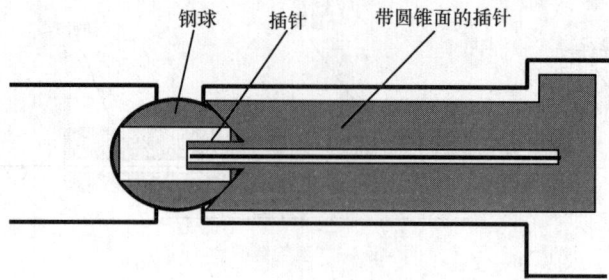

图 4-4　球面定心结构

（5）透镜耦合结构

透镜耦合（又称远场耦合）结构分为球透镜耦合结构和自聚焦透镜耦合结构两种，其如图 4-5 和图 4-6 所示。

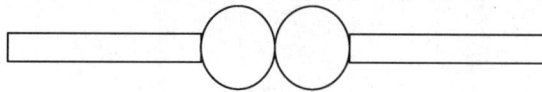

图 4-5　球透镜耦合结构

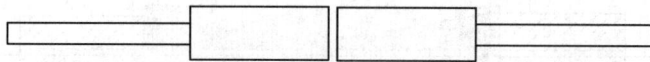

图 4-6　自聚焦透镜耦合结构

这种结构经过透镜来实现光纤的对准。用透镜将一根光纤的出射光变成平行光，再由另一透镜将平行光聚焦导入另一光纤中去。其优点是降低了对机械加工的精度要求，使耦合更容易实现。缺点是结构复杂、体积大、调整元件多、接续损耗大。

以上 5 种对准结构，各有优缺点。但从结构设计的合理性、批量加工的可行性及实用效果来看，精密套管结构占有明显的优势，目前采用得最为广泛，我国多采用这种结构的连接器。

2. 光纤活动连接器的种类

光纤活动连接器的品种、型号很多，其中有代表性的有：FC、ST、SC、D_4、双锥、VF_O（球面定心）、F-SMA、MT-RJ 连接器等。

在我国用得最多的是 FC 系列的连接器，它是干线系统中采用的主要型号，在今后一段较长时间内仍是主要品种。SC 型连接器是光纤局域网、CATV 和用户网的主要品种。除此之外，ST 型连接器也有一定数量的应用。

下面针对 FC、SC 和 ST 这 3 种连接器作简单的介绍。

（1）FC 系列连接器

FC 型连接器是一种用螺纹连接，外部零件采用金属材料制作的连接器，它是我国电信网采用的主要品种，我国已制定了 FC 型连接器的国家标准。

（2）SC 型连接器

SC 型连接器的插针、套筒与 FC 完全一样。外壳采用工程塑料制作、采用矩形结构，便于密集安装。不用螺纹连接、可以直接插拔，使用方便，操作空间小，可以密集安装，可以做成多芯连接器，因此应用前景更为广阔。

通用型的 SC 型连接器，可以直接插拔，多用于单芯连接。密集安装型的 SC 型连接器，需用工具进行插拔操作，可用于多芯连接，如 4 芯连接。

（3）ST 型连接器

ST 型连接器采用带键的卡口式锁紧机构，确保连接时准确对中。

（4）不同型号插头互相连接的转换器

对于上述 FC、SC、ST 3 种连接器，在对不同型号插头连接时，需要转换器进行连接。转换器主要有以下几种。

ST/FC：将 ST 插头变换成 FC 插头。

FC/SC：将 FC 插头变换成 SC 插头。

FC/ST：将 FC 插头变换成 ST 插头。

SC/ST：将 SC 插头变换成 ST 插头。

ST/SC：将 ST 插头变换成 SC 插头。

（5）活动连接器跳线的规格

由于实际使用情况非常复杂，因而跳线的规格也多种多样。在选择跳线时，至少有下述几个参数是需要明确的。

插头型号：跳线两头的插头型号可以相同，也可能不同。

光纤型号：如单模光纤、多模光纤、色散位移光纤、保偏光纤等。

光纤芯径：如 $\phi 62.5 \mu m$、$\phi 50 \mu m$、$\phi 9 \mu m$、$\phi 4 \mu m$ 等。

光纤芯数：如单芯、双芯、4 芯等。

光缆外径：如 $\phi 3.5 mm$、$\phi 3 mm$、$\phi 2.5 mm$、$\phi 2 mm$、$\phi 0.9 mm$ 等。

光缆长度：如 2m、10m、20m 等。

插头数：单头、双头。

插头损耗：小于 0.5dB、小于 0.3dB。

回波损耗：大于 40dB、大于 50dB、大于 60dB。

插针材料：陶瓷、玻璃、不锈钢、塑料等。

插针端面形状：平面、球面、斜球面。

套筒材料：磷青铜、铍青铜、陶瓷等。

根据上述各种参数，确定所需要的跳线规格才能保证符合使用要求，避免不必要的损失。

（6）新型多芯光纤连接器

随着用户通信网规模的扩大、WDM 的普及、电信网/数据网的光纤化乃至多媒体大容量信息处理设备的发展均推动着光缆向多芯、高密度方向深入发展，带状多芯光缆需要用多芯光纤连接器进行连接，多芯带状光纤 MT 连接器就应运而生。

MT 连接器是为接续多芯带状光纤而开发出的、采用塑料套管的一种光纤连接器，它具有优良的高密度安装能力和较低的成本。MT 连接器的基本机理是用两根导向销精密的在套管内确定好光纤位置，再用夹箍施压挟持住对接部分从而保持接续状态稳定。MT 连接器关键技术包括塑料成型套管、金属导向销、套管端面研磨抛光技术和检查技术等，对精度的要求极高。

MT 套管大致分为 4 种：小型 MT 套管，最多容纳 4 根光纤，其中光纤间隔 0.75mm 的小型双芯套管已实际运用于 MT-RJ 连接器及 Mini-MPO 连接器；4 芯、8 芯类普通 MT 套管，最大容纳 12 根光纤；16MT 套管，可按 0.25mm 间隔集中接续 16 根光纤；二维 MT 套管，在 MT 套管内沿水平及垂直方向大致以 0.25mm 等间隔排列光纤槽，这样利用普通 MT 套管最多可容纳 60 根光纤，MT 连接器的安装密度极高，其中 16 芯二维 MT 套管是普通 16 芯 MT 套管安装密度的 1.3 倍，60 芯、80 芯二维 MT 连接器则是普通 12 芯 MT 连接器安装密度的 5 倍。

4.1.2 光纤连接器特性参数

评价一个连接器的主要性能指标有 4 个，即插入损耗、回波损耗、重复性和互换性。

1. 插入损耗

插入损耗是指光纤中的光信号通过活动连接器之后，其输出光功率相对输入光功率的比率的分贝数，表达式为：

$$A_c = -10\lg P_1/P_0 \quad (\text{dB}) \tag{4-1}$$

式中：A_c 为连接器插入损耗；P_0 为输入端的光功率；P_1 为输出端的光功率。

对于多模光纤连接器来讲，注入的光功率应当经过稳模器，滤去高次模，使光纤中的模式为稳态分布，这样才能准确地衡量连接器的插入损耗。

2. 回波损耗

回波损耗（又称为后向反射损耗）是指光纤连接处，后向反射光对输入光的比率的分贝数，表达式为：

$$A_r = -10\lg P_R/P_0 \quad (\text{dB}) \tag{4-2}$$

式中：A_r 表示回波损耗；P_0 表示输入光功率；P_R 表示后向反射光功率。

回波损耗愈大愈好，以减少反射光对光源和系统的影响。

3. 重复性和互换性

重复性是指光纤（缆）活动连接器多次插拔后插入损耗的变化，用 dB 表示。互换性是指连接器各部件互换时插入损耗的变化，也用 dB 表示。这两项指标可以考核连接器结构设计和加工工艺的合理性，也是表明连接器实用化的重要标志。另外，还有连接器的温度特性，是指活动连接器随环境温度变化后的插入损耗的变化。连接器的配件一般分为跳线和转换器两部分。

4.2 光纤耦合器

光纤耦合器（简称光耦合器）是将光信号进行分路或合路、插入、分配的一种器件。简单地讲，光耦合器就是一类能使传输中的光信号在特殊结构的耦合区发生耦合，并进行再分配的器件。

目前，光耦合器已形成为一个多功能、多用途的系列产品。从功率上看，它可分为光功率分配器以及光波长分配（合/分波）耦合器；从端口形式上划分，它包括 X 形（2×2）耦合器、Y 形（1×2）耦合器、星形（$N \times N, N > 2$）耦合器以及树形（$1 \times N, N > 2$）耦合器等；从工作带宽的角度划分，它分为单工作窗口的窄带耦合器或标准耦合器（Standard Coupler，SC）、单工作窗口的宽带耦合器和双工作窗口的宽带耦合器。另外，由于光传导模式的不同，它又有多模耦合器和单模耦合器之分。

4.2.1 光纤耦合器的结构与原理

制作光纤耦合器可以有多种方法，大致可分为分立光学元件组合型、全光纤型、平面波导型等。而光纤熔融拉锥法制作的光纤耦合器，属于工艺相当成熟、理论模型相当实用的一种全光纤型光纤耦合器制作法。由于这种技术具有极低的附加损耗、方向性好、良好的环境稳定性、控制方法简单灵活、制作成本低廉、适于批量生产等明显的优势，所以成为当前制作光耦合器的主要方法。表 4-1 给出了标准 X 形、Y 形全光纤耦合器的典型性能指标。

表 4-1   标准 **X** 形、**Y** 形全光纤耦合器的典型性能指标

指　标	单模 2（1）×2
工作波长	1310、1550nm，其他可选
附加损耗	≤0.5dB
分光比容差	±2%
分光比	1∶99～50∶50
方向性	>60dB
端口组态	1×2（Y 形）或 2×2（X 形）
工作温度	−40℃～85℃

下面主要介绍熔融拉锥法的原理。

熔融拉锥法就是将两根（或两根以上）除去涂覆层的光纤以一定的方式靠拢，在高温加热下熔融，同时向两侧拉伸，最终在加热区形成双锥体形式的特殊波导结构，实现传输光功率耦合的一种方法。这种方法的系统框图如图 4-7 所示。

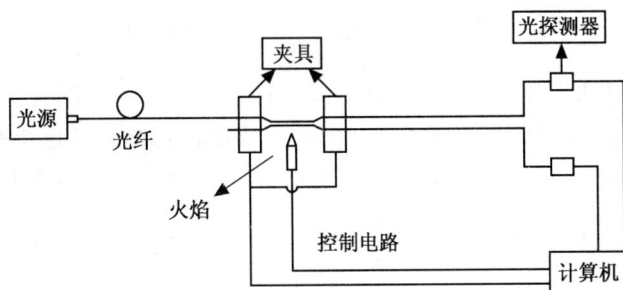

图 4-7　熔融拉锥系统示意图

图 4-8 所示可用来定性地表示熔融拉锥型光纤耦合器的工作原理。入射光功率在双锥体结构的耦合区发生功率再分配，一部分光功率从"直通臂"继续传输，另一部分则由"耦合臂"传到另一光路。但若做进一步分析，单模耦合器和多模耦合器却有着完全不同的耦合机理，下面分别加以介绍。

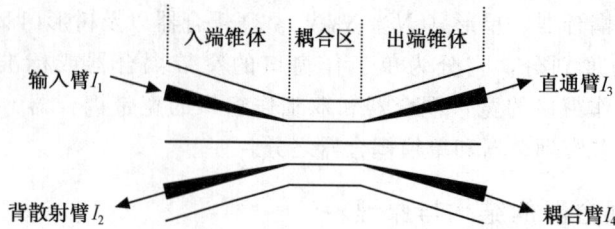

图 4-8 熔融拉锥型光纤耦合器的工作原理

（1）熔融拉锥型单模光纤耦合器

在单模光纤中，传导模是两个正交的基模（HE_{11}）信号。图 4-9 所示是单模光纤耦合器的迅衰场耦合示意图，其中归一化频率 $V = 2\pi a (n_1^2 - n_2^2)^{1/2}/\lambda$。

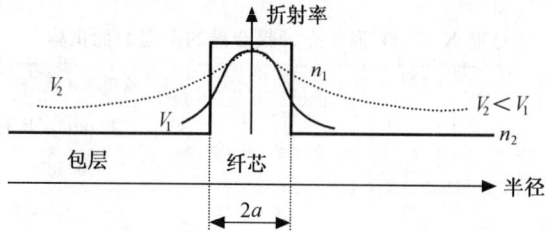

图 4-9 单模光纤耦合器的迅衰场耦合示意图

当传导模进入熔锥区时，随着纤芯的不断变细，归一化频率 V 值逐渐减小，有越来越多的光功率深入光纤包层中。实际上光功率是在由包层作为芯，纤外介质（一般是空气）作为新包层的复合波导中传输的；在输出端，随着纤芯的逐渐变粗，V 值重新增大，光功率被两根纤芯以特定的比例"捕获"。在熔锥区，两光纤包层合并在一起，纤芯足够逼近，形成弱耦合。将一根光纤看作是另一根光纤的扰动，在弱导近似下，并假设光纤是无吸收的，则耦合方程组为：

$$\begin{cases} \dfrac{dA_1(z)}{d(z)} = i(\beta_1 + C_{11})A_1 + iC_{12}A_2 \\ \dfrac{dA_2(z)}{dz} = i(\beta_2 + C_{22})A_2 + iC_{21}A_1 \end{cases} \tag{4-3}$$

式中：A_1、A_2 分别是两根光纤的模场振幅；β_1、β_2 是两根光纤在孤立状态的传输常数；C_{ij} 是耦合系数。实际上，自耦合系数相对于互耦合系数可以忽略，且近似有 $C_{12} = C_{21} = C$。可以求得上述方程组满足 $z=0$ 时，$A_1(z) = A_1(0)$、$A_2(z) = A_2(0)$ 的解为[21]：

$$\begin{cases} A_1(z) = \left\{ A_1(0)\cos(\dfrac{C}{F}z) + iF\left[A_2(0) + \dfrac{\beta_1 - \beta_2}{2C}A_1(0) \right]\sin(\dfrac{C}{F}z) \right\}\exp(i\beta z) \\ A_2(z) = \left\{ A_2(0)\cos(\dfrac{C}{F}z) + iF\left[A_1(0) + \dfrac{\beta_1 - \beta_2}{2C}A_2(0) \right]\sin(\dfrac{C}{F}z) \right\}\exp(i\beta z) \end{cases} \tag{4-4}$$

式中：$\beta = \dfrac{\beta_1 + \beta_2}{2}$ 是两传输常数的平均值；$F = \left[1 + \dfrac{(\beta_1 - \beta_2)^2}{4C^2} \right]^{-\frac{1}{2}}$；$C = \dfrac{(2\Delta)^{1/2}U^2 K_0(Wd/a)}{aV^3 K_1^2(W)}$ 为耦合系数；V 为归一化频率；a 是光纤半径；d 是两光纤中心的间距；U 和 W 是光纤的纤芯和包层参量；K_0 和 K_1 是零阶和一阶修正的第二类贝塞尔函数。

可求得每根光纤中的功率为：

$$\begin{cases} P_1(z) = |A_1(z)|^2 = 1 - F^2 \sin^2(\frac{C}{F}z) \\ P_2(z) = F^2 \sin^2(\frac{C}{F}z) \end{cases} \tag{4-5}$$

这里，已假定光功率由一根光纤注入，初始条件为 $P_1(0) = 1, P_2(0) = 0$。显然，F^2 代表着光纤之间耦合的最大功率。当两根光纤相同时，有 $\beta_1 = \beta_2$，则 $F^2 = 1$，上式就转变为标准熔融拉锥型单模光纤耦合器的功率变换关系式：

$$\begin{cases} P_1(z) = \cos^2(Cz) \\ P_2(z) = \sin^2(Cz) \end{cases} \tag{4-6}$$

由此可得两端口相对功率与拉伸长度的关系曲线，如图 4-10 所示，最大可达 100% 的耦合比（即全耦合）。

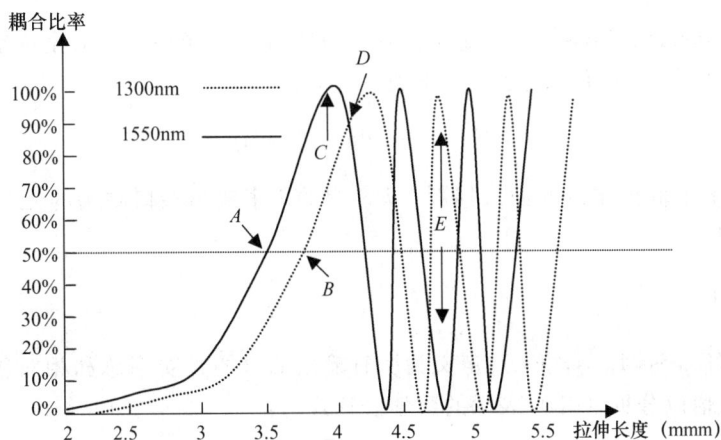

图 4-10　耦合比率与熔融拉锥长度的关系

（2）熔融拉锥型多模光纤耦合器

在多模光纤中，传导模是若干个分立的模式，不仅应在数值孔径角内，还要同时满足 $4an_1\sin\theta = m\lambda$（m $= 1, 2, 3, \cdots$）。其中，a 为纤芯半径，n_1 是纤芯折射率，θ 为传导模与光轴的夹角，λ 为传输光的波长。总的模式数为：

$$M = V^2/2 \tag{4-7}$$

式中：V 为归一化频率。

多模熔融拉锥型耦合器的工作原理如图 4-11 所示，当传导模（图中靠近光轴的为低阶模、远离光轴的为高阶模）进入多模光纤耦合器的熔锥区时，纤芯逐渐变细，同样会导致 V 值减小，纤芯中束缚的模式数减少，较高阶的模进入包层中，形成包层模。由于在熔锥区中，两光纤的包层合并，所以当输出端纤芯又逐渐变粗时，"耦合臂"的纤芯将可以一定比例"捕获"这些较高阶的模式，获得耦合光功率。但是，对于"直通臂"纤芯中传输的低阶模，只能从"直通臂"输出，不参与耦合过程。与单模耦合器不同的是，多模耦合器的两输出端的传导模一般来说是不同的，器件性能对传输光信号的模式比较敏感。为了克服这种缺陷，人们对传统的熔融拉锥工艺进行了改进，使多模信号在熔锥区能够实现模式混合，各阶模式均参与耦合过程，使输出端的模式一致，从而消除器件的模式敏感性。

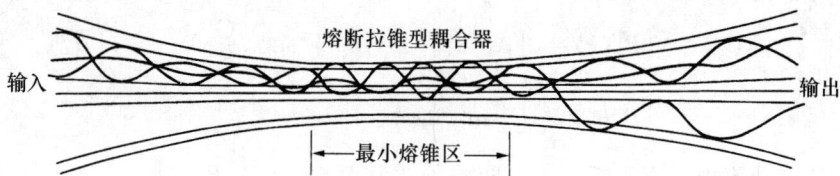

图 4-11　多膜熔融拉锥型耦合器的工作原理

4.2.2　光纤耦合器的特性参数

光纤耦合器除了具有光无源器件的一般技术术语外，还有一些体现自身特点的技术术语。

1. 插入损耗

插入损耗（Insertin Loss，IL）定义为指定输出端口的光功率相对全部输入光功率的减少值。该值通常以分贝（dB）表示，数学表达式为：

$$IL_i = -10\lg \frac{P_{outi}}{P_{in}} (\text{dB}) \tag{4-8}$$

其中：IL_i 是第 i 个输出端口的插入损耗；P_{outi} 是第 i 个输出端口测到的光功率值；P_{in} 是输入端的光功率值。

2. 附加损耗

附加损耗（Excess Loss，EL）定义为所有输出端口的光功率总和相对于全部输入光功率的减小值。该值以分贝（dB）表示的数学表达式为：

$$EL = -10\lg \frac{\sum_i P_{outi}}{P_{in}} (\text{dB}) \tag{4-9}$$

式中：P_{outi} 为第 i 个输出口的输出功率；P_{in} 为输入光功率。

应特别指出的是，光纤耦合器的附加损耗是体现器件制造工艺质量的指标，反映的是器件制作过程带来的固有损耗；而插入损耗则表示的是各个输出端口的输出功率状况，不仅有固有损耗的因素，而且也有分光比的影响。因此，不同类型的光纤耦合器之间，插入损耗的差异，并不能反映器件制作质量的优劣。

3. 分光比

分光比（Coupling Ratio，CR）是光耦合器所特有的技术术语，定义为耦合器各输出端口的输出功率相对输出总功率的百分比，在具体应用中常用数学表达式表示为：

$$CR = \frac{P_{outi}}{\sum_i P_{outi}} \times 100\% \tag{4-10}$$

例如，对于标准 X 形耦合器，1∶1 或 50∶50 代表了同样的分光比，即输出为均分的器件。实际工程应用中，往往需要各种不同分光比的器件，这可以通过控制制作过程的停机点来得到。

4. 方向性

方向性也是光耦合器所特有的一个技术术语，它是衡量器件定向传输性的参数。以标准 X 形耦合器为例，方向性定义为在耦合器正常工作时，输入端非注入光端口的输出光功率（图 4-8 中的 I_2）与总注入光功率的比值，以分贝（dB）为单位的数学表达式为：

$$DL = -10\lg \frac{P_{\text{in2}}}{P_{\text{in1}}}(\text{dB}) \tag{4-11}$$

式中：P_{in1} 代表总注入光功率；P_{in2} 代表输入端非注入光端口的输出光功率。

5. 均匀性

均匀性就是衡量均分器件的"不均匀程度"的参数。它定义为在器件的工作带宽范围内，各输出端口输出功率的最大变化量。其数学表达式为：

$$FL = -10\lg \frac{\text{MIN}(P_{\text{out}})}{\text{MAX}(P_{\text{out}})}(\text{dB}) \tag{4-12}$$

式中：$\text{MIN}(P_{\text{out}})$ 为最小输出光功率；$\text{MAX}(P_{\text{out}})$ 为最大输出光功率。

对于要求均匀分光的耦合器（主要是树形和星形器件），实际制作时，因为工艺的局限，往往不可能做到绝对的均分。

6. 偏振相关损耗

偏振相关损耗（Polarization Dependent Loss，PDL）是衡量器件性能对于传输光信号的偏振态的敏感程度的参量。它是指当传输光信号的偏振态发生 360°变化时，器件各输出端口输出光功率的最大变化量：

$$PDL_j = -10\lg \frac{\text{MIN}(P_{\text{out}y})}{\text{MAX}(P_{\text{out}j})}(\text{dB}) \tag{4-13}$$

在实际应用中，光信号偏振态的变化是经常发生的，因此，为了不影响器件的使用效果往往要求器件有足够小的偏振相关损耗。

7. 隔离度

隔离度是指某一光路对其他光路中的信号的隔离能力。隔离度高，也就意味着线路之间的"串话"小。实际工程中，可直接用于反映 WDM 器件对不同波长光信号的分离能力，对于分波耦合器往往需要隔离度达到 40dB 以上的器件；而合波耦合器的隔离度要求并不苛刻，20dB 左右即可。其数学表达式为：

$$I = -10\lg \frac{P_{\text{t}}}{P_{\text{in}}}(\text{dB}) \tag{4-14}$$

式中：P_{t} 是某一光路输出端测到的其他光路信号的功率值；P_{in} 是被检测光信号的输入功率值。

4.3 波分复用/解复用器

光波分复用器是对光波波长进行分离与合成的光无源器件。在高速光通信系统、接入网、全光网等领域中，光纤频带资源有着广阔的应用前景。同时在构成光纤网络中的光纤、光缆动态状况监测也必须利用波分复用（WDM）技术。对波分复用器与解复用器共同的要求是：复用信道数量要足够多、插入损耗小、串音衰减大和通带范围宽。波分复用器与波分解复用器的不同点在于：解复用器的输出光纤直接与光检测器相连，芯径与数值孔径可以做得大些，因此，制造低插入损耗的解复用器并不太难；而复用器的输出光纤必须为传输光纤，不能任意加大芯径和数值孔径，而减小输入光纤的芯径和数值孔径，又会增加光源到输入光纤的耦合损耗，所以复用器的插入损耗一般比较大。

当器件用做解复用器时（见图 4-12），注入到输入端（单端口）的各种光波信号，分别按波长传输到对应的输出端（N 个端口之一），对于不同的工作波长其输出端口是不同的。对于给定的工作波长器件应具有最低的插入损耗，而其他输出端口对该光信号应具有理想的隔离。当器件用作复用器时，其作用同上述情况相反。

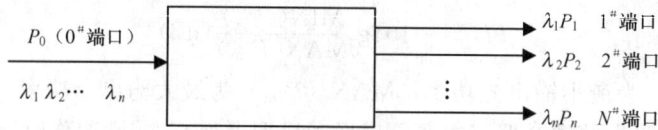

$$P_0（0^\# 端口）$$
$$\lambda_1 \lambda_2 \cdots \lambda_n$$
$$\lambda_1 P_1 \quad 1^\# 端口$$
$$\lambda_2 P_2 \quad 2^\# 端口$$
$$\lambda_n P_n \quad N^\# 端口$$

图 4-12　WDM 光传输原理图

4.3.1　波分复用/解复用器的原理与分类

光复用器和解复用器可分为波长选择性和非波长选择性两种。从广义上讲，色散、偏振、干涉等物理现象都可以用来制作 WDM 器件，如图 4-13 所示。下面我们选取当今广泛应用于光波分复用系统的器件制造方法和原理作简单介绍。

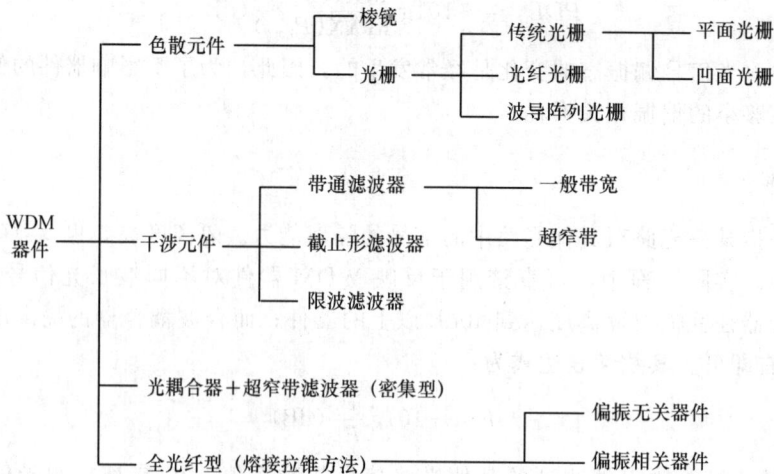

图 4-13　制作波分复用器器件的方法

1. 光栅型

衍射光栅型波分复用器件是近年发展起来的。衍射光栅是利用硅衬底单晶各向异性腐蚀制作的光栅与棱镜分光相比具有更大优势，常用来制作波分复用器的主要分光元件。

图 4-14 所示为透镜光栅型波分解复用器。一根输入光纤和五根输出光纤排列在透镜焦点上。输入光纤为标准光纤，输出光纤芯径较大，便于接收更多的光以降低插入损耗。由图中可以看出，入射光射到光栅表面，不同波长的衍射角不同，就可以使不同的光送到不同的光纤中去，这样使得器件更紧凑、小巧。由于光纤阵列、微透镜阵列、光栅一并安装在石英衬底上固定，因此该器件具有良好的温度特性，可满足工程需要。

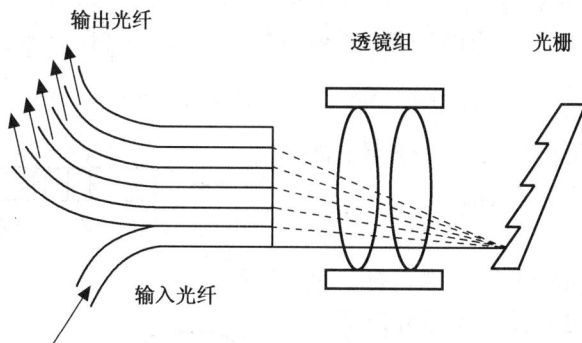

图 4-14 光栅型波分解复用器

2. 波导阵列光栅型

图 4-15 所示为一种波导阵列光栅型波分复用器件。它是由输入、输出波导、空间耦合器和波导阵列光栅构成。

其中，输入、输出波导制作成同单模光纤相同的结构及光学参数，以便相连时具有非常低的耦合损耗。空间耦合器的作用是将各种波长的输入信号，通过空间耦合器进入阵列波导输入端，由于阵列波导是由若干条其光程差为 $(\Delta L \times n)/2$ 的波导构成，根据衍射理论，在波导阵列光栅输出端，按波长长短顺序排列输出，并通过空间耦合器传输到相应的输出波导端口，达到分波的目的。

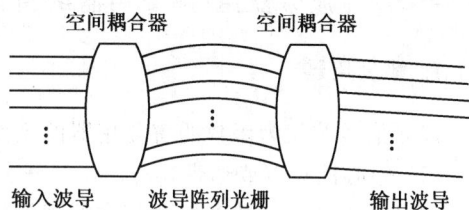

图 4-15 波导阵列光栅型 DWDM

该器件除具有干涉、光栅方法制作的器件的光学特性外，还具有组合分配功能。下面以 4×4 阵列波导光栅 4 波长 WDM（分波）为例说明。

作为分波器，在传输通道中，当含有 4 个波长的光信号进入阵列波导器件时，若从端口 1 进入，输出端对应波长分别为 λ_1、λ_2、λ_3、λ_4，若从端口 2 进入，输出端对应波长分别为 λ_4、λ_1、λ_2、λ_3，依次如图 4-16 所示。也就是说，当 4 个波长信号从不同的输入端口输入时，在器件的输出端口得到的信号波长不一样，构成 4×4 矩阵，从而实现对信号流向的控制和波长争用的复用。

3. 光纤光栅

光纤光栅是利用光纤制造中的缺陷，用紫外光照射，使得光纤纤芯折射率分布呈周期性变化，在满足布拉格光栅条件的波长上全反射，而其余波长通过的是一种全光纤陷波滤波器，如图 4-17 所示。

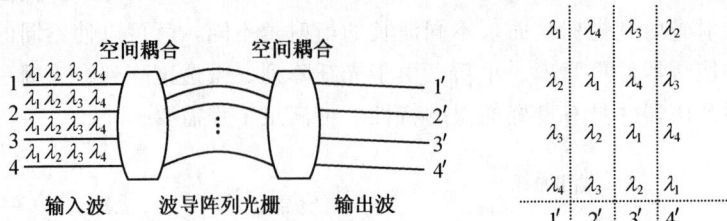

图 4-16　4 波长波导阵列光栅型 DWDM 光口输出特性原理图

光纤布拉格光栅制作方法一般分为干涉法、相位掩膜板法及逐点写入法。

（1）干涉法

干涉法是利用双光束干涉原理，将一束紫外光分成两束平行光，并在光纤外形成干涉场，调节两干涉臂长，使得形成的干涉条纹周期满足制作光纤光栅的要求。

（2）相位掩膜板法

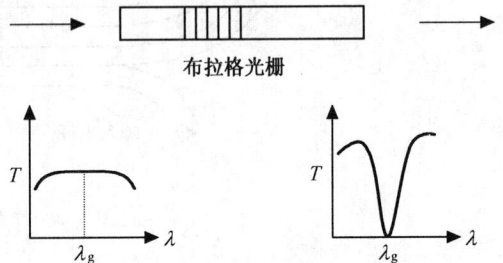

图 4-17　光纤光栅滤波作用

相位掩膜板法，是利用预先制作的膜板，当紫外光通过相位板时产生干涉，从而在光纤圆柱面形成干涉场，将光栅写入光纤。

4.3.2　波分复用/解复用器的特性

1. 解复用器

以光信号波长为函数的解复用器的主要光学特性有以下几点。

（1）中心波长（或通带）λ_1、λ_2、$\cdots$、λ_{n+1}

它是由设计、制造者根据相应的国际标准、国家标准或实际应用要求选定的。例如，对于密集型波分复用器 ITU-T 规定在 1550nm 区域，1552.52nm 为标准波长。其他波长规定间隔 100G（0.8nm），50G（0.4nm）等，或取其整数倍作复用波长。

（2）中心波长工作范围 $\Delta\lambda_1$、$\Delta\lambda_2$

对于每一工作通道，器件必须给出一个适应于光源谱宽的范围。该参数限定了我们所选用的光源（LED 或 LD）的谱宽宽度及中心波长位置。它以 1.0nm 表示或者是以平均信道之间间隔的 10% 表示。

（3）中心波长对应的最小插入损耗 L_1

$$L_1 = -10\lg\frac{P_1}{P_{01}} \tag{4-15}$$

式中：P_1 代表波长为 λ_1 的光束在输出端的光功率；P_{01} 代表波长为 λ_1 的光束在输入端合路信号中的光功率。

该参数是衡量解复用器的一项重要指标，设计者、制造者及使用者都希望此值越小越好。此值以小于"X"dB 表示。可以用输入端到 N 个输出端的各信道的波长——插入损耗关系曲线来表达。如图 4-18 所示。

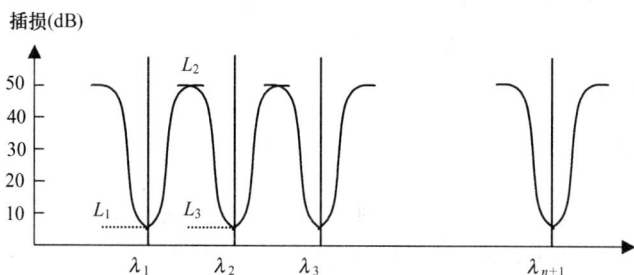

图 4-18 解复用器波长——插入损耗关系曲线

（4）相邻信道之间串音耦合最大值 L_{12}

$$L_{12} = -10 \lg \frac{P'_1}{P_2} \qquad (4-16)$$

式中：P'_1 代表波长为 λ_1 的光束在输出端串扰到 λ_2 的输出端口处的光功率；P_2 代表波长为 λ_2 的光束在输出端口处的输出光功率。

该参数是衡量解复用器的另一项重要指标。在数字通信系统中一般大于 30dB，在模拟通信中则应大于 50dB。该参数应以隔离度大于"Y"dB 表示。

（5）偏振相关损耗

偏振相关损耗是指光信号以不同的偏振状态输入时（如线偏振、圆偏振、椭圆偏振等），对应输出端口插入损耗最大变化量。

2. 复用器

以光信号波长为函数的复用器的光学特性，可用于给定的输入端口（$1^\#\sim N^\#$ 端口为输入端口，$0^\#$ 端口为输出端口）。每一端口的各种光学参数与解复用器中对应的参数定义相类似，这里不再重复。

4.4 光开关

光开关是光纤通信系统重要的光器件，随着光纤通信技术的发展，特别是数据通信和密集波分复用（DWDM）系统的应用，复杂的网络拓扑对可靠、灵活的网管产生了强烈的需求。DWDM 城域网和接入网应用对具有插/分和交换功能的光开关的需求更加迫切。光开关的主要任务是切换光路，图 4-19 所示为使用 1×2 光开关切换光路的示意图。

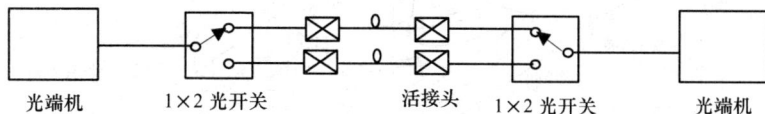

图 4-19 使用 1×2 光开关切换光路的示意图

4.4.1 光开关的种类

光开关根据驱动方式可分为机械式光开关和非机械式光开关，根据工作原理可分为机械式光开关、液晶光开关、电光式光开关和热光式光开关。系统对光开关的要求可归纳为：小的串音、小的消光比、低的插入损耗、小的驱动电流（或电流）、无极化依赖性、与光纤有高的耦合效率、紧凑的器件尺寸、根据需求而定的开关速度和频率带宽。下面就几种光开关工作原理作以简单介绍。

1. 机械式光开关

机械式光开关是最传统的光开关，一种实用化的机械式多模光纤光开关的插入损耗小于1dB，开关时间小于1ms。但是传统的机械式光开关（见图4-20）已不能满足快速发展的光纤通信网的要求，需要不断地研究开发新型的机械式光开关，最具成效的是微光机电系统光开关和金属膜与无源波导相结合的光开关。

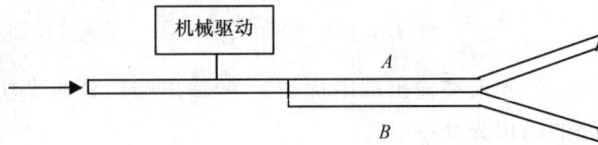

图 4-20　典型机械式光开关示意图

（1）微光机电系统光开关

微光机电系统（Micro-Optical-Electro-Mechanical System，MOEMS）光开关是微机电系统技术（Micro-Electro-Mechanical System，MEMS）与传统光技术相结合的新型机械式光开关。MOEMS 技术是基于半导体微细加工技术而成长起来的平面制作工艺技术，利用这种技术可以制作出微小而活动的机械系统，它采用集成电路标准工艺在硅衬底上制作出集体的微反射镜阵列，反射镜尺寸非常小，仅 $300\mu m$ 左右。

图 4-21 所示是一种采用 MOEMS 技术制作的机械式移动微反射镜结构的 2×2 光开关示意图，其工作原理非常直观，输入光信号通过移动光纤端口上的微反射镜，机械地把光引向或反射到开关中的不同输出光纤而完成光的切换。2×2 光开关的插入损耗达 0.6dB，串扰低至 -60dB，开关速度达 5ms，已足以满足基于 DWDM 的全光传输网络的技术要求。

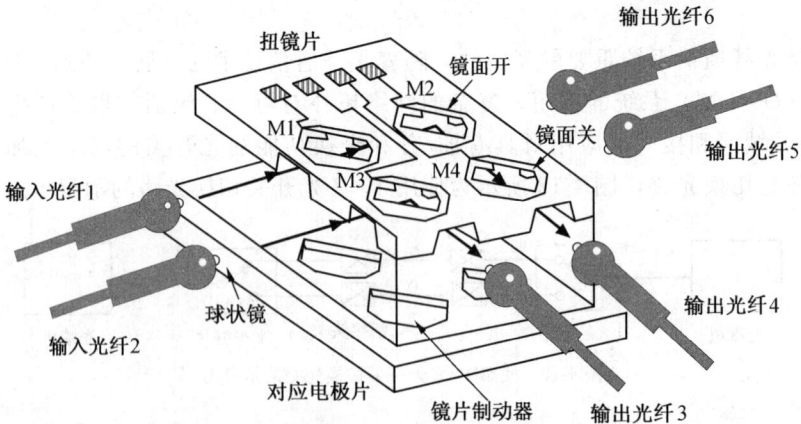

图 4-21　采用 MOEMS 技术制作的机械式移动微反射镜结构的 2×2 光开关示意图

（2）毛细管效应光开关

毛细管效应光开关是采用了电毛细管效应或热毛细管效应的光开关结构。图 4.22 所示为采用热毛细管效应的 8：1 光开关阵列结构。这种光开关阵列可应用于接入网系统。

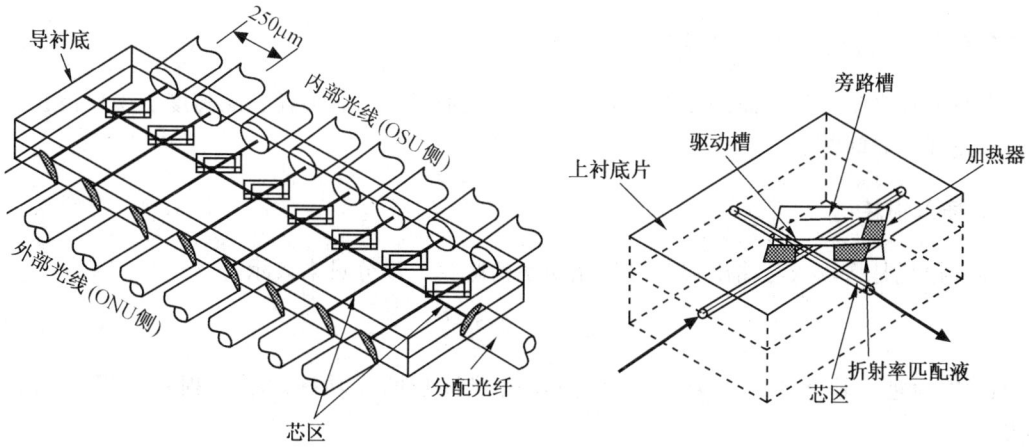

图 4-22　采用热毛细管效应的 8：1 光开关阵列结构

（3）金属薄膜光开关

金属薄膜光开关使用了金属膜与无源波导相结合的构形，其结构如图 4-23 所示。首先在硅（Si）衬底上采用淀积方法形成波导底包层和波导芯层，接着在波导芯层上再形成衬底层，衬底层通常是光致抗蚀剂。之后在衬底层上淀积具有张力的金属膜，接着在金属膜上刻蚀出腐蚀液进入的孔阵，孔阵不能延伸到金属膜的边沿。腐蚀孔阵形成后，采用等离子腐蚀方法刻蚀掉孔阵下方的光致刻蚀剂，在金属膜下方留下了空隙。只要在衬

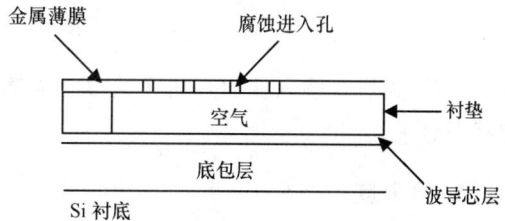

图 4-23　使用了金属膜与无源波导相结合的光开关结构

底和金属膜之间施加一定的电压，由于静电的作用，便可将金属膜与波导接触在一起。当外加电压切断时，通过金属膜的内建应力提供薄膜收缩的恢复力，使金属膜与波导隔开。

2. 液晶光开关

液晶光开关是在硅衬底材料上制作出偏振光束分支波导，再把每个分支波导交叉点刻蚀成有一定角度的槽，槽内装上折射匹配的液晶，液晶槽下面是电热器。不加热时，光束直通；当硅材料中相关点被加热器加热时，其上的液晶内产生一种气泡，经过它的全反射，使来自输入波导的光改变方向，反射到要求的波导上。

3. 热光效应光开关

热光效应光开关（简称热光开关）是利用加热光波导，改变光波导的折射率，引起主波导与需要的分支波导间的光耦合，从而实现光开/关的器件。热光开关是由分支波导（或分支波导阵列）与其上的薄膜加热器控制，光的开与关由沉淀在薄膜上的加热器控制。当电流通过加热器时，便在波导分支区产生横向热梯度，改变波导的折射率，从而引起主波导与需要的分支波导间的光耦合。热光开关有多种构形，主要是利用硅片上的 SiO_2 或有机聚合物

制成。如 MZI 型 Y 分支型、X 结型和组合型等。这类光开关具有体积小、成本低、开关速度可达毫秒级等优点，同时也具有串扰大、消光比低、功耗大、需适当散热等缺点。

4.4.2 光开关的特性参数

光开关在光学性能方面的特性参数主要有插入损耗、回波损耗、隔离度、工作波长、消光比以及开关时间等。

1. 插入损耗

插入损耗是指输入与输出端口之间光功率的减少，以分贝来表示：

$$IL = -10 \lg \frac{P_1}{P_0} \tag{4-17}$$

式中：P_0 为进入输入端的光功率；P_1 为输出端接收的光功率。插入损耗与开关的状态有关。

2. 回波损耗

回波损耗（也称反射损耗或反射率）是指从输入端返回的光功率与输入光功率的比值，以分贝表示：

$$RL = -10 \lg \frac{P'_1}{P_0} \tag{4-18}$$

式中：P_0 为进入输入端的光功率；、P'_1 为输入端口接收到的返回光功率。回波损耗与开关的状态有关。

3. 隔离度

隔离度是指两个相隔离输出端口光功率的比值，以分贝来表示：

$$I_{n,m} = -10 \lg \frac{P_{in}}{P_{im}} \tag{4-19}$$

式中：n、m 为开关的两个隔离端口（$n \neq m$）；P_{in} 是光从 i 端口输入时 n 端口的输出光功率，P_{im} 是光从 n 端口输入时在 m 端口测得的光功率。

4. 远端串扰

远端串扰是指光开关的接通端口的输出光功率与串入另一端口的输出光功率的比值。

如图 4-24（a）所示的 1×2 光开关中，如果第一输出端口接通时，远端串扰定义为：

$$FC_{12} = -10 \lg \frac{P_2}{P_1} \tag{4-20}$$

式中：P_1 是从端口 1 输出的光功率；P_2 是端口 2 输出的光功率。

5. 近端串扰

近端串扰是指当其他端口接终端匹配，连接的端口与另一个名义上是隔离的端口的光功率之比。

如图 4-24（b）所示的 1×2 光开关中，如果第一输出端口与匹配终端相连接时，近端串扰定义为：

$$NC_{12} = -10 \lg \frac{P_2}{P_1} \qquad (4-21)$$

式中：P_1 是输入到端口 1 的光功率；P_2 是端口 2 接收到的光功率。

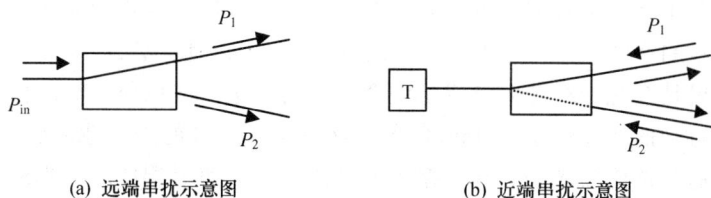

(a) 远端串扰示意图　　　　　　　　(b) 近端串扰示意图

图 4-24　1×2 光开关示意图

6. 消光比

消光比是两个端口处于导通和非导通状态的插入损耗之差。

$$ER_{nm} = IL_{nm} - IL_{nm}^0 \qquad (4-22)$$

式中：IL_{nm} 为 n，m 端口导通时的插入损耗；IL_{nm}^0 为 n，m 端口非导通时的插入损耗。

7. 开关时间

开关时间是指开关端口从某一初始状态转为通或断所需的时间，开关时间从开关上施加或撤去转换能量的时刻算起。

4.5　光纤光栅

4.5.1　光纤光栅原理

1978 年加拿大渥太华通信研究中心的 K·O·Hill 等人首次在掺锗石英光纤中发现光纤的光敏效应，从而导致了一种所谓光纤光栅的新型光纤无源器件的出现。光纤光栅是利用光纤材料的光敏性在纤芯内形成空间相位光栅，相当于一个窄带的（透射或反射）滤波器或反射镜。当外界环境改变时，由于热光效应、弹光效应、法拉第效应等的作用导致布拉格中心波长发生漂移，测量此波长的漂移量就可检测外界温度、应力、磁场等的变化，还可间接测量加速度、振动、浓度、液位、电流、电压等物理量。利用这一特性可制成用以检测多种参量的光纤传感器和光纤传感网。目前，光纤光栅传感器除在航空航天飞行器、舰船及武器系统等军事领域应用外，还扩展到建筑、桥梁、隧道、公路、电力工业、化工产业、生物医学工程等民用领域。日益增多的应用成果表明，光纤光栅已成为目前最有发展前途、最具有代表性的光纤无源器件之一。

1. 光栅的构成

在光学中定义具有空间周期性的衍射屏叫做光栅（grating）。比如：在一块不透明的障碍板上刻出一系列等宽且等间距的平行狭缝，构成一种透射光栅（transmission grating）；

在铝平面上刻一系列的等间隔平行槽纹，构成一种反射光栅（blazed grating）；在晶体内部周期性排列的原子或分子，可以构成天然的三维光栅（three dimensional grating）。

2. 光纤光栅的光敏性

光纤光栅是利用光纤材料的光敏性制成的。所谓光敏性，是指激光通过掺杂光纤时，光纤的折射率随光强的空间分布发生的变化，变化的大小与强度成线性关系并可永久地保存下来。实质上的结果是在光纤纤芯内形成了一个窄带的（透射或反射）滤波器或反射器。研究表明，光纤的光敏性的峰值位于240nm的紫外区。由于光纤的光敏性主要取决于纤芯材料，现在广泛用于通信和传感领域的光纤光栅主要是用紫外光照射掺锗石英光纤而成的。利用这一特性可以制成许多性能独特的光纤无源器件。

4.5.2 光纤光栅的特性与应用

1. 光纤光栅的光学特性

通常把光栅周期小于 $1\mu m$ 的均匀周期光纤光栅称为光纤布拉格光栅，简写为 FBG（Fiber Bragg Grating）。当宽带光传播到光纤光栅时，满足布拉格条件的一定波长的光将会被反射。

由于纤芯受到紫外光（一般是双光束干涉）的照射致使纤芯内部折射率形成周期性调制分布，所谓调制就是本来沿光纤轴线均匀分布的折射率产生大小起伏的变化。

对均匀的布拉格（Bragg）光栅，折射率分布表达为：

$$n(z) = n_0 + \delta\bar{n} + \Delta n_{\max}\upsilon\cos(2\pi z/\Lambda) \tag{4-23}$$

式中：n_0 为原光纤纤芯的折射率值；$\delta\bar{n}$ 为纤芯折射率的平均增加值；$\triangle n_{\max}$ 为纤芯折射率的最大变化量；υ 为折射率的调制幅度；Λ 为均匀光栅的周期。

这种纵向折射率的变化将引起不同光波模式之间的耦合，并且可以通过将一个光纤模式的功率部分或全部地转移到另一个光纤模式中去来改变入射光的频谱。在一根单模光纤中，纤芯中的入射基模即可被耦合成前向传输模式，也可被耦合成后向传输模式，这取决于光栅以及不同传播常数决定的相位条件，即：

$$\beta_1 - \beta_2 = \frac{2\pi}{\Lambda} \tag{4-24}$$

式中：β_1 和 β_2 和 分别是模式 1 和模式 2 的传播常数；Λ 是光栅的周期。

为了将一个前向传输模式耦合成一个后向传输基模，应满足如下条件：

$$\frac{2\pi}{\Lambda} = \beta_1 - \beta_2 = \beta_{01} - (-\beta_{01}) = 2\beta_{01} \tag{4-25}$$

式中：β_{01} 是单模光纤中传输模式的传播常数。这种 Bragg 光栅的基本特性表现为一个反射式的光学滤波器，反射峰值波长称为 Bragg 波长，记作 λ_B：

$$\lambda_B = 2n_{\text{eff}}\Lambda \tag{4-26}$$

式中：n_{eff}是光纤的有效折射率。另一种情况，将前向传输模式耦合成一个后向包层模，此时 β_1 和 β_2 同号，Λ 较大，这样所得到的光栅是长周期光纤光栅（LPG），Λ 一般为数百 μm，LPG 的基本特性表现为一个带阻滤波器，阻带宽度一般为十几～几十 nm。

2. 光纤光栅的应用

光纤光栅因体积小、成本低、与光纤系统兼容性好、插入损耗低及光学性能优异等优点，成为光通信系统不可缺少的组成部分。近年来，随着各种新结构和新性能 FBG 的陆续问世，FBG 的应用领域不断扩大，在 DWDM 中的应用几乎涉及光发射、光放大、光滤波、光交换和光吸收及色散补偿等领域。可以说没有 FBG 的光网络就不能称之为真正的全光网络。

（1）FBG 在光源中的应用

光纤光栅激光器是 FBG 在激光器中最直接的应用，图 4-25 所示为分布反馈（DFB）光纤光栅激光器的原理示意图。

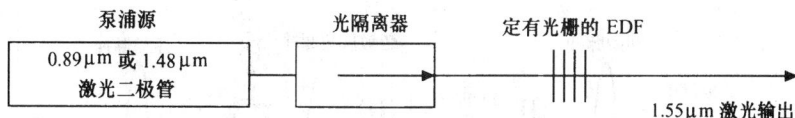

图 4-25　DFB 光纤光栅激光器示意图

DFB 光纤光栅激光器利用直接在稀土掺杂的光纤（EDF）上写入光栅，构成谐振腔，且有源区和反馈区同为一体的光纤激光器。

（2）FBG 在放大器中的应用

光纤拉曼放大器（FRA）是利用光纤非线性效应来实现光放大的，对在光纤的整个低损耗区（1270～1670nm）实现长距离的无中继传输和远程泵浦有着无可替代的作用。图 4-26 所示为带有 FBG 的 FRA 结构示意图。

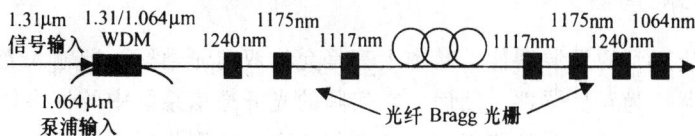

图 4-26　带有 FBG 的光纤拉曼放大器结构示意图

在普通传输的锗硅光纤的两端写入反射波长为拉曼泵浦波长的一系列 FBG 对，FBG 对应的波长形成谐振腔，在包层模泵浦激光器的泵浦下，根据 Stokes 效应泵浦单模，最终生成多个拉曼泵浦波长，实现光信号的宽带放大。这种结构光放大器可以实现很大的输出功率。

（3）FBG 在光波分复用/解复用器中的应用

由于 FBG 具有很好的选频作用，可以被用作 DWDM 系统的波长复用/解复用器。图 4-27所示为 M-Z（Mach-Zehnder）干涉仪构成的光纤光栅复用/解复用器示意图。

如图 4-27 所示，复用信号从端口 1 输入，假设光栅的谐振波长为 λ_4，由于光栅的反射作用，波长 λ_4 的光信号从端口 2 输出，其余的波长信号从端口 4 输出，当干涉仪的平衡很好时，端口 3 不会有光出现。光纤光栅复用/解复用器最大的优点是与输入光的偏振状态无关，对外界温度变化也不敏感。缺点是多个波长的解复用，需要级联 M-Z 干涉仪，增大了设备的尺寸。

（4）FBG 在色散补偿中的应用

啁啾光纤光栅是一种非周期光栅，不同波长的光在啁啾光栅的不同位置发生谐振发射，产生不同的反射时延，利用这一特性，可以用于色散补偿，如图 4-28 所示。

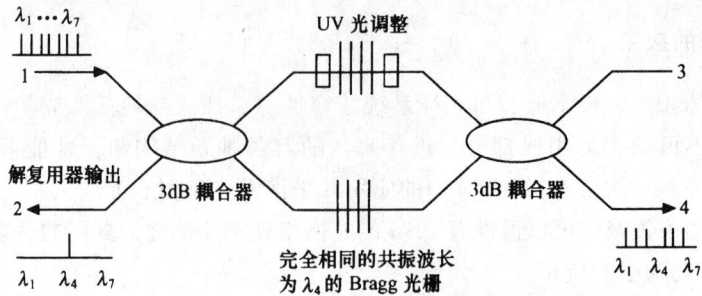

图 4-27 M-Z 干涉仪构成的光纤光栅波长复用/解复用器示意图

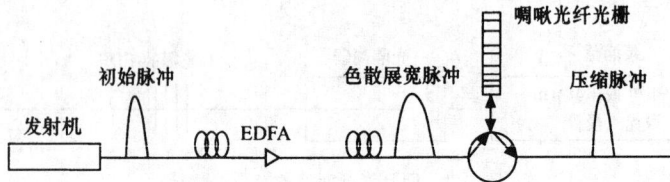

图 4-28 啁啾光纤光栅的色散补偿原理图

适当设计啁啾光栅可使色散展宽的脉冲完全恢复到其初始的脉冲宽度，从而达到色散补偿的目的。

4.6 光隔离器及光环行器

4.6.1 光隔离器

通信系统中应用到的无源器件，基本上都是允许双向光通行，即输入光与输出光可以互换，通常称这类器件为互易器件。然而，在实际的光纤通信系统中的许多情况下，只允许光波向一个方向传播，要求光器件能阻止光波向其他方向特别是反方向传输，具有此功能的光无源器件被称为光隔离器。光隔离器是一种光单向传输的非互易性器件，即光的单向器。光隔离器主要用在激光器或光放大器的后面，以防止来自连接器、熔接点、滤波器等的反射光影响激光器或放大器的稳定性。例如，光源发出的信号光，通常是以活动连接器的形式耦合到光纤线路中去的，活动接头处的光纤端面间隙会使约 4% 的反射光（菲涅耳反射光）向着光源传输。对于光频稳定性要求高的光纤通信系统（如相干光通信系统、密集波分复用、光频分复用系统等），少部分反射光可能影响光源的工作稳定性，进而影响系统的正常工作，为此，需在光源和活动连接器之间设置光隔离器，消除反向传送光的不良影响。

1. 光隔离器的原理

光隔离器的工作原理是基于法拉第旋转的非互易性。用旋光材料制成法拉第旋转器，使通过它的光的偏振态旋转一定角度，且旋转方向与光传播方向无关。

单模光纤隔离器是由起偏器、检偏器和法拉第旋转器三部分组成，如图 4-29 所示。

各部分作用如下：起偏器的透振方向是垂直方向，即允许垂直偏振光顺利通过；检偏器的透振方向是 45°方向，即允许 45°方向上的偏振光顺利通过；法拉第旋转器使通过它的光的偏振方向顺时针旋转 45°。

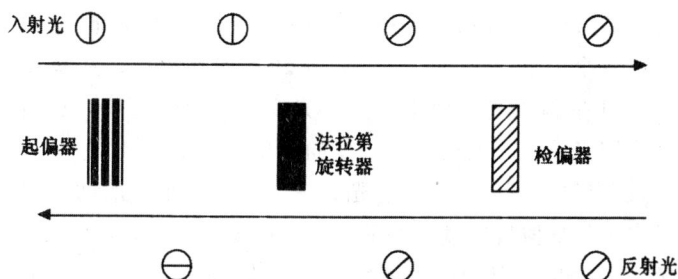

图 4-29　单模光纤隔离器的工作原理

隔离器的工作过程：当入射光从左向右传输时，由于单模光纤传输光的偏振态与起偏器的透振方向一致，故入射光无损地通过起偏器。由于法拉第旋转器的作用，使光的偏振态旋转到 45°方向上，由于检偏器的透振方向也在 45°方向上，于是经过法拉第旋转器旋转 45°后的光能顺利通过检偏器，这样，正向传输入射光无损地通过隔离器。当反射波向反方向传输时，由于检偏器的透振方向为 45°，只允许 45°方向的偏振光通过检偏器，其余偏振态的光全部被检偏器阻止。通过检偏器的光被法拉第旋转器再旋转 45°，便成为水平偏振光，该偏振态光被起偏器阻止，这样就阻止了反方向光的传输。

单模光纤隔离器的特点是隔离器的工作与入射光的偏振态有关，即必须是垂直偏振。

2. 光隔离器的结构

图 4-30 所示就是一个实用型的光隔离器。它是由两个空间分离偏振器、法拉第旋转器和一个半波片组成。各部分的作用如下。

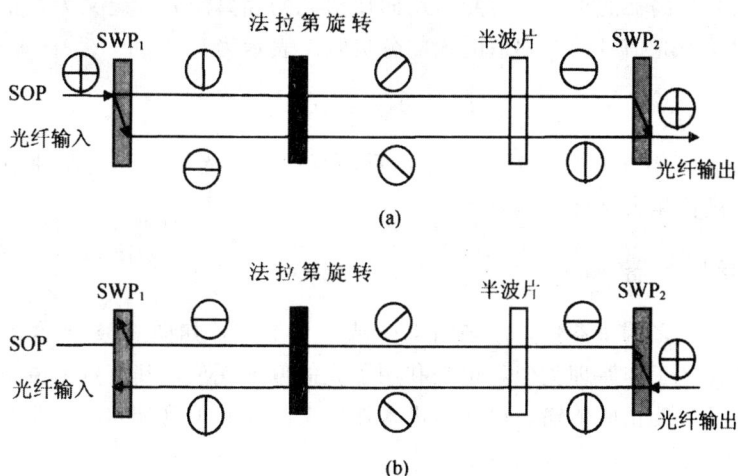

(a)

(b)

图 4-30　实用型隔离器的原理图

空间分离偏振器（Spatial Walk-off Poiarizer，SWP）的特点是，让垂直分量直线通过，而水平分量偏折通过，且偏折方向和光传输方向无关。其作用是将入射的任意偏振态的光分解为水平和垂直的两个正交偏振分量，或把水平和垂直的两个正交偏振分量合成某一偏振光。法拉第旋转器能使通过它的光的偏振方向顺时针旋转 45°。半波片可以把光的偏振态旋转 45°，将从左向右传播光的偏振态顺时针旋转，反之逆时针旋转。

该隔离器的工作过程是正向传输的光如图 4-30（a）所示，具有任意偏振态的入射光首先

通过 SWP_1，SWP_1 将入射光分解为水平和垂直的两个正交偏振分量，让垂直分量直线通过，而水平分量偏折通过。两个分量都要通过法拉第旋转器和半波片，其偏振态都要顺时针旋转90°，使垂直偏振光变为水平偏振光，使水平偏振光变为垂直偏振光，最后由 SWP_2 把两个分量的光合在一起输出，即完成正向无损传输。反向传输的光如图 4-30（b）所示，具有任意偏振态的入射光首先通过 SWP_2，SWP_2 将入射光分解为水平和垂直的两个正交偏振分量，让垂直分量直线通过，而水平分量偏折通过。由于半波片的作用，两个分量的偏振态都逆时针旋转45°，然后通过法拉第旋转器时，其偏振光又要顺时针旋转 45°，法拉第旋转器和半波片的旋转方向刚好相反，旋转效果抵消，即两分量的光通过半波片和法拉第旋转器后，其偏振态转回原态，偏振态维持不变，在输出端不能被 SWP_1 再组合在一起，于是实现了反向的隔离。

3. 光隔离器的特性参数

光隔离器的主要技术参数有插入损耗和隔离度。

（1）插入损耗 L_i

插入损耗是指增加光隔离器而产生的附加损耗，定义为该无源器件的输入和输出端口的光功率之比，即：

$$L_i = 10 \lg \frac{P_i}{P_o} (dB) \tag{4-27}$$

式中：P_o 为输出端口的光功率，P_i 为输入端口的光功率。该器件的性能要求对正向入射光的插入损耗是越小越好。

（2）隔离度 I

隔离度是指光隔离器的正向入射光对反向反射光的隔离能力。定义为：正向入射光信号的功率值与反向反射光信号的功率值的比的分贝数，表示为：

$$I = 10 \lg \frac{P_r}{P_i} (dB) \tag{4-28}$$

式中：P_i 表示正向入射光的光功率，P_r 表示反向反射光的光功率。该器件的性能要求对反向反射光的隔离度值越大越好。

4.6.2 光环行器

光环行器是一个多端口器件，一般有 3 个或 4 个端口，如图 4-31 所示。光环行器的工作原理与光隔离器的工作原理类似，也是利用了光的偏振现象，其特点是端口间的输入输出关系是确定的，且只能正向传输，也就是进入端口 1 的光必须到端口 2，进入端口 2 的光必须到端口 3，以此类推。

光环行器主要用于光分插复用器、光放大器等。

前面介绍了多种光纤无源器件，在使用光纤无源器件时需注意以下事项。

每个光纤部件插头都带有保护套，使用时拔下保护套，并保存好，便于在使用结束时重新套上。光纤部件属于易损、娇贵器件，应轻拿轻放，避免使用蛮力径向用劲拽拉光纤或使用光纤弯曲弧度过小，造成光纤芯线折断。各部件之间连接时须仔细对准定位销位置，并注意接头的旋转方向（如 FC 头）。平时使用时，注意保护光纤插头前端纤芯表面的清洁，避免碰撞、摩擦，如发现有污物时，用软缎或棉签蘸无水乙醇轻轻擦拭干净。

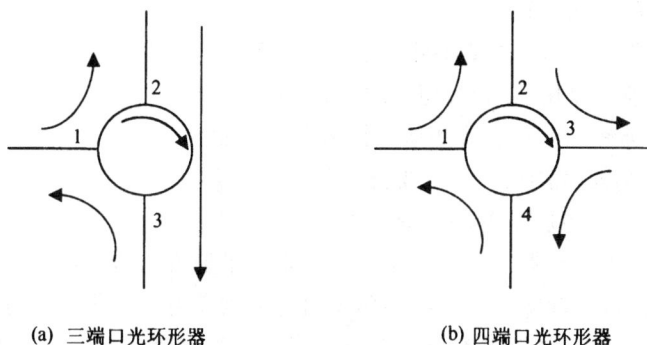

(a) 三端口光环形器　　　　　　　(b) 四端口光环形器

图 4-31　光环行器

小　　结

在光纤通信系统中经常用到很多光无源器件，常见的有光纤连接器、光耦合器、光波分复用器和光开关。

光纤连接器是用于光纤与光纤、光纤与其他无源器件、光纤与系统或仪表活动连接的光无源器件，其结构主要有套管结构、双锥结构、V 形槽结构、球面定心结构、透镜耦合结构。常见的种类有 FC、SC、ST 等，插针端面形状有平面、球面、斜球面。其优劣主要用插入损耗、回波损耗、重复性和互换性等参数来描述。

光耦合器是将光信号进行分路、合路、插入、分配的一种器件，具有插入损耗、附加损耗、分光比、方向性、均匀性、偏振相关损耗、隔离度等特性。

光波分复用器是对光波波长进行分离与合成的光无源器件，工作原理不同，其结构也不同。以光信号波长为函数的解复用器具有中心波长、中心波长工作范围、中心波长对应的插入损耗、相邻信道之间串音耦合等光学特性。

光开关是一种用于切换光路的无源器件，在光学性能方面的特性参数主要有插入损耗、回波损耗、隔离度、工作波长、消光比、开关时间等。

光纤光栅是利用光纤材料的光敏性在纤芯内形成空间相位光栅，相当于一个窄带的滤波器或反射镜，常用于光学滤波、波长复用/解复用、光纤色散补偿等场合；另外，由于其中心波长对环境参数等非常敏感，也常用作温度、应力、磁场等传感器。

光隔离器只沿一个方向传输光，它依赖于光偏振器件和法拉第旋转器工作，其主要特性参数有插入损耗和隔离度。

光环行器通过一系列端口路由光，从一个端口向下一个端口输送信号，再从第二个端口接收信号路由到第三个端口。它们依赖于双折射晶体、法拉第旋转器和其他偏振旋转器工作。

复习思考题

1. 光纤连接器的作用是什么？
2. 我国常用的光纤连接器有哪些类型？
3. 光纤连接器的结构有哪些种类？分析各自的优缺点。

4. 光纤耦合器的作用是什么？

5. 光纤耦合器常用的特性参数有哪些？如何定义这些参数。

6. 简述系统对波分复用器与解复用器要求的异、同点。

7. 光开关的种类有哪些？有哪些新的技术有待开发？

8. 光隔离器的功能是什么？其主要技术参数是什么？

9. 简述光隔离器的组成及各部分的作用。

10. 一个简单的光隔离器需要多少偏振器来阻挡错误方向传输的光？

11. 当一束光注入光纤时，由于菲涅尔反射、瑞利散射等原因，会有部分光传回到注入端（称之为后向光），用光环行器在注入端可以将后向光分离出来，请画出连接图。

12. 现有一束包含 1550nm 波长的混合光，请用光纤光栅和光环行器设计一个光路将 1550nm 的光信号分离出来。

第 **5** 章 光源与光发送机

从光纤通信的意义上来说，将在近红外光谱附近产生电磁场能的发生器称为光源。光源是光发送机的核心器件。通过光源器件，可以将调制信号变换成已调制信号；简单地说，就是借助光源完成电信号到光信号的变换。由于体积小、重量轻、效率高及耗电少等特点，现代光纤通信系统均使用半导体光源器件。在实际应用中，光源主要包括两种类型：半导体发光二极管（或简称为发光管）和半导体激光二极管（或简称为激光管或激光器）。

为了实现光的调制或电光变换，在实际系统中总是将光源、驱动电路及其辅助电路构成一体，形成所谓的光发送机。因此，光发送机在整个光纤通信系统中具有相当重要的作用。

本章主要介绍光纤通信系统中所使用的光源结构、基本工作原理及其工作特性；此外，还将介绍光调制的基本原理、光发送机的构成、光发送机的工作原理及光发送机的主要技术指标等。

5.1 半导体光源的物理基础

5.1.1 孤立原子的能级和半导体的能带

1. 孤立原子的能级

原子是由原子核和围绕原子核旋转的电子构成。围绕原子核旋转的电子能量不能任意取值，只能取特定的离散值，这种现象称为电子能量的量子化。这些离散能量值称为孤立原子的能级，如图 5-1（a）所示。

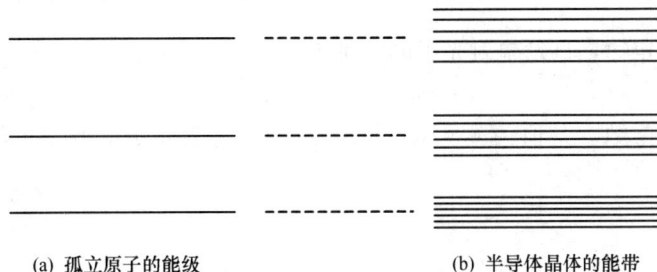

(a) 孤立原子的能级　　　　　　(b) 半导体晶体的能带

图 5-1　能级和能带结构

2. 半导体的能带

在大量原子相互靠近形成半导体晶体时，由于半导体晶体内部电子的共有化运动，使孤立原子中离散能级变成能带，如图 5-1（b）所示。在半导体材料受到激励时，内层完全填满电子的能带的电子填充数量基本不变，也即不影响半导体器件的外部特性。同样情况下，一般外层能带（尤其是价带和导带）电子填充数量会发生较大的变化，将会影响到半导体器件的外部特性。因此，以后我们在有关的分析中只给出半导体的价带、导带及它们之间的禁带，如图 5-2（a）所示。我们也可以进一步将能带结构简化为如图 5-2（b）所示的能带简图。

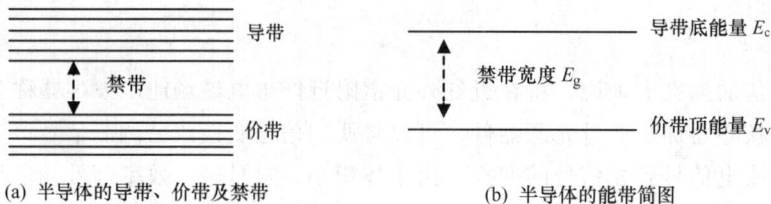

| (a) 半导体的导带、价带及禁带 | (b) 半导体的能带简图 |

图 5-2 半导体的能带结构

在图 5-2 中，半导体内部自由运动的电子（简称自由电子）所填充的能带称为导带。价电子所填充的能带称为价带。导带和价带之间不允许电子填充，所以称为禁带，其宽度称为禁带宽度，用 E_g 表示，单位为电子伏特（eV）。

5.1.2 光与物质的相互作用

光可以被物质材料吸收，物质材料也可以发光。光的吸收和发射与物质材料内部能量状态的变化有关。在研究光与物质的相互作用时，爱因斯坦指出存在三种基本过程：自发辐射、受激辐射及受激吸收。

1. 自发辐射

处于高能级的电子状态是不稳定的，它将自发地从高能级（在半导体晶体中更多是指导带的一个能级）运动（称为跃迁）到低能级（在半导体晶体中更多是指价带的一个能级）与空穴复合，同时释放出一个光子。由于不需要外部激励，所以该过程称为自发辐射。

由于高能级上的电子都是自发地、独立地跃迁到低能级，因此，辐射光子的频率、相位及方向是随机的，也就使得自发辐射光具有更宽的光谱范围。半导体发光二极管就是按照这种原理工作的。

根据能量守恒定律，自发辐射光子的能量为：

$$h\nu_{12} = E_2 - E_1 \tag{5-1}$$

式中：h 为普朗克常数，其值为 6.626×10^{-34} J·s；ν_{12} 为光子的频率；E_2 为高能级能量；E_1 为低能级能量。

2. 受激辐射

在外来光子的激励下，电子从高能级跃迁到低能级与空穴复合，同时释放出一个与外来光子同频、同相的光子。由于需要外部激励，所以该过程称为受激辐射。

由于高能级上的电子是受到外来光子激励而跃迁到低能级的，因此，辐射光子的频率、相位及方向都是与外来光子相同的，也就使得受激辐射光具有较窄的光谱范围。半导体激光二极管就是按照这种原理工作的。受激辐射光子能量仍然满足式（5-1）。

3. 受激吸收

在外来光子激励下，电子吸收外来光子能量而从低能级跃迁到高能级，变成自由电子。这种过程称为受激吸收。半导体光电检测器就是按照这种原理工作的。受激吸收光子能量仍然满足式（5-1）。

在大部分文献中，基本上均采用了能量守恒原理来表述能级间的电子跃迁情况。这里需要提示的是，能级间的电子跃迁还必须满足所谓的准动量守恒原理。对此我们不作深究，有兴趣的读者可以查考相关的文献予以了解。

在实际物质中，上述三种现象有可能同时存在。为了使物质材料成为发光物质（即光源），就应该使自发辐射和/或受激辐射占据优势。同样，为了构成光电检测器，就应该使受激吸收占据优势。

5.1.3 粒子数反转分布状态

1. 粒子数正常分布状态

在热平衡状态下，高能级上的电子数要少于低能级上电子数。一般地，我们将这种粒子数的分布状态称之为粒子数正常分布状态。

2. 粒子数反转分布状态

为了使物质发光，就必须使其内部的自发辐射和/或受激辐射几率大于受激吸收的几率，这一点我们已经在介绍光与物质的相互作用过程中提及过。很明显，要物质内部的自发辐射和/或受激辐射占据优势，就必须使高能级上的电子数多于低能级上电子数，这种现象称为粒子数反转分布状态。

通过相关文献，我们可以知道：在二能级的物质系统中，能级间不会形成粒子数反转分布状态；要在能级间实现粒子数反转分布状态，物质系统中必须存在 3 个能级或 3 个以上的能级。为了简便，我们在这里不进行相关的论证。

有多种方法可以实现能级之间的粒子数反转分布状态，这些方法包括光激励方法、电激励方法等。在半导体光源器件中，我们通常是利用外加适当的正向电压来实现粒子数反转分布状态的。

5.2 半导体光源的工作原理

5.2.1 发光二极管的工作原理

半导体发光二极管（Light-emitting Diode，LED）基本应用 GaAlAs 和 InGaAsP 材料，可以覆盖整个光纤通信系统使用波长范围，典型值为 $0.85\mu m$、$1.31\mu m$ 及 $1.55\mu m$。在 PN

结构上，使用最多的是双异质结构（Double Heterology，DH）。

1. 发光二极管的类型结构

按照器件输出光的方式，可以将发光二极管分为三种类型结构：表面发光二极管、边发光二极管及超辐射发光二极管。

三种发光二极管的结构分别如图 5-3、图 5-4 所示。在图 5-3 和图 5-4 中，P 表示较大禁带宽度（带隙）的空穴型半导体材料，其中的导电机理主要决定于空穴；p 表示较小禁带宽度的空穴型半导体材料，其中的导电机理也主要决定于空穴；N 表示较大禁带宽度的电子型半导体材料，其中的导电机理主要决定于电子。这里的双异质结构（DH）是指禁带宽度较大的 P 型和 N 型限制层与禁带宽度较小的 p 型有源层之间使用了不同的物理材料。

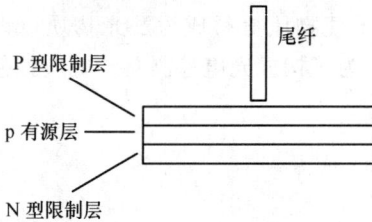

图 5-3　表面发光二极管的结构　　　　图 5-4　边发光二极管和超辐射发光二极管的结构

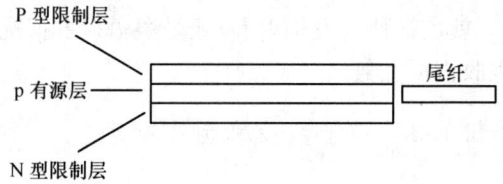

三种发光二极管的输出光方式是不同的：表面发光二极管输出的光束方向垂直于有源层；边发光二极管和超辐射发光二极管是沿着有源层发光的。

2. 发光二极管的工作原理

（1）LED 的能带结构

为了说明 LED 的工作原理，下面给出 DH 型发光二极管在热平衡状态和激励状态下的能带图和载流子（电子和空穴）的填充情况，如图 5-5 所示。从图中可以看出：在热平衡状态下，有源区（p 区）几乎没有电子和空穴，因此一般情况下 LED 不会发光；而在激励（通常为电激励方式，即外加合适的正向电压）状态下，有源区存在大量的电子和空穴，因此将会由于自发辐射而发光。

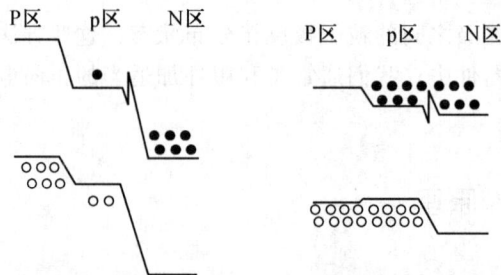

(a) 热平衡状态下的能带结构　　(b) 在激励状态下的能带结构

图 5-5　LED 的能带结构

由于在结构上发光二极管没有谐振腔，因此它不存在阈值问题。

（2）LED 的工作原理

LED 的工作原理可以归纳如下：当给 LED 外加合适的正向电压时，Pp 结之间的势垒（相对于空穴）和 Np 结之间的势垒（相对于电子）降低，大量的空穴和电子分别从 P 区扩散到 p 区和从 N 区扩散到 p 区（由于双异质结构，p 区中外来的电子和空穴不会分别扩散到 P 区和 N 区），在有源区形成粒子数反转分布状态，最终克服受激吸收及其他衰减而产生自发辐射的光输出。

5.2.2 激光二极管的工作原理

在结构上，半导体激光二极管（Laser Diode，LD）与其他类型的激光器是相同的，都主要由三部分构成：激励源、工作物质及谐振腔。激励源的主要作用是使工作物质形成粒子数反转分布状态，为受激放大提供条件。有多种激励方式，半导体 LD 采用电激励方式。工作物质的主要作用是提供合适的能带结构，以便 LD 能够在要求的波长发光。与 LED 比较，谐振腔是 LD 独有的，其主要作用是提供正反馈功能。

大部分半导体 LD 使用材料与 LED 相同，覆盖了整个光纤通信系统使用波长范围。在 PN 结构上，使用最多的是与 LED 相同的双异质结构（DH）。

1. 激光二极管的类型结构

（1）常用激光二极管的类型结构

在双异质结构的 LD 中，通常采用具有横模限制作用的激光二极管结构，这种激光二极管称为条形激光二极管（Stripe Laser Diode，SLD）或窄区激光二极管。条形激光二极管又可以分为增益波导型激光二极管和折射率波导型激光二极管两种。

一种增益波导型激光二极管——扩散条形激光二极管的结构如图 5-6 所示，图中虚线之间的部分为电流流经的区域。从原理上讲，增益波导型激光二极管是利用光增益区的宽度来限制横模的，而增益区宽度又取决于电流流经的区域宽度：条形有源区有电流流过，因此该区域具有光增益；而条形有源区外没有电流流过，所以该区域没有光增益。最终，将辐射光横模限制在条形有源区内部。

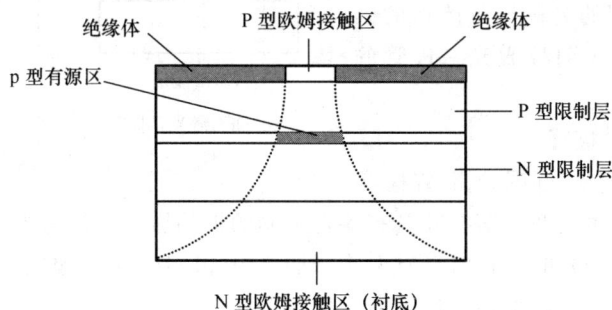

图 5-6 一种扩散条形激光二极管

一种折射率波导型激光二极管——拱棱波导条形激光二极管的结构如图 5-7 所示。通过局部折射率较大的选择（类似于光纤波导的作用），而使该局部对光横模具有限制作用。

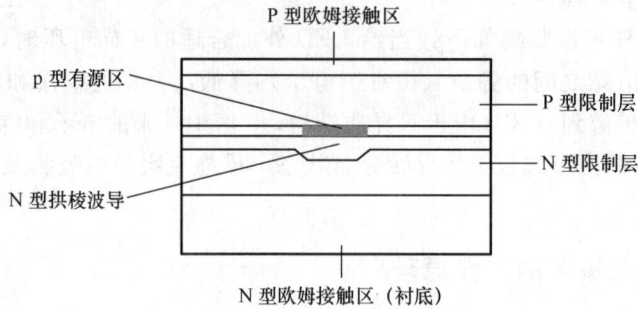

图 5-7　拱棱波导条形激光二极管

（2）单频激光二极管

一般地，普通激光二极管只能工作于多纵模状态，其增益峰值附近的数个模式携带着大部分的输出光功率。这主要是因为普通激光二极管的反馈（由解理面构成的谐振腔提供）对所有纵模都是一样的，所以纵模选择性只能借助于增益谱来完成。由于纵模选择性极差，因此影响了光纤通信系统的传输速率的提高。

一种改善纵模选择性的方法是采用不同频率的选择反馈机理，即谐振腔对不同频率具有不同的损耗。为了实现频率选择反馈，目前常常使用分布反馈和耦合腔机理。根据这些机理制成的激光二极管，主要应用于高速率、波分复用及相干光纤通信等系统中。还有一些改善LD特性的、非常有用的激光二极管，如垂直腔激光二极管和量子阱激光二极管等。

① 分布反馈机理激光二极管

在分布反馈（Distributed Feedback，DFB）机理激光二极管中，通过谐振腔和具有频率选择反馈功能的光栅共同完成反馈作用。由于引入了频率选择反馈功能，所以这种类型的激光二极管仅在选择的波长上辐射光。

从工作方式上讲，根据 DFB 原理工作的激光二极管可以分为两类：DFB 激光二极管和分布反射计（Distributed Brugg Reflector，DBR）激光二极管。在实际应用中，一般不对它们的名称进行严格的区分。图 5-8 所示给出了两种激光二极管的原理结构。

② 耦合腔激光二极管

模式选择也可以采用耦合腔结构实现，其基本机理为：虽然两个谐振腔具有各自不同的振荡纵模，但是当两个谐振腔放在一起构成耦合腔（或复合腔）时，这时只有两个谐振腔中相同的纵模才能成为耦合腔的振荡纵模，再加上增益谱的作用，最终实现了模式选择功能。

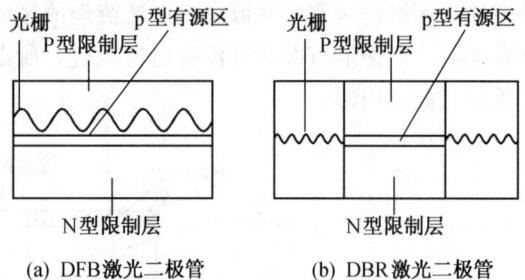

(a) DFB激光二极管　　(b) DBR激光二极管

图 5-8　分布反馈机理激光二极管

耦合腔激光二极管包括两种类型：有源—无源结构耦合腔激光二极管和有源—有源结构耦合腔激光二极管。图 5-9 所示给出了两种耦合腔激光二极管的原理结构。从图中可以看出：在外部耦合腔激光二极管中，除了 LD 为有源器件外其他部分均为无源器件，所以属于有源—无源结构；而在 C³ 激光二极管中，两个 LD 均为有源器件，所以属于有源—有源结构。

③ 量子阱激光二极管

出现较晚的量子阱（Quantum Well, QW）激光二极管，已经在实际系统尤其是相干传输系统和波分复用系统中得到广泛应用。

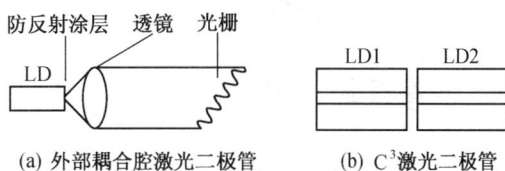

(a) 外部耦合腔激光二极管　　(b) C³激光二极管

图 5-9　耦合腔激光二极管

除了有源层的厚度之外，QW 激光二极管非常类似于普通的 DH 型激光二极管。普通激光二极管的有源层厚度最大约 $0.1\mu m$，而 QW 激光二极管有源层的厚度不大于 $0.01\mu m$。由于 QW 激光二极管有源层的这种特点，使得它具有极小的阈值电流。这个特点，也使其辅助控制电路得以简化，而且也有利于提高工作寿命。

为了改善阈值特性，后续开发的分布反馈机理激光二极管和耦合腔激光二极管也采用了类似的量子阱技术。

④ 波长可调谐单频激光二极管

波长可调谐单频激光二极管是波分复用系统、相干光通信系统及光交换网络的关键器件，其主要性能指标包括调谐速度和波长调谐范围。随着多种方案的提出和实验室取得的诸多进展，预计高质量的波长可调谐单频激光二极管会很快进入实用化阶段。

波长可调谐单频激光二极管主要包括衍射栅激光二极管、类似外部耦合腔激光二极管的外部可调谐耦合腔激光二极管、双极 DFB 激光二极管（这种激光二极管有两个电极，一个电极控制电光变换，另一个电极进行波长调谐）、三极 DFB 激光二极管（这种激光二极管有三个电极，一个电极控制电光变换，另两个电极联合进行波长调谐）及多波长光纤环行激光二极管（这种激光二极管主要特点是波长间隔非常稳定，并且温度系数很小，有利于简化温度控制电路的实现）等。

2. 激光二极管的工作原理

（1）LD 的能带结构

在结构上，LD 与 LED 的主要区别是 LD 有谐振腔，而 LED 没有谐振腔。这也就决定了 LD 具有受激辐射的特征。与 LED 相比，LD 也具有类似图 5-5 所示的能带结构。

（2）LD 的工作原理

为了说明 LD 的工作原理，我们在图 5-10 中给出 LD 的一般结构。在图中，两个高反射率界面构成一个谐振腔。谐振腔除了完成正反馈作用外，还具有部分或完全进行激光频率、相位、方向选择功能。

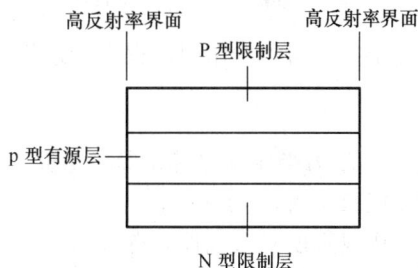

图 5-10　DFB 激光二极管结构

LD 的工作原理可以归纳如下：当给 LD 外加适当的正向电压时，由于有源区粒子数的反转分布而首先发生自发辐射现象，那些传播方向与谐振腔高反射率界面垂直的自发辐射光子会在有源层内部边传播、边发生受激辐射放大（其余自发辐射光子均被衰减掉），直至传播到高反射率界面又被反射回有源层，再次向另一个方向传播受激辐射放大。如此反复，直到放大作用足以克服有源层和高反射率界面的损耗后，就会向高反射率界面外面输出激光。

5.3 光源的工作特性

本节从应用的角度介绍半导体发光二极管和激光二极管的一些主要工作特性。

5.3.1 LED 的工作特性

1. P-I 特性

LED 的 P-I 特性如图 5-11 所示。就 P-I 特性曲线整体而言，由于没有阈值而使 LED 具有非常优良的线性。因此，LED 在模拟光纤通信系统中有着广泛的应用。在图中，曲线 ①表示表面发光二极管的 P-I 特性；曲线②表示边发光二极管的 P-I 特性；曲线③表示超辐射发光二极管的 P-I 特性。在 P-I 特性上，表面发光二极管与边发光二极管类似，而超辐射发光二极管更接近于激光二极管。

一般来说，LED 的发射光功率比 LD 要小，这是 LED 应用于短距离系统和其具有长工作寿命的重要原因。

2. 光谱特性

LED 的光谱特性如图 5-12 所示。在图中，λ_0 为 LED 的峰值工作波长（典型值为 $0.85\mu m$、$1.31\mu m$ 和 $1.55\mu m$）；$\Delta\lambda$ 为谱线宽度，其定义为光强度下降到最大值一半时对应的波长宽度。有时候，我们也将上述定义的谱线宽度称为半幅全宽。

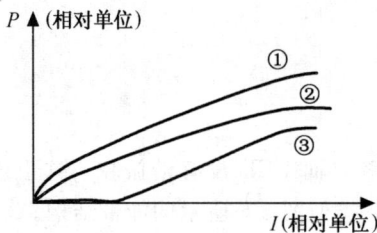

图 5-11 LED 的 P-I 特性

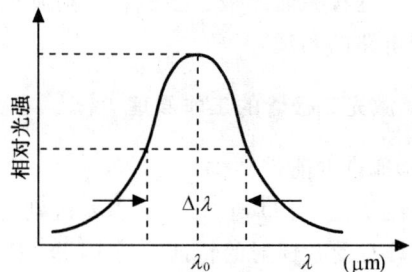

图 5-12 LED 的光谱特性

根据光与物质作用过程中所遵从的能量守恒定律，LED 峰值工作波长 λ_0 可以表示为：

$$\lambda_0 \approx \frac{1.24}{E_g} \quad (\mu m) \tag{5-2}$$

式中：E_g 为半导体材料导带底与价带顶能量的差，即 $E_g = E_c - E_v$（E_c 为导带底能量，E_v 为价带顶能量，单位为 eV）。

谱线宽度对系统性能有很大的影响，$\Delta\lambda$ 越大，与波长相关的色散就越大，系统所能传输的信号速率也就越低。在短波长范围，$\Delta\lambda$ 的典型值为 $25\sim40nm$；在长波长 $1.31\mu m$ 波段，$\Delta\lambda$ 的典型值为 $50\sim100nm$。

3. 调制特性

在一级近似和平均工作电流不变的条件下，发光二极管的输出功率与调制信号频率的关系为：

$$P(f) = \frac{P(0)}{\sqrt{1 + 2\pi f \tau_e}} \tag{5-3}$$

式中：$P(0)$ 是频率为 0 时 LED 输出的光功率值；τ_e 是有源区少数载流子的寿命。

根据公式（5-3），可以得到 LED 的 3dB 电调制带宽表达式：

$$f_{-3dB} = \frac{1}{2\pi\tau_e} \tag{5-4}$$

研究发现，f_{-3dB} 主要与器件和外部电路的时间常数 RC 及平均发送光功率等有关。时间常数 RC 越大，则 f_{-3dB} 就越小；同样，平均发送光功率越大，f_{-3dB} 也越小。

调制频率 f_{-3dB} 直接决定着系统可传输的信号容量：f_{-3dB} 越小，可驱动的信号容量就越小。一般地，LED 的调制带宽约为 100MHz 以下。这是一般 LED 使用于低速光纤通信系统的主要原因。

4. 温度特性

温度特性主要影响到 LED 的平均发送光功率、$P\text{-}I$ 特性的线性及工作波长。当温度增加时，LED 的平均发送光功率就会下降。例如，$0.85\mu m$ 波段光源平均发送光功率随温度的变化率约为 $-0.01/℃$。此外，工作温度的增大还会使 LED 线性工作区域变窄，从而增加了光发送电路的噪声，导致系统性能的降低。随着温度的增加，还会使峰值工作波长向长波方向漂移（短波长波段漂移率为 $0.2\sim0.3nm/℃$，长波长波段漂移率约为 $0.3nm/℃$），导致系统附加衰减增大。

实际上，LED 的工作状态对温度的依赖性要远远小于 LD。因此，在实际应用中 LED 光发送机中不需要特殊的自动温度控制（Automatic Temperature Control，ATC）电路，这有利于电路设计的简化及系统可靠性的提高。

5.3.2 LD 的工作特性

1. LD 的 $P\text{-}I$ 特性

LD 的 $P\text{-}I$ 特性如图 5-13 所示。就 $P\text{-}I$ 特性曲线整体而言，由于存在阈值现象，整体线性不如 LED。但是，由于 LD 常常在阈值以上使用，所以也有着可以接受的线性度。

在图中，I_{th} 是 LD 的阈值电流，其定义为自发辐射区曲线与受激辐射区曲线之间的拐点对应的电流值。I_{th} 越大，意味着发送同样平均光功率时 LD 中流过的总电流就越大。而总的工作电流越大，LD 的工作寿命必然越小。几种典型 LD 的阈值电流值如下：在普通 LD 中，增益波导型激光二极管约为 $100\sim150mA$，折射率波导型激光二极管约为 $40\sim60mA$；DFB 机理激光二极管可

图 5-13 LD 的 $P\text{-}I$ 特性

以做到约 10mA；QW 激光二极管已经非常小，目前仅为 0.4mA 左右。

从 $P\text{-}I$ 特性还可以引出两个基本参数：微分量子效率和功率转换效率。微分量子效率可以定义为输出光子数的增量与注入电子数的增量之比，表达式为：

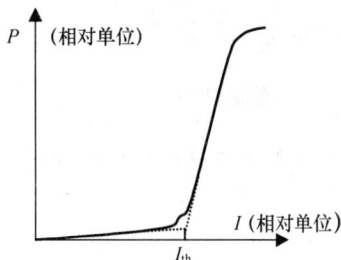

$$\eta_d = \frac{\Delta P/h\nu}{\Delta I/e} = \frac{e}{h\nu}\frac{\Delta P}{\Delta I} \tag{5-5}$$

式中：ΔP 为发送光功率增量，ΔI 为驱动电流增量。曲线越陡，微分量子效率越大。我们有时并不希望微分量子效率很大，而是选取一个适当值。因为当微分量子效率过大时，器件会产生不稳定工作现象，例如自脉动或自脉冲现象。

功率转换效率定义为输出光功率与消耗的电功率之比，可以表示为：

$$\eta_d = \frac{P}{I^2 R_s + IV} \tag{5-6}$$

式中：V 是 PN 结的正向电压；R_s 是 LD 的串联电阻（包括半导体材料的体电阻和接触电阻）。从功率转换效率的角度看，器件串联电阻不能太大。同时，由于发热的原因，串联电阻太大时也将会影响到器件的工作寿命。一般地，要求器件的串联电阻不大于 0.5Ω。

2. 光谱特性

LD 的光谱特性如图 5-14 所示。在图中，λ_0 为 LD 的峰值波长（典型值为 $0.85\mu m$、$1.31\mu m$ 和 $1.55\mu m$）；$\Delta\lambda$ 为谱线宽度，其定义为纵模包络或主模光强度下降到最大值一半时对应的波长宽度。

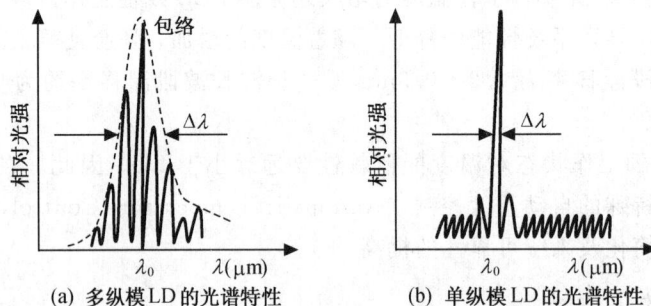

图 5-14 LD 的光谱特性

一般要求多纵模激光二极管光谱特性包络内含有 3～5 个纵模，即 $\Delta\lambda$ 值约为 3～5nm；较好的单纵模激光二极管的 $\Delta\lambda$ 值约为 0.1nm，甚至更小。

像对 LED 的要求一样，$\Delta\lambda$ 越小越好。由于激光二极管谐振腔的频率选择作用，LD 的谱线宽度要比 LED 小得多，这是 LD 应用于长距离、大容量系统的一个基本原因。

3. 调制特性

在对 LD 进行直接调制时，激光二极管的输出功率与调制信号频率的关系为：

$$p(f) = \frac{P(0)}{\sqrt{\left[1 - \left(\frac{f}{f_r}\right)^2\right]^2 + 4\zeta^2\left(\frac{f}{f_r}\right)^2}} \tag{5-7}$$

式中：$P(0)$ 是频率为 0 时 LD 输出的光功率值；f_r 为 LD 的类共振频率，ζ 是 LD 的阻尼因子。

由于 f_r 可以很大，而 f_{-3dB} 只要略小于 f_r 就不会发生显著的调制畸变，所以 LD 具有非常大的带宽（其值在几百 MHz～几十 GHz）。因此，高速光纤通信系统是 LD 当然的主要用途。

在实际应用中，要采取切实的措施防止不利调制现象的出现。这些不利调制现象包括谐振现象、发光延迟现象、张弛振荡现象、自脉动现象以及图形效应等。有兴趣的读者可以查阅相关文献予以了解。

4. 温度特性

与 LED 比较，温度主要对 LD 的阈值电流、输出光功率及峰值工作波长影响较大。为了降低温度对 LD 的影响，可以采用两种方法：选择温度特性优异的新型 LD，或通过一个外加的自动温度控制电路，使 LD 的温度特性能够满足系统的要求。由于温度过高会损坏 LD 的晶体发光面，因此，在光发送机中设置自动温度控制电路也是保护 LD 的一项措施。

5.3.3　光源的主要技术指标及简易检测

1. 光源的主要技术指标

几种国产半导体光源的主要技术指标如表 5-1 所示。

表 5-1　　　　　　　　　　　　**国产半导体光源的典型指标**

器件 参数	1.31μm LED		1.55μm LED		1.31μm LD 组件		1.55μm LD 组件	
光纤类型（模式）	多	单	多	单	多	单	多	单
发射波长（μm）	1.3	1.3	1.52	1.52	1.3	1.3	1.55	1.55
输出功率（μW）	50	6	35	3	2 000	1 000	2 000	1 000
工作电流（mA）	150	150	150	150				
阈值电流（mA）					30	30	50	50
光谱半宽（nm）	70	70	80	80	3	1	3	1
上升下降时间（ns）	2.5	2.5	2.5	2.5	0.5	0.5	0.5	0.5
正向压降（V）	1.5	1.5	1.5	1.5	1.5	1.5	1.5	1.5
工作温度（℃）	$-10\sim+50$							
寿命（h）	$>10^5$							

2. 光源器件的简易检测

在没有任何测试仪表或测试手段的情况下，可以通过 PN 结的测试来初步判断光源器件的好坏。使用仪表为普通指针式万用表，利用高阻抗档测试光源器件 PN 结的正、反向电阻。若正向电阻小于 20kΩ、反向电阻大于 500kΩ，则一般表示 PN 结正常。但是，应该指出的是 PN 结正常的光源器件不一定其他特性都是正常的。当然，PN 结不正常的光源器件肯定不能正常工作。另外，由于数字万用表电压较高，容易击穿器件的 PN 结，因此，测试中不能使用这种万用表。

5.4　光发送机

在光纤通信系统中，光发送机的主要作用是以电路的方式完成电光变换作用，即完成光信号的调制功能。因此，光发送机在整个系统中具有十分重要的地位。

5.4.1 光调制原理

1. 光调制方式分类

（1）按照光源与调制信号的关系分类

根据光源与调制信号的关系，可以将光源的调制方式分为直接调制方式和外部（或间接）调制方式。

所谓直接调制方式是指直接将调制信号施加在光源上完成光源参数的调制过程。这种调制方式具有调制电路简单、经济等特点，目前大部分系统均采用该调制方法。如果想进一步提高调制速率，将会面临严峻的、甚至是难以克服的问题。

外部调制方式是指通过外部调制器来完成光源参数的调制过程。这种调制方式具有极高的调制速率，但是需要在光发送机中设置一个专门的外部调制器。外部调制方式常常在一些新型的光纤通信系统中使用，例如相干光纤通信系统。

（2）按照已调制信号的性质分类

根据已调制信号的性质，可以将光源的调制方式分为模拟调制方式和数字调制方式。

模拟调制方式是指已调制信号属于模拟信号，这种调制方式主要包括强度调制（Intensity Modulation，IM）方式、振幅调制（Amplitude Modulation，AM）方式、双边带抑制载波（Double Sideband/Suppressing Carrier，DSB/SC）调制方式、单边带（Single Sideband，SSB）调制方式及残余边带（Vestigial Sideband，VSB）调制方式。

数字调制方式是指已调制信号属于数字信号，这种调制方式主要包括幅移键控（Amplitude-shifted Keying，ASK）调制方式、频移键控（Frequency-shifted Keying，FSK）调制方式及相移键控（Phase-shifted Keying，PSK）调制方式等。

（3）其他调制方式分类

还有一些其他的调制方式分类，我们这里就不再论述了。

2. 已调制信号表达式

由于其他调制方式应用极少，因此，在这里仅仅给出用电场表示的、常用强度调制方式的已调制信号表达式：

$$e_\mathrm{T}(t) = K_\mathrm{T}\left[1 + mx(t)\right]^{1/2}\cos(\omega_c t + \varphi_0) \tag{5-8}$$

式中：K_T 为与发送光功率有关的正常数；m 为调制系数（$0 < m \leqslant 1$）；$x(t)$ 为归一化幅度的调制信号波形；ω_c 为光载波角频率，φ_0 为初相位。为使上式有意义，则要求：

$$1 + mx(t) \geqslant 0 \tag{5-9}$$

从式（5-8）中可以看出：由于已调信号在时间上、幅度上是连续的，因此，强度调制方式应该属于模拟调制方式。所以，已调信号也应该属于模拟信号。

5.4.2 光发送机的构成及指标

1. 光发送机构成

一般地，光发送机主要由光源、驱动电路及辅助电路等构成，如图 5-15 所示。在图中，驱动电路的主要作用是为光源提供要求的驱动电流；光源的主要作用是完成电光变换（光调制）；辅助电路主要完成自动功率控制、自动温度控制及光源保护等功能。

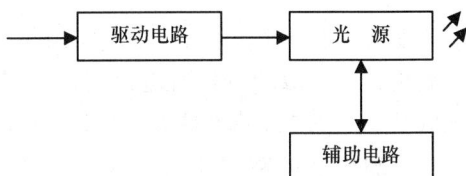

图 5-15　光发送机的构成

2. 光发送机的主要指标

光发送机的指标很多，我们仅从应用的角度介绍其主要指标。

（1）平均发送光功率及其稳定度

平均发送光功率又称为平均输出光功率，通常是指光源尾巴光纤的平均输出光功率。为了方便用户使用，光电器件生产厂家通常提供带有一段耦合光纤的光源组件，这段耦合光纤就称为尾巴光纤，简称为尾纤。

平均发送光功率稳定度是指在环境温度变化或器件老化过程中平均发送光功率的相对变化量。一般地，要求平均发送光功率的相对变化量绝对值小于 5%。

（2）消光比

消光比定义为最大平均发送光功率与最小平均发送光功率之比，通常用符号 EX 表示：

$$EX = \frac{最大平均发送光功率}{最小平均发送光功率} \tag{5-10}$$

若用相对值表示，则为：

$$EX = 10\lg\frac{最大平均发送光功率}{最小平均发送光功率} \tag{5-11}$$

在有些书籍中，消光比又被定义为通断比。一般要求 $EX \geq 10$ 或 $EX \geq 10\text{dB}$，以避免在接收机端付出较大的灵敏度代价。

5.5　驱动电路和辅助电路

5.5.1　驱动电路

1. 对驱动电路的要求

在光源器件选择确定后，光发送机的工作性能主要取决于驱动电路的优劣了。一般地，一个优良的驱动电路应该满足以下条件：

（1）能够提供较大的、稳定的驱动电流；

（2）有足够快的响应速度，最好大于光源的驱动速度；

（3）保证光源具有稳定的输出特性。

2. 驱动电路的工作原理

能够满足上述要求的、最简单的驱动电路是共发射极驱动电路，如图 5-16 所示。这种简单的驱动电路一般应用于 LED 的驱动中。由于驱动电路一般工作于脉冲状态，所以这种驱动电路对供电电源要求很高。此外，一般这种驱动电路的驱动速度很低，不适宜于高速信号的驱动。

共发射极驱动电路的工作原理如下所述：当输入数据信号为"0"时，晶体三极管 VT 处于截止状态，LED 中没有电流流过，因此 LED 不发光；当输入数据信号为"1"时，晶体三极管 VT 工作于饱和状态，LED 中有较大的电流流过，所以 LED 发光。

在实际中，最常使用的驱动电路是应用了电流开关原理的射极耦合驱动电路，如图 5-17 所示。这种驱动电路具有驱动速度高、驱动电路工作稳定等特点，广泛应用于 LD 高速发送机电路中。

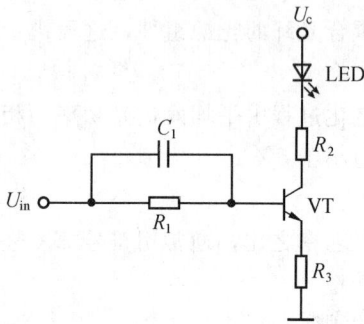

图 5-16　共射极驱动电路

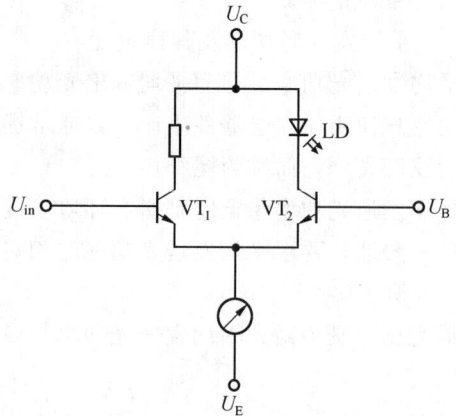

图 5-17　射极耦合驱动电路

射极耦合驱动电路的工作原理如下：当输入数据信号为"0"时，晶体三极管 VT$_1$、VT$_2$ 分别处于导通和截止状态，LD 中没有信号电流流过，因此，LD 不发射信号光；当输入数据信号为"1"时，晶体三极管 VT$_1$、VT$_2$ 分别工作于截止和导通状态，LD 中有较大的信号电流流过，所以，LD 发射信号光。

采用将 LD 和驱动电路集成在一起的集成电路，可以进一步提高光发送机的调制速度及其他性能。目前，集成电路型光发送机的驱动速率已经可以达到每秒数吉比特，甚至每秒数十吉比特。

5.5.2　辅助电路

为了保证长期稳定、可靠的工作，光发送机通常还设置了其他辅助电路，如自动功率控制电路、自动温度控制电路、光源保护电路及告警电路等。在这里，主要介绍自动功率控制电路和自动温度控制电路的典型组成及工作原理。

1. 自动功率控制电路

我们知道，LD 的阈值电流及 $P\text{-}I$ 特性曲线斜率将随着温度的变化和老化效应而发生较大的变化，导致 LD 发送光功率发生波动。例如：在没有 APC（Automatic Power Control）电路的情况下，某些器件的平均发送光功率相对变化量绝对值在 65% 以上。为了使 LD 的发送光功率稳定，必须专门设置控制电路——自动功率控制（APC）电路。

（1）自动功率控制电路的分类

能够完成自动功率控制功能的电路很多，主要包括普通电参数控制电路和光电反馈控制电路。通过光源电参数的控制，普通电参数控制电路可以实现稳定平均发送光功率的目的。由于不涉及光信号，节省了光电转换器件，因此普通电参数控制电路具有实现电路简单、经济等优点。但是，由于控制精度的原因，这种控制电路在实际中应用较少。

在光发送机中，光电反馈控制电路应用最多。这种方法也有许多形式，例如，自动偏置控制电路、双控制电路、发光延迟控制电路及 $P\text{-}I$ 特性斜率控制电路等。自动偏置控制电路是利用对光源偏置电流的控制来实现稳定发送光功率的目的。而双控制电路则是在控制光源偏置电流的基础上再加上对调制电流的控制来完成控制过程的。由于进行了双重控制，因此这种控制电路的控制精度要高于自动偏置控制电路。根据分析可以知道，LD 的发光延迟（发送光信号相对于调制电信号的延迟）时间与阈值电流 I_{th}、偏置电流 I_b 密切相关。发光延迟控制电路正是基于上述关系工作的。从 LD 的 $P\text{-}I$ 特性可以知道，在阈值电流 I_{th} 附近 $P\text{-}I$ 特性曲线的斜率变化很大。通过监测附加于正常信号之上的小幅度低频信号，即可跟踪阈值电流 I_{th} 的变化。利用这种关系，$P\text{-}I$ 特性斜率控制电路就可以完成自动功率控制功能。

（2）自动功率控制电路的工作原理

图 5-18 所示为一个典型 LD 自动功率控制电路，其自动功率控制电路的工作原理如下所述：当由于温度原因使 LD 输出光功率降低时，流过 PD（通常为 PINPD）的电流减小，A_1 放大器反向输入端电位增大，A_1 放大器输出端电位降低（即 A_2 放大器反向输入端电位降低）。由于 A_3 输出端基本不变，所以 A_2 输出端电位增大，从而使 I_b 增大，最终使 LD 发光功率增大，达到了发光功率的控制目的。

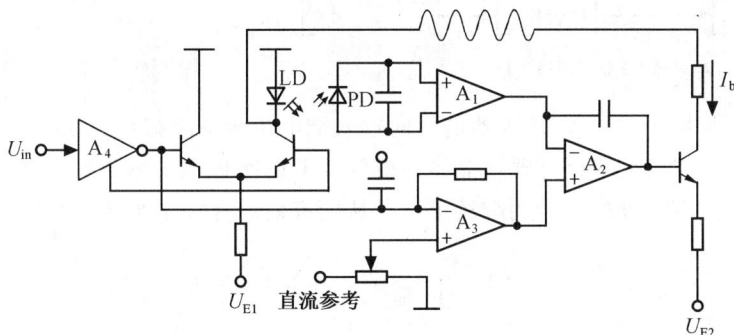

图 5-18 典型的 APC 电路

但是，对于正常的调制信号变化，我们要求发送光信号应该能够跟踪调制信号的变化，否则，就不能实现调制的目的。那么，如何来防止 APC 电路对调制过程的影响呢？这时，APC 电路的工作过程可以叙述如下：当调制信号增大（或减小）时，一方面会使 LD 输出的光功率增大（或减小），流经 PD 的电流增大（或减小），A_1 放大器反向输入端电位降低（或增大），A_1 放大器输出端电位增大（或降低），即 A_2 放大器反向输入端电位增大（或降低）；另一方面会使 A_3 反向输入端电位降低（或增大），A_3 输出端电位增大（或降低），即 A_2 放大器反向输入端电位增大（或降低）。当合理设计之后，可以保证 A_2 放大器输出端电位基本不变，即这种情况下 APC 电路不会调节输出光功率的变化。在输入信号为连"0"时，由于该电路不会使输出光功率增加或增加很大，因此，具有保护 LD 的功能。

在应用中发现，这种自动功率控制电路可以使发送光功率的相对变化量绝对值不大于

5％，自动功率控制的效果非常明显。

2. 自动温度控制电路

从前面的内容可以知道，LD 的输出特性与温度有着密切的关系。为了保证光发送机具有稳定的输出特性，对 LD 的温度特性进行控制是非常必要的，而且对 LD 的温度控制也是保护 LD 的一项关键措施。

图 5-19 所示为半导体 LD 制冷原理方框图。根据这种原理，给出一种实际使用的自动温度控制（Automatic Temperature Control，ATC）电路，如图 5-20 所示。这种 ATC 电路的工作原理如下：当某种原因引起光源温度升高时，热敏电阻 R_T 阻值降低，使由 R_1、R_2、R_3 及 R_T 组成的电桥失去平衡，A1 放大器反向输入端电位降低，使 A1 放大器输出端电位增加，晶体三极管 VT 提供的制冷电流增加。所以，半导体制冷器（Semiconductor Cooler，SCR）冷面温度下降，致使安装于半导体制冷器冷面的 LD 温度回落，直至基本恢复到原来的温度。

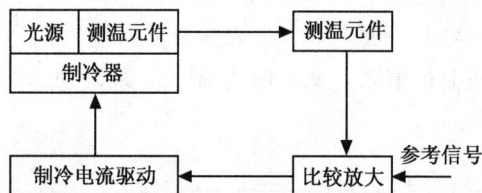

图 5-19 半导体 LD 制冷原理方框

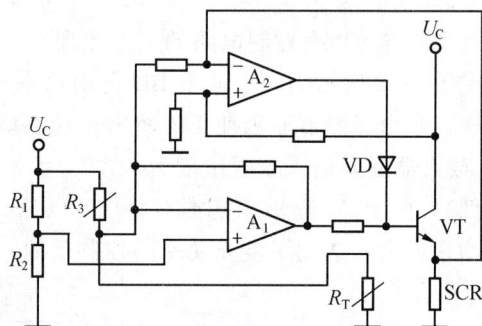

图 5-20 ATC 典型电路

当温度进一步增大时，A_2 放大器的反向输入端电位会继续减小，A_2 放大器的输出端电位会继续增大，使二极管 VD 导通，晶体三极管 VT 的基极电位就被箝位于 A_2 放大器的输出端电位，不再随着温度的上升而继续上升，从而有效地保证了半导体制冷器的安全。

小　　结

半导体光源是光纤通信系统中的重要器件之一，它主要有半导体发光二极管和半导体激光器，分别依据自发辐射和受激辐射的原理工作。由于体积小、重量轻、效率高及耗电少等特点，广泛地应用于目前的光纤通信系统中。随着高速和密集波分复用光纤通信系统的发展和应用，分布反馈激光二极管、耦合腔激光二极管及量子阱激光二极管等新型光源成为人们关注的焦点。

光发送机是光纤通信系统的重要组成部分，主要完成电光变换或光调制的功能。平均发送光功率、平均发送光功率稳定度及消光比等性能的优劣，直接决定着光发送机的使用场合，也会影响到光纤通信系统的性能和质量。

复习思考题

1. 比较 LED 和 LD，并说明各自适应的工作范围。

2. 试说明 LED 的工作原理。

3. 试说明 LD 的工作原理。

4. 为什么应用单纵模 LD 光纤通信系统的传输速率远大于使用 LED 光纤通信系统的传输速率？

5. 若激光物质的禁带宽度为 0.8eV，试问该激光物质所能辐射的光波长是多少？

6. 光与物质的相互作用有哪几种方式？

7. 什么是粒子数反转分布？

8. 在光纤通信系统中，光源为什么要加正向电压？

9. 光发送机主要由哪些部分组成？各部分的作用是什么？

10. 光调制方式有哪些？目前的数字光纤通信系统采用的是数字调制方式还是模拟调制方式？

11. 若归一化调制信号波形为 $x(t) = \sin\Omega t$，试写出已调光信号的电场表达式。

12. 一个优良的驱动电路一般要满足哪些要求？

13. 在光发送机中，为什么要设置 APC 电路？

14. 在光发送机中，主要应用哪些类型的自动功率控制电路？

15. 为什么说图 5-18 所示的电路具有连 "0" 保护作用？

16. 在光发送机中，为什么要设置 ATC 电路？

17. 试叙述在温度升高时图 5-20 所示电路的工作过程。

第6章　光电检测器与光接收机

实际应用中的光检测器件——光电检测器（又称为光电检波器或光波探测器）是光纤通信系统的一个核心器件。借助光电检测器可以完成光信号到电信号的变换。为了实现光的解调或光电变换，在实际系统中还要将光电检测器、放大电路、均衡滤波电路、自动增益控制电路及其他电路构成一体，形成所谓的光接收机。因此，光接收机在整个光纤通信系统中具有相当重要的作用，它的好坏将直接决定着系统的性能优劣。

本章主要介绍光电检测器的结构、基本工作原理及其工作特性；此外，还将介绍光解调的基本原理、光接收机的构成、光接收机的工作原理及光接收机的主要技术指标等。

6.1　光电检测器

在实际应用中，有两种类型的光电检测器：一种是 PIN 光电二极管（PIN Photodiode，PINPD）或 PIN 光电检测器；另一种是雪崩光电二极管（Avalanche Photodiode，APD）或雪崩光电检测器。PIN 光电检测器主要应用于短距离、小容量的光纤通信系统中；APD 主要应用于长距离、大容量的光纤通信系统中。除了光电二极管之外，还开发研究了光电导检测器、异质结光电三极管等其他类型的光电检测器，并取得了良好的效果。在这里，我们只对常用的光电二极管进行介绍。

6.1.1　PIN 光电二极管

由于受激吸收仅仅发生在 PN 结附近，远离 PN 结的地方没有电场存在，因此就决定了 PN 光电二极管（PN Photodiode，PNPD）或 PN 光电检测器的光电变换效率非常低下及响应速度很慢。通过对 PNPD 的改进，就发展成为常用的 PIN 光电二极管。

1. PIN 光电二极管的结构

PIN 光电二极管（PINPD）的结构如图 6-1 所示。在图中，P 代表空穴型半导体材料区，I 表示本征型半导体材料区，N 代表电子型半导体材料区。

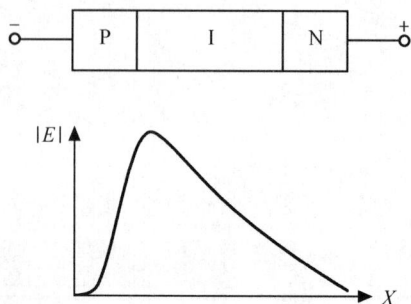

图 6-1　PIN 光电二极管的结构

在实际中，为了提高光电变换效率及器件的响应速度，光电检测器均采用反向偏置应用形式。从图中还可以看出，在 PI 结区、整个 I 区（一般厚度约 $70\sim100\mu m$）及 NI 结区附近都存在一定的电场，并且实际中 P 区和 N 区又做的非常薄（一般厚度约数 μm），因此，PIN-PD 具有较高的光电转换效率和响应速度。

2. PIN 光电二极管的工作原理

当光照射到 PIN 光电二极管的光敏面上时，会在整个耗尽区（高场区）及耗尽区附近产生受激吸收现象，从而产生电子空穴对。在外加电场作用下，这种光生载流子运动到电极。当外部电路闭合时，就会在外部电路中有电流流过，从而完成光电的变换过程。

6.1.2　雪崩光电二极管

雪崩光电二极管应用光生载流子在其耗尽区（高场区）内的碰撞电离效应而获得光生电流的雪崩倍增。当一个光接收系统的噪声主要来源于前置放大器和负载电阻的热噪声（常常如此）时，APD 的这种内部电流增益提供了一种使信号功率增加、又在一定范围内不使噪声功率增加太多的方法，从而提高了系统的信噪比。

1. 雪崩光电二极管的结构

常用的 APD 结构包括拉通型 APD 和保护环型 APD，如图 6-2 所示。由于要实现电流放大作用需要很高的电场，因此，只能在图中所示的高场区发生雪崩倍增效应。拉通型 APD 容易发生极间击穿现象，从而使器件遭到破坏；由于保护环型 APD 在极间边缘设置了保护环，因此，不会发生击穿现象。

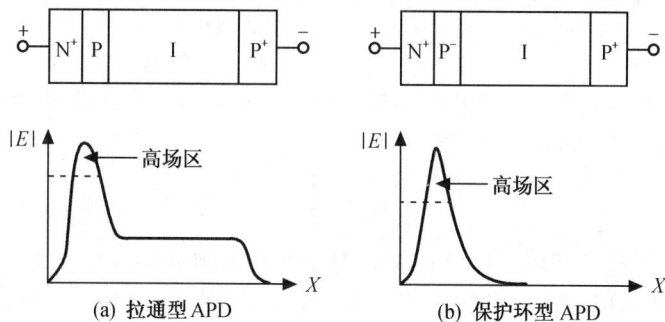

图 6-2　APD 的结构

为了进一步改善普通 APD 的暗电流、响应速度、倍增噪声以及器件的可靠性（通过保护环实现）等性能，相继开发出了分离的吸收倍增区（Segregate Absorption and Gain，SAM）的 APD（SAM APD）、分离吸收渐变倍增区（Segregate Absorption，Gradation and Gain，SAGM）的 APD（SAGM APD）、超晶格或量子阱 APD（QW APD）及沟道型 APD 等。由于 APD 的吸收区和倍增区是分离的，因此可以分别对 APD 的吸收区和倍增区进行最佳化设计。SAM APD 异质结界面存在电荷积累现象，这将会限制器件响应速度的进一步提高。为了克服 SAM APD 异质结界面存在电荷积累现象，又推出了 SAGM APD。通过在吸收区和倍增区之间增加一层组分渐变的外延层，来达到降低异质结界面的电荷积累。超晶格或量子阱 APD 及沟道型 APD 等的提出，主要是为了大大降低 APD 的倍增噪声。

2. 雪崩倍增原理

APD 的雪崩倍增原理为：当入射光照射在 APD 的光敏面上时，由于受激吸收原理会产生电子空穴对（这里我们称之为一次电子空穴对）。这些光生载流子经过特殊设计的高场区时被加速，从而获得足够的能量。它们在高速运动中与晶体的原子相碰撞，使晶体中的原子电离而释放出新的电子空穴对（为了区别，这里我们称之为二次电子空穴对），这个过程称为碰撞电离。新产生的电子空穴对在高场区中以相反方向运动时又被加速，又可以碰撞其他的原子，再次产生新的电子空穴对。如此反复碰撞电离的结果，使载流子数迅速增加，导致反向电流快速增长，形成所谓的雪崩倍增效应。

3. APD 的工作原理

当光照射到 APD 的光敏面上时，由于受激吸收而在器件内产生出一次电子空穴对。在外加电场作用下，一次电子空穴对运动到高场区，经过反复的碰撞电离过程而形成雪崩倍增现象，从而产生出大量的二次电子空穴对。在外加电场的作用下，一次电子空穴对和二次电子空穴对一起运动到电极。当外部电路闭合时，就会在外部电路中有电流流过，从而完成光电变换过程。

6.2 光电检测器的特性指标

6.2.1 光电检测器的工作特性

1. 响应度

在一定波长的光照射下，光电检测器的平均输出电流与入射的平均光功率之比称为响应度（或响应率）。响应度可以表示如下：

$$\rho = \frac{I_p}{P} \tag{6-1}$$

式中：I_p 为光生电流的平均值（单位：A）；P 为平均入射光功率值（单位：W）。

一般 PINPD 和 APD 的响应度在 $0.3 \sim 0.7 \text{A/W}$ 范围。有时候，也将 APD 的响应度与倍增因子的乘积定义为 APD 的灵敏度，应用时要特别加以注意。

2. 量子效率

响应度是器件在外部电路中呈现的宏观灵敏特性，而量子效率是器件在内部呈现的微观灵敏特性。量子效率定义为通过结区的载流子数与入射的光子数之比，常用符号 η 表示：

$$\eta = \frac{\text{通过结区的光生载流子数}}{\text{入射到器件上的光子数}} = \frac{I_p/e}{P/h\nu} \tag{6-2}$$

式中：e 是电子电荷，其值约为 $1.6 \times 10^{-19} \text{C}$；$\nu$ 为光频。η 与 ρ 关系可以表示为：

$$\eta = \frac{\rho h c}{\lambda e} \tag{6-3}$$

式中：h 是普朗克常数，c 是光在真空中的速度，λ 是光电检测器的工作波长。代入相应数值后，可以得到：

$$\rho = \frac{\eta\lambda}{1.24} \tag{6-4}$$

从式（6-4）中可以看出：在工作波长一定时，η 与 ρ 具有定量的关系。

3. 响应速度

光电二极管的响应速度是指它的光电转换速度。影响光电二极管响应时间的因素有以下几点：

- 从光入射光敏面到发生受激吸收的时间；
- 零场区光生载流子的扩散时间；
- 有场区光生载流子的漂移时间；
- 雪崩倍增建立时间（仅对 APD）；
- RC 时间常数。

光电二极管要具有快速响应的特性，在结构上首先要减薄零场区，其次是减小结电容。采用同轴封装和微带结构以减小管壳电容，可进一步提高响应速度。

4. 暗电流

暗电流主要由体内暗电流和表面暗电流组成。

在 PINPD 中，由于体内暗电流不会受到倍增作用且检测器本身处于反向偏置状态，所以其值要比表面暗电流小得多。因此，PINPD 的暗电流大小主要决定于其表面暗电流。

在 APD 中，由于体内暗电流要经过倍增过程，这就决定了其值远大于表面暗电流。所以，APD 的暗电流主要是指其体内暗电流。由于倍增作用，APD 的暗电流要比 PINPD 的暗电流大得多。随着温度的增大，暗电流将会急剧增加。

5. APD 的倍增因子

APD 的电流增益，即平均倍增因子 M 可表示为：

$$M = \frac{I_{\mathrm{p}}}{I_{\mathrm{p0}}} = \frac{I_2 - I_{\mathrm{d2}}}{I_1 - I_{\mathrm{d1}}} \tag{6-5}$$

式中：I_{p} 为 APD 倍增后的光生电流；I_{p0} 是未倍增时的原始光生电流。若无倍增时和倍增时的总电流分别为 I_1 和 I_2，则应扣除相应的暗电流 I_{d1} 和 I_{d2} 后才能求出 M。

6. 光电检测器的噪声

光电检测器的噪声包括量子噪声、暗电流噪声和由倍增过程产生的倍增噪声。在 PIN-PD 中，不存在倍增噪声；上述噪声 APD 都存在，但是主要由倍增噪声决定。

（1）PINPD 的噪声

PINPD 的总均方噪声电流可以表述如下：

$$\langle i^2 \rangle = 2e(I_{\mathrm{p}} + I_{\mathrm{d}})B \tag{6-6}$$

式中：e 为电子电荷量；I_{p} 为光生电流；I_{d} 为 PINPD 的暗电流，B 为噪声带宽。

（2）APD 的噪声

APD 的量子噪声和暗电流噪声（要考虑倍增作用）与 PINPD 机理类似，计算方法也基本相同。

倍增噪声是 APD 独有的，倍增噪声由以下两个因素产生：一是入射到光电检测器光敏面上的光子产生一次电子空穴对的随机性，二是每个载流子所能产生的二次电子空穴对数量的随机性。因此，倍增因子是一个统计平均的概念。由此可见，APD 的倍增噪声是一个复杂的随机函数，它与 APD 的类型、工作条件和空穴、电子离化率等许多因素有关，其概率分布相当复杂，既不属于高斯分布，也不属于泊松分布。

考虑到这些因素之后，APD 的总均方噪声电流可以表述如下：

$$\langle i^2 \rangle = 2e\left[I_{ds} + (I_{p0} + I_{db})FM^2\right]B \tag{6-7}$$

式中：e 为电子电荷量；I_{ds} 为 APD 的表面暗电流；I_{db} 为 APD 的要受倍增的暗电流；F 为倍增噪声系数；M 是平均倍增因子；B 为噪声带宽。倍增噪声系数与平均倍增因子的大小直接相关，其关系可以表述为：

$$F = kM + \left(2 - \frac{1}{M}\right)(1 - k) \tag{6-8}$$

式中：k 为两种载流子（空穴和电子）的电离系数比。当倍增因子不是很大时，为了简化工程上的计算，常常用倍增噪声指数表示倍增噪声的大小，其关系为：

$$F \approx M^x \tag{6-9}$$

式中：x 为倍增噪声指数。对于 Si-APD，x 在 $0.3 \sim 0.5$ 范围取值；对于 Ge-APD，x 的取值范围为 $0.8 \sim 1.0$；对于 InGaAs-APD，x 在 $0.5 \sim 0.7$ 范围取值。

（3）最佳倍增因子

虽然 APD 的倍增作用对信号有放大作用，但是由于倍增噪声的存在也使得总噪声增加。那么，倍增因子应该取什么样的值呢？实际上，系统具有最大信噪比时对应的倍增因子即为最佳取值，这个倍增因子我们称之为最佳倍增因子 M_{OPT}，如图 6-3 所示。从图 6-3 可以看出：当 $M < M_{OPT}$ 时，随着 M 的增加，系统的信噪比（S/N）也随着增大；当 M 增大到 M_{OPT} 时，系统的信噪比（S/N）达到最大；如果 M 再增大时，由于噪声功率 N 的

图 6-3 信号、噪声功率与倍增因子的关系

增加超过了信号功率 S 的增加，使得系统的信噪比（S/N）开始变小。所以，在实际应用中倍增因子并不是越大越好，而是应该取最佳值。

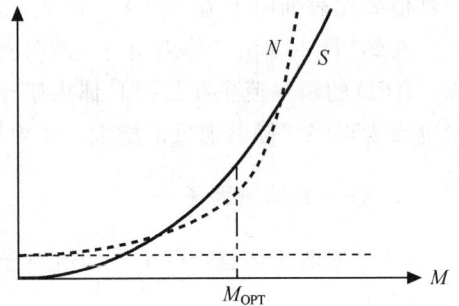

6.2.2 光电检测器的典型指标及简易检测

1. 光电检测器的典型指标

表 6-1 中列出了富士通公司生产的两种光电检测器的典型指标。

在短波长光纤通信系统中，根据传输速率和传输距离的不同分别使用 Si-PINPD 和 Si-APD。而在长波长光纤通信系统中通常使用 InGaAs-PINPD、InGaAs-APD 或 Ge-APD。

在速率非常高时，由于选用 APD 带来的好处极其有限，因此，为了简化电路设计也趋向于使用 InGaAs-PINPD。至于 Ge-APD，由于附加噪声极大，所以在实际系统中很少采用。

表 6-1　　　　　　　　　　　　　　　光电检测器的典型指标

	FID13Z81PZ InGaAs-PINPD	FPD5W1KS InGaAs-APD
工作波长（μm）	1.31	1.55
量子效率（%）	75	75
响应度（A/W）	0.78	0.94
暗电流（nA）	0.1	20
检测带宽（GHz）	2.0	3.0
附加电容（pF）	1.1	0.5
典型应用	622Mbit/s	2.5Gbit/s

2. 光电器件的简易检测

与测试光源器件一样，在没有测试条件的情况下，使用人员也可以借助于指针式万用表对光电检测器件进行简易的测试（参见 5.3.3 小节）。这种测试方法主要是检查光电检测器件 PN 结的好坏：PN 结好不能保证器件具有好的特性，而 PN 不好的器件其质量绝对不会好。常用光电检测器件的参考数据如表 6-2 所示。

表 6-2　　　　　　　　　　　常用光电检测器件的参考数据

	Si-PINPD	InGaAs-PINPD	InGaAs-APD
正向压降	0.6～0.7V	0.2～0.3V	约 2V
正向电阻	3～5kΩ（R×100 档）	3～5kΩ（R×100 档）	通
反向电阻	>100kΩ（R×1k 档）	>100kΩ（R×1k 档）	无穷大（R×1k 档）

6.3　光接收机

6.3.1　光解调原理

根据接收信号与光电检测器的关系，可以将光解调或光检测方式分为两类：非相干检测方式和相干检测方式。

1. 非相干检测方式

常用的非相干检测方式就是直接功率检测方式。直接功率检测方式是通过光电二极管直接将接收的光信号恢复成基本调制信号的过程。实际上，通过光电检测器（这里实际起到平方律检测器的作用）和低通滤波器组成一个包络检测器，将光载波包络（即基本调制信号）恢复出来。非相干检测方式的基本组成方框图如图 6-4 所示。

我们知道，光电二极管具有类似普通二极管的特性。在这里，光电二极管的输出特性可以写成下式：

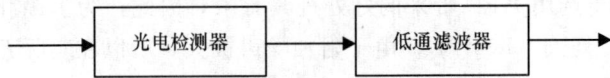

图 6-4 直接功率检测方式原理

$$y_{PD}(t) = \alpha_0 + \alpha_1 e_R(t) + \alpha_2 e_R^2(t) \tag{6-10}$$

式中：α_0、α_1、α_2 分别为光电二极管输出的直流项、一次项和二次项系数；$e_R(t)$ 是接收的直接强度调制光信号电场。将直接强度调制光信号代入上式，不难发现光电检测器输出的二次项包含基本调制信号，我们这里不进行类似的推导。

2. 相干检测方式

就像普通的无线电收音机一样，首先接收光信号要与一个光本地振荡器在光混频器混频之后，再被光电检测器变换成一定要求的电信号，如图 6-5 所示。在一定范围内，只要增加本地振荡器输出的光功率，就可以增加光电检测器的接收光信号功率。换句话说，采用相干检测方式可以极大地提高光接收机的灵敏度。相干检测方式又可以进一步分为外差检测方式、零差检测方式、相位合成检测方式以及偏振合成检测方式等。

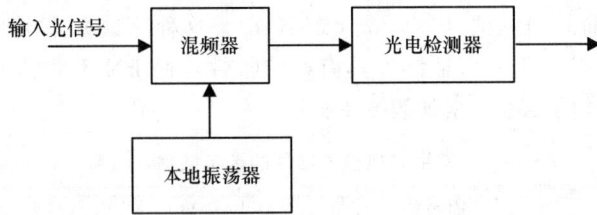

图 6-5 相干检测原理

目前，相干检测方式已经有一些实用系统，而且大多应用于超长中继距离的光纤通信系统（例如海底光纤通信系统）中。但是，由于应用范围很小，我们这里就不再进行过多的介绍了。

6.3.2 光接收机的构成与指标

1. 光接收机的构成

在实用的直接功率检测光接收机中，光电检测器直接从接收光信号中将基本调制信号恢复出来。图 6-6 所示的是这种光接收机的典型原理组成方框图。

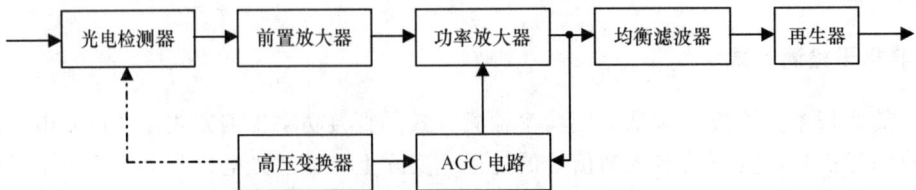

图 6-6 直接功率检测方式原理组成

在图 6-6 中，光电检测器的主要作用是将接收的光信号变换成包括基本调制信号分量的电信号；前置放大器的主要作用是低噪声接收；功率放大器（又称为主放大器）的主要作用是将信号幅度放大到适合再生的电信号；均衡滤波器的作用是低通滤波和将信号波形变换成无码间干扰的信号波形；再生器的作用是将接收的信号恢复成标准数字信号；AGC 电路的主要作用是稳定光接收机输出的信号幅度；高压变换器是为 APD 提供合适的电压（同时通过调整平均倍增因子大小，来进一步稳定光接收机的输出信号幅度）。

2. 光接收机指标

对于不同的光纤通信系统，有着不同的光接收机质量指标。但是，所有光纤通信系统均有光接收机灵敏度和光接收机动态范围两个指标。

（1）光接收机灵敏度

光接收机灵敏度是指在一定误码率或信噪比（有时还要加上信号波形失真量）条件下光接收机需要接收的最小平均光功率（有时也称为平均最小输入光功率）。

除了使用平均最小输入光功率外，国外有些研究人员或厂家也用每比特平均最小光能量和每比特平均最小光子数来表示光接收机的灵敏度指标。

（2）光接收机动态范围

光接收机动态范围是指在一定误码率或信噪比（有时还要加上信号波形失真量）条件下光接收机允许的光信号平均光功率的变化范围。根据定义，光接收机动态范围可以表示为：

$$D = 10 \lg \frac{P_{\max}}{P_{\min}} \tag{6-11}$$

式中：$P_{\max}$ 是光接收机所能够接收的平均最大光功率（即过载功率）；$P_{\min}$ 是光接收机所能够接收的平均最小光功率（即灵敏度）。

为了获得较大的光接收机动态范围，又要不损害光接收机的灵敏度，最好的方法是引入 AGC 电路和/或倍增因子控制电路。

6.4 光接收机的噪声

光接收机的噪声大小对系统性能有着决定性的影响。要衡量系统的性能优劣，定量分析光接收机上的噪声机理及大小是不可避免的。

出现在光接收机输出端的噪声非常多，大致包括光电检测器噪声、光接收机噪声、传输介质噪声（这里特指光纤）及光发送机噪声等。由于传输介质噪声和光发送机噪声不决定于光接收机，因此，这里不进行相关讨论。如果必要，可以用光接收机灵敏度代价的方式给出它们对系统性能的影响。

6.4.1 光接收机的噪声源

在图 6-7 中，给出了包括信号和噪声在内的光接收机的模型。在该模型中，i_P 是光电检测器的信号光生电流，$\langle i_{PD} \rangle$ 表示光电检测器上的噪声电流，C 是光电检测器电容、前置放大器输入电容以及杂散电容的总和，R 表示光电检测器偏置电阻以及前置放大器输入等效电阻的并联电阻（如果是跨阻抗前置放大器还应该并联反馈电阻），$\langle i_A \rangle$ 表示放大器输入等效噪声电流，$\langle u_A \rangle$ 表示放大器输入等效噪声电压。由于噪声已经在 $\langle i_A \rangle$ 和 $\langle u_A \rangle$ 中涉及，所以前置放大器输入等效电阻属于无噪声电阻；基于同样理由，放大器和均衡滤波器也认为是无噪声的。

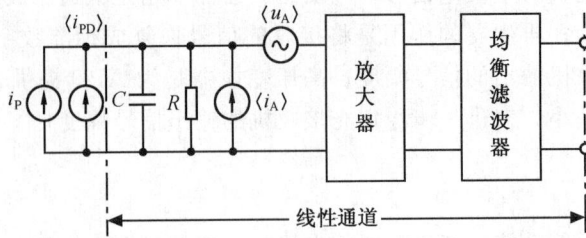

图 6-7　光接收机模型

1. 光电检测器噪声

光电检测器上的噪声包括光检测噪声（有可能与信号强度相关的噪声）、暗电流噪声及背景辐射噪声。由于暗电流噪声和背景辐射噪声的影响均是以灵敏度代价的形式给出，所以我们这里只是给出光检测噪声的大小。

（1）PINPD 的光检测噪声

由于光的量子性，PINPD 的光检测噪声属于光量子噪声。PINPD 的光检测噪声可以由下式决定：

$$n_{\text{PD}} = n_{\text{PINPD}} = \frac{2\eta e^2 PB}{h\nu} \tag{6-12}$$

式中：η 为光电检测器的量子效率；e 为电子电荷量；P 为平均接收光功率；B 为系统带宽；h 为普朗克常数；ν 为光子的频率。

（2）APD 的光检测噪声

由于 APD 雪崩倍增过程的随机性，使得 APD 的光检测噪声更多的表现为倍增噪声。APD 的光检测噪声可以表述如下：

$$n_{\text{PD}} = n_{\text{APD}} = \frac{2\eta (eM)^2 FPB}{h\nu} \tag{6-13}$$

式中：η 为光电检测器的量子效率；e 为电子电荷量；P 为输入光电检测器的平均光功率；M 为 APD 的平均倍增因子；F 为 APD 的倍增噪声系数；B 为系统带宽。

2. 放大器的噪声

在光接收机设计中，前置放大器的一个主要任务就是实现尽可能低的噪声。当然，同时也应该满足其他要求（例如带宽和动态范围）。只要设计合理，前置放大器的噪声就应该远大于功率放大器的噪声。所以，通常在分析中只考虑前置放大器的噪声，衡量噪声的点是输入端（输入端噪声乘以放大器放大倍数的平方就是输出端的噪声）。

不管前置放大器的具体结构如何，从低噪声角度出发第一级采用共射极（或共源极）则是公认的。关于第一级器件的应用，无非是晶体三极管（Bi-junction Transistor，BJT）或场效应管（Field Effect Transistor，FET）两类。

（1）FET 前置放大器的噪声

FET 前置放大器的输入等效噪声可以用下式表示：

$$n_{\text{A}} = \left(\frac{2KT}{R} + eI_{\text{g}}\right)(2B) + \frac{2KT\Gamma}{g_{\text{m}}} f_{\text{c}}(2\pi CB)^2 + \frac{2KT\Gamma}{g_{\text{m}}}(2\pi C)^2 \left(\frac{2}{3}B^3\right) \tag{6-14}$$

式中：K 为玻尔茨曼常数，其值为 1.381×10^{-34} J·K^{-1}；T 为绝对温度，单位为 K；R 为前置放大器的等效输入电阻；g_m 为 FET 的跨导；Γ 是 FET 的沟道噪声因子，Si-JFET、Si-MOSFET 和 GaAs-MESFET 沟道噪声因子的值依次为 0.7、1.03 和 1.75；C 为包括光电检测器电容、前置放大器输入电容及杂散电容在内的总等效电容；f_c 为噪声中心频率（表示沟道热噪声等于 $1/f$ 噪声时的频率）；B 为系统带宽。

（2）BJT 前置放大器的噪声

BJT 前置放大器的输入等效噪声可以表示为：

$$n_A = \left(\frac{2KT}{R} + \frac{eI_c}{\beta} + \frac{(KT\beta + eI_c R)^2}{eI_c \beta^2 R^2} \right)(2B) + \frac{(2\pi KTC)^2}{eI_c}\left(\frac{2}{3}B^3 \right) \tag{6-15}$$

式中：K 为玻尔茨曼常数；T 为绝对温度，单位为 K；R 为前置放大器的等效输入电阻；β 为 BJT 的直流电流放大倍数；I_c 为 BJT 的集电极偏置电流；C 为包括光电检测器电容、前置放大器输入电容及杂散电容在内的总等效电容；B 为系统带宽；e 为电子电荷量。

3. 总噪声表达式

光接收机的输入等效总噪声可以表示为：

$$n_{tot} = n_{PD} + n_A \tag{6-16}$$

在 PINPD 光接收机中，n_{PD} 要远远小于 n_A。

6.4.2　光接收机的信噪比

1. PINPD 光接收机的信噪比

根据信噪比定义，PINPD 光接收机判决点上的信噪比为：

$$SNR = \frac{S_o}{N_{tot}} = \frac{s_i A^2}{n_{tot} A^2} = \frac{s_i}{n_{tot}} = \frac{(\rho P)^2}{n_{PINPD} + n_A} \tag{6-17}$$

式中：S_o 表示 PINPD 光接收机判决点上的总信号功率；n_{tot} 表示 PINPD 光接收机的输入等效总噪声；N_{tot} 表示 PINPD 光接收机判决点上的总噪声；A 表示放大器的放大倍数；ρ 表示 PINPD 的响应度，P 是 $PINPD$ 检测的光信号功率；n_A 表示放大器的输入等效噪声功率。

2. APD 光接收机的信噪比

同理，可以得到 APD 光接收机在判决点上的信噪比表达式为：

$$SNR = \frac{S_o}{N_{tot}} = \frac{(\rho P)^2}{n_{APD} + n_A} \tag{6-18}$$

从上面的分析可以看出，在输入端与在输出端衡量光接收机的信噪比的结果是一致的，这是由于我们通过噪声的处理将放大器通道看成是线性通道的原因造成的。

6.5　光接收机的灵敏度

6.5.1　数字光接收机的误码率

根据通信系统理论，二进制数字传输系统的误码率可以表示为：

$$BER = p(0) \int_{D_0}^{\infty} p_0(i) \, di + p(1) \int_{\infty}^{D_0} p_1(i) \, di \qquad (6\text{-}19)$$

式中：$p(0)$ 和 $p(1)$ 分别表示二进制数字码流中“0”、“1”出现的概率；$p_0(i)$ 和 $p_1(i)$ 分别表示“0”、“1”码的概率密度函数；i 表示信号电流的瞬时值；D_0 是 $p_0(i)$ 和 $p_1(i)$ 相等时对应的信号电流。

一般地，在总码流中“0”、“1”码是等概的。所以，误码率表达式可以写成：

$$BER = \frac{1}{2} \left[\int_{D_0}^{\infty} p_0(i) \, di + \int_{\infty}^{D_0} p_1(i) \, di \right] \qquad (6\text{-}20)$$

由于光纤通信系统中概率密度函数表达式非常复杂和难以处理，所以要最终获得误码率就必须利用数值计算技术。在数值计算技术中，常用的有蒙特卡罗（Monte Cario）重要样值法、切诺夫（Chernoff）界限法、格莱莫—查理（Gram-Charlier）级数法、高斯（Gauss）正交分布法及特征函数法等。

利用数值计算技术求得误码率的方法非常费时，而且不能对光接收机的设计提供多少帮助。所以，为了简化计算，一般均将概率密度函数近似成高斯函数来进行相应的分析。于是，误码率又可表示成：

$$BER = \frac{1}{\sqrt{2\pi}} \int_{Q}^{\infty} \exp(-x^2/2) \, dx \qquad (6\text{-}21)$$

式中 Q 可以表示为：

$$
\begin{aligned}
Q &= \frac{D_0 - I_{op0}}{\sqrt{N_{tot0}}} \\
&= \frac{I_{op1} - D_0}{\sqrt{N_{tot1}}}
\end{aligned}
\qquad (6\text{-}22)
$$

式中：I_{op0} 和 I_{op1} 分别是“0”、“1”码时光接收机判决点上的信号光电流；N_{tot0} 和 N_{tot1} 分别表示“0”、“1”码时光接收机判决点上的总噪声功率。

由式（6-21）可以看出，只要知道了 Q 值，就可以求出误码率值的大小。误码率与 Q 的关系也可用图表示，如图 6-8 所示。

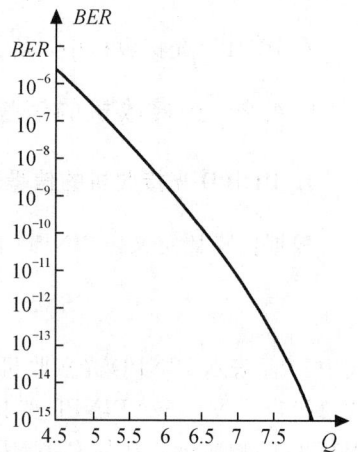

图 6-8 BER 与 Q 的关系

6.5.2 光接收机的灵敏度极限

光接收机的灵敏度极限也称为理想光接收机的灵敏度。由于这种光接收机完全是理想的：光电检测器暗电流为零，放大器无噪声，系统的带宽无限大。理想光接收机灵敏度仅受到光检测器量子噪声的影响，所以又称为理想光接收机的量子极限。

当没有光信号入射到光电检测器上时，放大器输出电流应该为零。由于没有其他噪声，因此这种情况不可能出现误码。而当有光信号入射到光电检测器上时，由于光量子噪声就有可能使光电检测器和放大器没有输出，从而使“1”变成“0”，发生误码现象。当码流中“0”、“1”等概时，系统的误码率就等于“1”码发生差错概率的一半，即：

$$BER = \frac{1}{2} \exp(-n) \qquad (6\text{-}23)$$

式中：n 表示一个码元的平均光子数。

当考虑到传输的信号格式为非归零（NRZ）码和"0"、"1"等概时，光接收机的极限灵敏度可以表示为：

$$P_s = \frac{E_{\min}}{2T} = \frac{nh\nu}{2T} \tag{6-24}$$

式中：$E_{\min}$是每个光脉冲最小平均能量，T是光脉冲宽度。

6.5.3 实际光接收机的灵敏度

根据式（6-22），可以得到如下公式：

$$\frac{I_{op1} - I_{op0}}{\sqrt{N_{tot0}} + \sqrt{N_{tot1}}} = Q \tag{6-25}$$

在这里不考虑暗电流和光源直流光影响（$I_{op0} = 0$），并且有I_{op1}可以表示为：

$$I_{op1} = \rho M P_1 A \tag{6-26}$$

式中：M为APD的倍增因子（对PINPD，$M = 1$）；P_1为"1"码时的光功率；A为放大器的放大倍数。由于光接收机灵敏度是指平均最小接收光功率，所以有光接收机的灵敏度为：

$$P_s = \frac{Q(\sqrt{N_{tot1}} + \sqrt{N_{tot0}})}{2\rho M A} = \frac{Q(\sqrt{n_{tot1}} + \sqrt{n_{tot0}})}{2\rho M} \tag{6-27}$$

对于PINPD光接收机，灵敏度可简化为：

$$P_s = \frac{Q(\sqrt{n_A})}{\rho} \tag{6-28}$$

实际上，ITU-T已经建议和推荐了光接收机灵敏度的计算方法，且已在国内外得到了广泛的应用。这套方法比较准确，但是相对比较复杂，这里就不再介绍了。

6.5.4 影响光接收机灵敏度的主要因素

影响光接收机灵敏度的因素非常多，我们在这里只介绍影响较大的几个主要因素。

1. 输入和输出信号波形

在光纤通信系统中，光接收机接收到的光信号波形是被光纤线路展宽了的信号波形，这种波形将会存在码间干扰，如图6-9所示。码间干扰的存在，会使判决点上的信噪比降低，从而影响光接收机的灵敏度。当相对脉冲宽度 $\alpha = \sigma/T \leqslant 0.25$（$\sigma$为有效值光脉冲宽度，$T$为线路码元宽度）时，灵敏度代价小于1.0dB。

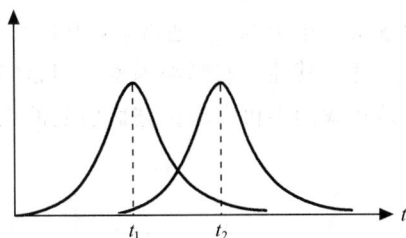

图 6-9 码间干扰的影响

为了减少码间干扰的影响，必须对接收的信号波形进行滤波均衡，变成没有码间干扰的信号波形（实际中多采用升余弦波）。经过均衡后，光接收机的带宽可以用如下公式表示：

$$B = (1 + \varepsilon)\frac{1}{2T} \tag{6-29}$$

式中：ε是输出波形的滚降因子。由于$\varepsilon > 0$，从上式可以看出，光接收机的带宽将大于奈奎斯特带宽$1/(2T)$。

2. 非理想均衡滤波

为了有利于判决，我们希望光接收机输出的信号波形为升余弦波。但是，均衡电路仅对信号是最佳的，而对噪声是非最佳的（提升特性将使带内噪声增加），因此会产生灵敏度代价。

3. 直流光和背景光

由于光源是在一定正向偏置电压下工作的，因此，无信号时光接收机仍然能够接收到一定的光功率，这种光信号称为直流光。背景光则是指环境中存在红外波长的杂散光，它们将会使光接收机接收的噪声增大，从而使光接收机灵敏度劣化。

在这里，我们给出直流光和背景光引起的光接收机灵敏度代价经验公式。

$$\text{Si APD：} \qquad P_P = 19/EX \qquad\qquad (6\text{-}30)$$

$$\text{InGaAs APD：} \qquad P_P = 16/EX \qquad\qquad (6\text{-}31)$$

$$\text{Ge APD：} \qquad P_P = (10 \sim 15)/EX \qquad\qquad (6\text{-}32)$$

$$\text{PINPD：} \qquad P_P = 9/EX \qquad\qquad (6\text{-}33)$$

式中：EX 为在接收端测试的消光比。

4. 判决阈值

为了将升余弦波信号恢复为标准数字信号，在均衡滤波电路之后还设置了再生判决电路。判决电路的作用为：当信号在判决时刻大于判决阈值时，判决电路输出"1"；当信号在判决时刻小于判决阈值时，判决电路输出"0"。一般地，我们将相对判决阈值定义为：

$$\gamma = \frac{D_0}{A_m} \qquad\qquad (6\text{-}34)$$

式中：D_0 为判决阈值；A_m 为信号幅度。

由于光纤通信系统中噪声的强度相关性，使得"1"码的噪声要大于"0"码的噪声，所以 γ 应该小于 0.5。通常，γ 值在 0.3～0.4 范围变化。

还有其他一些影响因素，但是实际系统设计中灵敏度的计算并不要求多么精确，因此，在这里我们不再考虑由它们引起的灵敏度代价。

小　　结

在光纤通信系统中，目前应用最多的光电检测器是 PIN 光电二极管和雪崩光电二极管，它们都是依据受激吸收的基本原理工作的。为了改善普通雪崩光电二极管的暗电流、响应速度、倍增噪声及器件的可靠性等性能，相继开发出了 SAM APD、SAGM APD、QW APD 及沟道型 APD 等新型光电检测器。

经过长距离传输，光接收机所能接收的光信号功率非常小，甚至达到纳瓦量级以下。为了使有用信号不被噪声所淹没，就要谨慎地处理光接收机的噪声和有用信号，即要求选择最佳形式的前置放大器。影响实际数字光接收机灵敏度的因素很多，如输入和输出信号波形、非理想均衡、直流光和背景光、判决阈值等的影响。只有认真处理好这些影响，才能使数字光接收机处于最佳工作状态。

复习思考题

1. 在光纤通信系统中，使用最多的光电检测器有哪些？都使用于什么场合？

2. 光电检测器是在什么偏置状态下工作的？为什么要工作在这样的状态下？

3. 在 PINPD 中，I 层半导体材料的主要作用是什么？

4. 简述 PINPD 的工作原理。

5. 在 APD 中，一般雪崩倍增作用只能发生在哪个区域？

6. 简述 APD 的工作原理。

7. 光电检测器的响应度和量子效率有什么样的关系？这两个参数相互独立吗？

8. 光电检测器的暗电流由哪些部分组成？这些组成部分分别对 PINPD 和 APD 的暗电流有何影响？

9. APD 的倍增因子是否越大越好？为什么？

10. 在非相干检测方式或直接功率检测方式中，为什么说光电检测器实际上是一个平方率检测器？若光接收机接收的光信号电场为：

$$e_R(t) = K_T \left[1 + mx(t)\right]^{1/2} \cos \omega_c t$$

试用理论证明之。

11. 光电检测器主要有哪些类型的相干检测方式？

12. 试画出光接收机的方框组成，并说明各部分的作用。

13. 光接收机有哪些主要指标？它们的定义是什么？

14. 出现在光电检测器上的噪声有哪些？哪些是属于光电检测器本身产生的噪声？

15. 为什么经过噪声处理后，光接收机的放大器通道可以看成线性通道？

16. 为了避免使用烦琐费时的数值计算技术，在计算误码率时通常将概率密度函数近似为什么函数？

17. 什么是理想光接收机？为什么理想光接收机的灵敏度又称为理想光接收机的量子极限？

18. 影响光接收机灵敏度的主要因素有哪些？

第7章 光放大器

光放大器是可将微弱光信号直接进行光放大的器件。它的出现使光纤通信技术产生了质的飞跃：它使光波分复用技术、光孤子通信技术迅速成熟并得以商用，同时它为未来的全光通信网奠定了扎实的基础，成为现代和未来光纤通信系统中必不可少的重要器件。光放大器根据放大原理的不同可分为半导体激光放大器、掺杂光纤放大器、传输光纤放大器等。

本章通过光放大器的发展史，主要介绍几种光放大器的原理、结构、性能及系统应用等。

7.1 光放大器概述

7.1.1 光放大器在现代光纤通信系统中的应用

光纤通信中用光纤来传输光信号。光纤的中继距离受限于光纤的损耗和色散。就损耗而言，目前光纤损耗典型值在 $1.31\mu m$ 波段为 $0.35dB/km$ 左右，在 $1.55\mu m$ 波段为 $0.25dB/km$ 左右。由于光纤损耗的限制使光纤通信系统的无中继距离为 $50\sim100km$。在长距离光纤通信系统中，延长通信距离的方法是采用中继器。目前大量应用的是光-电-光中继方式，该方式首先将光信号转换为电信号，在电信号上进行再定时、再整形、再放大等信息处理后，再将信号转换为光信号，经光纤传送出去。这样通过级联多个光电光再生器就可以建成很长的光纤通信系统，很明显这样的光电光中继器需要光接收机和光发送机来分别完成光电变换和电光变换，设备复杂，运行维护不便，而且随着光纤通信的速率越来越高，这种光电光中继器在整个光纤通信系统的成本越来越高，使得光纤通信的成本增加，性价比下降。

以 1989 年诞生的掺铒光纤放大器（Erbium Doped Fiber Amplifier，EDFA）为代表的光放大器技术可以说是光纤通信技术上的一次革命。在长途干线通信系统中，它可使光信号在光域内直接进行放大而无需转换为电信号进行处理，用全光中继器代替了原来的光-电-光再生中继，使原来每 $50\sim100km$ 就需要一次电再生中继发展为每 $80\sim200km$ 需要一次光再生中继、每 $600\sim800km$ 才需要一次电再生中继。1999 年开始使用的喇曼光纤放大器，使得光纤通信系统的电再生中继距离再次取得突破。在 OFC2003 年会议上，Tyco 公司宣布的海底系统，实现了单波长速率 10Gbit/s，373 个波长，电再生中继距离 11000km 的传输。光放大器极大地延长了长电再生中继的距离，这使得通信成本降低，设备简化，运行维护方便。

　　光放大器在光纤通信系统目前最重要的应用就是促使了波分复用技术（Wavelength Division Multiplexing，WDM）走向实用化。波分复用技术就是在一根光纤上同时传输多个不同波长光载波的通信技术。这种通信方式的优点在于它充分利用了光纤的潜在带宽，使光纤通信容量的增长方式从单纯的电时分复用方式转变为通过复用更多的波长数来实现，极大地增加了光纤的传输容量。但是，这种通信技术最突出的问题就是每一个中继站必须将多信道信号分开，通过光－电－光转换来对每一波长分别处理实现对光信号的放大，这就需要在每一中继站有数量与信道数相对应的光纤通信设备，同时由于波分解复用器和波分复用器插入损耗比较大，使得波分复用系统的中继距离很短，根本不能实用。掺铒光纤放大器的成熟使 WDM 技术迅速进入实用阶段。掺铒光纤放大器有数十到上百纳米的增益带宽，一个 ED-FA 放大器就可以代替多套设备实现对 WDM 系统的多信道光信号同时进行放大，使得成本大大降低。更重要的是，波分复用技术和 EDFA 可以直接在原来已经大量铺设的 G.652 光纤网上直接使用，实现了光纤通信容量的平滑升级，保护了运营商的原有投资，降低了成本。现在 WDM＋EDFA 已经成了高速光纤通信网发展的主流，而且波分复用技术为未来全光通信网奠定了扎实的基础。目前在国内各大通信运营商、包括政府和军队都建立了自己的波分复用网络。

　　光放大器促进了光接入网技术的蓬勃发展。以前的通信业务仅限于电话，但是随着社会和技术的发展，高清晰电视、多媒体通信、互联网、电子商务开始走进千家万户，人们对信息的需求要求进入用户家庭的带宽越来越宽，但是只有光纤才能满足用户将来对带宽的潜在需求，这就是光接入网的产生背景。而光放大器可以补偿光信号由于分路而带来的损耗，以扩大本地网的网径，增加用户，最终实现光纤到桌面的目标。应用 EDFA 的光缆有线电视传输系统已于 1993 年投入使用，在这种系统中，光的节点数、传输距离和光纤中光信号的光功率密切相关，EDFA 可以扩大网径和用户数，目前在我国的光纤 CATV 网已经大量采用 EDFA。

　　光放大器还将促进光孤子通信技术的实用化。光孤子通信是利用光纤的非线性来补偿光纤色散作用的一种新型通信方式。当光纤的非线性和色散二者达到平衡时，光脉冲形状在传输的过程保持不变。光孤子通信的主要问题之一是光纤损耗。光孤子脉冲沿光纤传输时，其功率逐渐减弱，这将破坏非线性与色散之间的平衡。解决的方法之一就是在光纤传输线路中每隔一定的距离加一光放大器来补偿线路功率损耗，使光信号在传输过程始终满足光孤子传输方程。可以说，通过光纤中的色散脉冲展宽与非线性脉冲压缩构成的光孤子通信这种新型的通信方式，同时解决了光纤传输中的损耗与色散问题。在 1991 年，英国科学家利用 ED-FA 的光孤子通信技术在实验室可以实现无中继传输 100 万千米。目前在日本已经有了利用光孤子通信技术的市话网。

　　此外，光放大器是未来全光通信网中不可缺少的重要器件。随着波分复用技术的日益普及，光纤中传输的速率越来越高，光纤通信网络中任何电子器件都可能成为光纤通信系统带宽的"瓶颈"，实现全光通信是光纤通信技术发展的必然趋势。光放大器的诞生从线路上解决了光纤通信的无电再生中继问题，它还必将与层出不穷的新器件、新技术组合在一起，逐步实现光纤通信系统的全光化。

7.1.2　光放大器的发展史

光放大器的发展最早可追溯到 1923 年 A·斯梅卡尔预示的自发喇曼散射。1928 年印度加尔各答大学的喇曼观测到自发喇曼效应。1953 年，约翰·冯诺伊曼用半导体做了首例光放大实验。1962 年，科学家利用激光作光源观测到受激喇曼效应。同年有人发表了利用受激喇曼效应可制作光放大器的论文。1964 年，美国光学公司首次演示了 $1.06\mu m$ 纤维放大器。1970 年美国和原苏联同时披露制成世界首件室温下连续工作的半导体激光器。同年，康宁公司制成低损耗光纤，使光纤的损耗首次降到 20dB/km 以下。1986 年，英国南安普顿大学制成掺铒光纤放大器（EDFA）。1989 年，现安捷伦科技有限公司制成首件半导体光放大器（Semiconductor Optical Amplifier，SOA）产品。1999 年，分子光电子公司和蒂姆光子学公司制成首件掺铒波导放大器（Erbium Doped Waveguide Amplifier，EDWA）产品。在 1999 年 10 月举办的日内瓦电信展览会上，朗讯公司展示了一种喇曼放大系统，此后喇曼放大器（Raman Amplifier，RA）得到更广泛的应用。

7.1.3　光放大器的分类

光放大器按原理不同大体上有三种类型。

（1）掺杂光纤放大器，就是利用稀土金属离子作为激光工作物质的一种放大器。将激光工作物质掺与光纤纤芯即成为掺杂光纤。目前最成功的典型是掺铒光纤放大器，掺镨光纤放大器 (Praseodymium Doped Fiber Amplifier，PDFA) 等其他掺杂物的光纤放大器也在研制开发中。

（2）传输光纤放大器，就是利用光纤中的各种非线性效应制成的光放大器。传输光纤放大器有受激喇曼散射（Stimulated Raman Scattering，SRS）光纤放大器、受激布里渊散射 (Stimulated Brilliouin Scattering，SBS) 光纤放大器和利用四波混频效应（FWM）的光放大器等，其中喇曼光纤放大器是目前应用最为广泛的传输光纤放大器。

（3）半导体光放大器。其结构大体上与激光二极管（Laser Diode，LD）相同。如果在法布里－珀罗腔（Fabry-Perot cavity，F-P）两个端面镀反射率较高的介质膜就形成了 F-P 型 LD 光放大，又叫驻波型光放大；如果在两端面根本不镀反射介质膜或者镀增透膜则形成行波型光放大。半导体激光器指的是前者，而半导体光放大器指的是后者。

这几种类型的光放大器的工作原理和激励方式各不相同。掺杂光纤放大器和半导体光放大器是利用工作物质的粒子数反转实现光放大，传输光纤放大器则是利用光学非线性效应而实现光放大。前两类光放大器是依靠光激励实现光放大，而半导体放大器则是依靠电激励实现光放大。

在接下来的章节中，掺杂光纤放大器重点介绍已经成熟的掺铒光纤放大器，传输光纤放大器主要介绍正在逐步应用喇曼光纤放大器，半导体放大器、布里渊放大器等在其他光放大器部分作此简要介绍。

7.1.4　光纤放大器的重要指标

1. 光放大器的增益

（1）增益 G 与增益系数 g

放大器的增益定义为：

$$G = \frac{P_{out}}{P_{in}} \tag{7-1}$$

式中：P_{out}，P_{in} 分别为放大器输出端与输入端的连续信号功率。放大器增益与增益系数有关，在沿光纤方向上，增益系数和光纤中掺杂的浓度有关，它还和该处信号光和泵浦光的功率有关，所以它应该是沿长度的函数：

$$dP = g(z)P(z)dz \tag{7-2}$$

将 $g(z)$ 在光纤长度上进行积分并令始端功率为 P_{in}，则得到：

$$P(z) = P_{in}\exp\int_0^l g(z)dz \tag{7-3}$$

对于给定光纤长度 l_0，则光纤放大器的输出功率为：

$$P_{out} = P_{in}\exp\int_0^{l_0} g(z)dz \tag{7-4}$$

将式（7-4）代入式（7-1），可得：

$$G = \exp\int_0^{l_0} g(z)dz \tag{7-5}$$

（2）放大器的带宽

人们希望放大器的增益在很宽的频带内与波长无关。这样在应用这些放大器的系统中，便可放宽单信道传输波长的容限，也可在不降低系统性能的情况下，极大地增加 WDM 系统的信道数目。但实际放大器的放大作用有一定的频率范围，定义小信号增益低于峰值小信号增益 N（dB）的频率间隔为放大器的带宽，通常 $N = 3$dB，因此在说明放大器带宽时应该指明 N 值的大小。当取 3dB 时，G 降为 G_0 的一半，因而也叫半高全宽带宽。

（3）增益饱和与饱和输出功率

由于信号放大过程消耗了高能级上粒子，因而使增益系数减小，这种现象称为光放大器的增益饱和。当放大器增益减小为峰值的一半时，所对应的输出功率就叫饱和输出功率，这是放大器的一个重要的参数，饱和功率用 P_{out}^s 表示。

2. 放大器噪声

放大器本身产生噪声，放大器噪声使信号的信噪比（Signal-to-Noise Ratio，SNR）下降，信噪比的下降限制了系统的电再生中继距离。所以，噪声是光放大器的另一重要指标。

（1）光纤放大器的噪声来源

光纤放大器的噪声主要来自它的放大自发辐射（Amplified Spontaneous Emission，ASE）。在激光器中，自发辐射是产生激光振荡必不可少的，而在放大器中它却是噪声的主要来源，它与被放大的信号光在光纤中一起传输、放大，降低了信号光的信噪比。

（2）噪声系数

由于放大器中产生自发辐射噪声，使得放大后的信噪比下降。任何放大器在放大信号时必然要增加噪声，劣化信噪比。信噪比的劣化用噪声系数来 F_n 表示。它定义为输入信噪比与输出信噪比之比。

$$F_n = 10\log\frac{(SNR)_{in}}{(SNR)_{out}} \tag{7-6}$$

$(SNR)_{in}$ 和 $(SNR)_{out}$ 分别代表输入与输出的信噪比。它们都是在接收机端将光信号转换成光电流后的功率来计算的。

经理论计算，对于粒子数反转放大系统，在充分泵浦的理想情况下，即 $N_1 \to 0$，$\Delta N \approx N_2$，$F_n = 3\text{dB}$ 这是最小的噪声系数，或者叫噪声系数极限。这里 N_1 和 N_2 分别是对应于能级跃迁光放大的低能级和高能级，ΔN 是粒子数反转数。一个光放大器希望它有尽可能低的噪声系数机制中，因为它是系统中继距离的重要限制因素。

7.2 掺铒光纤放大器

掺铒光纤放大器是将掺铒光纤在泵浦源的作用下，能够对某些波长的信号光进行放大的光纤放大器。对这种掺杂光纤放大器影响较大的工作可追溯到 1963 年对玻璃激光器的研究。它是通过在玻璃基质中掺杂活性离子来产生激光的。相对于其他基质材料，活性离子在玻璃中可以掺杂到相当高的浓度，而且玻璃的形状和尺寸易于控制。1964 年美国光学公司制成了第一台掺铒玻璃激光器，其室温下的激射波长是 $1.54\mu\text{m}$。1970 年光纤出现后，转入进行在光纤中掺杂激光器件的研究。1985 年，英国的南安普顿大学的迈尔斯等人制成了掺铒光纤激光器。1986 年，又制造出第一个 EDFA，其工作波长为 $1.54\mu\text{m}$，用 Ar 离子激光器作泵浦源，在 3m 长的光纤中得到了 3.28dB 的增益。显然如果想在光纤通信系统中得到广泛应用，就必须用半导体激光器作泵浦光源。用掺铒光纤可以放大当时光纤通信的 $1.5\mu\text{m}$ 的工作波长，引起了全世界的兴趣，掀起了研究 EDFA 的热潮。大功率半导体激光器的诞生更是为 EDFA 插上了腾飞的翅膀，用它作 EDFA 的泵浦源只要数毫瓦的泵浦功率就可以产生数千倍的增益。这使 EDFA 技术走向成熟，走向实用化。如今 EDFA 已用于光纤通信和光纤有线电视网，为光纤通信的更新换代开辟了新途径。

7.2.1 掺铒光纤放大器的工作原理

第 5 章已经介绍过激光器的工作原理，掺铒光纤放大器与激光器工作原理类似。在泵浦源的作用下，工作物质粒子由低能级跃迁到高能级（一般通过另一辅助能级），在一定泵浦强度下，得到了粒子数反转分布而具有光放大作用。当工作频带范围内的信号光输入时便得到放大。这也就是掺铒光纤放大器的基本工作原理。只是 EDFA（及其他掺杂光纤放大器）细长的纤形结构使得有源区能量密度很高，光与物质的作用区很长，有利于降低对泵浦源功率的要求。

铒的原子序数为 68，原子量 167.2，价电子 3，属镧系元素。它是以三价离子的形式参与工作的。由于掺杂铒离子分散于基质之中，它属于分立能级。但由于光纤基质结构产生的本地场的影响，对铒离子产生微扰，使其谱线分离开来，这叫斯塔克效应。这些分裂态之间的能级差与能级之间的能量差相比是很小的，于是形成了准能带，如图 7-1 所示。图中左边的

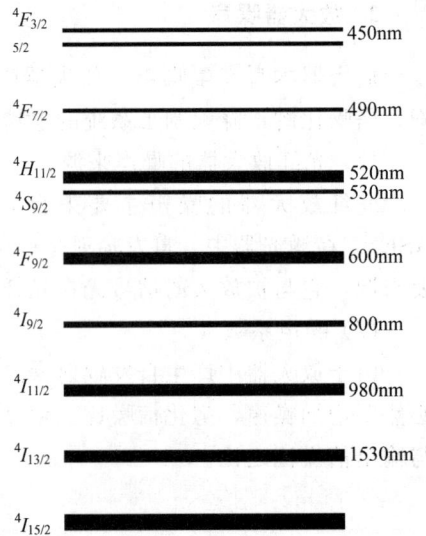

图 7-1　在光纤中铒离子的能带图

$^4I_{11/2}$是通过量子力学解出的原子核外电子能
级，$^4I_{15/2}$是 E_r^{3+} 的基态（各能级的间隔和由于微
扰而产生的斯塔克效应展宽的能带宽度属于量
子力学结果）。右边 980nm 表示在该能级上的电
子跃迁到基态发出的光波长。

实际上参与激光放大过程的只有 3 个能带
（见图 7-2），$^4I_{15/2}$ 相当于 E_1，为基态，$^4I_{13/2}$ 相应于
E_2，为受激辐射的高能级。受激辐射跃迁所产生
的光子波长为 $\lambda = c \cdot h/(E_2 - E_1) = 1520 \sim$
1570nm。这就是能够放大的信号光波长范围。E_3
是泵浦的高能级。泵浦光的泵浦作用发生在 E_3 与 E_1 之间，泵浦频率为 $\upsilon_p = (E_3 - E_1)/h$，可
以选择不同的能级作为 E_3。泵浦源波长如何选择将在接下来的内容详述。在外界泵浦源的
作用下，基态$^4I_{15/2}$上的电子吸收泵浦源的能量而跃迁到 E_3 能级上。E_3 能级上的电子主要
通过无辐射跃迁的形式，迅速转移到 E_2 能级上。E_3 能级最好能有较大的宽度，以充分利用
宽带泵浦源的能量来提高泵浦效率。图 7-2 中的 τ 表示该能级的寿命，E_3 能级的寿命很短，
而 E_2 能级的寿命较长，大于 10ms，属于亚稳态能级，容易聚集电子。当泵浦源足够强时，
便在 E_2 能级上聚集起足够的粒子，在 E_2 和 E_1 能级之间形成粒子数反转分布，这时候便对
信号具有放大作用。

图 7-2 EDFA 的工作能级

从图 7-1 可以看出，铒离子存在许多高能级，其实这些高能级（由于斯塔克效应，这
些能级其实是能带）都可以作为 E_3 能级，都可以用来泵浦 EDFA。在这些频带中选用泵
浦波长的原则是要求泵浦效率高，当然还必须有相应波长的大功率激光器作泵浦源。
0.65nm，0.80nm 都利用过，但是这些激光器都是氩离子激光器、Nd·YAG 激光器、染
料激光器等。但是这些方案都存在泵浦效率低和泵浦源体积大的问题，不适合在光纤通
信中应用。当波长为 $0.98\mu m$ 和 $1.48\mu m$（$1.48\mu m$ 波长在图 7-1 中未画出）的大功率半导
体激光器诞生后，它们立刻被用来泵浦 EDFA。使用半导体激光器泵浦源是 EDFA 实用化
的前提。

泵浦效率 W_p 可以用来衡量泵浦的有效性，其表达式如下：

$$W_p = 放大器增益(dB)/ 泵浦功率(mW)$$

不同吸收频率处的泵浦效率相差很大，实验测得的一组数据是：在泵浦波长 $\lambda_p = 0.532\mu m$
处，泵浦效率 $W_p = 1.35dB/mW$；$\lambda_p = 0.8\mu m$，$W_p = 0.8dB/mW$；$\lambda_p = 0.98\mu m$，$W_p = 4.9dB/mW$；
$\lambda_p = 1.48\mu m$，$W_p = 3.9dB/mW$。

选用泵浦频带的另一个原则是高能级上无激发态吸收。在理想的光放大系统中，处于激
发态的电子，在受到外来的光子作用时，向低能级跃迁而发出光子，但是还有一种可能就是
它可以吸收外来的光子继续向更高的能级跃迁，这就是激发态吸收（Excited State Absorp-
tion，ESA）。很明显，如果电子处在激发吸收带时，这时它们可以继续吸收泵浦光子或信
号光而向更高能级跃迁，这就大大降低了泵浦效率，并引起信号光的衰减，因此泵浦源应选
在无激发吸收的频带，$0.98\mu m$、$1.48\mu m$ 泵浦对应着无激发态吸收的能带，因而是倍受重视
的两个波长。这个波长的泵浦源都可以用半导体激光器来实现。$0.98\mu m$ 与 $1.48\mu m$ 相比，
增益高、泵浦效率高、噪声小，但饱和输出功率低，适合于制作前置放大器。$1.48\mu m$ 的优

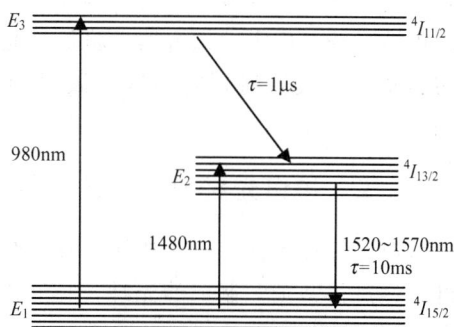

点是：它和信号光的波长接近，因而 $1.55\mu m$ 的单模光纤对信号光和泵浦光都是单模传输，可用单模光纤制成定向耦合器，将信号光和泵浦光低损耗的导入光纤。所以，这点在低掺铒分布型光纤放大器时，应用这一波段的泵浦更为有利，因而得到了广泛的开发、研究和应用。

7.2.2 掺铒光纤放大器的结构

掺铒光纤放大器一般由掺铒光纤、泵浦源、光耦合器、光隔离器和光滤波器构成。掺铒光纤是经过掺杂工艺制成的光纤，它的作用主要是提供能级分布；泵浦源是大功率半导体激光器（泵浦波长一般为 $0.98\mu m$ 或 $1.48\mu m$），泵浦光能量用于铒离子的粒子数反转；光耦合器就是波分复用器，它可以实现 980nm/1550nm（或 1480nm/1550nm）的光耦合，使泵浦光有效注入到掺铒光纤中；光隔离器的作用是防止反射光沿光纤反向传输影响信号源和泵浦源的正常工作，两个隔离器还能够防止光在掺铒光纤中形成光振荡；滤波器的作用一方面滤除放大器的带外噪声以提高光放大器的信噪比，另一方面它可以均衡光放大器的增益频谱以提高光放大器的级联性能。

掺铒光纤放大器有不同的泵浦方式，泵浦方式可分为同向泵浦、反向泵浦、双向泵浦三种。

1. 同向泵浦

在同向泵浦方案中，泵浦光与信号光从同一端注入掺铒光纤。在掺铒光纤的输入端，泵浦光较强，故粒子反转激励也强，其增益系数大，信号一进入光纤即得到了较强的放大。但由于吸收，泵浦光将沿光纤长度衰减，这一因素使在一定的光纤长度上达到增益饱和而使噪声迅速增加，如图 7-3（a）所示。

2. 反向泵浦

反向泵浦，泵浦光与信号光从不同的方向输入掺杂光纤，两者在掺铒光纤中反向传输。其优点是：当光信号放大到很强时，泵浦光也强，不易达到饱和，因而噪声性能较好，如图 7-3（b）所示。

3. 双向泵浦

为了使掺铒光纤中的铒离子能够得到充分的激励，必须提高泵浦功率。可用多个泵浦源从多个方向激励光纤。几个泵浦源可部分前向泵浦，部分后向泵浦，这种泵浦方式称为双向泵浦。这种泵浦方式结合了同向泵浦和反向泵浦的优点，使泵浦光在光纤中均匀分布，从而使其增益在光纤中均匀分布，如图 7-3（c）所示。

4. 三种泵浦方式比较

（1）信号输出功率

图 7-4 给出了 3 种泵浦方式下信号输出功率与泵浦光功率之间的关系。这 3 种方式的微分转换效率不同，数值分别为 61%、76% 和 77%。在同样泵浦条件下，同向泵浦式 EDFA 的输出最低。

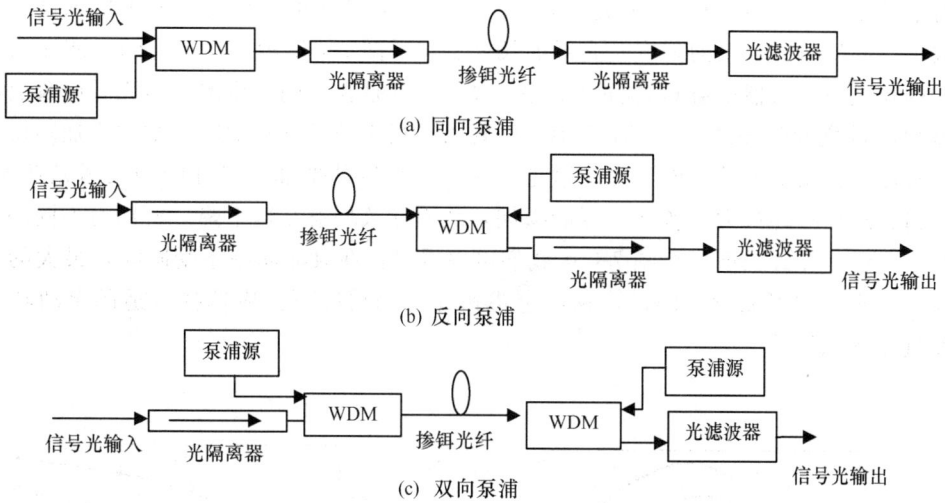

图 7-3　掺铒光纤放大器的泵浦方式

（2）噪声特性

图 7-5 所示表示噪声指数与输出光功率之间的关系。由于输出功率加大将导致粒子反转数的下降，因而在未饱和区，同向泵浦式 EDFA 的噪声指数最小，但在饱和区，情况将发生变化。噪声指数与光纤长度的关系如图 7-6所示，从图上可以看出，不管掺铒光纤的长度如何，同向泵浦方式光纤放大器的噪声最小。

（3）饱和输出特性

同向泵浦式 EDFA 的饱和输出光功率最小。双向泵浦式 EDFA 的输出功率最大，且放大器的性能与输入信号方向无关，但由于增加了一个泵浦源，使成本上升。

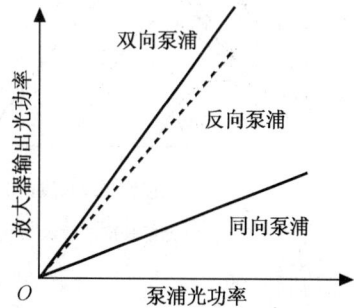

图 7-4　信号输出光功率与泵浦光功率之间的关系

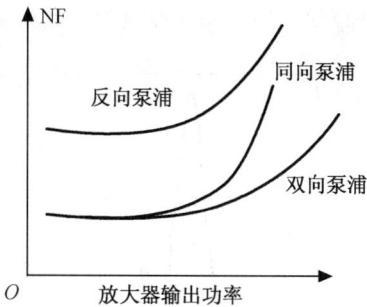

图 7-5　噪声指数与输出功率之间的关系

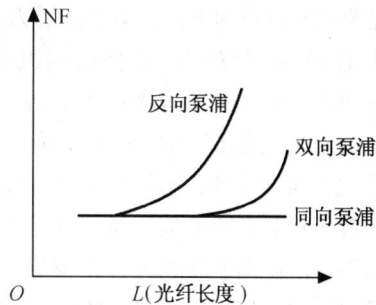

图 7-6　噪声指数与光纤长度之间的关系

7.2.3　EDFA 的重要指标

1. EDFA 的增益特性

增益系数 $g(z)$ 与高能级和低能级的粒子数目差及泵浦功率有关，从式（7-5）可以看出，对增益系数 $g(z)$ 在整个掺铒光纤长度上进行积分，就可求出光纤放大器的增益 G，所以，放大器的增益应与泵浦强度及光纤的长度有关。图 7-7 所示是在不同的泵浦光功率下掺铒光纤的长度与放大器增益 G 之间的关系。图 7-8 则是在不同长度的掺铒光纤中泵浦功率与放大器增益 G 之间的关系。从图 7-7 中可以看出，当光纤长度较短时，增益增加很快，而超过某一长度后，增益系数反而下降，这是因为随着长度的增加，光纤中的泵浦光功率下降，而且掺铒光纤的损耗远大于普通光纤的损耗，从而导致增益系数下降，所以对不同的泵浦功率存在一个最佳光纤长度。在图 7-8 中我们可以看出，在泵浦功率不受限时，最大的光放大器增益 G 受限于光纤长度。因此，在给定掺铒光纤的情况下，应选择合适的泵浦功率与光纤长度进行优化设计。

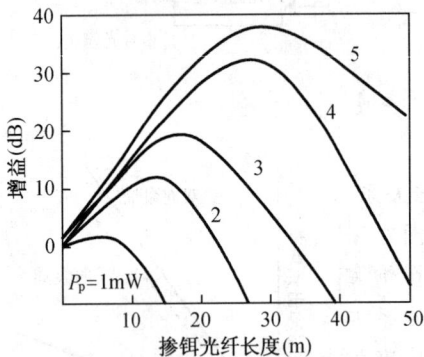

图 7-7 掺铒光纤长度与放大器增益的关系

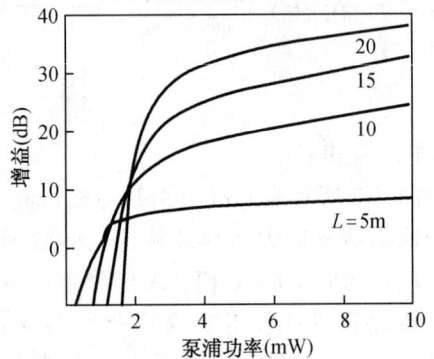

图 7-8 泵浦功率与放大器增益的关系

2. EDFA 的带宽

图 7-9 所示是掺铒硅光纤的 g-λ 曲线，从图中可以看出增益系数随着波长的不同而不同。EDFA 的带宽对于波分复用十分重要，波分复用系统要求被放大的各个信号波长输出功率相等，对放大器要求有较宽的增益平坦度。因为通常情况下，EDFA 在 $1.55\mu m$ 波段的带宽为 30～40nm，将它用于 DWDM 系统时，各信道的波长不同，由于存在增益偏差，经过多级放大之后，增益偏差累积，低电平信道信号的 SNR 恶化，高电平信号信号也因光纤非线性效应而使信号特性恶化，最终造成整个系统不能正常工作。因此，要使各个信道的增益偏差处在允许范围内，放大器的增益必须平坦。EDFA 实现宽频带和增益平坦度经过了 3 个阶段，如表 7-1 所示。

光纤在 $1.55\mu m$ 低损耗区具有 200nm 带宽，而目前使用的 EDFA 增益带宽仅为 35nm 左右。因此扩展光放大器的增益带宽及使其增益平坦是提高 DWDM 信道数和传输容量最有效的方法。目前，实现宽带且增益平坦的方法

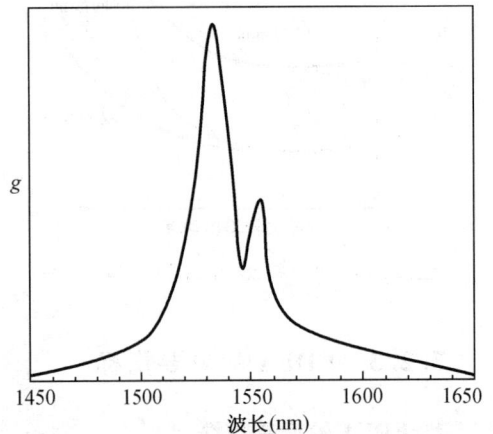

图 7-9 掺铒离子硅光纤的 g-λ 曲线

主要有增益均衡技术、改变光纤基质和不同特性放大器组合的方法。

表 7-1   EDFA 宽带、增益平坦化的进程

	增益平坦放大波段	关 键 技 术
第一代 1.55μm 放大波段（一部分）	1540～1560nm	• 掺铝（A1）、磷（P） • 使用改善频带特性的均衡器 • 构成混合型 EDFA
第二代 1.55μm 放大波段、全波段	1530～1560nm （1525～1564nm）	• 提高光均衡器的性能 • 长周期光纤光栅 • 复用法布里－珀罗滤波器 • 氟化物 EDFA
第三代 EDFA 放大波段、全波段 1.55μm 放大波段＋1.58μm 放大波段	1530～1600nm	• 并联型放大器 （1.55μm 波段＋1.58μm 波段增益平坦型 EDFA） • 碲化物 EDFA（＋均衡器）

3. EDFA 的噪声系数

EDFA 的噪声系数 F_n 决定于放大器的放大自发辐射，即噪声系数与粒子反转差 ΔN 有关。一般来说泵浦越充分，粒子数反转差越大，噪声越小。在强泵浦下的三能级系统中，$N_1 \approx 0$，$F_n = 3\text{dB}$。实验结果证实，在 EDFA 中，可得到接近 3dB 的噪声系数，这是噪声系数的极限。EDFA 极低的噪声，使它成为光纤通信中的理想放大器，这是它在光纤通信系统中得到广泛应用的一个重要原因，但是即使它的噪声这样低，当在长距离光纤通信系统采用多级 EDFA 级联时，由于噪声的影响，系统的长度也受到限制。

7.2.4 掺铒光纤放大器的系统应用

EDFA 在光纤通信系统中有如图 7-10 所示的几种主要的应用方式。而且不同的应用方式，对 EDFA 的要求也不同。

1. EDFA 用作前置放大器

由于 EDFA 的低噪声特性，使它很适于作接收机的前置放大器。应用 EDFA 后，接收机灵敏度可提高 10～20 dB。其基本原理是：在光信号进入接收机前，使它得到放大，以抑制接收机内的噪声，如图 7-10（a）所示。

这种放大器是小信号放大，要求低噪声，但输出饱和功率则不要求很高。它对接收机灵敏度的改善，与 EDFA 本身的噪声系数有关。F_n 越小，灵敏度就越高。它还与 EDFA 自发辐射谱宽度有关，谱线越宽，灵敏度越低。因而，为了减小噪声的影响，常在 EDFA 后加光滤波器，以滤除噪声。

2. EDFA 用作功率放大器

功率放大器是将 EDFA 直接放在光发射机之后用来提升输出功率。由于发射功率的提高，可将通信距离延长 10～20km，延长的通信距离由放大器的增益及光纤损耗决定。功率放大器除了要求低噪声外，还要求高的饱和输出功率，如图 7-10（b）所示。应当注意的是：输入到光纤中的功率太高后将出现非线性。非线性引起的效应会消耗有用功率、使散射

光进入光源影响激光器的正常工作或出现一些新的频率。所以，在应用时一定要注意光纤中各种非线性效应的阈值。

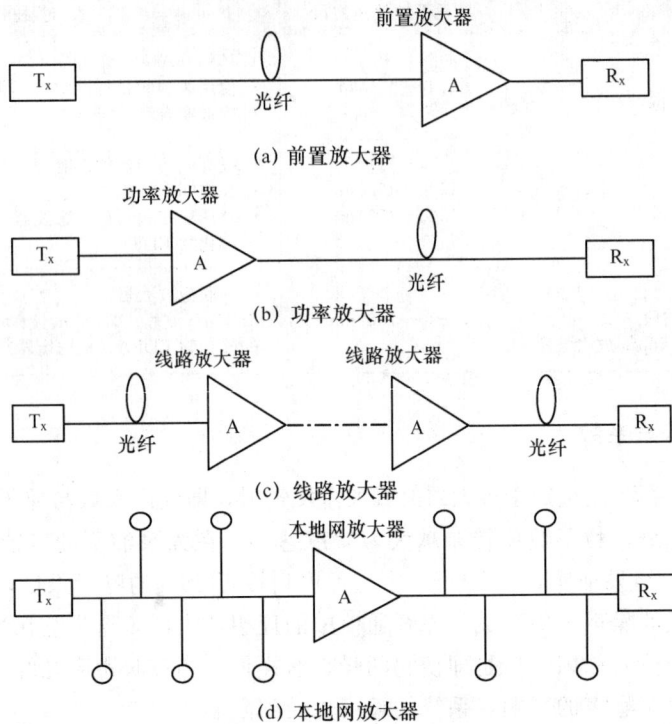

图 7-10　EDFA 的典型应用

3. EDFA 用作线路放大器

EDFA 用作线路放大器是它在光纤通信系统的一个重要应用。用 EDFA 实现全光中继代替原来了光-电-光中继，这种方式非常适合在海底光缆应用。但其最广泛的应用是在 WDM 系统中，在原来的光-电-光中继中，必须首先将各信道进行解复用，然后，分别用各自的光接收机转换成电信号，电信号经过"3R"再生后用特定波长的光发送机转变成光信号，最后，还要用波分复用器进行光复用才完成再生过程。可以想像，波分复用和波分解复用器件会给线路带来多大的插入损耗，同时还需要多个波长不同的激光器。有了 EDFA 后，只要用一只 EDFA 就可以放大全部的光信号，当然要求所有的信号光在 EDFA 的平坦增益带宽内。EDFA 在线路中可级联使用，但不能无限制地增加，因为光纤通信系统还要受到光纤色散和 EDFA 本身噪声的限制等因素的制约，如图 7-10（c）所示。

4. EDFA 在本地网中的应用

EDFA 可在宽带本地网，特别在电视分配网中得到应用。它补偿由于分路带来的损耗及其他损耗，极大地扩大了网径和用户数量，如图 7-10（d）所示。

7.2.5　掺铒光纤放大器的优缺点

EDFA 之所以得到迅速的发展，源于它的一系列优点。

（1）工作波长与光纤最小损耗窗口一致，可在光纤通信中获得广泛应用。

（2）耦合效率高。因为是光纤型放大器，易于光纤耦合连接，也可用熔接技术与传输光纤熔接在一起，损耗可降至 0.1dB，这样的熔接反射损耗也很小，不易自激。

（3）能量转换效率高。激光工作物质集中在光纤纤芯，且集中在光纤纤芯中的近轴部分，而信号光和泵浦光也是在近轴部分最强，这使得光与物质作用很充分。

（4）增益高，噪声低。输出功率大，增益可达 40dB，输出功率在单向泵浦时可达 14dBm，双向泵浦时可达 17dBm，甚至可达 20dBm，充分泵浦时，噪声系数可低至 3～4dB，串话也很小。

（5）增益特性不敏感。首先是 EDFA 增益对温度不敏感，在 100°C 内增益特性保持稳定，另外，增益也与偏振无关。

（6）可实现信号的透明传输，即在波分复用系统中可同时传输模拟信号和数字信号，高速率信号和低速率信号，系统扩容时，可只改动端机而不改动线路。

EDFA 也有其固有的缺点：

（1）波长固定，只能放大 1.55μm 左右的光波，换用不同基质的光纤时，铒离子能级也只能发生很小的变化，可调节的波长有限，只能换用其他元素。

（2）增益带宽不平坦，在 WDM 系统中需要采用特殊的手段来进行增益谱补偿。

7.3　光纤喇曼放大器

随着计算机网络及其它新的数据业务的飞速发展，长距离光纤传输系统对通信容量和系统扩展的需求日益膨胀，单信道速率越来越高，当速率上升到了 10Gbit/s 以后，速率的进一步提高对现有的技术提出了更高的要求。而 20 世纪 80 年代末掺铒光纤放大器的商品化使波分复用技术得到了迅速发展，波分复用技术已经使光纤的通信容量从原来的 10Gbit/s 一举达到了 10Tbit/s 左右。然而，随着全球信息化脚步的不断加快，各种通信业务如宽带业务综合数据网、ATM 传输、压缩编码高清晰度电视、远程互动教学医疗等技术发展迅速，使得实际通信业务成倍增长，要求现有的光纤通信网继续增加通信容量，EDFA 仅 40nm 的放大带宽显然是不能满足通信发展的要求，这就对光纤通信中的放大器提出了新的要求。喇曼光纤放大器就是在这种情况下，再次成为光纤通信系统中研究热点之一，特别是高功率半导体泵浦激光器的诞生，又为喇曼光纤放大器的实现奠定了坚实的基础。光纤喇曼放大器（Fiber Raman Amplifier，FRA）由于其自身固有的全波段可放大特性和可利用传输光纤做在线放大以及优良的噪声特性等优点，使它的应用开始得到普及。

7.3.1　光纤喇曼放大器的工作原理

物质内部的分子无时无刻都在振动着，但它们只能在某几个固定的频率上振动。这些频率叫喇曼频率。不同的振动频率对应于不同的分子能量，当外界光照射时，外来光子与振动分子发生能量交换，这时候产生出不同于入射光的频率的谱线，就是喇曼散射的基本原理。在入射光光谱线（称为母线）两边出现一些强度很弱的新谱线。这些新出现的谱线叫伴线，其中比母线波长长的叫斯托克斯（Strokes）线，比母线波长短的叫反斯托克斯线。它们两个与母线波长的间隔相等，其值等于相应的分子振动频率（十几个 THz 左右，对于 SiO_2 晶体这个值在 13.2THz 左右）。自发喇曼散射的效应很弱，散射光的强度一般只有入射光强度的百万分之一或亿分之一。

当激光功率增加到一定值时，光纤呈现非线性，入射激光发生散射，将一部分入射功率转移到另一较低的频率，如果这个低频光与高频光相比的偏移量由介质的振动模式所决定，这就是光纤中的受激喇曼散射。受激喇曼散射时 strokes 光显著增强，强度甚至可以和入射光功率相比拟，且具有一定的方向性和相干性。这时候如果泵浦光和信号光（信号光波长在泵浦光的喇曼增益带宽内）通过光耦合器输入光纤，当这两束光在光纤中一起传输时，泵浦光的能量通过 SRS 效应转移给信号光，使光信号得到放大。泵浦光和信号光也可分别在光纤的两端输入，在反向传输的过程中同样能实现弱信号的放大，这就是光纤喇曼放大器的工作原理。

受激喇曼散射是三阶非线性极化项表现出来的现象，当散射介质的分子具有分立的本征能级结构，而单色输入光的频率 v_p 与分子任何一个共振吸收频率不相等时，分子本身不能对入射光子产生真正的共振吸收，但能对入射光产生散射作用。与瑞利散射不同，瑞利散射是光子与分子之间的完全弹性碰撞，散射光与 v_p 的频率相同。FRA 发生的是非弹性碰撞，散射光的频率和入射光频率不同；它与 EDFA 的原理也不一样，EDFA 是靠活性光纤的受激辐射实现光放大，一个入射光子使另一个同样的光子受激辐射而不损耗其能量，而 FRA 是靠非谐振、非线性散射，实现放大功能，不需要粒子数的反转。

受激喇曼散射主要性质包括：

①在玻璃介质中参与喇曼散射的是光学声子；

②在所有类型的光纤中都会发生，但喇曼增益谱稀疏的形状和峰值与泵浦源的波长和功率有关；

③响应时间很短，为瞬态效应；

④增益具有偏振依赖性，当泵浦光与信号光偏振方向平行时增益最大，垂直时增益最小，但实际上在非保偏光纤中由于模式混扰的原因而表现为增益无关；

⑤增益谱很宽，但不平坦。最大增益频移为 13.2THz，并且可以扩展到 30THz。

7.3.2　光纤喇曼放大器的结构

光纤喇曼放大器可分为两类：分立式喇曼放大器（Raman Amplifier，RA）和分布式喇曼放大器（Distributed Raman Amplifier，DRA）。前者所用的光纤增益介质比较短，一般在 10km 以内。泵浦功率要求很高，一般在几瓦到几十瓦，可产生 40dB 以上的高增益，像 EDFA 一样用来对信号光进行集中放大，因此主要用于 EDFA 无法放大的波段。在 1999 年的欧洲光通信会议上，斯坦福大学的研究人员用 10 种不同的光纤分别做喇曼光纤放大器比较得出：色散补偿型光纤（Dispersion Compensate Fiber，DCF）是得到高质量分立式喇曼放大器的最佳选择。这预示着可以在进行系统色散补偿的同时对信号进行高增益、低噪声的放大，而且互不影响。分布式喇曼放大器要求的光纤比较长，可达 100km 左右，泵浦源功率可降低至几百毫瓦，主要辅助 EDFA 用于 WDM 通信系统的中继放大。因为在 WDM 系统中，随着传输容量的提高，要求复用的波长数目越来越多，这使得光纤中传输的光功率越来越大，引起非线性效应也越来越强，容易产生信道串扰，使信号失真。采用分布式光纤喇曼技术可大大降低信号的入射功率，同时保持适当的光信号信噪比（Optical Signal-to-Noise Ratio，OSNR）。这种分布式喇曼放大器由于系统传输容量的提升而得到快速发展，图 7-11 所示为分布式喇曼放大器的构成图。

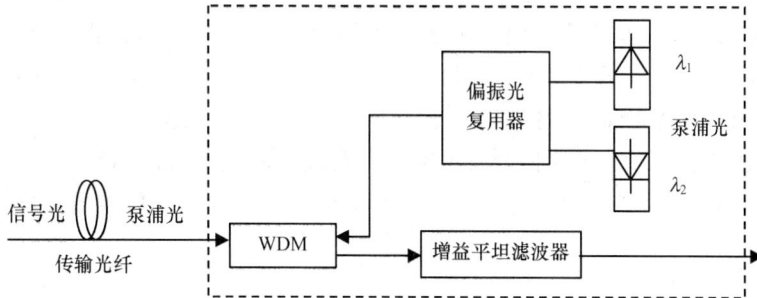

图 7-11 分布式喇曼放大器（DRA）的组成

分布式喇曼放大器由若干组偏振方向互相垂直的激光泵浦源、偏振光复用器、增益平坦滤波器和波分复用器（WDM）组成。泵浦方式可采用前向泵浦，也可采用后向泵浦，因后向泵浦可减少泵浦光和信号光相互作用的长度，从而减少泵浦噪声对信号的影响，所以通常采用后向泵浦。

7.3.3 光纤喇曼放大器的性能

1. 光纤喇曼放大器的增益

在连续波的工作条件下，并忽略泵浦光消耗，光纤喇曼放大器的增益可由下式表示：

$$G_A = \exp(g_R P_0 L_{eff}/A_{eff}) \tag{7-7}$$

式中：g_R 为喇曼增益系数；$A_{eff} = \pi S_0^2$ 为光纤在泵浦波长处的有效面积；S_0 为泵浦波长处的模场直径；P_0 为泵浦光功率；$L_{eff} = \dfrac{1 - \exp(-\alpha_p L)}{\alpha_p}$；$\alpha_p$ 为泵浦光在光纤中的衰减常数。

光信号的喇曼增益与信号光和泵浦光的频率差有密切的关系，当信号光与泵浦光频率差为 13.2THz 时，喇曼增益达到最大，该频率差对应的信号光比泵浦光波长长 60～100nm，此外，光信号的喇曼增益还与泵浦光的功率有关。图 7-12 所示就是泵浦功率分别为 200mW和 100mW 的增益曲线。

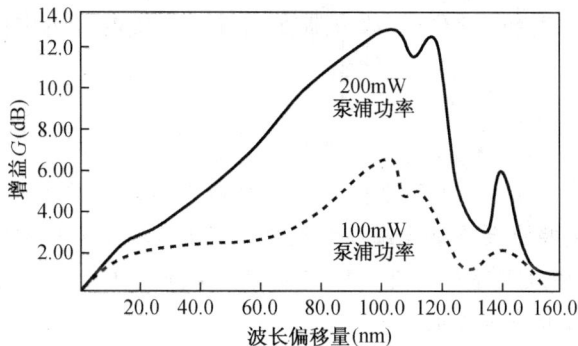

图 7-12 玻璃典型的喇曼增益曲线

2. 喇曼放大器的带宽

增益带宽由泵浦波长决定，选择适当的泵浦光波长，就可得到任意波长的信号放大，DRA 的增益频谱是每个波长的泵浦光单独产生的增益频谱叠加的结果，所以它由泵浦波长的数量和种类决定。与 EDFA 不同，EDFA 由于能级跃迁机制所限，增益带宽只有 40nm，喇曼放大器使用多个泵浦源，可以得到比 EDFA 宽得多的增益带宽，目前增益带宽已达 132nm，这样通过选择泵浦光波长，就可实现任意波长的光放大。喇曼放大器是目前能唯一实现 1290～1660nm 光谱放大的器件，FRA 可以放大 EDFA 不能放大的波段。

3. 噪声指数

由于喇曼放大是分布式获得增益的过程，其等效噪声比分立式放大器要小。为了比较 DRA 与分立式放大器的性能，定义 DRA 的等效集中噪声指数 F_R 为：

$$F_R = \frac{\left\lceil \dfrac{\rho_{ASE}(\nu)}{h\nu} + 1 \right\rceil}{G_R} \tag{7-8}$$

式中：ρ_{ASE} 是光纤末端放大自发辐射（ASE）密度；G_R 是在光纤末端信号的喇曼增益。因为集中噪声指数（或噪声系数，用 dB 表示）是用数学概念抽象出来的等效噪声指数，它可以小于 3dB，甚至可以是负值。

分布式喇曼放大器经常与 EDFA 混合使用，当作为前置放大器的 DRA 与作为功率放大器的常规 EDFA 混合使用时，其等效噪声指数为：

$$F = F_R + F_E/G_R \tag{7-9}$$

式中：G_R 和 F_R 分别是 DRA 的增益和噪声指数；F_E 是 EDFA 的噪声指数。因为 F_R 通常要比作为功率放大器的 EDFA 的噪声指数 F_E 要小，所以由上式可知，只要增加喇曼增益 G_R，就可以减少总的噪声指数。

DRA 与常规 EDFA 混合使用，在一定增益范围内，能有效地降低系统的噪声指数，增加传输跨距。据 Bell 实验室研究表明，40×40Gbit/s 的 WDM 信号在 100km 上的真波光纤（消水峰光纤）上传输，采用 DRA 可使噪声系数降低 5.9dB。噪声系数降低接近 6dB，根据信噪比决定系统电再生距离的相关公式（见本书第 10 章），仅此一项，就可以使系统的电再生中继距离延长接近 4 倍。根据 ITU-T G.692 建议，单纯使用 EDFA 系统的电再生中继距离最长为 640km，采用喇曼＋EDFA 放大器方式就可以使电再生中继距离延长到 2000km 以上。

4. 安全注意事项

喇曼光纤放大器一般有几组不同波长高功率激光器同时泵浦，泵浦总功率甚至超过 30dBm，所以在使用时特别要注意光缆线路安全、仪表设备安全和人身安全。

① 目前商用的喇曼放大器一般都是后向泵浦，泵浦光从信号光的输入端反向输出，这与我们平时维护其他设备完全不同。

② 后向泵浦光功率一般很高，超出了机房一般光功率计，包括光谱分析仪的测试范围，不要试图直接测试泵浦光的输出功率。泵浦光波长在光纤里传输损耗较小，如果喇

曼光纤放大器没有断开，100km 之外的光时域分析仪（OTDR）的光检测器件完全可能被烧毁。

③ 裸眼短时间可容忍的激光功率为 1mW，400mW 的漫反射光都可能对人眼造成伤害，无论机房维护还是光缆施工，都不要去直观或使用显微镜观察带有激光的光纤端面。

④ 连接喇曼光纤放大器的尾纤端面要求为 APC 或更低反射损耗端面，而且要保证端面清洁，否则会烧毁尾纤，尾纤的弯曲半径过小同样会烧毁尾纤。

⑤ 接近喇曼放大器端至少 25km 的光缆固定熔接点要求熔接质量良好，否则会烧坏熔接点或者降低喇曼光纤放大器的增益。

7.3.4　光纤喇曼放大器的系统应用

1. 分立式喇曼放大器的应用

分立式喇曼放大器所用的光纤增益介质比较短，泵浦功率要求很高，一般在几瓦到几十瓦，可产生 40dB 以上的高增益，像 EDFA 一样可用来对光信号进行集中放大，因此主要用于 EDFA 无法放大的波段。允许使用靠近光纤的零色散点窗口，即扩大了光纤的可用窗口。喇曼光纤放大器不但能工作在 EDFA 常使用的 C 波段，而且也能工作在与 C 波段相比较短的 S 波段（1350～1450nm）和较长的 L 波段（1564～1620nm），完全满足全波光纤对工作窗口的要求。实验发现，色散补偿型光纤是高质量分立式喇曼放大器的最佳选择。如图 7-13所示的配置（DCF 与普通光纤 1：7），可实现在进行系统色散补偿的同时对信号进行高增益、低噪声的放大，而且互不影响。

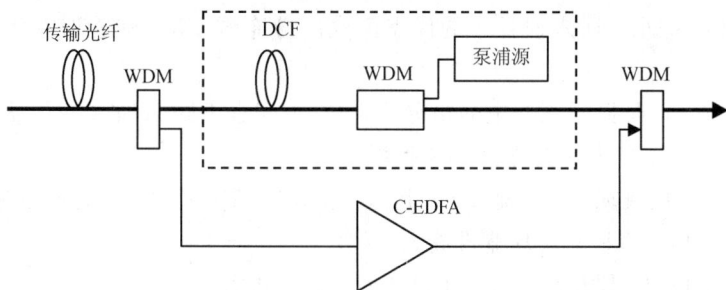

图 7-13　分立式喇曼放大器的应用

2. DRA 传输系统典型结构

采用 DRA 技术的传输系统典型结构如图 7-14 所示，在 WDM 系统的每个传输单元内，在 EDFA 的输入端注入反向的喇曼泵浦，信号将会沿光纤实现分布式喇曼放大，由于 DRA 具有噪声低、增益带宽宽、与泵浦波长和功率相关的特点，EDFA 又具有高增益、低成本的特点，所以这种混合放大结构可以同时发挥两种光纤放大器的优势。使用反向泵浦光，可以降低噪声，还有利于避免喇曼放大引起的光纤非线性效应。从目前的技术看，只有喇曼放大技术才能实现光传输过程中的分布式放大，它的这一特点，使它在现代光纤通信系统中的应用越来越广泛。

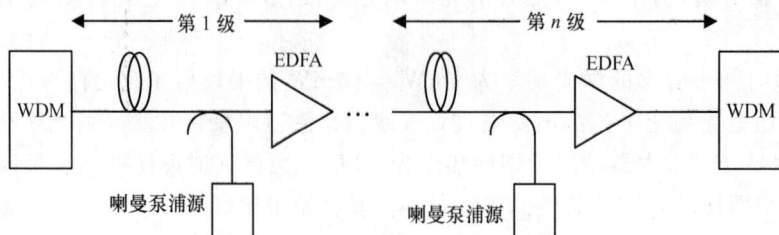

图 7-14 采用 DRA + EDFA 的典型 WDM 系统

7.3.5 光纤喇曼放大器的优缺点

FRA 具有以下优点。

（1）增益波长由泵浦光波长决定，只要泵浦源的波长适当，理论上可以得到任意波长的信号放大，增益谱调节方式可以通过优化配置泵浦光波长和强度来实现。这样的 FRA 就可扩展到 EDFA 不能使用的波段，为波分复用进一步增加容量拓宽了空间。

（2）增益介质可以为传输光纤本身，如此实现的 FRA 称为分布式放大，因为放大过程是沿光纤分布作用而不是集中作用，光纤中各处的信号光功率都比较小，从而可降低各种光纤非线性效应的影响。这一点与 EDFA 相比优点相当明显，因为增益介质是光纤本身，即使泵浦源失效，也不会增加额外的损耗，而 EDFA 只能放大它能放大的波段，对不能放大的波段由于光纤掺杂的作用会大大增加信号光的损耗，将来如果发展到全波段，只能用波分复用器将信号分开，让它放大它只能放大的波段，其他波段则需要另外的光放大器，使得 EDFA 插入损耗小的优点消失。分布式 FRA 却能够在线放大，不需要引入其他器件。

（3）噪声指数低，可提升原系统的信噪比。FRA 配合 EDFA 使用可大大提升传输系统的性能。降低输入信号光功率或增加中继距离。

（4）喇曼增益谱比较宽，在普通 DSF 上单波长泵浦可实现 40nm 范围的有效增益；如果采用多个泵浦源，则可容易地实现宽带放大。

（5）FRA 的饱和功率比较高，有利于提高信号输出功率。

（6）喇曼放大的作用时间为飞秒（10^{-15} s）级，可实现超短脉冲的放大。

FRA 主要有以下缺点。

① 喇曼光纤放大器所需要的泵浦光功率高，分立式要用几瓦到几十瓦，分布式要用到几百毫瓦，正是因为这些因素才限制了 FRA 的发展，不过目前已经有了功率达几十瓦的高功率半导体激光器，但价格还比较昂贵。它也是决定 FRA 能否迅速商品化的主要前提。

② 作用距离太长，增益系数偏低，分立式 FRA 作用距离为几千米，放大可达 40dB，分布式作用距离为几十到上百千米，增益只有几个 dB 到十几个 dB，这就决定了它只能适合于长途干线网的低噪声放大。

③ 对偏振敏感，泵浦光与信号光方向平行时增益最大，垂直时增益最小为 0，由于目前使用的普通光纤都不保偏，模式混扰的原因使得表现为增益偏振无关。

7.4 其他光放大器

7.4.1 光纤布里渊放大器

物体内部会持续产生微弱的声波，这种声波的频率很高（一般在 10^9 Hz 左右），人耳是听不见的，它对通过物质的光波会产生作用。根据光波的多普勒效应，推导出布里渊散射公式：

$$v_s = v_0 \pm v_p$$
$$v_p = \frac{2vn}{c}v_0 \sin\frac{\theta}{2} \tag{7-10}$$

式中：v_0、v_s、v_p 分别代表入射光、散射光和超声波的频率；v 代表超声波的速度；c 是光波的传播速度；n 是物质的折射率；θ 为散射光传播方向和入射光传播方向之间的夹角。

当光场强度达到一定数值（ITU-T 规范中对 G.652 光纤的门限功率建议在 1320nm 处为 6.4mW，1550nm 处为 5.3mW）时，由于材料和物质之间光的往复传播，就出现多级波长间隔相等的受激布里渊光波。就石英光纤而言，这个频率间隔约在 11GHz 左右。

在光纤通信领域，SBS 未来最有可能的用途就是受激布里渊放大器。受激布里渊放大器与受激喇曼（SRS）放大器相比，其增益要高 300 倍左右。目前它的应用主要受限于布里渊频移量比较小（一般只有十几 GHz 左右）。但是，随着复用波长数目的增加，有关它的研究又多了起来，它可能成为高增益、低噪声的光纤放大器。

7.4.2 半导体光放大器

半导体光放大器（SOA）是采用与通信用激光器相类似的工艺制作而成的一种行波放大器，当偏置电流低于振荡阈值时，激光二极管就能对输入光实现光放大作用。由于半导体放大器具有体积小、结构简单、功耗低、寿命长、易于同其他光器件和电路集成、适合批量生产、成本低以及可实现增益兼开关功能等特性，在全光波长变换、光交换、谱反转、时钟提取、解复用中的应用受到了广泛的重视，特别是目前，应变量子阱材料的半导体光放大器的研制成功，已引起人们对 SOA 的广泛研究兴趣。国内武汉邮电科学研究院与华中科技大学合作成功地研制开发了在光网络中的关键器件——半导体光放大器，并很快实现了产品化，成为继 Alcatel 公司之后能够批量供应国际市场应用于光开关的半导体光放大器的供货商。但半导体光放大器与掺铒光纤放大器相比存在着噪声大、增益较小、对串扰和偏振敏感、与光纤耦合时损耗大以及工作稳定性较差等缺陷，迄今为止，其性能与掺铒光纤放大器仍有较大的差距。但由于半导体光放大器覆盖了 1300~1600nm 波段，既可用于 1300nm 窗口的光放大器，也可用于 1550nm 窗口的光放大器，且在 DWDM 多波长光纤通信系统中，无需增益锁定，那么它不仅可作为光放大器一种有益的选择方案，而且还可以促成 1310nm 窗口 DWDM 系统的实现。

另外，SOA 的一个有前途的应用是动态波长转换。SOA 可以接收输入的光信号，改变它的频率（例如，从蓝色波长变到绿色波长），最后输出一个新的波长，并在此过程中将信号放大。

7.4.3 掺铒波导光放大器

掺铒波导放大器（EDWA）是由嵌入非晶体掺铒玻璃基片上的波导组成的。铒离子在 1550nm 光纤窗口上提供增益。掺铒波导放大器固有的特点是结构紧凑，它不需要数以米计的光纤，并且能够集成多种功能，其小巧的尺寸很适合于有限的空间。目前，最小的掺铒波导放大器模块可以在 1535nm 波长窗口上获得 15dB 的增益，其尺寸只有 130mm×11mm×6mm。

另外，在接入网和城域网中，EDWA 可以提供比 EDFA 更好的性能价格比。虽然对性能要求较高的长途 WDM 传输而言，多级 EDFA 仍然优于 EDWA，但 EDWA 的持续发展将逐步缩小二者的差距。EDWA 的性能参数如下：峰值波长可获得 15dB 增益，在整个 C 波段噪声系数为 4.5dB，输出功率为 7dBm（双泵浦时为 12dBm）。

相对于其他集成放大器技术（如半导体光放大器等），EDWA 的优点还在于它继承了 EDFA 的一些基本特性，如低噪声系数、很小的极化相关性以及不存在通道间的串扰等。

小　结

光放大器是可将微弱光信号直接进行光放大的器件。光放大器按原理不同可以分为半导体光放大器、掺杂光纤放大器和传输光纤放大器。光放大器的主要性能指标有增益和噪声系数。

掺铒光纤放大器利用铒离子的能级跃迁来实现光放大的，它可以放大 1530～1630nm 处的信号光；光纤喇曼放大器是利用受激喇曼效应的原理工作的，它的增益带宽与泵浦源的工作波长和泵浦源的数量有关。喇曼放大器与 EDFA 配合使用在目前光纤通信系统中得到广泛应用。

复习思考题

1. 光放大器在光纤通信中有哪些重要用途？
2. 光放大器按原理可分为几种不同的类型？
3. 光放大器有哪些重要参数？
4. 简述掺杂光纤放大器的放大原理。
5. EDFA 有哪些优缺点？
6. EDFA 有光纤通信中哪些应用？
7. EDFA 有哪些泵浦方式？
8. 简述喇曼光放大器的放大原理。
9. 喇曼光纤放大器可分为哪两种，它们各有什么特点？
10. 喇曼光纤放大器的有哪些优缺点？
11. 简述布里渊放大器的光放大原理。
12. 简述 SOA 光放大原理。
13. EDFA 与 EDWA 有什么区别？

第 8 章 光复用技术

尽管目前光纤通信单信道实用化系统的传输速率发展到了 40Gbit/s，线路的利用率有了很大提高，但与光纤巨大的带宽潜力相比还微不足道。受电子迁移速率的限制，进一步提高速率已经十分困难。要克服电复用的这一"瓶颈"，进一步提高光纤频带的利用率，只有采用光复用技术。

本章将介绍光时分复用、波分复用、光频分复用、光码分复用和光副载波复用等常用的几种光复用技术。特别是对密集波分复用技术，密集波分复用系统的构成、分类和密集波分复用系统的非线性串扰做了较详细的分析。

8.1 光复用技术的基本概念

复用技术是为了提高通信线路的利用率，而采用的在同一传输线路上同时传输多路不同信号而互不干扰的技术。

在传统的电信技术中，常用的复用技术有"频分复用"、"时分复用"、"副载波复用"、"码分复用"等。频分多路复用和副载波复用常用于模拟通信，如载波通信；时分多路复用常用于数字通信，如 PCM（Pulse Code Modulation）通信。

从另一个角度考虑，一些复用技术（如载波通信、PCM 通信）是把一个"带宽"、"时隙"等固定地分配给各个要求通信的终端，一旦分配确定，不管这个终端是否进行通信，都占用着这个频带或时隙，直到这个终端拆线不用时为止。这种复用方法叫做"静态复用"，也称为"同步复用"。对于传统的模拟通信、数字通信一般均为"静态复用"。

另一种复用技术称为"统计复用"，其全称叫做"统计时分多路复用"（Statistical Time Division Multiplexing，STDM），或称"异步时分多路复用"。它不是固定地对应于公共信道中的某一个时隙，而是"动态地"按需分配公共信道中的时隙，也就是说，只把需要传送信息的终端接入公共信道，把公共信道的时隙实行"按需分配"。这样就使所有的时隙都能得到充分的利用，从而更有效地提高了线路的利用率，起到复用的作用。统计表明，统计复用比静态的时分复用传输效率提高了 2～4 倍。由于这种复用技术的主要特点是动态地分配信道的时隙，所以又叫做"动态复用"。"统计复用"广泛地用于数据通信。

光纤通信经过 30 多年的发展，单信道实用化系统的传输速率从 1976 年的 45Mbit/s

发展到了 40Gbit/s，线路的利用率得到了很大提高（但与光纤巨大的带宽潜力相比这点带宽还微不足道）。现在绝大部分光纤通信设备，基本上是在电域完成信息处理（含信号复用），光域完成信号的传输。也就是说，其复用技术还是传统的电时分复用。但是由于电子迁移速率的限制，采用这种方法进一步提高速率已经十分困难。要克服电复用的"瓶颈"，进一步提高光纤线路的利用率，只有采用光复用技术。与电复用技术相对应，光复用技术有：光波分复用（Wavelength Division Multiplexing，WDM）技术、光频分复用（Optical Frequency Division Multiplexing，OFDM）技术、光时分复用（Optical Time Division Multiplexing，OTDM）技术、光副载波复用（Optical Subcarrier Multiplexing，OSCM）技术、光码分复用（Optical Code Division Multiplexing，OCDM）技术等。

WDM 技术是在单芯光纤中同时传输多波长光信号的一项技术。其基本原理是在发送端将不同波长的光信号组合起来，并耦合到光缆线路上的同一根光纤中进行传输，在接收端将组合波长的光信号分开，并作进一步处理，恢复出原信号后送入不同的终端。它是目前研究最多、发展最快、应用最为广泛的光复用技术。经过数年的发展和应用，WDM 技术已趋于成熟，而且越来越成为现代通信系统中不可替代的传输技术。目前，WDM 系统的传输容量正以极快的速度增长，直接基于 WDM 传输的业务也越来越多。

为了进一步提高光纤带宽利用率，相邻两光载波的间隔将越来越小，一般认为，当相邻光载波的间隔小到 0.1nm（10GHz）以下时，此时的复用称为光频分复用。它与波分复用在本质上没有什么区别。频率表示每秒出现的波峰数，波长表示此电磁波的一个波峰到另一个相邻波峰的长度，两者互为倒数关系。在光载波间隔比较大时，用波长衡量比较方便，一般称之为波分复用，而当光载波间隔比较小时，用波长来衡量就显得不方便了，习惯称为频分复用系统。

OTDM 技术是指利用高速光开关把多路光信号在时域里复用到一路上的技术。其基本原理是在发送端的同一载波波长上，把时间分割成周期性的帧，每一帧再分割成若干个时隙，然后，根据一定的时隙分配原则，使每个信源在每帧内只能按指定的时隙向信道发送信号，接收端在同步的条件下，分别在各个时隙中取回各自的信号而不混扰。利用 OTDM 技术可以获得较高的速率带宽比，可克服掺铒光纤放大器（EDFA）增益不平坦、四波混频（FWM）非线性效应等诸多因素限制，而且可解决复用端口的竞争，增加全光网络的灵活性。但由于其关键技术比较复杂，实现这些技术的器件特别昂贵，制作和实现均很困难，并且由于偏振模色散对高速信号的限制，所以这项技术迟迟没有得到很大的发展和应用。

OSCM 技术是将基带信号首先调制到 GHz 的副载波上，再把副载波调制到 THz 的光载波上。如图 8-1 所示，每个信道具有不同的副载波频率，占据光载波附近光谱的不同部分，从而保证各信道上信号互不干扰。副载波信道的复用和解复用是在电域而不是在光域进行的，因此，SCM 具有几个信道能够共用一个价格昂贵的光器件，降低设备成本。像电 TDM 一样，SCM 受限于电、光器件的可用带宽，从而限制了最高副载波频率和数据率。要想更多地利用光纤的带宽，SCM 技术可以与 WDM 技术联合使用。

OCDM 技术是 CDM（Code Division Multiplexing）技术和光纤通信技术相结合的产物，在这种复用技术中，每个信道不是占用一个给定的波长、频率或者时隙，而是以一个特有的

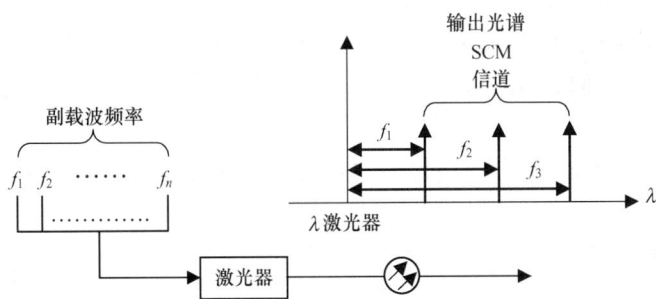

图 8-1　从一个激光器发出的 SCM 信道频谱

编码脉冲序列方式来传送其比特信息，如图 8-2 所示。其基本原理是不同信道的信号用互成正交的不同码序列来填充，经过填充的信道信号调制在同一光波上在光纤信道中传输，接收端用与发送方向相同的码序列进行相关接收，即可恢复出原信道的信号。由于采用的是正交码，相关接收时不会产生相互干扰，OCDM 系统的组成如图 8-3 所示。OCDM 技术能极大地改善网络的性能，提高网络的通信容量，提高系统信噪比，增强系统保密性，增加网络灵活性。但 OCDM 实用化还有一些障碍，在非相干光 CDM 方面，由于正交码的数量有限，码间干扰较大，限制了用户数量；在相干光 CDM 方面，存在着激光源的频率稳定度差，光纤极化态不稳定，光脉冲相位难以控制等主要问题。

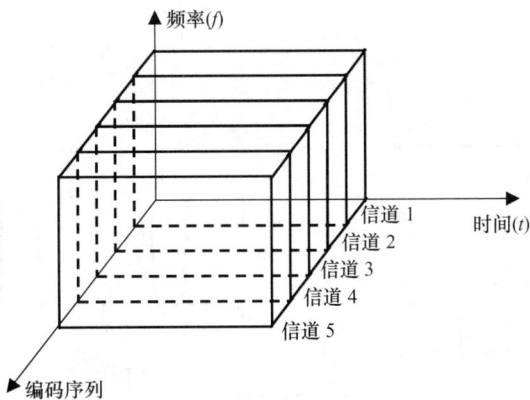

图 8-2　OCDM 复用示意图

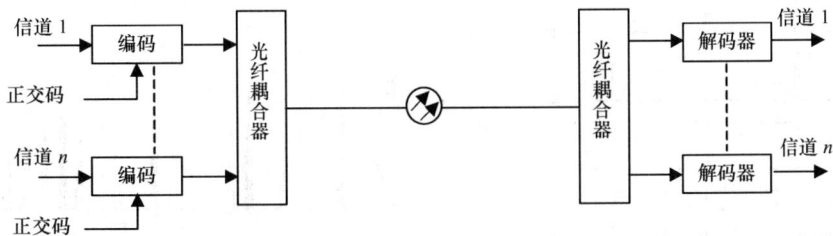

图 8-3　OCDMA 系统组成图

　　WDM、OTDM、OSCM 和 OCDM 都是正在使用和研究的光纤复用技术，这些技术的使用能增加线路容量，提高线路利用率。但是相对于具大的光纤带宽潜能，单独采用某一复用技术还只能是使用光纤的很小一部分带宽资源，为此，可以综合采用几种复用技术。例如，在每个时隙先采用码分复用，再采用时分复用，然后，将时分复用以后的信号再调制在不同的波长上。这是一种趋势，也是充分利用光纤带宽行之有效的方法。

鉴于现在研究和使用情况，本章对 OTDM 和 WDM 再作较详细的介绍。

8.2　光时分复用技术

光时分复用（OTDM）的原理与电时分复用相同，只不过电时分复用是在电域中完成，而光时分复用是在光域中进行，即将高速的光支路数据流（如 10Gbit/s，甚至 40Gbit/s）直接复用进光域，产生极高比特率的合成光数据流。目前，能查到的 OTDM 技术实现的单信道最高复用速率为 640Gbit/s（Lucent 公司）。根据每个支路每次复用的比特数的不同，OTDM 可分为比特交错 OTDM 和分组交错 OTDM，这两种复用方式都需要利用帧脉冲信号区分不同的复用数据或分组，如图 8-4 所示。比特交错 OTDM 中每个时隙对应一个待复用的支路信息（一个比特），同时有一个帧脉冲信息，形成高速的 OTDM 信号，主要用于电路交换业务。分组交错 OTDM 帧中每个时隙对应一个待复用支路的分组信息（若干个比特），帧脉冲作为不同分组的界限，主要用于分组交换业务，分组交换业务可以和 IP 相结合，有广阔的前景。

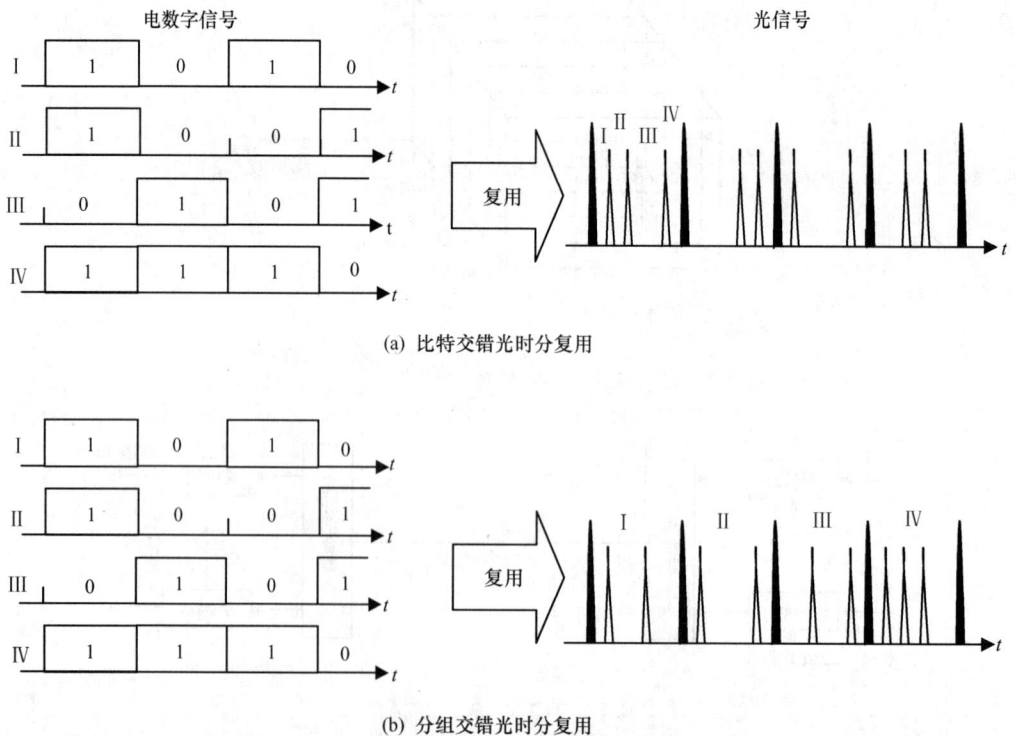

(a) 比特交错光时分复用

(b) 分组交错光时分复用

图 8-4　光时分复用原理示意图

8.2.1　比特交错光时分复用

比特交错光时分复用时，首先由锁模激光器产生窄脉冲周期序列，然后将窄脉冲周期序列分路为 n 路，每路窄脉冲周期序列分别被一路支路数据流（电信号）外调制，对已调制过的第 i 支路光数据流（$i=1$，2，$\cdots n$）脉冲通过适当长度的硅光纤延时 $i \times \tau$（光在硅光纤中传播速度约为 2×10^8 m/s，1km 的光纤提供约 $5 \mu s$ 的时延），这样，不同支路光脉冲流延迟时间不同，在时间上复用不会重叠，便于数据流的复接。无时延的原脉冲作为帧同步脉冲。外调制器的各支路光脉冲流输出与帧光脉冲流相组合得到比特交错 OTDM 数据流。帧脉冲功率选择比数据脉冲更高，以利于复用后的数据流的分接。比特交错 OTDM 的原理如图 8-5 所示。

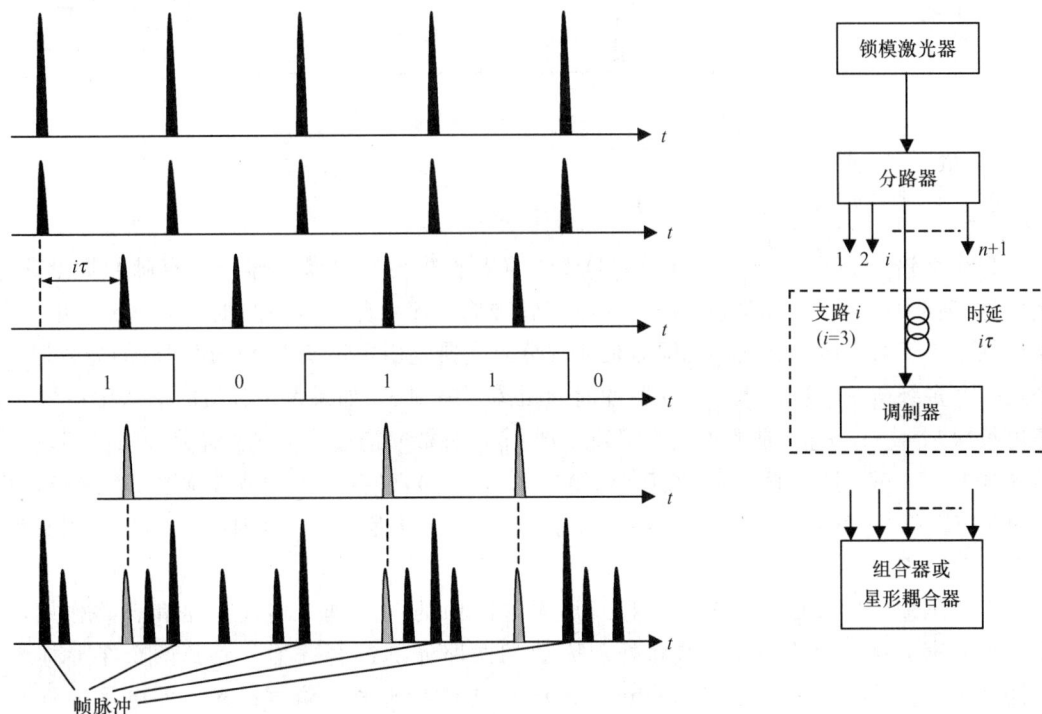

图 8-5　比特交错时分复用原理图

从图 8-5 中可以看出：若支路一个比特持续时间（隔离）是 T，要使光信号正确复用，光源发出的窄脉冲必须足够窄。假若 n 个数据流复用，复用过程中还要插入帧脉冲，则窄脉冲间的距离是 $\tau = T/(n+1)$，窄脉冲还要求是归零码，因此，光脉冲自身宽度 τ_p 必须远小于 τ，其宽度一般要小到 ps(10^{-12} s) 数量级。这样窄的光脉冲要用锁模激光器来产生。同时为了克服光纤色散对脉冲的展宽，必须采用光孤子技术使之传输更长的距离。

接收端若要提取第 j 个支路信号，解复用时，用分路器将接收到的复用信号脉冲流分为两路，将其中一路脉冲数据流延迟 $j\tau$，并进行门限判决，门限的高度为复帧信号中数据脉冲的高度，判决得到的是延迟了 $j\tau$ 时间的帧脉冲，其位置正好对准第 j 个支路的数据脉冲，因此，将帧脉冲数据流与复用脉冲数据流进行逻辑与操作，与门的输出便是要提取的第 j 个支路的数据流，从而达到解复用的目的。其原理如图 8-6 所示。

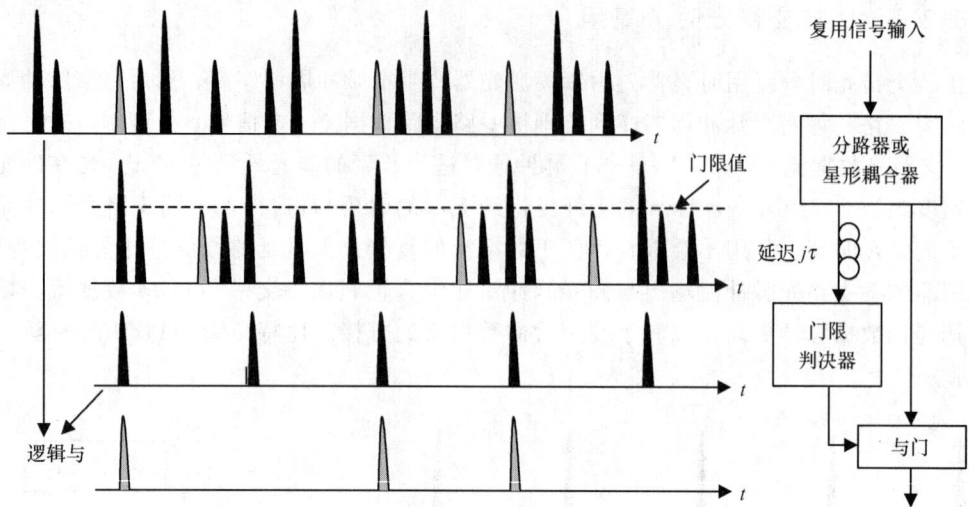

图 8-6 比特交错时分复用光解复用原理图

8.2.2 分组交错光时分复用

分组交错 OTDM 和比特交错 OTDM 一样，首先由锁模激光器产生窄脉冲周期序列，然后将窄脉冲周期序列分路为 n 路，每路窄脉冲周期序列分别被一路支路数据流（电信号）外调制。为了减小脉冲之间的间隔以便实现分组交错复用，每条支路外调制后的光数据流需经过一个多级压缩器进行压缩，使脉冲间的距离压缩到 τ，如果每个分组的信息比特数为 n，压缩级数 $k = \lceil \log_2 n \rceil$（$k$ 是大于或等于 $\log_2 n$ 的最小整数）。通过第 1 级压缩后，第 $1,3,5,7\cdots$ 比特被延迟 $(T-\tau)$ 时间；通过第 2 级压缩，第 $(1,2),(5,6),(9,10)\cdots$ 比特被延迟 $2(T-\tau)$ 时间；通过第 3 级压缩，第 $(1,2,3,4),(9,10,11,12)\cdots$ 比特被延迟 $4(T-\tau)$ 时间……压缩过程波形如图 8-7(a) 所示。

实现压缩的原理框图如图 8-7 （b） 所示。图中的 3dB 耦合器起分路和合路作用，它将输入的窄光脉冲分为两路，或将处理完后的两路光脉冲合并为一路；两个半导体光放大器 （Semiconductor Optical Amplifier，SOA）具有高电平驱动时透光，低电平驱动时吸光的特性，它们的驱动时钟相位相差 $180°$，光放大器的作用一是对分路损耗进行补偿，二是在互补的两路时钟驱动下轮流透光，从而将光脉冲流分组（每组的比特数取决于驱动时钟高电平的宽度），使一组通过延迟线，另一组则不通过延迟线；延迟线的作用是将比特组延迟一定的时间。第 j 级压缩的延迟线的延迟时间为 $2^{j-1}(T-\tau)$，SOA 的驱动时钟高电平宽度为 $2^{j-1}T$。

为了帮助理解，现以第 2 级压缩为例来说明压缩器的工作原理。对于第 2 级压缩，压缩器中延迟线的延迟时间为 $2(T-\tau)$，SOA 的驱动时钟高电平宽度为 $2T$。上面的 SOA 驱动为高电平时，下面的 SOA 驱动为低电平，第 1、2 比特经过上面的 SOA 放大后，再经过延迟线延迟 $2(T-\tau)$；$2T$ 时间后，上面的 SOA 驱动变为低电平，下面的 SOA 驱动变为高电平，第 3、4 比特经过下面的 SOA，直接送到合路器，如此循环，通过第 2 级压缩，第 $(1、2)、(5、6)、(9、10)\cdots$ 被延迟 $2(T-\tau)$ 时间。这样通过第 k 级压缩后，第 i 个脉冲被延迟

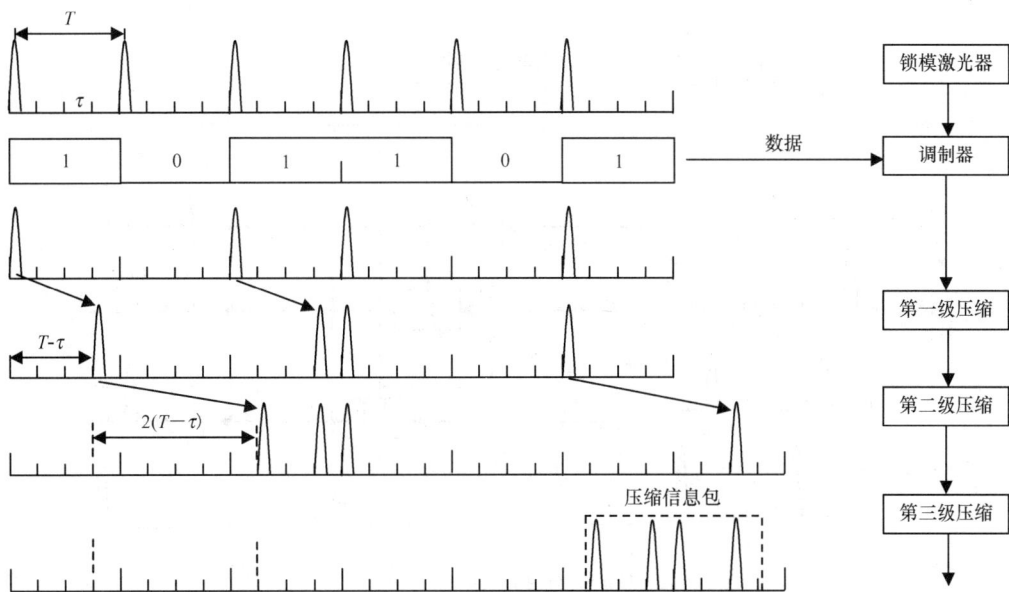

(a) 调制、压缩波形图

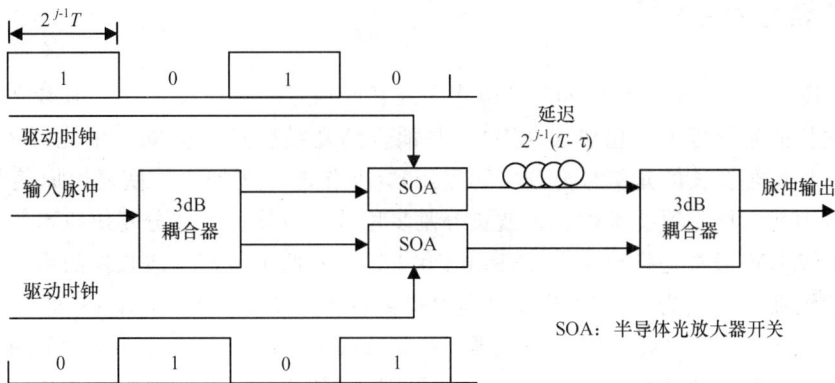

SOA: 半导体光放大器开关

(b) 第 j 级压缩器框图

图 8-7　分组交错复用原理图

$(2^k-i)(T-\tau)$，在 $(2^k-i)(T-\tau)+(i-1)\tau$ 时刻出现在输出端。这样被分组的每组脉冲时间间隔变为 τ，加帧同步脉冲后即可完成分组交错复用。

对于分组交错码的解复用，原则上可以采用解压，即采用分组压缩的逆过程，但这种方法要求放大器开关时间必须在脉冲宽度 τ_p 量级上，实现难度较大。

一种实用的方法是采用与门堆，首先将输入的高速串行的复用数据流变换为低速的并行数据流，然后再进行处理。图 8-8 所示为采用与运算的原理框图。

图 8-8 中使用 4 个与门，从而得到 4 个并行低速数据流。采用的方法与分解 4 个比特交错数据流使用的方法相同。每个与门的输入，一个是进来的待解复用的数据流，而另一个是相隔 4 倍 τ 的控制数据流。由于每个与门的控制脉冲位置是互相错开的（时延一个 τ 的时间），因而可以选择不同脉冲输出。这样，第 1 个与门输出的并行信息流包含信息包中的第 1、5、9…比特；第 2 个与门输出的信息流包含信息包中的第 2、6、10…比特等。

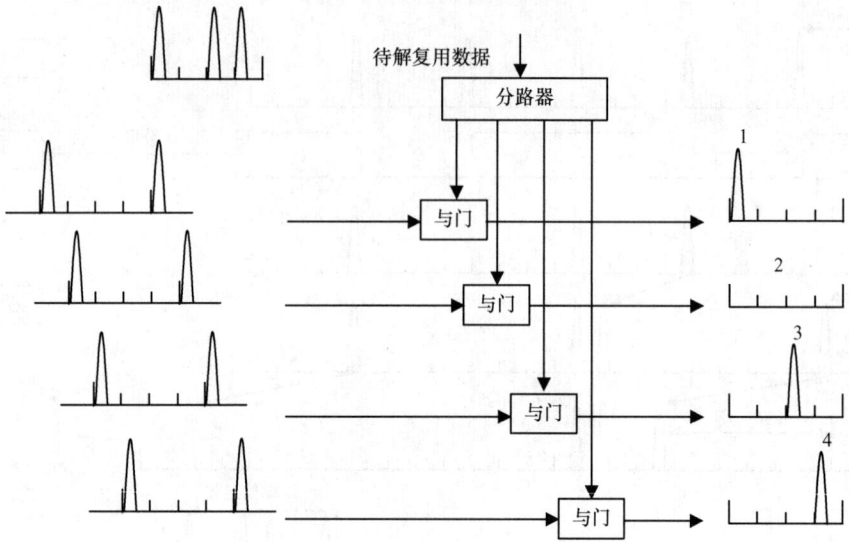

图 8-8　分组交错解复用原理图

8.3　密集波分复用技术

　　WDM 技术是在一根光纤中同时传输多个波长光信号的一项技术。其基本原理是在发送端将不同波长的光信号组合起来（复用），并耦合到光缆线路上的同一根光纤中进行传输，在接收端又将组合波长的光信号分开（解复用），并作进一步处理，恢复出原信号后送入不同的终端，因此，将此项技术称为光波长分割复用技术，简称光波分复用技术。

　　早期的 WDM 通常是指只具有 1310nm 和 1550nm 两个通道（波长）的系统，由于没有合适的光放大器，它只为一些短距离的应用提供双倍（如 2×2.5Gbit/s）的传输容量；随着工作于 1550nm 窗口的掺铒光纤放大器（Erbium Doped Fiber Amplifier，EDFA）的实用化，目前波分复用系统是在 1550nm 波长区段内同时使用 8、16 或更多个波长，在一对光纤上或单根光纤上构成的光通信系统，其中每个波长之间的间隔为 1.6nm、0.8nm 或更低，对应约 200GHz、100GHz 或更窄的带宽。在这种情况下，为区别于前者，把在同一窗口（1550nm）中信道间隔较小的波分复用称为密集波分复用（Dense Wavelength Division Multiplexing，DWDM）。图 8-9 所示光纤损耗谱中的尖峰是由光纤中的 OH^{-} 根吸收所致，若能消除，则可在 1280～1620nm 波段内充分利用光纤的低损耗特性（称之为全波光纤），使 WDM 系统的可用波长范围达到 340nm 左右，可大大提高传输容量。其中 1525～1565nm 段一般称为 C 波段，这是目前 WDM 系统所用的波段，而正在研究和开发的波段是 L 波段（1570～1620nm）和 S 波段（1400nm）。目前一般系统应用时所采用的信道波长是等间隔

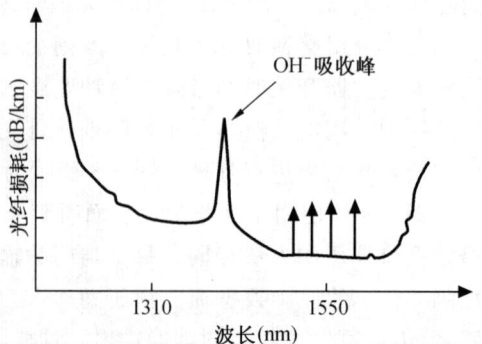

图 8-9　光纤损耗谱图

的，即 $k \times 0.8$nm，k 取正整数。

WDM 技术有以下主要特点。

（1）可以充分利用光纤的巨大带宽潜力，使一根光纤上的传输容量比单波长传输增加了几十至上万倍。例如，Lucent 在 Bell Labs 实现了一根光纤上传送 1 022 个波长的超密集波分复用，波长间隔是 10GHz。2000 年初，加拿大的 LMGR 演示了一根光纤上传输 65 536 个波长信号，采用的是该公司的"声控光波"专利技术。目前，商用 160 波长的 DWDM 技术已经成熟，且性价比很高。

（2）N 个波长复用以后在一根光纤中传输，在大容量长途传输时可以节约大量的光纤。

（3）WDM 通道对传输信号是完全透明的，即对传输码率、数据格式及调制方式均具有透明性，可同时提供多种协议的业务，不受限制地提供端到端业务。

（4）可扩展性好。加入新的网络节点时，不影响原有的网络结构和设备，降低成本，具有网络可扩展性。

（5）降低器件的超高速要求。前面已经提到，随着传输信号速率的提高，光电器件的响应速度将成为速率提高的"瓶颈"。采用光 WDM 技术后，可以降低单路信道的速率要求，同而降低了对一些器件在性能上的极高要求，同时还能达到大容量传输。

因此，WDM 技术对网络的扩容升级、发展宽带业务（如 CATV，HDTV 和 B-ISDN 等）、充分挖掘光纤带宽潜力、实现超高速通信等具有十分重要的意义，尤其是 WDM 加上 EDFA 更是对现代网络具有强大的吸引力。

如果某一个区域内所有的光纤传输链路都升级为 WDM 传输，我们就可以在这些 WDM 链路的交叉处设置以波长为单位对光信号进行交叉连接的光交叉连接设备（Optical Cross-Connection，OXC），或进行光波长上/下路的光分插复用器（Optical Add and Drop Multiplexer，OADM），形成新一代的全光传送网络。

8.3.1 WDM 系统基本类型

WDM 系统从不同的角度可以分为不同的类型，常见的分类方法有：从传输方向分，可以分为双纤单向 WDM 系统和单纤双向 WDM 系统；从光接口类型分，可以分为集成式 WDM 系统和开放式 WDM 系统。

1. 双纤单向传输

单向 DWM 是指所有光路同时在一根光纤上沿同一方向传送，如图 8-10 所示。在发送

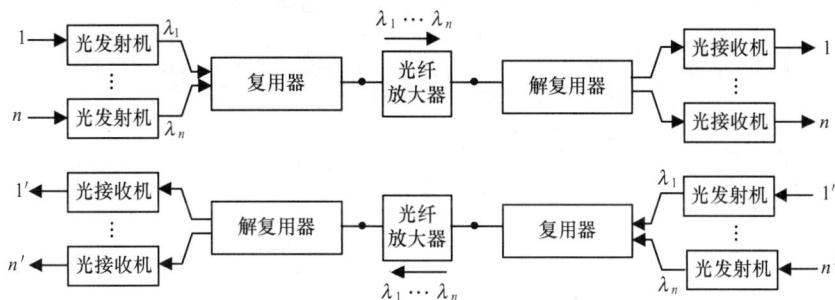

图 8-10 双纤单向传输示意图

端将载有各种信息的、具有不同波长的已调光信号 λ_1，λ_2，…，λ_n 通过光复用器组合在一起，并在一根光纤上单向传输，由于各信号是通过不同波长携带的，所以彼此之间不会混淆。在接收端通过光解复用器将不同光波长的信号分开，完成多路光信号的传输。反方向通过另一根光纤传输，原理相同。

2. 单纤双向传输

同一光波分复用器既可作合波器，又可作分波器，具有方向的可逆性，因此，可以在同一根光纤上实现双向传输。双向 WDM 是指光通路在一根光纤上同时向两个不同方向传输，如图 8-11 所示。所用波长互相分开，以便实现双向全双工通信。

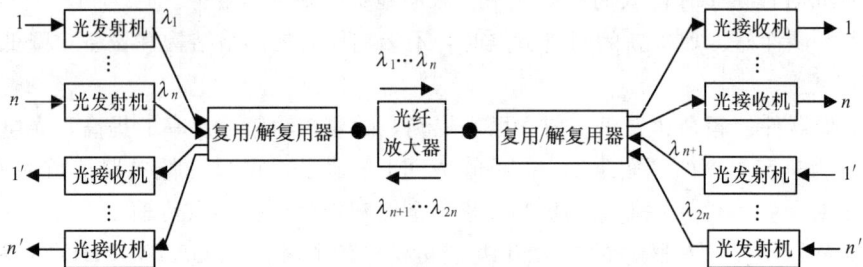

图 8-11　单纤双向传输示意图

双纤单向 WDM 系统在开发和应用方面都比较广泛。单纤双向 WDM 系统的开发和应用相对来说要求更高，这是由于双向 WDM 系统在设计和应用时必须要考虑到几个关键的系统因素，如为了抑制多通道干扰，必须注意到反射光的影响、双向通路之间的隔离、串话的类型和数值、两个方向传输的功率电平值和相互间的依赖性、光业务信道传输和自动功率关断等问题，同时要使用双向光纤放大器。但与单向 WDM 系统相比，双向 WDM 系统可以减少使用光纤和线路放大器的数量。

3. 集成式波分复用系统

考虑到各波长之间的影响最小和更多厂家的设备能互通工作，WDM 使用的激光器发出的光的中心波长、波长间隔、中心频率偏移等均有严格的规定，必需符合 ITU-T G.692 建议。表 8-1 所示为 G.692 规定的适用于 G.652/655 光纤应用的每个通道的中心频率，表中最小通路间隔为 100GHz（约为 0.8nm）。

表 8-1　　　　　　　　　　　G.652/G.655 光纤上应用的通路中心频率

频率 THz	100GHz 间隔 （8通路 或更多）	200GHz 间隔 （4通路 或更多）	400GHz 间隔 （只有4 通路）	500/400GHz 间隔 （只有 8通路）	600GHz 间隔 （只有4 通路）	1000GHz 间隔 （只有 4通路）	真空中的 波长 （nm）
196.1	*	*					1 528.77
196.0	*						1 529.55
195.9	*	*					1 530.33
195.8	*						1 531.12

续表

频率 THz	100GHz 间隔 （8 通路 或更多）	200GHz 间隔 （4 通路 或更多）	400GHz 间隔 （只有 4 通路）	500/400GHz 间隔 （只有 8 通路）	600GHz 间隔 （只有 4 通路）	1000GHz 间隔 （只有 4 通路）	真空中的 波长 （nm）
195.7	*	*					1 531.90
195.6	*						1 532.68
195.5	*	*			*	*	1 533.47
195.4	*						1 534.25
195.3	*	*		*			1 535.04
195.2	*						1 535.82
195.1	*	*					1 536.61
195.0	*						1 537.40
194.9	*	*			*		1 538.19
194.8	*			*			1 538.98
194.7	*	*					1 539.77
194.6	*						1 540.56
194.5	*	*				*	1 541.35
194.4	*						1 542.14
194.3	*	*		*	*		1 542.94
194.2	*						1 543.73
194.1	*	*					1 544.53
194.0	*						1 545.32
193.9	*	*	*	*			1 546.12
193.8	*						1 546.92
193.7	*	*		*	*		1 547.72
193.6	*						1 548.51
193.5	*	*	*			*	1 549.32
193.4	*			*			1 550.12
193.3	*	*		*			1 550.92
193.2	*						1 551.72
193.1	*	*	*		*		1 552.52
193.0	*			*			1 553.33
192.9	*	*		*			1 554.13
192.8	*						1 554.94
192.7	*	*	*				1 555.75
192.6	*						1 556.55
192.5	*	*		*	*	*	1 557.36
192.4	*						1 558.17

续表

频率 THz	100GHz 间隔 （8 通路 或更多）	200GHz 间隔 （4 通路 或更多）	400GHz 间隔 （只有 4 通路）	500/400GHz 间隔 （只有 8 通路）	600GHz 间隔 （只有 4 通路）	1000GHz 间隔 （只有 4 通路）	真空中的 波长 （nm）
192.3	*	*	*				1 558.98
192.2	*						1 559.79
192.1	*	*		*			1 560.61
192.9	*	*	*				1 554.13

集成式系统就是 SDH 终端具有满足 G.692 建议的光接口：标准的光波长、满足长距离传输的光源。这两项指标都是当前的 SDH 系统不要求的，即把标准的光波长和长色散受限距离的光源集成在 SDH 系统中。整个系统的构造比较简单，没有增加多余设备，如图 8-12 所示。

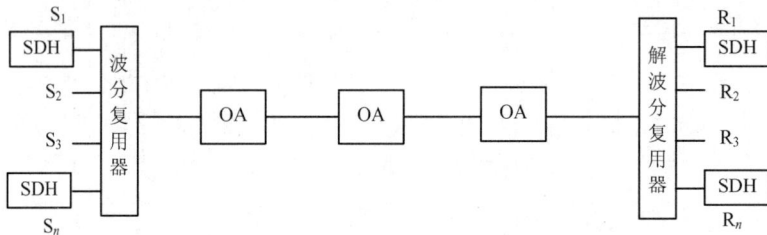

图 8-12　集成式 WDM 系统

4. 开放式波分复用系统

开放式系统就是在波分复用器前加入波长转换器（Optical Transition Unit，OTU），将 SDH 非规范的波长转换为标准波长，如图 8-13 所示。开放是指在同一 WDM 系统中，可以接入不同厂家的 SDH 系统。OTU 对输入端的信号波长没有特殊要求，可以兼容任意厂家的信号。OTU 输出端满足 G.692 的光接口：标准光波长、满足长距离传输的光源。具有 OTU 的 WDM 系统，不再要求 SDH 系统具有 G.692 接口，可以继续使用符合 G.957 接口的 SDH 设备，接纳过去的 SDH 系统，实现不同厂家的 SDH 系统工作在同一个 WDM 系统内。

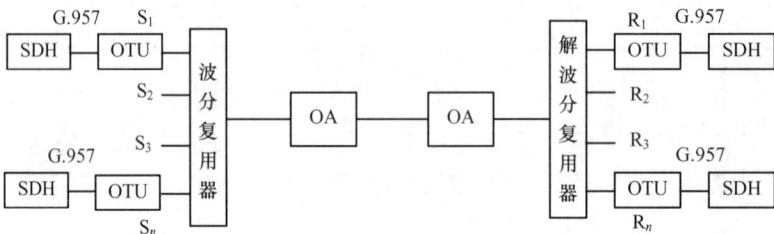

图 8-13　开放式 WDM 系统

8.3.2　WDM 系统基本结构与工作原理

一般来说，WDM 系统主要由光发射机、光中继放大、光接收机、光监控信道和网络管理系统 5 部分组成,如图 8-14 所示。

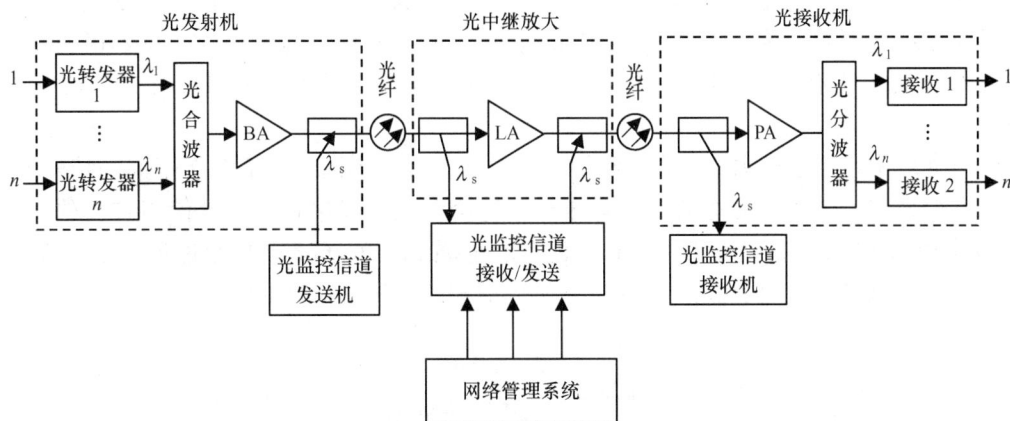

图 8-14 WDM 系统总体结构示意图

光发射机是 WDM 系统的核心,除了对 WDM 系统中发射激光器的中心波长有特殊的要求外,还需要根据 WDM 系统的不同应用(主要是传输光纤的类型和无电中继传输的距离)来选择具有一定色度色散容限的发射机。在发送端首先将终端设备(如 SDH 端机)送来的光信号,利用光波长转换器(OTU)把非特定波长的光信号转换成具有稳定的特定波长的光信号;利用光合波器多通路光信号合成一路;然后,通过光功率放大器(BA)放大输出,注入光纤线路。

经过长距离光纤传输后(80～120km),需要对光信号进行光中继放大。目前使用的光放大器多数为 EDFA。在 WDM 系统中,必须采用增益平坦技术,使 EDFA 对不同波长的光信号具有相同的放大增益,同时,还要考虑到不同数量的光信道同时工作的各种情况,能够保证光信道的增益竞争不影响传输性能。在应用时,根据 EDFA 的放置位置,可将 ED-FA 用作"中继放大或线路放大(LA)"、"后置功率放大(BA)"和"前置放大(PA)"。

在接收端,光前置放大器(PA)放大经传输而衰减的主信道光信号后,利用光分波器从主信道光信号中分出特定波长的光信号送往各终端设备。接收机不但要满足一般接收机对光信号灵敏度、过载功率等参数的要求,还要能承受有一定光噪声的信号,要有足够的电带宽性能。

光监控信道主要功能是监控系统内各信道的传输情况,在发送端,插入本节点产生的波长 λ_s(1 510nm)的光监控信号,与主信道的光信号合波输出;在接收端,将接收到的光信号分波,输出 λ_s(1 510nm)波长的光监控信号和业务信道光信号。帧同步字节、公务字节和网管所用的开销字节等都是通过光监控信道来传递的。

网络管理系统通过光监控信道物理层传送开销字节到其他节点或接收来自其他节点的开销字节对 WDM 系统进行管理,实现配置管理、故障管理、性能管理、安全管理等功能,并与上层管理系统(如 TMN)相连。

8.4 密集波分复用系统的非线性串扰

在单信道的光纤通信系统中,对于光纤特性主要考虑的是衰耗和色散,它们限制着传输距离和传输容量。

衰耗是指光纤中传输的光信号随着传输距离的增长而逐渐减小的特性。在1310nm窗口，单模光纤的衰减约为0.35~0.45dB/km，在1550nm窗口约为0.20~0.25dB/km。克服衰耗的办法主要有：采用高输出功率的激光器；采用高灵敏度的接收器；采用光放大器等。

单模光纤的色度色散主要是指光纤中传输的光信号的不同频率成分有不同的传输速率，从而引起时延差，使脉冲展宽的现象。脉冲展宽会引起码间串扰。目前使用较多的G.652光纤最小色散波长（λ_0）为1310nm，色散位移光纤（G.653）的零色散波长（λ_0）为1550nm。随着波长的变化色散在λ_0两边有不同的极性，如图8-15所示。

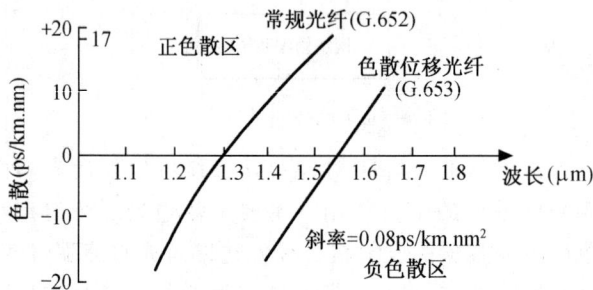

图8-15 单模光纤的色散特性

正色散区：红光（波长较长的光）传得较慢。

负色散区：蓝光（波长较短的光）传得较慢。

但不管正色散还是负色散都会引起信号脉冲展宽，使波形发生畸变。克服的办法一般有：加色散补偿光纤；自相位调制技术；色散支持技术等。

但在WDM系统中，每一波长都携带一定的光功率，再加上光纤放大器的应用，注入光纤的光功率较大（14~17dBm），高的光功率还会引起光纤的非线性效应，主要包括受激喇曼散射、受激布里渊散射、自相位调制、交叉相位调制、四波混频效应等，这些非线性效应的存在对于传输信号会引起附加损耗、信道间串话、信号频率移动等不良影响。当然，它们也有有利的一方面，这在第7章中已经做了一些介绍。

8.4.1 受激喇曼散射串扰

受激喇曼散射（Stimulated Raman Scattering，SRS）可以看作是介质中分子振动对入射光的调制，对入射光产生散射作用。这样当一定强度的光入射到光纤中时会引起光纤材料的分子振动，调制入射光强产生了间隔恰好为分子振动频率的边带，低频边带的斯托克斯波强度高于高频边带的反斯托克斯波。这种效应对波分复用的影响有两点：一是限制波分复用的通路数。因为当两个恰好分离斯托克斯频率的光波同时入射到光纤时，由于SRS的影响低频波将获得增益，高频波将被衰减，造成WDM系统中短波长通路产生过大的信号衰减；二是SRS效应将引入串话。受激喇曼散射过程中短波长（高频）的信道被分子振动调制而将能量转移给长波长（低频）的信道，从而引起信道间的串话。

L长的光纤输出端因SRS而损耗50%的输入功率时，这个输入功率称为阈值功率。喇曼散射的阈值泵浦功率P_R可以表示为[7]：

$$P_R \approx \frac{16A_{eff}}{L_{eff}g_R} \tag{8-1}$$

式中：A_{eff} 为纤芯有效面积。

$$A_{eff} \approx \pi s_0^2 \tag{8-2}$$

式中：s_0 为单模光纤的模场半径；g_R 喇曼放大系数；L_{eff} 为光纤的有效互作用长度，简称有效长度。

$$L_{eff} = \frac{1 - \exp(-\alpha L)}{\alpha} \tag{8-3}$$

式中：L 为光纤的长度；α 为光纤的衰减系数。光纤越长，L_{eff} 也越长。

从式（8-1）可以看到，受激喇曼散射的阈值泵浦功率近似正比于光纤的有效面积 A_{eff}。反比于光纤的有效互作用长度 L_{eff}。为了提高系统的传输功率，延长无中继传输距离，有必要提高受激喇曼散射的阈值功率，此时采用大有效面积的光纤是有益的。但从式（8-3）中又可以看到，低衰减的光纤会有较长的有效互作用长度，因此，超低衰减的光纤喇曼散射的阈值会很低。对于长光纤，在 1 550nm 处，光纤的有效面积 $A_{eff}=50\mu m^2$ 时，受激喇曼散射的阈值大约为 27dBm。

8.4.2 受激布里渊散射串扰

受激布里渊散射（Stimulated Brillouin Scattering，SBS）与受激喇曼散射在物理过程上十分相似，入射频率为 ω_p 的泵浦光将一部分能量转移给频率为 ω_s 的斯托克斯波，并发出频率为 Ω 的声波。

$$\Omega = \omega_p - \omega_s$$

受激布里渊散射产生的斯托克斯波传播方向与泵浦波相反。

光纤中的光功率一旦超过阈值，将产生大量的后向传输的斯托克斯波，对通信产生不利影响。这些影响一是消耗了信号功率，二是反向传输的斯托克斯波将反馈给激光器，使其工作不稳定，三是如果光纤中有两个方向的传输信道，而且两个反向传输信道间的频率差别正好满足布里渊频移，受激布里渊散射过程将引起信道间的串扰。

光纤中受激布里渊散射的阈值功率可以近似表示为：

$$P_B \approx \frac{21A_{eff}}{g_B L_{eff}} \tag{8-4}$$

式中：A_{eff} 为光纤纤芯有效面积；L_{eff} 为光纤的有效长度，分别如式（8-2）和式（8-3）所示；g_B 为布里渊放大系数。在实际应用中为了简化式（8-4），G.650 建议又给出了经验公式：

$$P_B \approx 0.11\left[\frac{A_{eff}}{L_{eff}}\right] \tag{8-5}$$

从式（8-5）中可以看到，受激布里渊散射的阈值功率正比于光纤的有效面积，反比于光纤的有效长度。在 WDM 系统中使用大有效面积的光纤对长距离传输是有益的。但与喇曼放大系数 g_R 相比布里渊系数 g_B 约大两个数量级，因此，受激布里渊散射的阈值功率较受激喇曼散射的阈值功率小很多，一般在 6~20dBm。

受激布里渊散射虽然易于发生（阈值功率较低），但与受激喇曼散射过程引起的串话相比较，受激布里渊散射引起的串话较易避免。一是因为受激布里渊过程串话发生的频率范围很窄（约 100MHz），只有两信道间隔很小时，才发生明显的布里渊串话；二是两信道信号必须在反向传输时才发生 SBS 放大，当所有信道都同向传输时不会产生 SBS 串扰。

8.4.3 自相位调制和交叉相位调制

介质受到光场的作用时，组成介质的原子或分子内的电子相对于原子核会发生微小的位移，使介质极化。这一极化过程由极化强度矢量 $P(r, t)$ 与电场强度矢量 $E(r, t)$ 的关系来描述。

$$P = \varepsilon_0 \chi E \tag{8-6}$$

式中：ε_0 是自由空间的介电常数；χ 是介质的极化率。

在强电场作用下，介质呈现非线性，此时 P 随电场 E 发生非线性变化，这种非线性函数可以围绕 $E=0$ 展开成泰勒级数：

$$P = \varepsilon_0 \chi E + 2dE^2 + 4\chi^{(3)} E^3 + \cdots \tag{8-7}$$

式中：d 为二阶非线性系数；$\chi^{(3)}$ 为三阶非线性系数。

由于 d 的数量级在 $10^{-24} \sim 10^{-21}$ 之间，$\chi^{(3)}$ 的数量级在 $10^{-34} \sim 10^{-29}$ 之间，因此，当光场较弱时，第 1 项起主要作用，其余各项可以忽略，只有光场较强时，高阶项才起作用。

石英光纤的 SiO_2 是对称分子，其二阶非线性系数 d 为零。光纤中的最低非线性效应来源于三次极化变率 $\chi^{(3)}$。它引起三次谐波、四波混频、非线性折射率与自相位调制等现象，光纤中的很多非线性效应都来源于非线性折射率。介质的折射率随光强的变化可以表示为：

$$n = n_0 + N_2 I = n_0 + N_2 P / A_{\text{eff}} \tag{8-8}$$

式中：n_0 是光纤正常折射率；N_2 是非线性系数；P 是光功率；A_{eff} 是光纤的有效面积。

将式（8-8）写成光频和光场强的函数有：

$$n(\omega, |E|^2) = n(\omega) + n_2 |E|^2 \tag{8-9}$$

式中：$n(\omega, |E|^2)$ 为总折射率；$n(\omega)$ 为线性部分；n_2 是与 $\chi^{(3)}$ 有关的非线性折射率。

当光脉冲在光纤中传播时其相位改变为：

$$\phi = n k_0 L = (n + n_2 |E|^2) k_0 L = \phi_0 + \phi_{\text{NL}} \tag{8-10}$$

式中：$k_0 = 2\pi / \lambda$；L 为光纤的长度。

$$\phi_0 = n k_0 L \tag{8-11}$$

是相位变化的线性部分，而：

$$\phi_{\text{NL}} = n_2 k_0 L |E|^2 \tag{8-12}$$

部分与光场强度的平方成正比，是非线性条件下，由于光场自身引起的附加相位变化，这种效应称之为自相位调制（Self-Phase Modulation，SPM）。

这种相位的变化引起信号频率的瞬时变化（频移）为：

$$\omega_i = -\frac{\mathrm{d}\phi_{\text{NL}}}{\mathrm{d}t} = -n_2 k_0 L \frac{\mathrm{d}|E|^2}{\mathrm{d}t} \tag{8-13}$$

频移方向与 $\mathrm{d}|E|^2 / \mathrm{d}t$ 的符号有关。当 $\mathrm{d}|E|^2/\mathrm{d}t > 0$ 时，$\omega_i < 0$，因而，在脉冲的上升沿频率下移；在脉冲的顶部，频移为 0；当 $\mathrm{d}|E|^2/\mathrm{d}t < 0$ 时，$\omega_i > 0$，因而，在脉冲的下降沿频率上移。由非线性引起的这种频率的瞬时变化，在负色散光纤中会引起光脉冲上升沿传播速度变快，下降沿传播速度变慢，从而使光脉冲变窄。因此，自相位调制的真正应用是在光纤中产生光孤子，实现光孤子通信。

当两个或多个不同波长的光波在光纤中同时传输时，某特定信道的相移不仅取决于该信道自己场强的变化，也取决于其他相邻信道场强的变化，这种现象称之为交叉相位调制（Cross Phase Modulation，CPM 或 XPM）。第 j 个信道的非线性相移为：

$$\phi_j^{NL} = n_2 k_0 L \left(|E_j|^2 + 2\sum_{m \neq j} |E_m|^2 \right) \tag{8-14}$$

式（8-14）中，第 1 项由自相位调制引起，第 2 项由交叉相位调制引起，第 2 项前的系数 "2" 表示在相同场强的情况下交叉相位调制的影响是自相位调制的两倍。XPM 会逐渐地使共同传输的光脉冲的频谱不对称地展宽，而其展宽程度与通路间隔有关。

自相位调制、交叉相位调制的阈值功率相当，约在 5dBm 左右。在 WDM 系统中，自相位调制和交叉相位调制两种共同作用改变各信道光信号的相位。如果信息通过幅度调制传输，并且采用非相干解调的方式，如直接强度检波，非线性相位改变对系统性能影响不严重。然而，如果用相干技术解调，相位改变就会严重限制系统性能。

8.4.4 四波混频

四波混频（Four Wave Mixing，FWM）是指两个以上不同波长的光信号在光纤的非线性影响下，除了原始的波长信号外还会产生许多额外的混合成分（或叫边带）。图 8-16 所示为两个波长（f_1，f_2）的四波混频，从图上可以清楚地看到由于四波混频产生了两个新的频率成分 $2f_1 - f_2$ 和 $2f_2 - f_1$。N 个原始波长信号经四波混频将产生 $N^2(N-1)/2$ 个额外的波长信号。

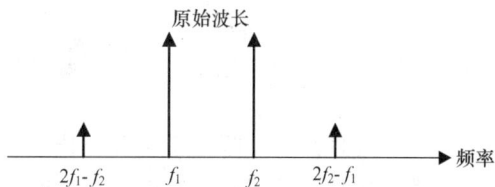

图 8-16 四波混频（FWM）

四波混频边带的出现会导致信号功率的大量耗散。当各通路按相等的间隔分开时混频产物直接落到信号通路上，则会引起信号脉冲幅度的衰减，致使接收器输出的眼图开启程度减小，于是误码性能降低。但四波混频的机理及实验都说明光纤的色散越小，四波混频的效率越高，光纤的色散对四波混频有很好的抑制作用。因此，克服四波混频最有效的方法是采用非零色散光纤或光纤的非零色散窗口。

四波混频的门限功率最低，在 0dBm 左右，必须足够重视。

考虑到这些因素，在 WDM 系统中为了克服 SBS 和 SRS 在建议中规定入纤的最大光功率为 +17dBm，尽量低于它们的门限值；四波混频的门限太低无法避开，可以利用四波混频与色散的关系来克服。G.653 光纤的 1 550nm 窗口为零色散窗口，不能对 FWM 抑制，故它不能应用在 WDM 系统中。G.652 光纤设计工作在 1 310nm 窗口，它在 1 550nm 窗口有足够的色散，故可以抑制光纤的 FWM 的影响，即支持 DWDM 的应用。但是，G.652 光纤在 1 550nm 处的色散太大，约为 G.655 光纤的 6～7 倍，会引起过大的波形失真，对长距离或高比特率的传输需要作色散补偿（2.5Gbit/s 时，约大于 400km；10Gbit/s 时，超过 25km 就需考虑）。非零色散光纤（Non-Zero Dispersion Fiber，NZDF），即 G.655 光纤，在 1 550nm 窗口色散为几 ps/nm·km，既大到对非线性有很好的抑制作用，又小到足以进行长距离的高速传输（2.5Gbit/s 大于 1 000km，10Gbit/s 大于 360km，不需要色散补偿），是 WDM 系统的理想之选。

小　　结

要进一步提高传输速率只有采用光复用技术，可以采用的光复用技术主要有：光时分复用技术、光波分复用技术、光副载波复用技术和光码分复用技术，它们各有优缺点。在这些复用技术中，最常用的是光时分复用技术和光波分复用技术。

光时分复用技术有利于全光网的光交换，特别是分组交换光时分复用技术，主要用于分组交换业务，分组交换业务可以和 IP 相结合，有广阔的前景。但由于系统中需要的光器件复杂，特别是超高速率时光纤的色散严重，实用化还需时日。

密集波分复用技术是目前这几种光复用技术中最成熟的、已实用化的技术。实用化的波数达到了 160 个波，实验室水平可到 65 536 个波。但随着波数的增加，光纤会出现受激喇曼散射、受激布里渊散射、自相位调制、交叉调制、四波混频等非线性效应，需要进一步的研究和克服。

要充分利用光纤如此宽的带宽，必须同时采用多种光复用技术。例如，先采用光时分复用，然后再采用波分复用，而在时分复用的每个时隙里又可以采用光码分复用。

复习思考题

1. 何谓统计复用？统计复用有何特点？
2. 光复用技术主要有哪些种类？它们如何实现信道间互不干扰？
3. 光时分复用有哪些类型？各用于什么场合？
4. 比特交错光时分复用如何实现光解复用？
5. 光波分复用的主要特点有哪些？
6. 光波分复用系统可以分为哪些类型？
7. 试分析负色散光纤中自相位调制将引起脉冲宽度变窄。
8. 一光波系统，光纤链路长 60km，1 310nm 处的损耗为 0.4dB/km，1 550nm 处的损耗为 0.2dB/km，若两个波长处喇曼增益系数 g_R 均为 $1 \times 10^{-13}\,\mathrm{m/W}$，光纤的有效面积 A_{eff} 为 $20\mu\mathrm{m}^2$，试求两波长处的受激喇曼散射的阈值功率。
9. 有效面积为 $40\mu\mathrm{m}^2$ 的单模光纤，长 50km，在 1 550nm 波长处的损耗为 0.2dB/km，若非线性折射率 $n_2 = 3.2 \times 10^{-20}\,\mathrm{m/W}$，在入射功率为 5dBm 时，自相位调制引起的非线性相移为多少？（提示：$|E|^2 = P/A_{\mathrm{eff}}$）
10. 一个 5 信道的波分复用系统，工作波长为 1 550nm，链路长为 40km，每信道的注入功率为 1mW，非线性折射率 $n_2 = 3.2 \times 10^{-20}\,\mathrm{m/W}$，光纤的有效面积为 $40\mu\mathrm{m}^2$，试求自相位调制相移和交叉相位调制相移各为多少？计算结果说明什么问题？

第**9**章　**光网络**

经过几十年的发展，光纤通信技术已达到了较高的水平，在各类网络中得到了广泛的应用。传统的光纤通信技术主要满足点到点之间的高速传输，在光纤通信向网络化发展中存在着一些问题，限制了光纤通信的进一步发展。目前，光纤通信技术正向着高速化、网络化、智能化和全光化方向发展，以充分利用光纤的带宽资源，适应信息社会的需要。

本章将介绍光纤通信网中的光同步数字传输网、光互联网、光接入网、智能交换光网络和全光网络等网络技术和应用。特别是对光同步数字传输网的映射复用、网元设备、组网和网络保护、智能交换光网络的结构与协议将做较详细的分析。

9.1　光同步数字传输网

光同步数字传输网是由各种同步数字系列（SDH）网元设备组成，在光纤上进行同步信息传输、复用、分插和交叉连接的网络，是一个高度统一的、标准化的、智能化的网络。它采用全球统一的接口以实现设备多厂家环境的兼容，在全程全网范围实现协调一致的管理和操作，实现灵活的组网与业务调度，实现网络自愈功能，提高网络资源利用率，大大加强了网络的维护功能。

9.1.1　同步数字体制基本概念

1985 年，美国国家标准协会（ANSI）为使光传输设备在光口互连起草了光同步标准，并命名为同步光网络（Synchronous Optical Network，SONET）。1986 年，当时 CCITT 以 SONET 为基础制订了同步数字体系（Synchronous Digital Hierarchy，SDH）标准，使同步网不仅适用于光纤传输，也适合于微波等其他传输形式。SDH 实际上是网络节点接口的一个统一规范，这个规范中首先统一的就是接口速率等级和帧结构安排。

1. SDH 帧结构

SDH 是按一定规律组成的块状帧结构，称之为同步传送模块（Synchronous transfer module，STM），它是以与网络同步的速率串行传输。同步数字体系中最基本的，也是最重要的模块信号是 STM-1，其速率为 155.520 Mbit/s，更高等级的模块 STM-N 是 N 个基本模块信号 STM-1 按同步复用，经字节间插后形成的，其速率是 STM-1 的 N 倍，N 取正整数 1、4、16、64。STM-N 光接口线路信号只是 STM-N 信号经扰码后电/光转换的结果，因此，线路速率不变。详细速率等级如表 9-1 所示。

表 9-1 同步数字体系（SDH）速率等级

同步数字体系速率等级	比特率（kbit/s）
STM-1	155 520
STM-4	622 080
STM-16	2 488 320
STM-64	9 953 280

STM-N 帧结构如图 9-1 所示。SDH 帧由净负荷（payload），管理单元指针（Administration unit pointer，AU PTR）和段开销（Section overhead，SOH）3 部分组成。由 9 行 ×270 N 列个字节组成，每字节 8 个比特，传送一帧字节的时间（帧周期）为 $125\mu s$，即帧频为 8kHz（每秒 8 000 帧）。STM-1（$N=1$）是 SDH 最基本的结构，每帧周期 $125\mu s$，传 19 440 比特（9×270×8），传输速率为 19 440×8 000bit/s＝155 520kbit/s。

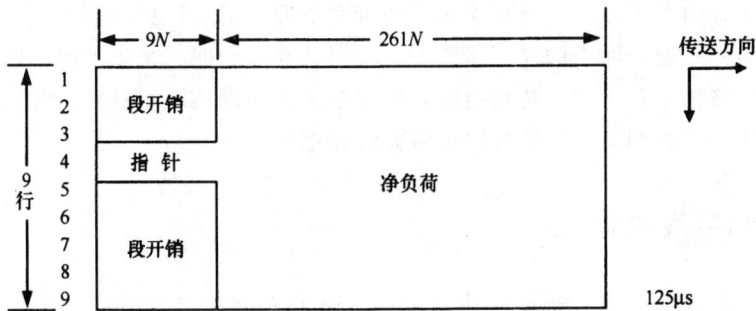

图 9-1 STM-N 帧结构

段开销（SOH）区域用于存放帧定位、运行、维护和管理方面的字节，以保证主信息净负荷正确灵活地传送。STM-1 段开销的安排如图 9-2 所示，各字节含义如下。

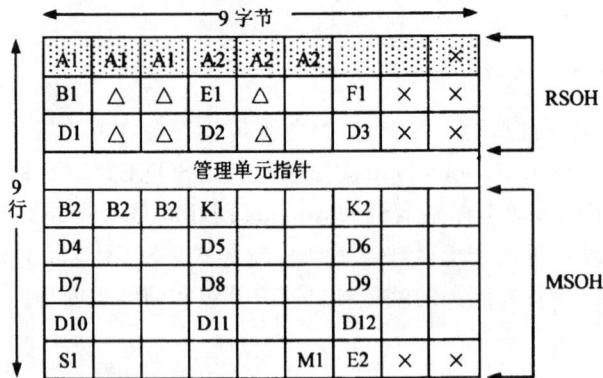

X：为国内使用的保留字节
△：与传输媒质有关的特征字节
▦：不扰码字节
注：所有未标记字节为将来国际标准确定

图 9-2 STM-1 段开销安排

（1）帧定位字节：A1、A2。

（2）再生段踪迹字节：J0。

（3）误码监视字节：B1、B2。

（4）公务通信字节：E1、E2。

（5）使用者通路字节：F1。

（6）数据通信通道字节：D4～D12。

（7）自动保护倒换通路字节：K1、K2（b1～b5）。

（8）复用段远端缺陷指示字节：K2（b6～b8）。

（9）同步状态信息字节：S1。

（10）复用段远端差错指示字节：M1。

段开销进一步分为再生段开销（Regenerator section overhead，RSOH）和复用段开销（Multiplexer section overhead，MSOH）。再生段开销位于 STM-N 帧中的 1～3 行的 1～9×N 列，用于帧定位，再生段的监控、维护和管理。再生段开销（RSOH）在再生段始端产生并加入帧中，在再生段末端终结，即从帧中取出来进行处理。所以在 SDH 网中每个网元处，再生段开销都要终结；复用段开销分布在 STM-N 帧中的 5～9 行的 1～9×N 列，用于复用段的监控、维护和管理，在复用段的始端产生，在复用段的末端终结，故复用段开销在中继器上透明传输，在除中继器以外的其他网元处终结。

STM-N 的段开销由 N 个 STM-1 段开销按字节间插同步复用而成，但只有第 1 个 STM-1 的段开销完全保留，其余 N-1 个 STM-1 的段开销仅保留 A1、A2 和 3 个 B2 字节，其他的字节全部省略。

管理单元指针存放在帧的第 4 行的 1～9×N 列，用来指示信息净负荷的第 1 个字节在 STN-N 帧内的准确位置，以便正确地分出所需的信息。

信息净负荷区存放各种电信业务信息和少量用于通道性能监控的通道开销字节，它位于 STM-N 帧结构中除段开销和管理单元指针区域以外的所有区域。

2. SDH 的特点

SDH 帧结构克服了 PDH 的不足，作为一种全新的光纤传送体制，SDH 具有如下一些明显的特点。

（1）高度标准化的光接口规范。SDH 具有标准的光接口规范，使不同厂家的设备在同一网络中可以互连互通，并进行有效组网，真正实现同一速率等级上光接口的横向兼容。

（2）较好的兼容性。SDH 具有较好的后向兼容性和前向兼容性。所谓后向兼容性是指 SDH 的 STM-1 既可复用 2Mbit/s 系列的 PDH 信号，又可复用 1.5Mbit/s 系列的 PDH 信号，使两大系列在 STM-1 中得到统一，便于实现国际互通，也便于顺利地从 PDH 向 SDH 过渡，真正实现了数字传输体制上的世界性标准。前向兼容性是指 SDH 标准有长远的考虑，它兼容将来的宽带综合业务数字网中的异步传递模式（Asynchronous Transfer Mode，ATM）信号，STM-1 和 STM-4 的速率（155.520Mbit/s 和 622.080Mbit/s）已被选定为 B-ISDN 的用户/网络接口的标准速率。

（3）灵活的分插功能。SDH 技术采用了同步复用方式和严格的映射复用路线，并采用指针技术，支路信号在线路信号中的位置是透明的，可以直接从 STM-N 中灵活地上下支路信号，无需通过逐级复用/解复用实现分插功能，使上下业务非常容易，从而减少了设备的数量，简化了网络结构。

（4）强大的网络管理能力。SDH 的帧结构中安排了丰富的开销比特，包括段开销（Section Overhead，SOH）和通道开销（Path Overhead，POH），使网络的运行、管理和维护能力大大加强，不仅满足目前的告警、性能监控、网络配置、业务倒换和公务联络等的需要，而且还保留有充足的开销字节以备将来使用，以满足未来网络运行、管理和维护的需要。

（5）强大的自愈功能。SDH 具有智能检测的网管系统，使得 SDH 网络容易实现自愈，即在设备或系统发生故障时，无需人为干预，网络就能在极短的时间内迅速恢复业务，从而提高了网络的可靠性和生存性，降低了网络的维护费用。

当然，SDH 也存在着一些不足，比如频带利用率不如 PDH 高、设备复杂性增加、网管系统的安全性能要求高等，但毕竟比传统的 PDH 技术有着明显的优越性，并已经成为国家信息基础设施的重要组成部分。

9.1.2 SDH 复用映射结构

所谓复用，就是指多路低速率支路信号按字节间插或比特间插合为一路高速信号的过程。在 SDH 中，通常采用按字节间插的复用方式。

所谓映射，是指将 PDH 信号比特经过一定的对应关系放置到 SDH 容器中的确切位置上去。例如，码速调整，加入通道开销构成虚容器。映射分为同步映射和异步映射两大类。异步映射采用码速调整进行速率适配，SDH 中采用正/零/负码速调整和正码速调整两种。同步映射不需要速率适配，同步分为比特同步和字节同步，SDH 中采用字节同步，并可细分为浮动模式和锁定模式。

1. SDH 复用映射结构

我国规定了将 2.048 Mbit/s、34.368 Mbit/s 和 139.264 Mbit/s 三种 PDH 信号映射复用成 STM-N 信号的过程，如图 9-3 所示。

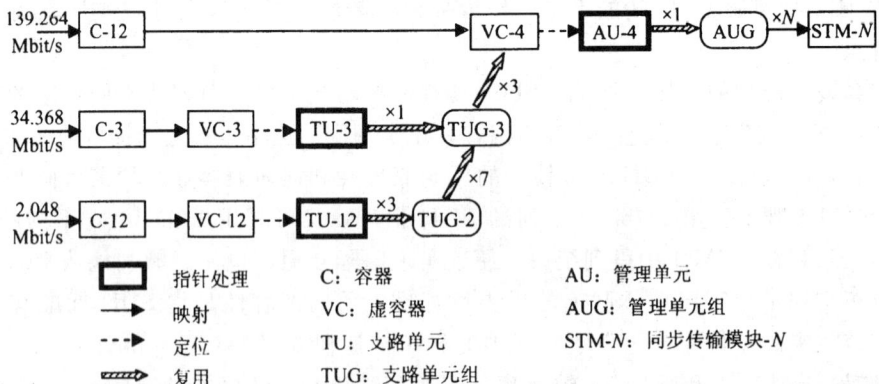

图 9-3　我国规定的 SDH 复用映射结构

在 SDH 复用映射过程中，容器（C，Container）是一种用于装载各种速率业务信号的信息结构，容器的种类有 C-12，C-3，C-4 等，分别用于装载 2.048 Mbit/s、34.368 Mbit/s

和 139.264 Mbit/s 3 种 PDH 业务信号。虚容器（Virtual container，VC）是用于支持 SDH
通道层连接的信息结构，是由容器加上用于通道监控、维护和管理所必需的通道开销（Path
overhead，POH）组成，也是 SDH 中可以用来传输、交换、处理的最小信息单元，传送
VC 的实体称为通道。支路单元（Tributary unit，TU）是一种提供低阶通道层和高阶通道
层之间适配功能的信息结构，VC 到 TU 的过程是一个定位过程，即虚容器加上相应的指针
则构成支路单元。支路单元组（Tributary unit group，TUG）是由一个或多个在高阶 VC
净负荷中占据固定的、确定位置的支路单元组成，我国规定的支路单元组的种类有 TUG-2
和 TUG-3 两种。管理单元（Administration unit，AU）是提供高阶通道层和复用段层之间
适配功能的信息结构，VC-4 到 AU-4 的过程也是一个定位过程，即 VC-4 加上管理单元指
针构成 AU-4。管理单元组（Administration unit group，AUG）是由一个或多个在 STM-N
净负荷中占据固定的、确定位置的管理单元组成。

（1）139.264 Mbit/s 到 STM-1 的映射和复用。SDH 信号中给 139.264Mbit/s 的 PDH
信号设有容器 C-4，139.264Mbit/s 的 PDH 信号经过 C-4、VC-4、AU-4、AUG 可以映射复
用成 STM-1 的成帧信号，其映射过程中的帧结构如图 9-4 所示。

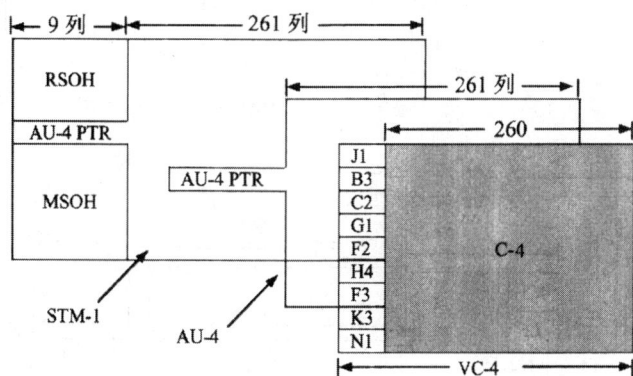

图 9-4　139.264Mbit/s 信号映射复用到 STM-1 的过程

139.264 Mbit/s 信号以正码速调整方式装入 C-4，再加上 9 个开销字节（J1，B3，C2，
G1，F2，H4，F3，K3，N1）便构成了虚容器 VC-4，VC-4 加上 AU-4 指针构成 AU-4 装
入 AUG，再加上段开销 SOH 便构成 STM-1 信号结构。

（2）34.368kbit/s 到 STM-1 的映射和复用。SDH 信号中给 34.368Mbit/s 信号设有容
器 C-3。根据复用映射路径，34.368Mbit/s 的 PDH 信号经过 C-3、VC-3、TU-3、TUG-3、
VC-4、AU-4 和 AUG 映射复用成 STM-1 的成帧信号。其过程如图 9-5 所示。34.368Mbit/s
信号经过正/零/负码速调整装进 C-3。然后，在 C-3 的前面加一列开销（J1，B3，C2，G1，
F2，H4，F3，K3，N1），便构成了虚容器 VC-3，其结构为 9 行 85 列；VC-3 加上 3 个指针
字节（H1，H2 和 H3），便构成了支路单元 TU-3；TU-3 加上 6 个固定塞入字节，直接置
入支路单元组 TUG-3；3 个 TUG-3 复用，再加上两列固定填充字节和一列 VC-4 的通道开
销，便构成了 9 行 261 列的虚容器 VC-4。最后，加上管理单元 AU-4 指针装入 AUG，再加
上段开销 SOH 构成 STM-1 信号。

（3）2.048Mbit/s 到 STM-1 的映射和复用。由于传输设备与交换设备接口大都采用
2.048Mbit/s 速率，故 2.048Mbit/s 信号的映射和复用是最重要的，同时其映射和复用过程

也是最复杂的。根据我国规定的复用和映射路经可知，2.048Mbit/s 的 PDH 信号经过 C-12、VC-12、TU-12、TUG-2、TUG-3、VC-4、AU-4 和 AUG-1 映射复用成 STM-1 的成帧信号。图 9-6 所示为 2.048Mbit/s 的 PDH 信号到 TU-12 的映射过程。

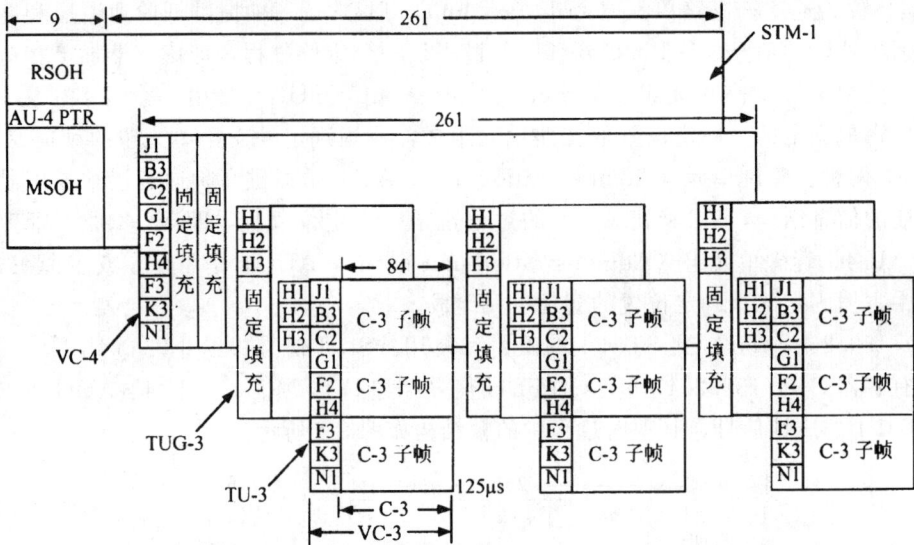

图 9-5　34.368Mbit/s 信号映射复用到 STM-1 的过程

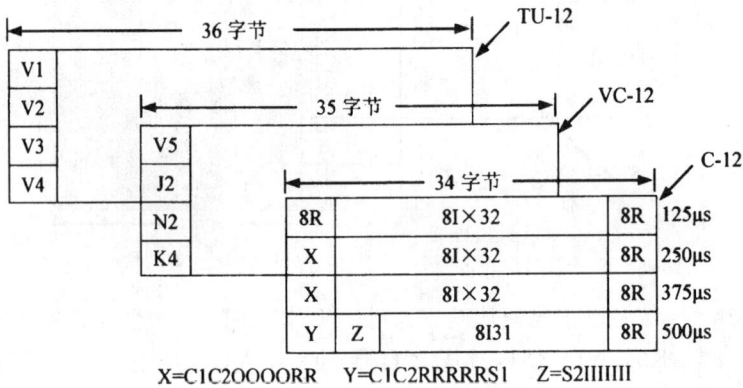

X=C1C2OOOORR　Y=C1C2RRRRRS1　Z=S2IIIIIII

图 9-6　C-12、VC-12、TU-12 复帧结构

　　C-12 帧是由 4 个基帧组成的复帧，每个基帧的周期为 $125\mu s$，C-12 帧周期为 $500\mu s$，处于 4 个连续的 STM-1 帧中，帧频是 STM-1 的四分之一，帧长为 1 088 比特（$4\times34\times8$）。2.048Mbit/s 信号以正/零/负码速调整方式装入 C-12；C-12 加上 4 个开销字节（V5，J2，N2，K4）便构成了虚容器 VC-12；VC-12 加上 4 个指针字节（V1，V2，V3 和 V4）形成支路单元 TU-12；TU-12 是由 4 行组成的复帧结构，每行 36 个字节，占 $125\mu s$，需一个 STM 帧传送，因此，一个 TU-12 需放置于 4 个连续的 STM 帧传送。按照我国规定的复用映射结构，3 个支路来的 TU-12 逐字节间插复用成一个支路单元组 TUG-2（9 行、12 列）；7 个 TUG-2 通过逐字节间插复用，再加上一列固定塞入字节，3 个空指针指示字节（NPI）和 6 个固定塞入字节构成支路单元组 TUG-3（9 行、86 列）；3 个 TUG-3 逐字节间插复用，加上两列固定塞入字节和 9 字节的 VC-4 通道开销就构成了虚容器 VC-4；VC-4 加上管理单元指针构成管理单元 AU-4；AU-4 直接置入 AUG；然后，加上段开销就形成了 STM-1 帧。

2. SDH 指针技术

在 SDH 映射复用过程中，要用指针来指示 VC-n 的第 1 个字节在 TU 或 AU 中的起点位置，从而使信息比特在 TU 或 AU 帧中灵活动态地定位，可以方便地进行各种速率和相位的适配。

指针主要作用就是当网络处于同步工作状态时，SDH 网中的各网元工作在相同的时钟下，从各个网元发出的数据传输到某个网元时，虽然速率相等，但相位并不完全相同，因此，指针用来进行同步信号间的相位校准；当网络失去同步或异步工作时，不同网元工作的频率有偏差，需要频率校准，因此，指针用作频率和相应的校准；另外，指针还可以用来容纳网络中的频率抖动和漂移。SDH 的指针分为 TU-12、TU-3 和 AU-4 三种。以 AU-4 指针为例说明其作用原理，图 9-7 所示为 AU-4 指针。

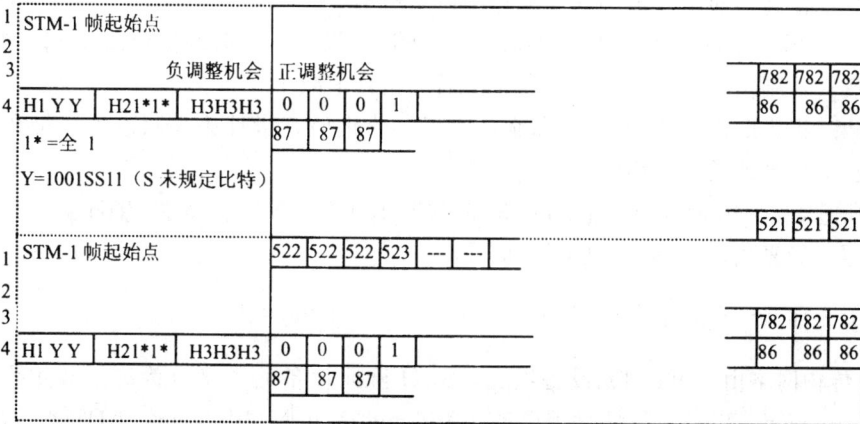

图 9-7　AU-4 指针

AU-4 指针位于第 4 行前 9 个字节中，其中，H1 和 H2 是指针值，合在一起使用，可以看成一个字码，指示范围从 0～782 的偏差值，以 3 个字节增减，如图 9-8 所示。3 个 H3 字节为负调整机会字节，进行负调整时，H3 传送 VC-4 的信息字节；H3 之后紧接的 3 个字节即是 0 偏差的 VC-4 首字节位置，也为正调整机会字节，进行正调整时，传送非信息字节。

在图 9-8 中，前 4 个比特（NNNN）为新数据标志（New Data Flag，NDF），当 NNNN＝0110 时，表示指针正常操作，允许指针调整。当 NNNN＝1001 时，表示由于净负荷变化，VC 从一种变化为另一种，指针将有一个全新的值。H1、H2 的后 10 比特为指针值，即为 VC-4 起点编号的二进制值。这 10 个比特又分为 I 比特（增加比特）和 D 比特（减少比特）两类。当 5 个 I 比特全部反转时，表示此帧 AU-4 进行了正调整，正调整机会字节中传送的为非信息字节，其后帧的 AU-4 指针值增加 1。当 5 个 D 比特全部反转时，表示本帧 AU-4 进行了负调整，此帧中 H3 字节中传送的是信息字节，其后帧的 AU-4 指针值减 1。指针字节 H1 和 H2 的第 5、6 比特为 S 比特，用来指示 AU-n 或 TU-n 的类别。

（1）AU-4 指针的产生规则。

① 在正常运行期间，指针确定 VC-4 在 AU-4 中的起始位置，新数据标识置为"0110"。

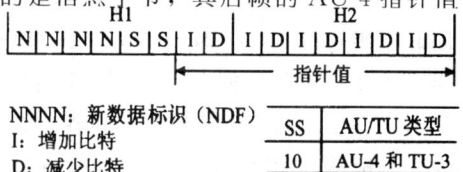

H1								H2							
N	N	N	N	S	S	I	D	I	D	I	D	I	D	I	D

指针值

NNNN：新数据标识（NDF）	SS	AU/TU 类型
I：增加比特	10	AU-4 和 TU-3
D：减少比特		

图 9-8　AU-4 指针安排

② 指针值只能按③或④的规则改变。

③ 发送端需要正调整时，调整帧所有 I 比特取反，正调整机会字节填充非信息字，下一帧的指针值加 1。如果先前的指针值处于最大值，则下一帧的指针值设置为 0；需要负调整时，调整帧所有 D 比特取反，负调整机会字节传送 VC-4 的信息。下一帧的指针值减 1。如果先前的指针值为 0，则下一帧的指针值设置为最大；指针调整后，3 帧内不允许进行指针的加减操作。

④ 如果除③以外的原因引起 VC-4 重新定位，则发出新的指针值，同时 NDF 置为 "1001"。NDF 只在含有新值的第 1 帧出现，VC 的新位置开始于由新指针指示的偏移首次出现处。同样，此次操作后，3 帧内不允许加减操作。

（2）AU-4 指针的解释规则。

① 正常运行期间，指针确定 VC-4 在 AU-4 帧中的起始位置。

② 除在连续不少于 3 次收到前后一致的新指针值的前提下，出现下列③、④或⑤的情况下外，其他偏离当前指针值的任何变化都应忽略不计。

③ 如果多数 I 比特已经反转，则指示一个正调整操作，随后的指针值加 1；如果多数 D 比特已经反转，则指示一个负调整操作，随后的指针值减 1。

④ 如果 NDF 设置为 "1001"，那么，除了接收机处于指针丢失状态外，符合新情况的指针值都将取代当前的指针值。

综上所述，2.048 Mbit/s、34.368 Mbit/s 和 139.264 Mbit/s 3 种 PDH 业务信号都要经过映射、定位和复用才能形成 STM-N 信号。

9.1.3 SDH 网元设备

SDH 传输网络由 SDH 网元设备组成，SDH 网元设备的类型分为终端复用设备（Terminal Multiplexer，TM）、分插复用设备（Add and Drop Multiplexer，ADM）、数字交叉连接设备（Digital Cross-Connection Equipment，DXC）和再生器（Regenerator，REG）4 种。在 ITU-T G.783 建议中，采用逻辑功能描述的方法对 SDH 4 种设备类型进行了规范。

1. 终端复用设备

终端复用设备（TM）用于把 PDH 信号或 STM-M 信号复用成一个速率较高的 STM-N（N>M）信号，或作相反的处理。因此，终端复用设备只有一个高速的光线路方向，其逻辑功能如图 9-9 所示。

终端复用设备将 2Mbit/s 和 34Mbit/s 的 PDH 信号送往 LOI，通过信号转换、速率适配、加入低阶通道开销映射成 VC-12 或 VC-3 信号，并通过 LPC 进行交叉连接，交叉连接后的 VC-12 或 VC-3 信号送往 HOA 复接成 VC-4 信号，并送往 HPC 进行交叉连接。140Mbit/s 的 PDH 信号送往 HOI，通过信号转换、速率适配、加入高阶通道开销映射成 VC-4 信号，并送往 HPC 进行交叉连接。而 STM-M 信号送往 TTF，通过信号转换、解扰码、取出段开销、分解 AUG、处理指针后恢复出 M 个 VC-4 信号，并送往 HPC 进行交叉连接。交叉连接后的若干个 VC-4 信号送往 TTF，通过复用段适配、指针处理、组合 AUG、加入段开销、扰码转换成 STM-N 线路接口信号。接收部分进行相反的处理。因此终端复用设备既能接入 PDH 信号，又能接入速率较低的 SDH 信号，并且各等级的虚容器在 STM-N 帧中的位置是可灵活配置的。

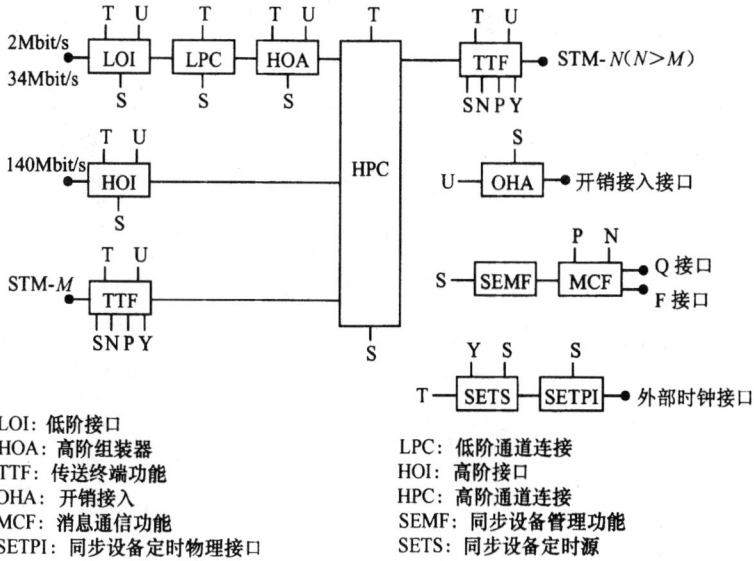

LOI: 低阶接口
HOA: 高阶组装器
TTF: 传送终端功能
OHA: 开销接入
MCF: 消息通信功能
SETPI: 同步设备定时物理接口

LPC: 低阶通道连接
HOI: 高阶接口
HPC: 高阶通道连接
SEMF: 同步设备管理功能
SETS: 同步设备定时源

图 9-9　TM 设备逻辑功能框图

2. 分插复用设备

分插复用设备（ADM）是一种无需终结整个 STM-N 信号的条件下，能够将任何速率等级的支路信号（不能超过 STM-N 信号的速率）从 STM-N 线路信号分出和插入到 STM-N 线路信号中的设备，因此，分插复用设备具有两个方向的高速光线路口，其逻辑功能如图 9-10 所示。

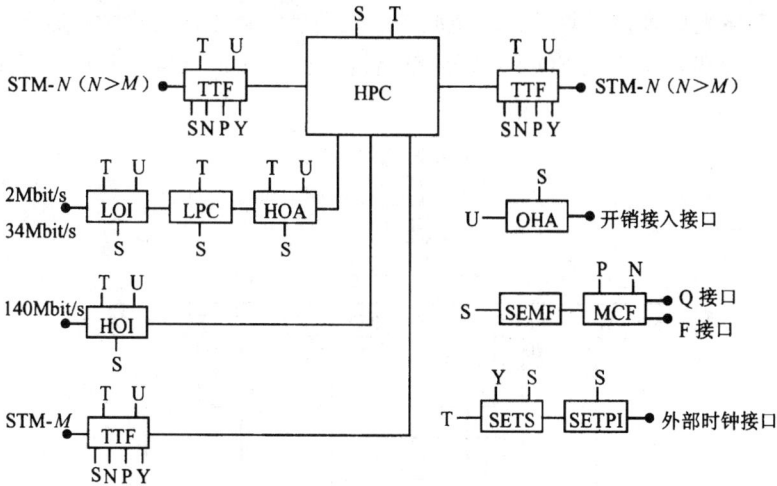

图 9-10　ADM 设备逻辑功能框图

分插复用设备既提供分出和插入各种速率等级的 PDH 信号的能力，又提供分出和插入 STM-M 速率等级的 SDH 信号的能力。

3. 数字交叉连接设备

数字交叉连接设备（DXC）是一种具有一个或多个 PDH 或 SDH 信号端口，可以对任何数字端口的速率信号与其他数字端口之间实现可控连接和再连接的设备，通常应用于比较重要的网络枢纽站。

根据端口速率和参与交叉连接速率的不同，数字交叉连接设备分为不同的配置类型，通常用 DXC X/Y 来表示，其中 X 表示接入端口信号的最高速率等级，Y 表示参与交叉连接的最低速率等级，X、Y 可以取 0、1、2、3、4。我国目前采用的数字交叉连接设备的配置类型主要有 DXC 1/0、DXC 4/1、DXC 4/4 三种，其含义与应用场合如表 9-2 所示。

表 9-2　　　　　　　　　　　　DXC 设备的主要类型及应用场合

类　型	接入端口的 最高速率	参与交叉连接的 最低速率	应 用 场 合
DXC 1/0	2Mbit/s	64kbit/s	为现有的 PDH 网提供快速、经济和可靠的64kbit/s 电路数字交叉连接功能，主要用于本地网和接入网
DXC 4/1	140Mbit/s 或 155Mbit/s	2Mbit/s	主要用于局间中继网，也可用于长途网、局间中继网和本地网之间的网关，以及 PDH 和 SDH 之间的网关
DXC 4/4	140Mbit/s 或 155Mbit/s	140Mbit/s 或 155Mbit/s	作为宽带数字交叉连接设备，接口速率与参与用于交叉连接的速率相同，对逻辑能力要求较低，主要用于长途网的保护/恢复和自动监控

4. 再生器

光纤存在着衰耗和色散，数字信号经过光纤长距离传输后，幅度会减小，形状会畸变，为了延长传输距离，必须采用再生器（REG）。再生器的作用是接收经长距离光纤传输后衰减畸变的 STM-N 光信号，对其进行均衡放大、识别后，再生成规则的适合于线路传输的光信号发送出去。再生器是构成 SDH 长距离链路的一种网元，结构比复用设备简单，其逻辑功能框图如图 9-11 所示。

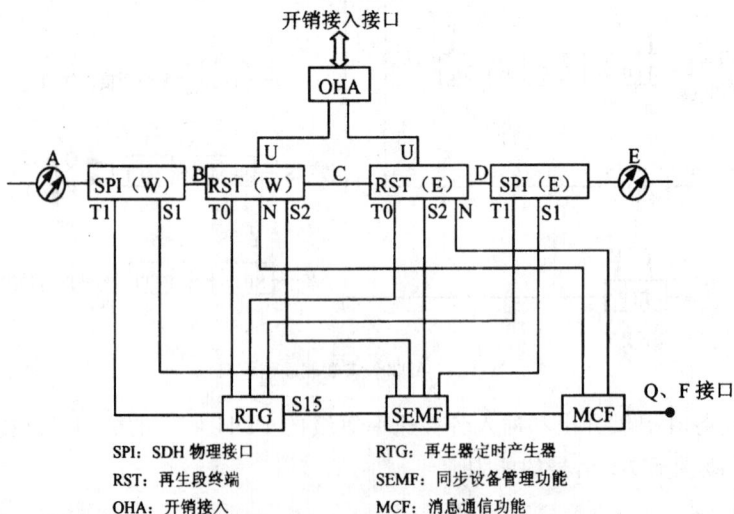

SPI: SDH 物理接口　　　　　　　RTG: 再生器定时产生器
RST: 再生段终端　　　　　　　　SEMF: 同步设备管理功能
OHA: 开销接入　　　　　　　　　MCF: 消息通信功能

图 9-11　REG 逻辑功能框图

由图 9-11 可见，线路上 STM-N 光信号经参考点 A 送入 SPI（W）功能块，将 STM-N

光信号转换成电信号，并提取定时信号，经参考点 T1 送给再生器定时发生器（RTG），识别判决后，在参考点 B 处形成 STM-N 的电信号；同时 SPI（W）还要对收到的光信号进行失效条件检测，一旦检测到输入信号丢失（LOS），则经参考点 S1 报告给同步设备管理功能块（SEMF），并报告给 RST（W）。在 RST（W）中先进行帧定位，然后，对 STM-N 信号进行解扰码，提取再生段开销（RSOH），最后，将再生段净负荷送至参考点 C；取下来的开销经 U 送给 OHA 或经 N 点送到 MCF，B1 校验后经参考点 S2 送给 SEMF。RST（E）的功能是在进来的数据中插入 RSOH 字节，并进行扰码处理，在参考点 D 形成 STM-N 帧信号送给 SPI（E）。RSOH 字节可以是 RST（E）产生的，可以来自 OHA 或 MCF，也可以来自 RST（W）。SPI（E）的功能是将逻辑电平信号转换成光线路信号。有关发送机状态参数则经参考点 S1 送到 SEMF 功能块。

综上所述，SDH 设备主要有 4 种类型：TM、ADM、DXC 和 REG，设备的应用要根据网络拓扑结构来选择不同的设备类型。

9.1.4　SDH 网络结构

网络结构是指网络的物理形状，也就是指网络节点与传输线路组成的几何图形，即网络的物理拓扑，反映了物理上的连接性。不同物理拓扑结构的网络具有不同的效能，并且其可靠性和经济性也不相同，组网时应选用合适的物理拓扑结构。

网络结构主要有线形、星形、树形、环形和网孔形 5 种基本的物理拓扑结构，但是在 SDH 传输网络中经常采用线形和环形的网络结构。

1．线形网络

线形网络结构是指涉及通信的所有节点串联起来，并且首尾两点开放的网络物理拓扑，如图 9-12 所示。在这种结构中，业务信息是在一系列串联的节点上传送的，任何节点均可接入或终结信息。要使两个非相邻点之间完成连接，其

图 9-12　线形网络结构

间的所有节点都应完成连接功能。线形网的首尾两个端点称为终端节点，采用终端复用设备；中间节点称分/插节点，采用分插复用设备。

虽然线形网络组网简单，并且具有较好的经济性，但是网络的可靠性不高，因此，常用于市话局间中继网、本地网和不是很重要的长途网中。为了提高业务传送的可靠性，SDH 线形网也可带有保护。保护是指利用节点间预先安排的容量取代失效或劣化的传送实体，一定的备用容量保护一定的主用容量；线形网采用与传统的 PDH 系统相似的线路保护倒换方式，可细分为 1＋1 和 1:n 保护倒换方式。

（1）1＋1 保护倒换。1＋1 线路保护倒换方式是指 STM-N 信号在发送端被永久地连接在工作通路和保护通路上，接收端监视从这两个通路上送来的 STM-N 信号状态，并有选择地连接到信号质量好的通路上，即"并发优收"，如图 9-13 所示。该方式不需要传送自动保护倒换协议，保护倒换时间极短，但由于发送端备用通道是永久桥接的，所以 1＋1 线路保护倒换方式不能提供附加业务的传输。

（2）1:n 保护倒换方式。1:n 线路保护倒换方式是指 n 个工作通路共享 1 个保护通路。n 个工作业务的 STM-N 信号和 1 个附加业务的 STM-N 信号在两端分别桥接到工作通道和保

护通道上，接收端监视接收到的各个 STM-N 信号的状态，复用段保护（MSP）功能监视和判断接收到的信号状态，一旦工作通路劣化或失效，将丢弃保护通路上的附加业务，将失效工作通路上业务桥接到保护通路上，如图 9-14 所示。

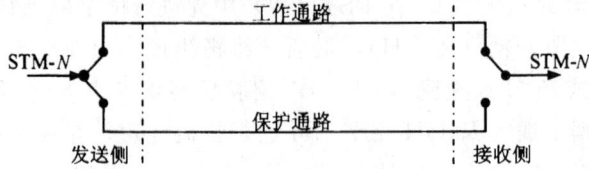

图 9-13　1＋1 线路保护倒换方式

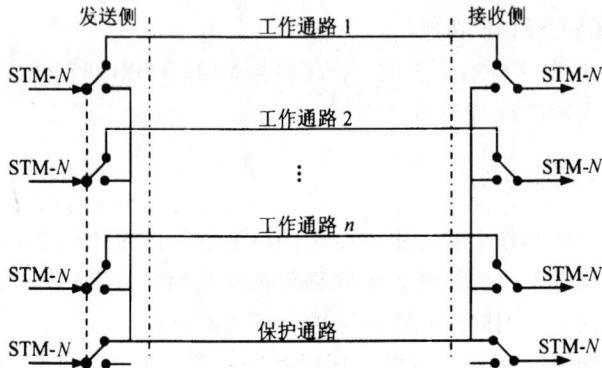

图 9-14　1:n 保护倒换方式

　　线路保护倒换方式的业务恢复时间很快，对于网络节点的光或电的器件失效故障十分有效。但是，一般主用光纤和备用光纤是同沟同缆铺设的，一旦光缆阻断，这种保护方式就无能为力了。为了克服上述缺点必须采用地理上的路由备用。这样当主用路由上的光缆被切断时，可以利用备用路由将信号安全地传送到对端。但需要至少双份的光纤光缆和设备，成本较高，只能保护传输链路，无法提供网络节点失效的保护。

2. 环形网络

　　环形网络结构是指涉及通信的所有节点串联起来，并且首尾两点闭合的结构。环网上没有终端节点，每个节点均是分/插节点（ADM），也可以用 DXC 设备。SDH 环形网的最大特点是具有自愈能力，常用于二级长途干线网和市话局间中继网及本地网中，如图 9.15 所示。

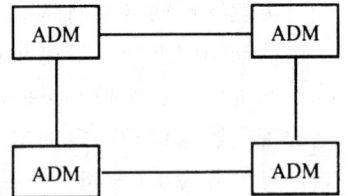

图 9-15　环形网络结构

　　自愈功能就是在网络出现意外故障时无需人为干预，就能在极短时间内自动恢复业务，使用户感觉不到网络已出了故障。具有自愈功能的网络称为自愈网，环形网就是 SDH 网络中最常用的自愈网之一，称之为自愈环。根据自愈环的结构可以分为通道倒换环和复用段倒换环两大类。在 SDH 环形传输网络中经常采用二纤单向通道倒换环和二纤双向复用段倒换环两种结构。

　　（1）二纤单向通道倒换环。在二纤单向通道倒换环中，通道由两根光纤来实现，一根光纤用于传送业务信号，称为工作光纤（S 光纤）；另一根用于传送保护信号，称为保护光纤（P 光纤）。二纤单向通道倒换环使用首端桥接，末端倒换结构，如图 9-16（a）所示。在节点 A，以节点 C 为目的地的支路信号（AC）同时桥接到发送方向的 S 光纤和 P 光纤，S 光纤按顺时针方向将业务信号送至分路节点 C，P 光纤按逆时针方向将同样的支路信号（备用）送至分路节点 C；接收端分路节点 C 同时收到两个方向来的支路信号，按照通道信号的优劣来选择其中一路作为分路信号。正常情况下，C 节点从 S 光纤上分出 A 节点送来的信号。同理，节点 C 发出以节点 A 为目的地的信号 CA 按上述同样的方法送至节点 A，正常情况下，S 光纤所携带的 CA 信号（顺时针方向）为主信号在节点 A 分路。

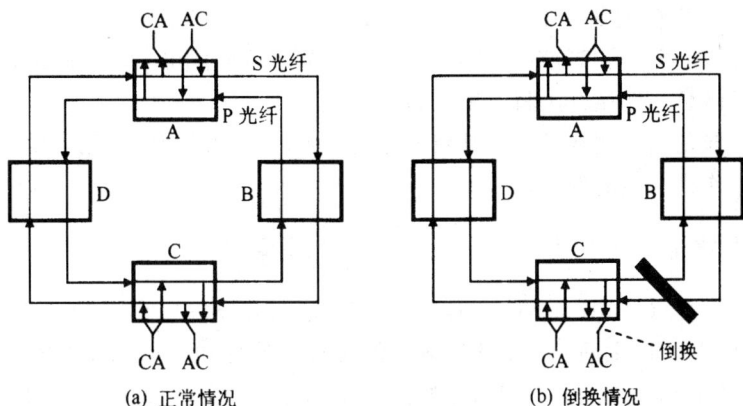

(a) 正常情况   (b) 倒换情况

图 9-16　二纤单向通道倒换环

当节点 B 和 C 之间的两条光纤同时被切断时，如图 9-16（b）所示。在节点 C，由于从 A 节点沿 S 光纤传送过来的 AC 信号丢失，按照通道选优准则，接收侧的倒换开关由 S 光纤转向 P 光纤，接收 A 节点经 P 光纤逆时钟方向送来的 AC 信号为分路信号，从而使 AC 间业务信号仍得以维持，不会丢失。故障排除后，倒换开关返回原来位置。节点 C 发向节点 A 的 CA 信号仍经 S 光纤按顺时钟方向传送。由此可见，B、C 节点之间的通道失效时，但信号仍然沿两个方向在 A、C 之间传送，信息也正常地流过其他节点。

（2）二纤双向复用段倒换环。二纤双向复用段倒换环中有两根光纤，每个传输方向用一根光纤，如图 9.17（a）所示。一根是 S1/P2 光纤，另一根是 S2/P1 光纤，每一根光纤上只将一半的容量分配给业务通道，另一半容量分配给保护通道。正常情况下，AC 业务信号沿 S1/P2 光纤按顺时针方向传输，经过节点 B 到达节点 C 分路出来。CA 业务信号则沿着 S2/P1 光纤按逆时针方向传输，经节点 B 到达节点 A 后分路出来，实现 A、C 间双向通信。

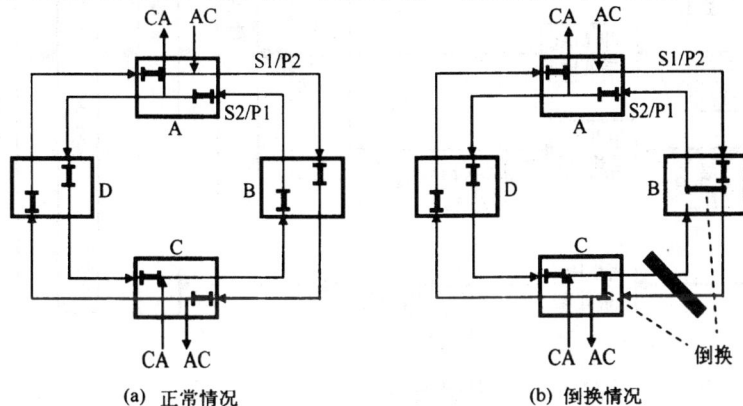

(a) 正常情况   (b) 倒换情况

图 9-17　二纤双向复用段倒换环

当节点 B 和 C 之间的两条光纤同时被切断时，如图 9-17（b）所示。B、C 两节点靠近故障侧的倒换开关利用自动倒换（APS）协议执行环回，将 S1/P2 光纤接到 S2/P1 光纤上。AC 业务信号沿着 S1/P2 光纤顺时针到达节点 B 后，在节点 B 利用时隙交换技术，将 S1/P2 光纤上的业务时隙交换到 S2/P1 纤的保护时隙中，通过 S2/P1 纤沿逆时针方向穿过 A、D 节点，传送到 C 节点，经桥接开关后分路出来；C 节点到 A 节点的 CA 业务信号，通过 C 节点的倒换开关，利用时隙交换技术，将 S2/P1 光纤上的业务时隙交换到 S1/P2 光纤上预留的保护时隙上，按顺时钟方向，穿过 D、A 节点到达 B 节点后，经过桥接开关倒回到 S2/P1 光纤的业务时隙，再按逆时针方向传送到 A 节点后分接出来，从而达到业务的不间断传送。当故障排除后，倒换开关将返回其原来位置。

还有二纤单向复用段倒换环、二纤双向通道倒换环、四纤双向复用段倒换环等，由于不常用到，在此不作进一步的叙述。

9.1.5　多业务传送平台

多业务传送平台（Multi-service Transport Platform，MSTP）是指在 SDH 技术的基础上，同时实现 TDM、以太网和 ATM 等业务的接入、处理和传送，提供统一网管的多业务节点。在 SDH 设备的基础上，MSTP 增加了 ATM、以太网、MPLS、RPR 等处理模块，并增加了以太网和 ATM 等业务接口。

1. MSTP 组成

MSTP 采用传统的 SDH 结构，其 VC 映射、交叉连接、复用段开销处理、再生段开销处理等功能结构和处理方式不变，数字速率等级、帧结构与信息格式不变。和 SDH 一样可以提供 ATM 接口和 STM-N 接口，如图 9-18 所示。

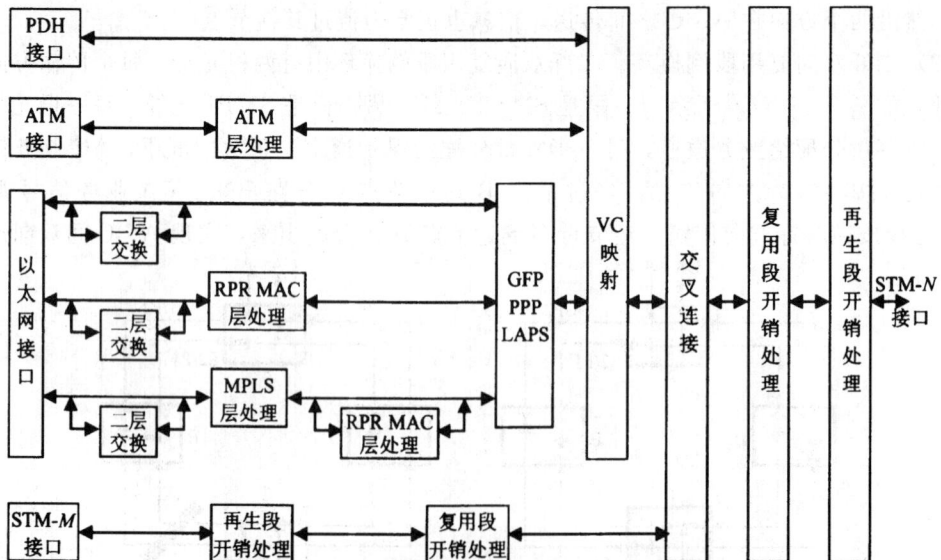

图 9-18　MSTP 组成框图

SDH 对客户信号的处理过程是：从外部接口接入客户信号后，将 PDH、ATM 155Mbit/s 信号直接映射到 VC 通道中，送入交叉模块；或将 STM-M 信号进行再生段开销处理和复用段开销处理后送入交叉模块。交叉模块对 VC 通道中的业务进行业务交叉调度输出后，再经过复用段、再生段开销处理，将业务信号复用成较高速率，从 STM-N 接口输出。

在 SDH 基础上，MSTP 增加了以太网交换、ATM 交换、弹性分组环（Resilient Packet Ring，RPR）、多协议标记交换（Multi-protocol Label Switching，MPLS）等功能。MSTP 接入以太网信号后，可以直接封装映射到 VC 通道，也可以经过二层交换/RPR/MPLS 处理后，再封装映射到 VC 通道中，从而可以很好地支持各种数据业务。

2. MSTP 技术特点

MSTP 中的关键技术有封装方式、级联方式、LCAS 功能、二层交换和对 ATM 的支持等。通用成帧规程（Generic Framing Procedure，GFP）封装提高了数据封装的效率，多物理端口复用到同一通道减少了对带宽的需求，支持点对点和环网结构，并实现不同厂家间的数据业务互连。VC 虚级联实现了带宽动态调整，通过虚级联实现业务带宽和 SDH 虚容器之间的适配，比连续级联更好地利用 SDH 链路带宽，提高了传送效率，同时大大简化了网管配置难度。链路容量调整机制（Link Capacity Adjustment Scheme，LCAS）可以根据业务流量对所分配的虚容器带宽进行动态调整，大大提高了以太网传送业务的可靠性和带宽利用率，而且在这个调整过程中不会对数据传送性能造成影响。

MSTP 继承 SDH 的技术优势，完全支持 TDM 业务。MSTP 设备加强了 SDH 方面的功能和组网功能，并支持在 TDM、IP、ATM 之间的带宽灵活指配。同时，MSTP 设备实现了以太网的二层交换，支持以太网业务的带宽共享、业务汇聚及以太网共享环等功能，从而使得带宽利用率大大提高。另外，通过实现 RPR 的处理功能，可以实现以太网带宽的统计复用、公平的带宽分配、更加严格的业务分类、对数据业务具有更好的支持能力。

MSTP 主要特点是采用了 VC 虚级联、链路容量调整机制（LACS）、通用成帧规程（GFP）等技术，并增加了以太网的二层交换能力，以及 ATM 交换能力。MSTP 采用的 GFP 是一种可以透明地将各种数据信号封装进现有网络的通用标准信号适配映射技术，简单灵活，效率高，有利互连互通，可支持各种网络拓扑。链路容量调整方案 LCAS 定义了一种灵活、动态无损改变虚级联信号带宽方法，自动适应业务。不仅提高了带宽指配速度，对业务无损伤，而且当系统出现故障时，可以动态调整系统带宽，无需人工介入，具有软保护模式，可以在保证服务质量的前提下明显提高网络利用率。

MSTP 设备支持多种业务接口。支持话音、数据等多种业务，提供丰富的业务（TDM、ATM 和以太网/IP 业务等）接口，能通过更换接口模块，灵活适应业务的发展变化。

MSTP 设备带宽利用率高。具有以太网和 ATM 业务的透明传输或二层交换能力，支持统计复用，传输链路的带宽可配置。

MSTP 设备组网能力强。支持链、环网（相交环、相切环），具有极强的组网能力。

在网管方面，MSTP 设备可实现统一、智能的网络管理，具有良好的兼容性和互操作性。MSTP 设备可以与现有的 SDH 网络进行统一管理，易于实现与原有网络的兼容与互通。

3. MSTP 的发展趋势

MSTP 技术的发展过程，也是数据业务种类和组网方式不断丰富和完善的过程。如数据业务从点到点、点到多点、多点到多点、到现在的虚拟专用网（Virtual Private Network, VPN），数据业务的组网方式从链形、树形、环形到目前的多环形结构和网状网。MSTP 的发展趋势主要体现在两个方面：一方面是引入 ASON 控制平面，增强其智能特性；另一方面是引入新的分组交换技术，增强对数据业务的支持能力。

通过在 MSTP 上引入 ASON 控制平面，可以实现由静态网络向智能网络的演进。采用 ASON 技术，可以实现网络拓扑自动发现、带宽动态申请和释放，支持网状网组网结构。通过 MSTP 与 ASON 技术的结合，可以提供新的业务类型。另外将 MSTP 的 LCAS 功能和 ASON 技术进行有机结合，能够根据业务需求实时动态调整带宽。MSTP 和 ASON 控制平面的结合将是 MSTP 发展方向，具有广阔的应用前景。

9.2　光互联网

IP over SDH 技术是将 IP 分组通过点到点协议直接映射到 SDH 帧，省掉了中间的 ATM 层，从而保留了 Internet 的无连接特征，简化了网络体系结构，提高了传输效率，降低了成本，易于兼容不同技术和实现网间互连。但目前尚不适用于多业务平台，可扩展性差，只有业务分级，无优先级业务质量保证。IP over SDH 以链路方式支持 Internet，不能参与 Internet 的寻址，它的作用是将路由器以点到点方式连接起来，提高点到点之间的传输速率，因而没有从总体上提高 Internet 的性能，这种 Internet 的本质仍是一个路由器网。IP over SDH 主要是在干线上用以疏导高速率数据流。

9.2.1　IP over SDH

1. IP 映射 SDH 技术

SDH 信息净负荷区是可以封装各种信息或其混合体，而不管其具体信息结构是什么样的，所以信息净负荷在 SDH 中具有透明性，即利用 SDH 高速传输特性可以实现 IP over SDH 技术。IP 包进入 SDH 净负荷的封装方法就是利用 PPP。

（1）PPP

点到点协议（Point to Point Protocol，PPP）定义点到点链路上传输多协议数据包的标准方法，是正式的 Internet 标准。PPP 在 OSI 七层模型中位于网络层之下，为了与网络层平滑地连接，PPP 在规定了基本接口后，还要为不同的网络层协议提供相应的网络控制协议（NCP）。另外，在 PPP 层下面承载业务的传输媒介也各不相同，如 ISDN、FR、SDH 等，这就需要 PPP 为它们提供相应的链路控制协议（LCP）。PPP 包括 3 个基本组成部分：一是在单个串行链路上使用多个协议的封装方法；二是链路控制协议（LCP），用来建立、配置和测试数据链路连接，PPP 连接的两端使用 LCP 来协调连接选项；三是一簇让 PPP 连接使用不同网络层协议的网络控制协议（NCP）。

（2）PPP 帧格式。PPP 帧格式（见图 9-19）是基于高级数据链路控制协议（HDLC），与 HDLC 帧格式非常相似，主要区别在于：PPP 是面向字符，而不是面向位（比特），所以，所有的帧都是字节的整数倍；PPP 是面向无连接的，其标头只有两个字节，没有地址信息，只是点到点按顺序传送。PPP 可将太长的 IP 包切成 PPP 帧，以适应映射到 SDH 帧的要求。

字节数 1	1	1	1 或 2	可变	2 或 4	1
标志 01111110	地址 11111111	控制 00000011	协议	有效 负荷	校验	标志 01111110

图 9-19　PPP 帧格式

图 9-19 中，标志字节标准与 HDLC 的相同，表示 PPP 帧的开始；地址字节总是设成 11111111，表明所有站的状态均为接收帧状态，这样就避免了分配数据链路地址问题；控制字节一般设置成缺省值状态为 00000011，表明是一个无序号的帧。即在缺省状态下，PPP 没有采用序号和确认来对信息进行可靠传输。在有噪声的环境中，如无线网络，则使用编号方式对信息进行可靠传输；协议字节是表明有效负荷字段中信息是属于那类分组；有效负荷字段是变长的，最多可以达到所商定的最大值。如果在线路设置时使用 LCP，没有商定此长度，就使用缺省长度 1 500 字节；校验和标志字节是用于保证信息可靠传输的检验字节。

（3）简化的数据链路协议（SDL）。在上述的 IP over SDH 中，使用的是基于 HDLC 的帧定界协议。当用户使用 HDLC 帧时，网管需要对每一个输入、输出的字节进行监视；当用户数据字节的编码与标志字节相同时，网管还需要进行填充、去填充等操作，网管控制复杂。为此，朗讯提出简化数据链路协议（SDL），它能够给异步到达的、可变长的数据包提供更高的速率，并尽可能地提供链路层的 QoS。简单情况下，SDL 帧包括净负荷长度指示、帧头循环冗余校验和净负荷冗余校验，如图 9-20 所示。

字节数　2	2	2	可变长度
数据字段长度 指示符	QoS	CRC 冗余校验	用户 数据字段

图 9-20　简化的数据链路协议（SDL）帧格式

2. IP over SDH 分层模型

IP 映射进 SDH 分两步进行，首先把 IP 分组，根据规定简单地插入到 PPP 帧中的信息段，再由 SDH 通道层的业务适配器把 PPP 帧映射进 SDH 的同步净荷中，然后，向下经过 SDH 的通道层和段层，加上相应的开销，把净荷装进一个 SDH 帧中，最后到达光层，在光纤中传输，实现 IP over SDH。IP over SDH 的分层模型如图 9-21 所示。

图像	语音	数据
IP		
PPP		
SDH		
物理传输媒介		

图 9-21　IP over SDH 分层模型

3. IP over SDH 技术的发展趋势

目前，IP over SDH 最大的问题是服务质量难以与面向连接的 ATM 端到端 QoS 相比，纯 IP 网络很难保证话音、视像等业务的高质量传输。建议将高质量的数据业务仍然留在 IP over ATM 上传送，而一般质量的 IP 业务转向 IP over SDH 网。如果大量的业务是 IP 数据，一些用户会因为价格低，而愿意使用带有时延的 IP 电话业务，IP over SDH 无疑是业务提供者为了满足用户低价格要求而合乎逻辑的一种选择。

为了适应 SDH 的高速率，必须使用高速路由器。既开发千兆比特路由器，以便大幅度提高数据吞吐量，使单位吞吐量价格迅速下降；也提高路由器的端口密度，促进端口费用降低。目前，Cisco、Avici 等厂商开发高速路由器的做法是：采用分布式选路的结构，并在路由器中加入纵横交换式背板，以提高速率；另外，还加入了服务质量（QoS）和多播功能，以适应多媒体业务的传送。下一代的 Internet 实际上是一个多业务公共网络，Internet 历史上只提供一种级别的服务，这就是"尽力而为"的传送服务，即对所有业务的数据分组都平等对待。事实上，Internet 不能对所有业务保持统一的服务质量。当网络的一些区域出现严重拥塞时，服务质量就降低。人们希望 IP 骨干网能够对不同业务提供不同的服务。为应付 IP 业务的急剧增长局面，采用高速路由器结合 IP over SDH 仍然不失为一种非常有效的过渡措施，随着通信技术的不断发展，其实时性与组网的灵活性将会得到进一步研究和解决。

9.2.2　IP over WDM

IP over WDM 也叫光因特网或 IP 优化光互联网，是指直接在光网上运行的 Internet。它是一种由高性能 WDM 设备、吉比特和太比特路由交换设备组成的数据通信网络，综合利用 IP 技术和基于 WDM 的光网络技术，交换机与路由器之间可通过光纤直接相连或连至光网络层。IP over WDM 充分利用 WDM 技术所带来的巨大传输带宽和高速路由交换机的强大交换能力，合理地在 IP 层与光学层之间实现流量工程、保护恢复、QoS 和网络管理等的优化配置，形成一种简单高效的网络体系结构。在光互联网中，高性能网络路由器替代了传统的提供控制波长接入、交换、选路和保护倒换等功能的 ATM 和 SDH 交叉和复用设备，光网络层（即服务层）可为包括 SDH 网元和网络互连设备在内的客户层提供波长路由。采用 IP over WDM 技术，可减少网络各层间的中间冗余部分，减少 SDH、ATM 和 IP 等各层间的功能重叠，减少设备操作、维护和管理费用。同时，由于省去了 ATM 层和 SDH 层，所以传输效率高，额外开销低，简化了网管，并可与 IP 的不对称业务量特性相匹配，充分利用带宽，大大节省网络运营商的成本，从而间接地降低了用户获得多媒体通信业务的费用。显然，这是一种最直接、最简单、最经济的 IP 网络体系结构，非常适用于超大型 IP 骨干网。

1. IP over WDM 的原理

IP over WDM 的基本工作原理是在发送端，IP 数据包选择适当的帧格式成帧，然后，转换成某一特定波长的光信号，将不同波长的光信号组合（复用）送入一根光纤中传输。在接收端，又将组合光信号分开（解复用）并送入不同的终端，还原出 IP 信号。因此，IP over WDM 是一个真正的链路层数据网，可以通过指定波长作旁路或直通连接，网络的业务工程可以只在 IP 层完成。由于使用了指定的波长，结构更灵活，并具有向光交换和全光选路结构转移的可能。

IP over WDM 网络的主要部件除了激光器、光纤、光放大器和光耦合器外，还包括光再生器、光转发器、光分插复用器（OADM）、光交叉连接器（OXC）和高速路由交换机。G.655 光纤因其色散和非线性效应小，最适合于 WDM 系统。高性能激光器是 WDM 系统中最昂贵的器件。光放大器主要采用 EDFA，它能同时放大 WDM 所有波长，但对平坦增益的要求较高。光耦合器用于将各波长组合在一起或分解开来，起复用和解复用作用。长途 WDM 系统中有电再生中继器，用于消除色散、噪声等的积累。光转发器用于变换来自路由器或其他设备的光信号，并产生要插入光耦合器的符合光接口标准的光信号。光分插复用器和光交叉连接设备在长途 WDM 系统中运用较广泛。光交换机可使 ADM 和交叉连接设备作动态配置。

2. IP over WDM 帧结构

在光纤上直接传输 IP 数据包需要选择帧格式（即分帧方法），目前主要使用的两种帧格式是 SDH 帧格式和吉比特以太网帧格式（即 IP/SDH/WDM 和 IP/Ethernet/WDM）。采用 SDH 帧格式时，报头载有信令和足够的网络管理信息，便于网络管理。但在路由器接口上，针对 SDH 帧的拆装分割处理比较耗时，影响网络吞吐量和性能，且价格也较昂贵。采用吉比特以太网帧格式（即直接在光纤上运行吉比特以太网）是一种经济有效的方法，此种格式下，报头包含的网络状态信息并不多，但由于没有使用造价昂贵的再生设备，成本相对较低。由于使用了异步协议，对抖动和时延并不敏感。同时，由于与主机的帧结构相同，在路由器接口上无需对帧进行拆装分割操作和使数据帧同步的比特塞入操作。IP over WDM 的重叠模型如图 9-22 所示。

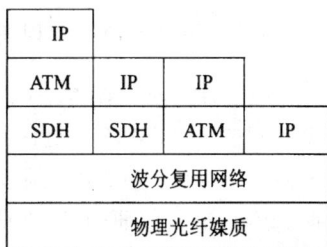

图 9-22　IP over WDM 的重叠模型

3. IP over WDM 协议规范

IP over WDM 的分层模型，主要有数据网络层、适配层及光网络层组成，如图 9-23 所示。数据网络层提供数据的处理和传送；光网络层负责提供网络，使数据网络和光网络相互独立。数据网络层的组成设备主要包括 ATM 网络层交换机和路由器等，光网络层的组成设备主要是 WDM 终端、光放大器及光纤等。在 IP over WDM 光因特网中，高性能的数据互连设备（如交换机和路由器等）可直接与光纤相连，也可以连接在向各类客户（如 ATM 交换机、路由器或 SDH 网元设备等）提供光波长路由的光网络层上。

IP over WDM 的协议模型，包括客户层（IP 层）协议、IP 适配层协议、光通路层协议、WDM 光复用段协议和 WDM 光传输段协议等，如图 9-24 所示。客户层协议包括 IPv4 和 IPv6 等；IP 适配层协议用于进行 IP 多协议封装、分组定界、差错检测以及服务质量控制等；光通路协议包括数字客户适配、带宽管理（比特率和数字格式透明）、连接性证实等功能；光复用段功能包括带宽复用、线路故障分段、保护切换及其他传送网维护功能；光传输段功能包括高速传输（色散补偿）、光放大器故障分段等功能。

4. IP over WDM 特点

IP over WDM 具有以下的优点。

| 数据网络层 |
| 适配层 |
| 光网络层 |

| IP 层 |
| IP 适配层 |
| 光通路层 |
| WDM 光复用段 |
| WDM 光传输段 |

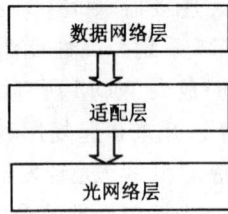

图 9-23　IP over WDM 的分层模型　　　9-24　IP over WDM 的协议模型

（1）充分利用光纤的带宽资源，极大地提高了带宽和相对传输速率。

（2）对传输码率、数据格式及调制方式透明。可以传送不同码率的 ATM、SDH/SONET 和千兆以太网格式的业务。

（3）不仅可以与现有通信网络兼容，还可以支持未来的宽带业务网及网络升级，具有可推广性、高度生存性等特点。

它的缺点是 WDM 系统的网络管理应与其传输的信号的网管分离，但在光域上加上开销和光信号的处理技术还不完善，从而导致 WDM 系统的网络管理还不成熟。

5. IP over WDM 与现有的 ATM 和 SDH 的比较

（1）IP over WDM 与 ATM 相比。ATM 网在综合传送各种业务时是最优的，但对 IP 业务而言，ATM 不是最优的。ATM 在网络工程设计方面有高度灵活性，易于支持 VPN 和各种服务类别；ATM 在业务工程方面也有很强的能力，它允许为不同的业务类型建立"清晰"的通道，根据业务负荷、拥塞及其他情况提供各种链路，但付出的代价是复杂性。ATM 的另一不利因素是由于连接建立时间长而损失了带宽利用率。随着带宽越来越大，连接建立时间所代表的空闲带宽也就越大，甚至超过了原来要传的数据量。因此，如与兆比特路由器相比，ATM 过于复杂，在吞吐量方面又没有特别改善，那么，在大型骨干网中 IP over ATM 就没有优势了。如果主导业务是 IP，那么，ATM 网只能增加复杂性，使网络提供者在管理方面增加成本。然而，直接把路由器和 WDM 光纤相连的光因特网却变得更有利了。

（2）IP over WDM 与 SDH 相比。SDH 的一大优点是它的恢复能力，但需要复杂的链路管理。在 IP over WDM 中，SDH 层中的复杂链路管理就未必需要。因为保护和恢复能力是 Internet 固有的分布式存活能力的一部分，因此，如果 IP 层能单独承担存活能力就不需要在 Internet 结构底下再设一层存活能力。另外，当初开发 SDH 网是使整个网络同步，更加牢靠。现在利用 GPS 也能经济地达到同步目的。而且随着 IP 技术的渗透，网络变得越来越能容忍定时差错，因此，可以省去 SDH 这一中间层。在 IP over WDM 中，让路由器直接与 WDM 波长相连有一很大的优点，即路由器可在光纤环两侧使用几个波长，对 IP 业务进行负荷分担，有可能使 Internet 链路的带宽利用率加倍，而增加的成本很少。万一光纤断路，可以把 IP 业务放到一条能用的光纤上去传送，或者放到另一完全不同的路径上去重新选路。由于 Internet 数据具有自相似性，故光纤断裂的后果在数据网环境下不如在传统电信网环境下严重，可以通过流量控制、缓存和重新选路等技术来加以补偿。此外，在 IP over WDM 中，路由器可以建立不对称的收发波长，来平衡出入网络的业务。SDH 网在设计时总是考虑收发业务是平衡的，因此，对不对称业务流它不是最优的。与基于电路交换的

WDM 光交换相比, 在 IP over WDM 中, 处于网络边缘的路由器, 而不是处于网络核心的光交换设备将成为对分组进行选路和交换的主要智能设备。所以, 将来引入光交换时不必使用过于复杂的交换技术, 可缩短光电路的建立时间, 网络管理也相对简单。

IP 技术与 WDM 技术的结合, 使 IP 数据流直接进入了光通道, 有利于充分综合 WDM 技术大容量与 IP 技术统计复用的优势, 真正达到 IP 优化的目的。但对于长期应用, 需要规范一种新的最佳的 IP 对光路的适配功能, 即开发一种全新的光线路接口。这方面尚无统一意见, 需要重点考虑的问题包括恒定比特率和突发传输、适配协议和帧结构、物理接口特性、最佳网络结构、生存性策略和网管等。总之, IP over WDM 适用于城域网大容量普通 IP 业务和未来大型 IP 骨干网的核心汇接。

9.3 光接入网

接入网是指骨干网络到用户终端之间的所有设备, 其长度一般为几百米到几千米, 因而被形象地称为 "最后一千米"。接入网的主要接入方式有铜线接入 (如 xDSL 技术)、光纤接入、无线接入 (如 WiMAX 技术) 和以太网接入。国内 xDSL 接入提供的速率一般为 1Mbit/s 或者 2Mbit/s, 对于宽带上网来说, 这个速率足够了, 但是传输电视节目就有明显的欠缺; WiMAX 是一项基于 IEEE 802.16 标准的宽带无线城域网接入技术, 单载波单扇区视距环境下上下行总带宽约为 8~10Mbit/s, 在多载波、少用户情况下, 带宽能力与普通 ADSL 差不多。只有光纤接入才能从根本上彻底解决接入网带宽 "瓶颈" 问题。

光接入网就是采用光纤传输技术的接入网, 泛指本地交换机或远端模块与用户之间采用光纤通信或部分采用光纤通信的系统。它包括有源光纤接入 (AON)、无源光纤接入 (PON)、同步光纤接入 (SDH)、光纤同轴电缆混合接入 (HFC) 等技术。在这几种光纤接入技术中, PON 在进行光信号分配时采用无源器件 (光分路器) 造价低、易维护、组网灵活、网络升级方便, 同时考虑到通信网络以 IP 为核心的业务整合 (如 IPTV、VoIP 等) 趋势, PON (EPON、GPON) 技术应该是宽带接入网络的发展方向。

9.3.1 EPON

EPON 作为一种新兴的接入网技术, 将以太网技术与无源光网络 (PON) 技术结合起来, 其目标是用最简单的方式实现一个点到多点拓扑结构的千兆以太网光纤接入网络。从运营商的角度来看: 无源的特性可以降低建设、管理和运营成本, 提高投资回报率, 增加新的赢利机会; EPON 网络的体系结构非常符合接入网建设, 使运营商可以快速有效地开展业务并易于进行网络扩展; EPON 提供的高带宽将满足用户对网络带宽日益增长的应用需求, 使运营商开展多业务有可靠的网络资源保证; EPON 网络的兼容性良好, 可以和现有网络很好地融合。

1. EPON 网络结构

EPON 致力于解决电信运营商中心局端、前端, 或者以点到点方式到商务或家庭节点的通信, 构造 "最后一千米" 的通信结构。EPON 的组成单元如图 9-25 所示。光信号通过分光器把光纤线路终端 (OLT) 光纤下行的信号分成多路给每一个光网络单元 (ONU), 每个 ONU 上行的信号通过光耦合器合成在一根光纤里给 OLT。因而，EPON 中包括无源网络设备和有源网络设备。无源网络设备包括单模光缆、无源分光器/耦合器、适配器、连接器和熔接头等。它一般放置于局外，称为局外设备。无源网络设备十分简单、稳定可靠、寿命长、易于维护、价格极低。

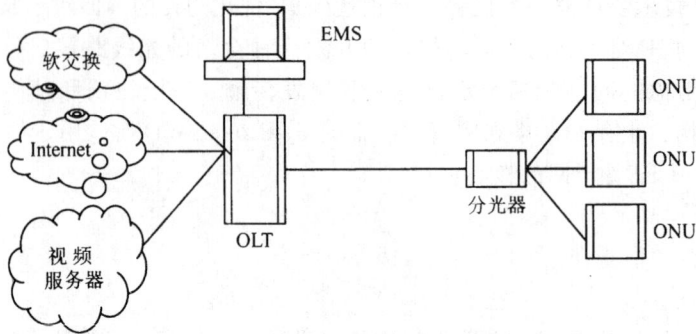

图 9-25　基于 EPON 的无源光网络的组成

有源网络设备包括中心局机架设备（OLT）、光网络单元（ONU）和设备管理系统（EMS）。中心局机架上插装光纤线路终端、网络接口模块以及交换模块，因此，以上 3 种设备也统称为中心局机架设备。中心局机架设备提供 EPON 系统与服务提供商核心的数据、视频和话音网络的接口。它也通过设备管理系统与服务提供商的核心运行网络相连接，光网络单元（ONU）给用户提供数据、视频和电话网络与 PON 之间的接口。ONU 最初的作用是接收光路信号，转换成用户所需的格式（以太网、IP 广播、电话、T1/E1 等）。EPON 独一无二的特征是：ONU 中除了终结和转换光信号外，还提供层二、层三交换功能，它允许在 ONU 中内置企业级路由器。EPON 同样也适合用第 3 个波长传送模拟有线电视（CATV）信号或者 IP 视频。

2. 工作原理

EPON 由光纤线路终端、光分配网络（ODN）和光网络单元组成，采用的是树形拓扑结构。使用上行 1 310nm 和下行 1 490nm 波长传送数据和语音，CATV 业务则使用 1 550nm 波长承载。OLT 放置在中心局端，分配和控制信道的连接，并有实时监控、管理及维护功能。ONU 放置在用户侧，OLT 与 ONU 间通过无源的光分配网络按照 1∶16/1∶32/1∶64 方式连接，系统参考配置如图 9-26 所示。

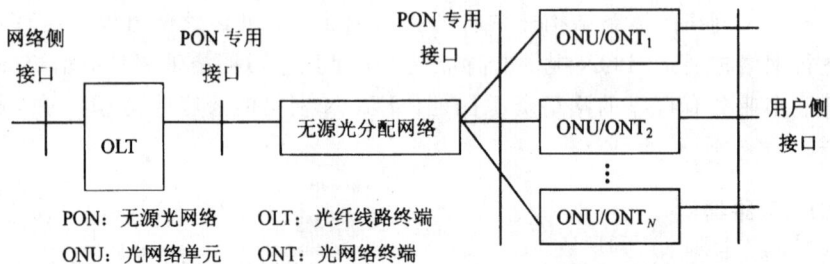

图 9-26　基于 EPON 的无源光网络的系统参考配置

EPON 网络采用一点到多点的拓扑结构，取代点到点结构，大大节省了光纤的用量和管理成本。无源网络设备代替了传统的 ATM/SONET 宽带接入系统中的中继器、放大器和激光器，减少了中心局端所需的激光器数目，并且 OLT 由许多 ONU 用户分担。此外，EPON 利用以太网技术，采用标准以太帧，无须任何转换就可以承载目前的主流业务——IP 业务。因此，EPON 十分简单、高效、建设费用低、维护费用低，最适合宽带接入网需求。

在 EPON 中，从 OLT 到多个 ONU 下行传输数据的过程采用数据广播方式发送。数据以变长信息包的形式从 OLT 下行广播到多个 ONU。依据 IEEE802.3 协议，信息包最长为 1 518 字节。每个信息包带有一个 EPON 包头，唯一标识该信息包是发给 ONU-1、ONU-2 还是 ONU-3。也可标识为广播信息包发给所有 ONU 或发给特定的 ONU 组（多点传送信息包）。当数据到达 ONU 时，ONU 通过地址匹配，接收并识别发给它的信息包，丢弃发给其他 ONU 的信息包。例如，ONU-1 接收信息包 1、信息包 2 和信息包 3，但只将信息包 1 传输给最终用户 1。

EPON 上行数据传输采用时分复用技术，每个 ONU 上行数据分配一个专用时隙，使得在数据汇合到公共光纤的时候，从 ONU 来的信息包不会互相干扰。例如，ONU-1 信息包在第 1 个时间间隙传输，ONU-2 信息包在第 2 个非重叠的时间间隙传输，而 ONU-3 信息包在第 3 个非重叠的时间间隙传输。

3. 技术进展与标准化情况

EPON 是 IEEE 组织推出并持续研究的技术。EPON 基于吉比特以太网的无源光网络技术，继承了以太网的低成本、易用性以及光网络的高带宽。EPON 是当前实现光接入网众多技术中性价比相对较高的一种。2004 年，IEEE 正式发布了 EPON 国际标准 IEEE 802.3ah，该标准规定了 EPON 的物理层、多点控制协议（MPCP）、运行管理维护（OAM）等相关内容。目前，EPON 的产业联盟已经吸引了众多厂商的积极参与，从核心芯片、光模块到系统，EPON 的产业链已经日趋成熟。我国技术人员积极制订适合我国发展需求的 EPON 系列相关行业标准。目前，已经发布的标准有：YD/T1475-2006 接入网技术要求——基于以太网方式的无源光网络（EPON），2006 年 6 月发布；YD/T1531-2006 接入网设备测试方法——基于以太网方式的无源光网络，2006 年 12 月发布。

9.3.2　GPON

GPON 是近年来 FTTx 领域的热点技术之一。GPON 最早由 FSAN 组织于 2002 年 9 月提出，该组织的大部分成员是电信运营商，2003 年 3 月 ITU-T 在此基础上完成了 ITU-T G.984.1 和 G.984.2 的制定。2004 年 2 月和 6 月，完成了 G.984.3 和 G.984.4 的标准化，从而最终形成了 GPON 的标准系列。特别是在 ITU-T 关于 GPON 的系列标准 G.984.1/2/3/4 相继发布之后，欧美的很多运营商明确表示采用 GPON 技术实现 FTTH。从技术角度分析，GPON 技术具有业务兼容性好、可靠性高、便于维护管理等电信级技术的系统承载能力。

1. GPON 网络结构

图 9-27 所示为 GPON 系统的网络结构。这是典型的 PON 网络结构，与 EPON 相同，

也是由 OLT（光线路终端）、ODN（光分配网络）和 ONU/ONT（光用户单元/光用户终端）组成。OLT 为局端设备，向上提供多种业务接口，包括 GE，STM-1，T1/E1 等，是 GPON 系统的核心部分，具有成帧、媒质接入控制、OAM（运行管理维护）、DBA（动态带宽分配）、为交叉连接功能提供 PDU（协议数据单元）定界和 ONU 管理等功能。ONU/ONT 为用户侧设备，向用户提供 10/100BASE-T 接口、E1 接口及 POTS 接口等，AF（适配功能块）可以集成在 ONU 里，ONU 之间最大间距 20km。ODN 为连接 OLT 与 ONU 的无源光网络，由光分路器，耦合器等无源器件组成，理论上可提供最大为 1:128 的分路比，系统的最大逻辑距离规定为 60km。

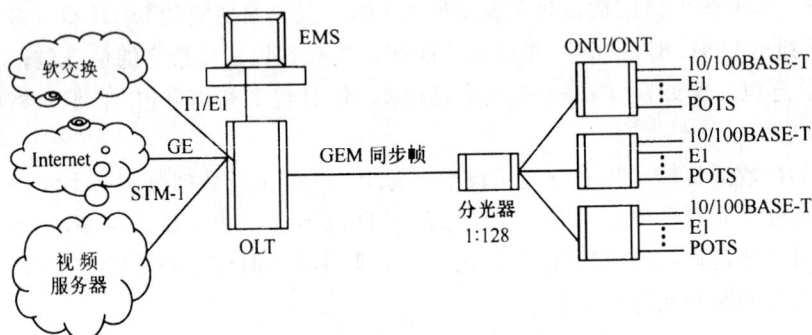

图 9-27　基于 GPON 的无源光网络的组成

　　GPON 系统上下行可采用单纤双向或双纤双向传输方式，当采用单纤双向传输方式时，上下行应分别使用不同的波长。当采用双纤双向传输方式时，上下行使用相同的波长，分别在两根独立的光纤上进行传输。下行数据采用广播方式发送，上行数据采用基于统计复用的时分多址（TDMA）方式接入。如要提供视频等业务，需要增加新的波长，这时要加入波分复用器和网络单元等设备。系统应支持下行 1 244.16Mbit/s 和上行 1 244.16Mbit/s 或下行 2 488.32Mbit/s 和上行 1 244.16Mbit/s 的传输速率。

2. GPON 系统的技术特点

　　GPON 可以提供 2.488Gbit/s 的下行速率和多种标准上行速率，传输距离至少达 20km，分路比可以为 1:16、1:32、1:64 乃至 1:128，即在速率、速率灵活性、传输距离和分路比方面比 EPON 有优势。其次，GPON 采用两种适配方式，除传统的 ATM 外，还采用了一个标准通用组帧程序（GFP），可以透明、高效地将各种数据信号封装进现有 SDH 网络，适应任何信号格式和传输制式，业务提供灵活。另外，GPON 的传输汇聚层本质上是同步的，可以直接高质量、灵活地支持实时的 TDM 语音业务。

　　GPON 的单根约 92% 的利用率使单纤能够提供的有效带宽大大高于 xDSL 以及其他光纤接入技术，可以更好地支持如高清晰 IPTV、视频点播等高带宽应用。GPON 明确了需要支持的业务类型，包括数据业务（Ethernet 业务，包括 IP 业务和 MPEG 视频流）、PSTN 业务（POTS、ISDN 业务）、专用线（T1、E1、DS3、E3 和 ATM 业务）和视频业务（数字视频）等，并提供全面的 QoS，保证不同业务的质量和服务水平要求，如 GPON 可以将 TDM 业务直接映射到 GEM 帧中，使用标准的 8kHz（125μs），确保高质量的 TDM 支持。

　　GPON 定义了完整的 OMCI（ONT 管理控制接口）。通过 OMCI，运营商可以实现对

ONT 的远程管理，提高业务开通和故障排除的效率，并大大降低运维的成本。GPON 中清晰定义了 AES（先进加密算法），支持 128bit 严格的加密机制，提供更加严格的安全和保护机制，确保运营商网络和业务的安全可靠运行。简而言之，GPON 是为了满足运营商在统一网络上支持多业务融合的需求而量身定制的。它能够提供电信级的大容量、高带宽、高可靠、互通性以及可管理性等诸多运营商级特性，为全业务宽带网络的构建以及多媒体增值应用提供最佳平台。

3. EPON 和 GPON 的比较

在 PON 中目前主要有 APON、EPON 和 GPON 3 种可用技术。随着 ATM 的淡出，以 ATM 为基础的 APON 呈现自然消亡状态，这里不再考虑。EPON 技术已成熟，能够满足绝大多数的应用需求，价格开始明显下降，已经可以开始规模商用。中国电信率先在国际上实现了 EPON 设备的芯片级和系统级互通，有力地推动了其设备的成熟。GPON 比 EPON 具有更好的质量、管理和多业务能力（特别是支持传统 TDM 和 SAN 的能力），速率高，性能好，整体组网成本较低。但是目前成熟度还不够，主要是互操作测试（IOT）还不理想，此外，芯片缺乏，设备成本偏高，这些都影响了其规模应用。

尽管两者各有支持者，都有其生存和发展的理由，都能基本支持现有大多数业务。但从世界市场的角度看，潜在的规模经济和范围经济导致未来可能更有利于 GPON 的发展。

9.4　智能交换光网络

自 20 世纪 80 年代光纤通信技术商用化以来，传输体制经历了准同步数字体制（PDH）到同步数字体制（SDH）的过渡，复用技术从电域的时分复用（Time Division Multiplexing，TDM）向着光域波分复用（WDM）方向过渡，伴随着 IP 与 SDH、WDM 及光传送技术的融合，也提出了光分组交换（Optical Packet Switch，OPS）和光突发交换（Optical Burst Switching，OBS）技术，所有这些都有力地促进了传送网技术的迅猛发展。但是，传统传送网技术面临着不能实现端到端业务的快速自动生成和保护、不能实现网络负载的自动均衡和优化、无法实现业务的差异化服务、难于实现多种设备的集中管理、网络结构复杂、业务调度困难、带宽利用率低等棘手的问题，成为从传统的语音和数据分离业务向未来语音、高速数据及实时图像业务融合方向发展的拦路虎。

为了顺应未来光网络对业务支撑能力和丰富性的高要求，2000 年 3 月，国际电信联盟提出了智能交换光网络的概念，其基本设想是在光传送网中引入智能控制平面（Control Plane，CP），利用控制平面来完成路由自动发现、呼叫连接管理、保护恢复等功能，从而对网络实施动态呼叫连接管理，实现网络资源的按需分配，从而使光网络具有智能化功能，成为推动下一代光网络发展的新型网络体系。

9.4.1　智能交换光网络的概念

1. 智能交换光网络定义

智能交换光网络也称为自动交换光网络（Automatically Switched Optical Network，

ASON），其定义为：一种基于 SDH 传送网和光传送网的、通过分布式（或部分分布式）控制平面自动实现配置连接管理的光网络。

从技术角度出发，可以简单地将 ASON 理解为互联网协议（Internet Protocol，IP）路由技术和异步传送模式（Asynchronous Transport Model，ATM）多协议标记交换（Multi-Protocol Label Switching，MPLS）技术在光网络中的应用。

2. 智能交换光网络的主要特点及技术优势

（1）智能交换光网络的主要特点。

① 完整和标准化的通用多协议标记交换（Generalized Multi-Protocol Label Switching，GMPLS）协议簇。资源预定协议－流量工程（Resource Reservation Protocol-Traffic Engineering，RSVP-TE）信令主要执行业务的呼叫和连接管理；开放最短路径优先－流量工程（Open Shortest Path First-Traffic Engineering，OSPF-TE）协议主要构造网络拓扑数据库和执行最优路径计算；链路管理协议（Link Management Protocol，LMP）主要执行控制通道管理和邻居自动发现。到目前为至，ASON 的整体架构是基于 VC-4 为颗粒的调度，所有国际通行标准的制定和多厂家互连互通测试规范均在该层面上进行。

② 强大的保护功能和平滑升级功能。大容量、多端口的光交叉连接设备，可以保证网络的连通度和业务扩展性，以实现快速保护和恢复。即在光缆连接增加或业务容量、端口增加时，设备应保证平滑升级。

③ 强大的业务网络规划和设计能力。ASON 网络基本以网孔（Mesh）网络结构为主，虽然网络开通后，业务可以自动进行恢复，但初始网络容量设计、光缆路由安排、故障软件模拟和网络瓶颈分析等，均是 ASON 网络构建的重要环节。

④ 电路建立和恢复能力。为了充分利用网络资源，并使得网络运转更为明晰，建立电路时可以指定必须包含的网络资源，包括节点和链路以创建最优的路径。在网络出现故障时，业务可以自动得到恢复。

（2）智能交换光网络的主要技术优势。ASON 的技术优势主要体现在智能化、标准化、灵活性及经济性 4 个方面。

① 智能化。通过在传统的传送网络上引入控制平面的概念，ASON 实现了对传输平面的实时控制，实现了资源管理、连接及保护恢复等方面的智能化。通过在一些节点之间增加光纤连接的方式，就可借助于网络拓扑的改变而实现 ASON 的升级扩容。能够快速提供网络业务，从而为运营商带来新的利润增长点。

② 标准化。通过规范标准化协议和接口，可以实现多个厂商、多个运营商环境下的网络互操作。目前，多个国际化组织都在对 ASON 技术进行跟踪研究以及标准的制定工作。这些国际化组织已经完成了相当数量 ASON 标准的制定工作，这些标准在内容和范围上既有相互的重叠，也具有相互的补充性。

③ 灵活性。根据业务容量需要和业务质量（Quality of Service，QoS）要求，ASON 可以为客户提供不同的业务等级接入（Service Level Access，LSA）。ASON 提供不同的业务等级接入，意味着可以根据用户业务容量需要提供相应的带宽和根据用户信号质量要求提供相应的业务保护等级。

④ 经济性。现有骨干的 SDH 传送网络一般都采用环形相交、相割及重叠的拓扑结构，

升级扩容投资大，也给运行和维护也带来很大的压力。在新建 ASON 时，一次性投资可能比较大。但是，ASON 规模越大，长远的网络投资成本就会越小，而且 ASON 的智能化特性还会进一步降低网络的运营成本。通过将动态智能机制引入传统的静态光网络中，ASON 为运营商及网络环境带来了前所未有的优势。

9.4.2 ASON 的体系结构

1. ASON 的体系结构

从功能划分的角度，ASON 的体系结构主要由传送平面（Transport Plane，TP）、控制平面、管理平面（Management Plane，MP）及数据通信网络（Data Communication Network，DCN）构成，如图 9-28 所示。

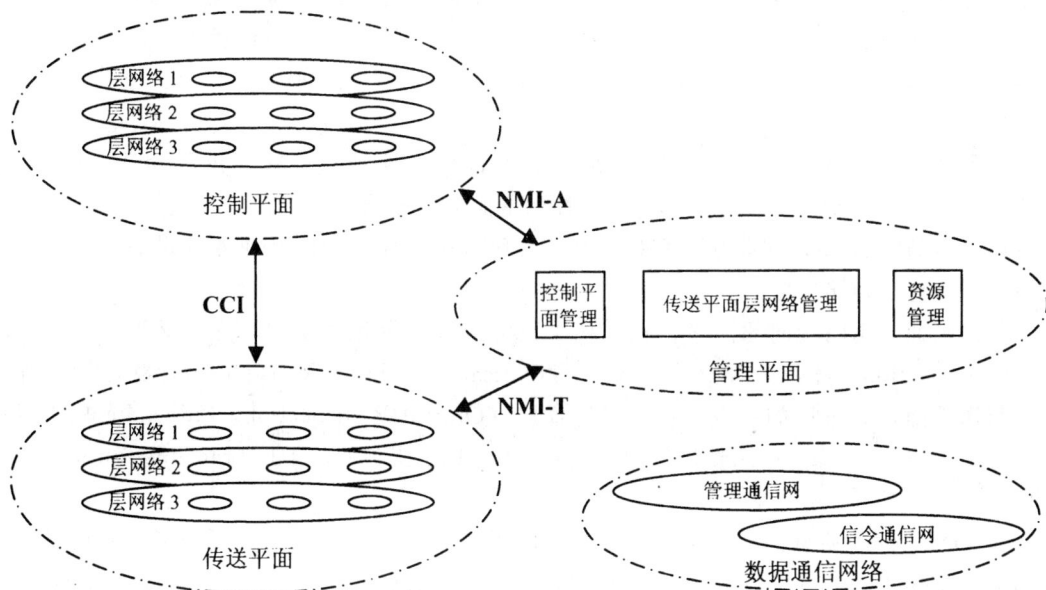

图 9-28 ASON 的体系结构

在图 9-28 中，利用 SDH 传送网或光传送网，传送平面提供一地到另一地用户信息的双向或单向的传递功能。此外，传送平面也可以提供一些控制和网络管理信息的传递。控制平面完成呼叫控制和连接控制功能，通过信令，控制平面完成连接的配置、释放及变更功能。在失效状态情况下，控制平面还可以完成连接的恢复功能，呼叫控制是一种用户应用与网络之间的信令关系。连接控制承担着独立连接的全部控制责任，连接控制也可以认为与链路控制有关。管理平面完成传送平面、控制平面及整个系统的管理功能。在管理平面内，完成的管理功能包括性能管理、缺陷管理、配置管理、报表管理及安全管理。数据通信网络是一种支持层网络 1、层网络 2 及层网络 3 功能的网络。通过管理通信网和信令通信网，数据通信网络完成传送平面、控制平面及管理平面内部及它们之间管理信息和控制信息的传送功能。

在智能网络中，网络是分层控制和管理的，这种分层的网络称为层网络（Layer Network，LN）。层网络是指一种表示一套可能涉及传递信息的、相同类型接入组（Access Group，AG）的拓扑组件。在实际的网络中，包括了物理层、数据链路层及网络层 3 种类型层网络。在图 9-28 中，层网络 1 表示物理层，层网络 2 表示数据链路层，层网络 3 表示网络层。

2. ASON 的平面类型

（1）控制平面。控制平面是整个 ASON 的核心部分，它由分布于多个 ASON 节点设备中的控制单元组成。控制单元主要由路由选择、信令转发以及资源管理等功能块组成，而各个控制单元相互联系共同构成信令网络，用于传送控制信令信息，控制网元的各个功能模块和通过 ASON 信令系统协同工作，实现连接的自动化和有效的保护恢复机制。

通过引入控制平面，借助接口、协议以及信令系统可以动态地交换光网络的拓扑信息、路由信息以及其他控制信息，实现了光通道的动态建立和拆除以及资源的动态分配。

（2）管理平面。ASON 的一个重要特征是管理功能的分布化和智能化，其管理平面和控制平面技术互为补充，可以实现对网络资源的动态配置、性能监测、故障管理以业务管理等功能。

管理平面和控制平面之间通过网络管理 A 接口（Network Management Interface-A，NMI-A）进行信息交互，实现管理平面和控制平面的功能协调。

（3）传送平面。ASON 的传送平面由一系列传送实体构成，是业务传送的通道，可以提供用户信息端到端的单向或双向传输。

传送平面采用网状网的网络拓扑结构，光传送节点设备主要包括光交叉连接（Optical Cross Connection，OXC）和光分插复用（Optical Add/Drop Multiplexer，OADM）等设备。传送平面具有分层的特点，包括光通道层（Optical Path Section，OPS）、光复用段层（Optical Multiplexing Section，OMS）和光传输段层（Optical Transmission Section，OTS）。

ASON 的传送平面支持增强的信号质量检测和多粒度光交换两项新功能。通过增强的信号质量检测功能，可以直接在光层进行信号检测，从而保证了恢复的效率及恢复的速度。通过支持多粒度光交换功能，便于实现流量工程、多业务接入及带宽的灵活分配。

3. ASON 的接口方式

ASON 的接口是网络中不同功能实体之间的连接方式。通过不同的接口，可以将不同的平面连接起来。在同一平面内部，不同功能区域也使用不同类型的接口相连接。ASON 体系结构中，控制平面和传送平面之间通过连接控制器接口（Connection Controller Interface，CCI）相连接，而管理平面则通过网络管理 A 接口和网络管理 T 接口（Network Management Interface-T，NMI-T）分别与控制平面及传送平面相连接。

（1）连接控制器接口。连接控制器接口是控制平面与传送平面之间的接口，用于传送连接控制信息和建立光交换机端口之间的连接。通过连接控制器接口的交互信息，包括从控制节点到传送平面网元的交换控制信令和从传送网元到控制节点的资源状态信息。

在 CCI 接口运行的信令协议需要支持以下功能：增加（即配置或建立）和释放连接、查询交换机端口的状态、向控制平面发送有关网络的信息。由于 CCI 属于网元内部接口，设备商既可以采用专有协议实现，也可以采用通用交换管理协议（General Switching Management Protocol，GSMP）实现。

（2）网络管理 A 接口。NMI-A 用来实现管理平面对控制平面的管理，接口中传送的信息主要是相应的网络管理信息。

通过 NMI-A，网管系统对控制平面的管理，包括管理控制平面初始网络资源的配置、对控制平面控制模块的初始参数配置、连接过程中控制平面和管理平面之间的信息交互、控制平面本身的故障管理、对信令网进行管理、以保证信令资源配置的一致性。

NMI-A 对控制平面的管理主要是对路由、信令和链路管理功能模块进行监视和管理。

NMI-A 可以使用简单网络管理协议（Simple Network Management Protocol，SNMP）接口，也可以使用厂商自己定义的接口协议。

（3）网络管理 T 接口。NMI-T 用来实现管理平面对传送平面的管理，在接口中传送的信息主要是相应的网络管理信息。

通过 NMI-T，网管系统可以实现对传送网络资源基本的配置管理、性能管理以及故障管理。传送平面的资源管理接口主要参照电信管理网（Telecommunication Management Network，TMN）结构实现。

NMI-T 对传送平面的管理主要包括：基本的传送平面网络资源的配置（如基本的网络资源、拓扑连接配置、适配管理配置、日常维护的性能监测和故障管理等）。

NMI-T 可以采用简单网络管理协议或通用管理信息接口协议（Common Management Information Protocol，CMIP），也可以使用厂商定义的接口协议。

4. ASON 的连接方式

ASON 网络结构采用的是重叠模型，用户网络和提供商网络之间不需要共享拓扑信息。在 ASON 中，根据不同的连接需求及连接请求对象的不同，可以提供 3 种类型的连接方式：交换连接（Switching Connection，SC）、永久连接（Permanent Connection，PC）及软永久连接（Soft Permanent Connection，SPC）方式。通过对这 3 种连接方式的支持，实现了 ASON 与现存光网络的无缝连接，有利于现存光网络向 ASON 的演变与过渡。

（1）交换连接。在引入控制平面的概念后，出现了一种全新的动态连接方式——交换连接方式。

交换连接的请求是由终端用户向控制平面发起的。通过信令和路由消息的动态交互，控制平面在连接终端点之间计算出一条可用的通路。最终，通过控制平面与传送网元之间信息的交互在两个终端点之间完成交换连接的建立过程，如图 9-29 所示。

在交换连接中，网络中的节点可以像电话交换机一样依据信令信息，实时响应连接请求。交换连接实现了光网络中连接的自动化，可以快速、动态地满足流量工程的标准。交换连接方式是 ASON 连接要求实现的最终目标。

（2）永久连接。永久连接继承了传统光网络中的连接建立方式。永久连接是由管理平面发起的，是网络管理系统指配的连接方式。根据连接请求及网络资源利用情况，管理平面预先计算得到连接路径。沿着预先计算的路径及 NMI-T，管理平面向网元发送交叉连接命令，进行统一配置。最终，通过传送平面各个网元设备的联合动作，完成整个通路的建立过程，如图 9-30 所示。

永久连接方式很好地兼容了传统光网络，实现了两者之间的互连。根据全网的资源情况，永久连接方式能够按照流量工程的要求进行计算，达到合理利用网络资源的目的。总体上看，永久连接存在的主要问题是连接建立过程相对较慢。

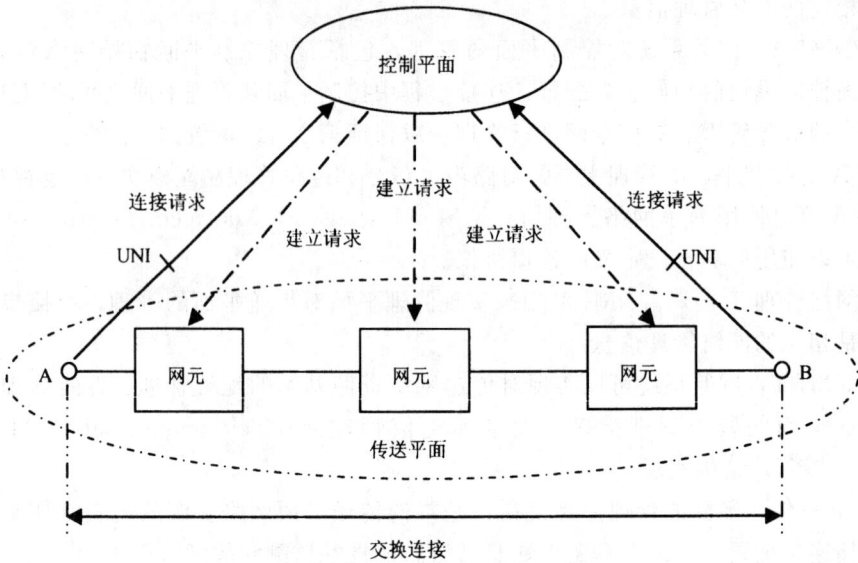

图 9-29　交换连接原理

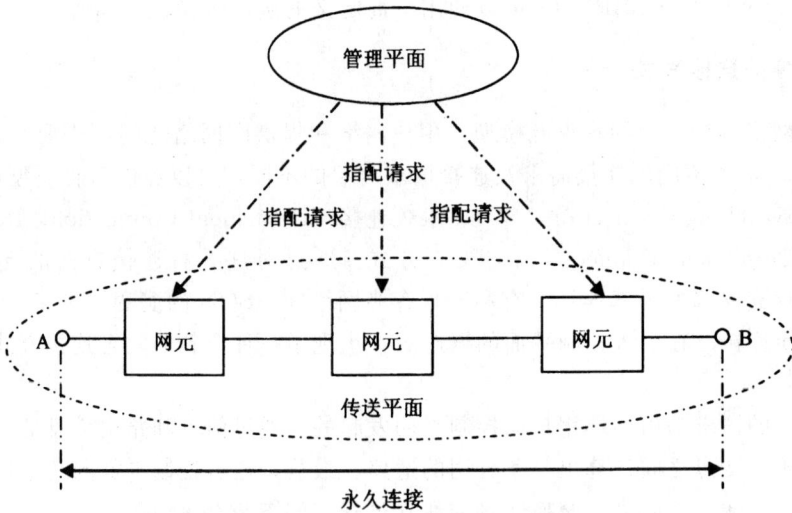

图 9-30　永久连接原理

（3）软永久连接。软永久连接最初也是由管理平面发起的。软永久连接的建立是由管理平面和控制平面共同完成的。软永久连接方式的建立介于交换连接和永久连接之间，属于一种分段的混合连接方式，包括了交换连接和永久连接两种连接方式。

在软永久连接方式中，用户到网络的部分由管理平面直接配置，而网络部分的连接则通过管理平面向控制平面发出连接请求，然后，在控制平面控制下完成连接过程。在软永久连接建立过程中，管理平面相当于控制平面的特殊用户，如图 9-31 所示。

软永久连接方式具有租用线路连接的属性，但同时却是通过信令协议完成整个建立过程的，因此，属于过渡类型的连接方式。

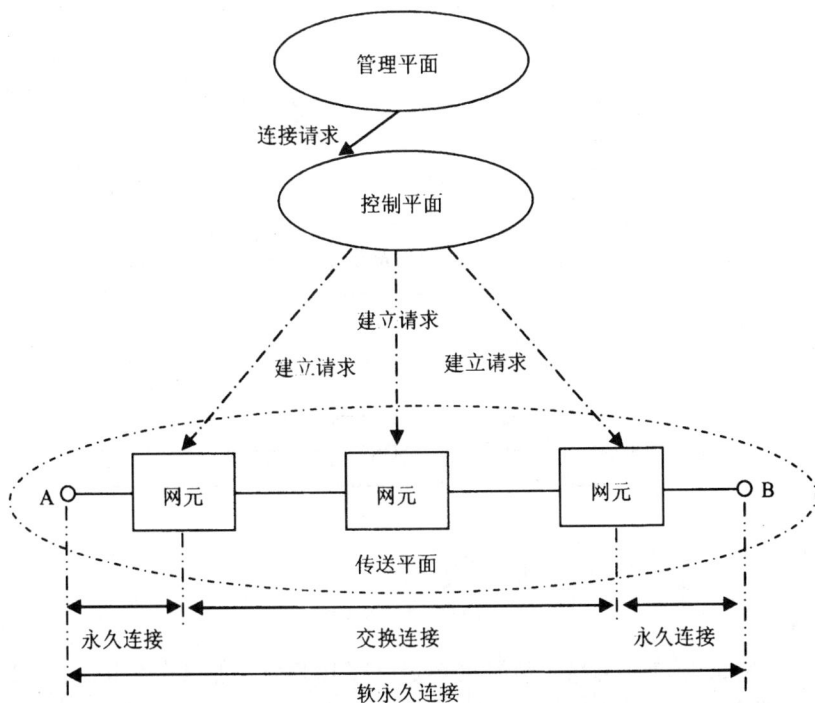

图 9-31 软永久连接原理

9.4.3 ASON 的控制平面及其核心技术

1. 引入控制平面的优势

ASON 中最具特色的就是 ASON 的控制平面，它赋予了 ASON 的智能性和生命力，使 ASON 具有如下的特点。

（1）能够实现流量工程的要求。

（2）控制平面协议代替了通用网络管理协议，同时，控制平面协议具有在不同传送技术中使用的优点。

（3）信令具有可扩展性，可以实现在多厂商环境下的连接控制，能够根据传送网络资源的实时使用情况，动态进行故障排除。

（4）具有快速服务指配功能，能够自动建立、维护、释放连接及网络的重构与恢复。

（5）支持各种新的业务类型（如相关用户组和虚拟专网等）。

（6）减少了服务提供商为新技术开发维护系统软件的需要。

2. 控制平面的构成

控制平面由独立或分布于网元设备中的、通过信令通道连接在一起的多个控制节点构成。在控制平面中，涉及的核心技术主要包括网络接口、功能模块及信令协议 3 部分。

3. 控制平面网络接口

ASON 中可能包括多种厂商的设备以及多种不同技术的设备。根据技术或者厂商设备的不同，可以将 ASON 划分成不同的自治区域。根据位置、功能的不同，ITU-T 在控制平面内部定义了两种逻辑接口：用户—网络接口（User-Network Interface for the Control Plane，UNI）和网络—网络接口（Network-to-Network Interface，NNI），如图 9-32 所示。用户—网络接口和网络-网络接口是实现 ASON 的关键技术，也是 ASON 区别于现有光网络的一个重要特征。

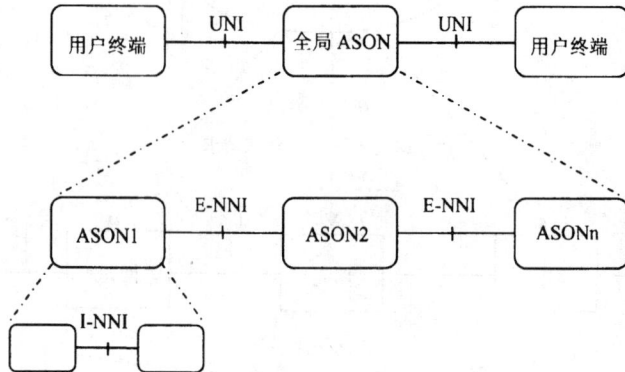

图 9-32　控制平面网络接口的关系

（1）用户—网络接口。用户—网络接口定义了用户（包括 IP 路由器、ATM 交换机、SDH 交叉连接设备等）与 ASON 设备（光层设备，如 OXC 和 OADM）的接口协议。对于用户而言，用户侧接口称为用户侧用户—网络接口（User-Network Interface for Client，UNI-C）；对于网络侧来说，网络侧接口称为网络侧用户—网络接口（User-Network Interface for Network，UNI-N）。

用户设备通过本接口动态请求获取、撤销及修改具有一定特性的光带宽连接资源，可以支持多种网元类型。支持自动业务发现、自动邻居发现等网络功能。具体支持的功能包括接入用户请求，即呼叫控制、资源发现、连接控制、连接选择及呼叫的安全管理和认证管理。

在用户—网络接口中，传送的信息流包括终端点的名称和地址、认证和连接控制以及连接服务消息。

（2）网络—网络接口。网络—网络接口是光网络子网之间的接口，主要解决不同供应商光网络设备之间的互连互通问题。在由多个自治网络构成的光网络内部，实现动态光路的建立、维护、释放等功能。

网络—网络接口可以分为内部网络—网络接口（Internal Network-to-Network Interface，I-NNI）和外部网络—网络接口（External Network-to-Network Interface，E-NNI）两种形式。

① 内部网络—网络接口。内部网络—网络接口是一个自治域内或有信任关系的多个自治域的、控制实体之间的双向信令接口。

内部网络—网络接口支持资源发现、连接控制、连接选择及连接路由等功能。在接口中，传送的信息流包括拓扑/路由信息、连接服务信息及控制网络资源的信息。

② 外部网络—网络接口。外部网络—网络接口是不同自治域或提供商网络中的、控制实体之间的双向信令接口。

外部网络—网络接口用于实现跨域连接的建立，支持呼叫控制、资源发现、连接控制、连接选择和连接路由。接口中的信息流包括可达网络地址信息、认证和连接接纳信息及连接服务信息。

4. 控制平面控制节点的功能模块

（1）控制节点的组成。控制节点由路由、信令、资源管理及自动发现等逻辑功能模块组成。

在 ITU-T 建议中，把控制平面节点的核心功能由连接控制器（Connection Controller，CC）、路由控制器（Routing Controller，RC）、链路资源管理器（Link Resource Manager，LRM）、流量策略（Throughput Policy，TP）、呼叫控制（Call Control，CallC）、协议控制器（Protocol Controller，PC）、发现代理（Discovery Agent，DA）及终端适配器（Terminal Adaptor，TAP）等 8 类组件组成，如图 9-33 所示。为了突出主要功能，在图中没有标出发现代理和终端适配器两个组件模块。

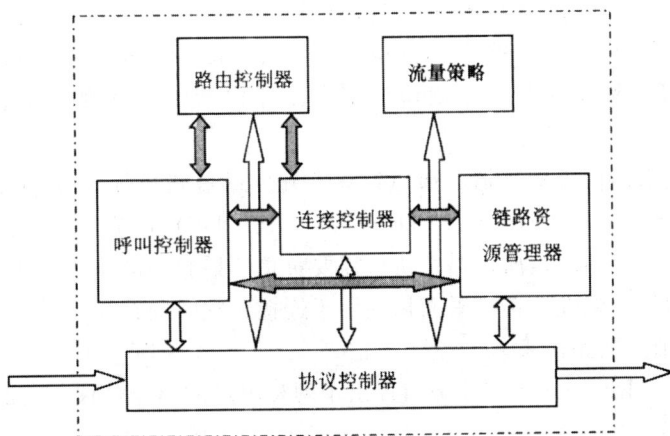

图 9-33　控制节点的功能

（2）控制节点组件模块的功能。在描述接口和组件行为时，采用了统一建模语言（Unified Modelling Language，UML）。控制组件模块的功能可以归纳如下。

呼叫控制器和连接控制器：呼叫控制器和连接控制器完成信令功能，实现 ASON 中分离呼叫和连接处理两个过程。连接控制器是整个功能模块的核心，负责协调链路资源管理器、路由控制器及对等或下层连接控制器，以便实现建立、释放和修改已经建立连接参数的目的。

路由控制器：路由控制器完成路由功能，为连接控制器将要发起的连接建立选择路由，同时，它还负责网络拓扑和资源利用等信息的分发。

链路资源管理器：链路资源管理器完成资源管理功能，检测网络资源状况，对链路占用、状态及告警等性能进行管理。

协议控制器：协议控制器发起消息分类收集和分发作用，负责将通过接口的消息正确送往处理模块。

流量策略：流量策略负责检查用户连接是否满足以前协商好的参数配置。

发现代理和终端适配器：发现代理和终端适配器完成自动发现功能。发现代理用于发现连接点-连接点之间的关系，而终端适配器完成连接点（Connection Point，CP）到子网点

（Sub-Network Point，SNP）的映射。连接点表示适配功能的北向输入端口（低层网络与高层网络之间的接口。由于通常绘制于外网络管理体系结构图的顶部，故得名），而子网点则抽象地表示实际或潜在连接点、连接终节点（Connection Termination point，CTP）、终结连接点（Termination Connection Point，TCP）或踪迹终节点（Trail Termination Point，TTP）。连接终节点表示连接点处的信号状态，终结连接点表示踪迹终结功能输出或输入到踪迹终结接收器功能，踪迹终节点表示了终结连接点处的信号状态。

5. 控制平面的协议

控制平面使用的协议也包括 3 大部分：路由协议、信令协议及链路资源管理协议。

在 ASON 中，使用由 Internet 工程任务组（Internet Engineering Task Force，IETF）提出的 GMPLS 协议框架。在 GMPLS 的协议框架中，不同的协议功能由对应的不同协议模块完成，分别为路由协议模块、信令协议模块及链路管理协议模块。

（1）路由协议。Internet 工程任务组提出的路由协议包括开放最短路径优先-流量工程和媒介系统-媒介系统-流量工程（Intermediary System-Intermediary System-Traffic Engineering，IS-IS-TE）两个协议。路由协议基本功能包括资源发现、状态信息传播及信道选择。

路由协议模块由路由表管理器、通道计算、开放最短路径优先-流量工程及链路状态通告-数据库（Link State Advertisement-Database，LSA-DB）构成。由于传送平面和控制平面拓扑结构不需要完全相同，所以路由协议需要负责广播它们的拓扑，使得每个节点都能够保持网络拓扑视图的一致性。传送平面拓扑用于连接建立时的路径选择，而控制平面拓扑则用于构建 IP 控制消息的路由表。

（2）信令协议。Internet 工程任务组提出了两种改进的信令协议：资源预定协议-流量工程和基于约束的路径标签分布协议（Constraint-Based Routed Label Distribution Protocol，CRLDP）。

信令协议模块主要包括开发最短路径优先-流量工程。本模块用于创建、维护、恢复和释放光链路连接。信令包含地址和命名、信令过程、信令类型、信令具体内容及其安全性等方面。

（3）链路管理协议。Internet 工程任务组提出了链路管理协议。链路管理协议模块的主要功能是维护网络中的链路资源信息，为连接的建立提供资源的保证。

9.5 全光通信网

9.5.1 全光网概述

随着社会的发展，人们对宽带视频、多媒体业务、基于 IP 的实时/准时业务等新兴数据业务的需求不断增长。由于新兴业务占用的带宽资源较多，因此，高速宽带综合业务网络已成为本世纪通信网络的发展趋势。对此，现在争论焦点主要集中在未来的网络技术到底应该采取那种网络机制——ATM 机制、SDH 机制还是基于 WDM 的全光网技术。目前，串行电信号传输速率上限为 40Gbit/s，而一根光纤可提供的理论传输带宽约为 150THz，也就是说，即使用此速率在光纤上传输，也仅利用了光纤容量的一小部分。由于受限于电子器件工作上限速率 40GHz，难以完成高速宽带综合业务的传送和交换处理，网络中出现带宽"瓶颈"，为了克服电子器件的"瓶颈"，提出了全光网络的概念。全光网络（All-Optical Networks，AON）技术是指光信息流在网络中的传输及交换时始终以光的形式存在，而不需要经过光/电、电/光变换。在全光网中，高性能路由器通过光分插复用器（OADM）或 WDM 耦合器直接连至 WDM 光纤，光纤内各波长是链路层互连的。高性能路由器取代传统的基于电路交换概念的 ATM 和 SONET/SDH 电交换与复用设备，用作主要的交换/选路设备，由它控制波长接入、交换、选路和保护。因此，全光网是一个真正的链路层数据网，可以通过指定波长作旁路或直通连接，网络的业务工程（traffic engineering）可以只在 IP 层完成。它具备更强的可管理性、灵活性、透明性，和传统通信网现行的光通信系统相比，它具有以下诸多优点。

（1）可提供更大的带宽。因为全光网对信号的传输、交换都在光域内进行，可最大限度地利用光纤的传输容量。

（2）具有传输透明性。因为采用的光路交换，以波长来选择路由，因此，对传输码率、数据格式以及调制方式具有透明性，即对信号形式无限制，允许采用不同的速率和协议。

（3）具有更高的处理速度和更低的误码率。

（4）具有良好的兼容性。不仅可以与现有的通信网络兼容，而且还可以支持未来的宽带综合业务数字网以及网络的升级。

（5）具备良好的扩展性能。网络可同时扩展用户、容量和种类，新节点的加入并不会影响原来网络结构和原有各节点设备。

（6）具备可重构性。可以根据通信容量的需求，动态地改变网络结构，可进行恢复、建立、拆除光波长的连接。

（7）由于采用了较多无源光器件，省去了庞大的光/电/光转换的设备及工作，可大幅提升网络整体的交换速度，提高可靠性。

全光网的基本结构主要由核心网、城域网和接入网 3 层组成，3 者的基本结构相类似。目前，接近实用的是基于 DWM 技术的全光网络，它由波分复用系统、光放大器、光分插复用器（OADM）和光交叉连接设备组成，有星形网、总线网和树状网 3 种基本类型。其协议问题目前多个国家都在研究，从已提出的方案来看，它们的基本结构大体一致，可以分为光网络层和电网络层。光网络层（光链路相连的部分）采用了 WDM 技术，使一个光网络中能传送几个波长的光信号，并在网络各节点之间采用 OXC，以实现多个光信号的交叉连接。光网络层通过光链路与宽带网络用户接口和局域网相连。

9.5.2　全光网关键技术

1. 光交换技术

光交换技术可分成光通路交换（OCS）和光分组交换（OPS）两种主要类型。光的通路交换类似于现存的电路交换技术，采用 OXC、OADM 等光器件设置光通路，中间节点不需要使用光缓存，目前，对 OCS 的研究已经较为成熟。根据交换对象的不同 OCS 又可以分为以下几种技术。

（1）光时分交换技术。时分复用是通信网中普遍采用的一种复用方式，光时分交换就是在时间轴上将某一复用的光信号的时间位置 t_i 转换成另一个时间位置 t_j。完成光时分交换的主要器件是时隙交换器，它完成将输入信号一帧中任一时隙交换到另一时隙输出的功能。常用的一种时隙交换器由 $1 \times T$ 光开关（T 为一帧中的时隙数）和不同长度的光纤延时线组成，如图 9-34 所示。$1 \times T$ 光开关把 T 个时隙时分解复用，不同的时隙在空间分割开后送入适当的光纤延时线；光时延线以光信号在其中传输一个时隙时间经历的长度为单位，光信号需要延时几个时隙，就让它经过几个单位长度的光纤延时线；不同时隙经过适当延时后，重新复用成一帧输出，此时需要交换的光信号的时间位置 t_i 就转换成了另一个时间位置 t_j，从而完成光时分交换。

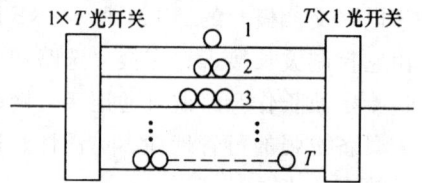

图 9-34 时隙交换器

（2）光空分交换技术。光空分交换是根据需要在两个或多个点之间建立物理通道，这个通道可以是光波导也可以是自由空间的波束，信息交换通过改变传输路径来完成。空间光开关是空分光交换中最基本的功能开关。图 9-35 所示为一种利用 1×2 空间光开关实现空分光交换的方案。

（3）光波分交换技术。光波分交换是指光信号在网络节点中不经过光/电转换，直接将所携带的信息从一个波长 λ_i 转移到另一个波长 λ_j 上。如图 9-36 所示，波分解复用器件将波分信道空间分割开，对每一波长信道分别进行波长转换，然后再将它们合起来输出，从而达到波长交换的目的。

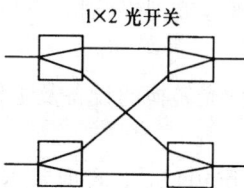

图 9-35 一种空分光交换实现方案

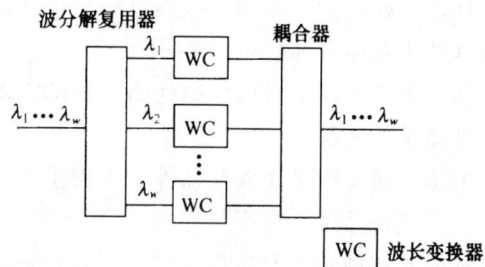

图 9-36 光波分交换原理

（4）光码分交换技术。光码分复用（OCDMA）是一种扩频通信技术，不同用户的信号用互成正交的不同码序列填充，接收时只要用与发送方相同的序列进行相关接收，即可恢复原用户信息。光码分交换的原理就是将某个正交码上的光信号交换到另一个正交码上，就可实现不同码之间的交换。

未来的光网络由于其透明性将支持多业务，业务的多样性使得用户对带宽有不同的需求，其中小粒度的业务是运营商的主要业务，而光通路交换在光子层面的最小交换单元是整条波长通道上数 Gbit/s 的流量，很难按照用户需求灵活地进行带宽的动态分配和资源的统计复用，所以光分组交换应运而生。光分组交换系统根据对控制包头处理及交换粒度的不同，又可分为光分组交换、光突发交换和光标记分组交换。

（1）光分组交换（OPS）技术。它以光分组作为最小的交换颗粒，数据包的格式为固定长度的光分组头、净荷和保护时间 3 部分。在交换系统的输入接口完成光分组读取和同步功能，同时用光纤分束器将一小部分光功率分出送入控制单元，用于完成如光分组头识别、恢复和净荷定位等功能。光交换矩阵为经过同步的光分组选择路由，并解决输出端口竞争。最后输出接口通过输出同步和再生模块，降低光分组的相位抖动，同时完成光分组头的重写和光分组再生。

（2）光突发交换（OBS）技术。光突发路由器同样能实现光分组交换功能。它是针对目前光信号处理技术尚未足够成熟而提出的。在这种网络结构中有两种光分组：包含路由信息的控制分组和承载业务的数据分组。数据分组和控制分组独立传送，在时间上和信道上都是分离的，控制分组中的控制信息通过路由器的电子处理，而数据分组不经过光—电—光转换和电子路由器的转发，直接在端到端的透明传输信道中传输。控制分组在 WDM 传输链路中的某一特定信道中传送，每一个突发的数据分组对应于一个控制分组，并且控制分组先于数据分组传送，通过"数据报"或"虚电路"路由模式指定路由器分配空闲信道，实现数据信道的带宽资源动态分配，大大提高了资源分配的灵活性和资源的利用率。数据信道与控制信道的隔离简化了突发数据交换的处理，且控制分组长度非常短，因此使高速处理得以实现。可以看出，这种技术充分发挥了现有的光子技术和电子技术的特长，实现成本相对较低、非常适合于在承载未来高突发业务的局域网（LAN）中应用，超大容量的光突发数据路由器同样可用于构建骨干网。

（3）光标记分组交换（OMPLS）技术。光标记分组交换也称为 GMPLS 或多协议波长交换（MPλS），它是 MPLS 技术与光网络技术的结合。MPLS 是多层交换技术的最新进展，将 MPLS 控制平面贴到光的波长路由交换设备的顶部就具有 MPLS 能力的光节点。由 MPLS 控制平面运行标签分发机制，向下游各节点发送标签，标签对应相应的波长，由各节点的控制平面进行光开关的倒换控制，建立光通道。

2. 光交叉连接设备

光交换/光路由属于全光网络中关键光节点技术，主要完成光节点处任意光纤端口之间的光信号交换及选路。全光网络的几大优点如带宽优势、透明传送、降低接口成本等都是通过该技术体现的。从功能上划分，光交换/光路由、光交叉连接（OXC）、光分插复用（OADM）是顺序包容的，即 OADM 是 OXC 的特例，而 OXC 是光交换/光路由的特例。由于 OXC 和光交换/光路由还在发展之中，目前对光交换/光路由的命名比较混乱。有的公司把现有的 OADM、OXC 都称为光交换系列（Optical Switching，OS），有的又称之为光路由器。通常 OXC 有 3 种实现方式：光纤交叉连接、波长交叉连接和波长变换交叉连接。其中，光纤交叉连接以一根光纤上所有波长的总容量为基础进行交叉连接，容量大，但不灵活；波长交叉连接可将任何光纤上的任何波长交叉连接到使用相同波长的任何光纤上。比如，波长 λ_1、λ_2、λ_3 和 λ_4 从输入端 1 号纤输入，波长交叉连接可以将这 4 个波长选路到输出端口的 1、2、3 和 4 号纤上去。现在也有人将这种波长交叉连接称为无源光路由器，它的波长可以通过空间分割实现重用。波长的选路路由由内部交叉矩阵决定，一个 $N \times N$ 的交叉矩阵可以同时建立 N^2 条路由；波长变换交叉连接可将任何光纤上的任何波长交叉连接到使用不同的波长的任何光纤上，具有最高的灵活性，它和波长交叉连接的区别是可以进行波长转换。从 OXC 的结构可以分为以下 3 种类型：空分交换 OXC 结构、分送耦合交换 OXC 结构和波长交换 OXC 结构。

（1）空分交换 OXC 技术。采用空分光交换的 OXC 结构如图 9-37 所示，它由输入输出光纤、星形耦合器（Star Coupler，SC）、可调光滤波器、空间开关矩阵（Space Switching Matrix，SSM）等模块组成。该结构中 N 根输入光纤中每根光纤上均复用 M 个波长信道，这些信道信号通过星形耦合器和滤波器在空间上分开，然后通过光开关矩阵路由到输出端口或通过光接收机模块到 DXC。本地接入的光信道可以通过 DXC 和光发送机进入光开关矩阵，通过光开关矩阵路由到合适的输出端口。该结构需要 M 个（$N+1$）×（$N+1$）个空间光开关矩阵，每个矩阵有（$N+1$）个输入端口和（$N+1$）个输出端口，$M \times N$ 个可调光滤波器，每个空间光开关矩阵有（$N+1$）^{2} 个交叉点，结构共有 $M \times (N+1)^2$ 个交叉点。图 9-38 所示的空分交换 OXC 是含波长变换器的，它需要 $M \times (N+1)$ 个波长变换器。

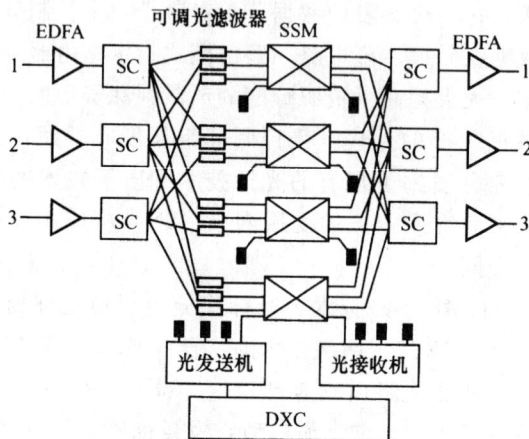

图 9-37　不含波长变换器 OXC（$N = 3$，$M = 4$）

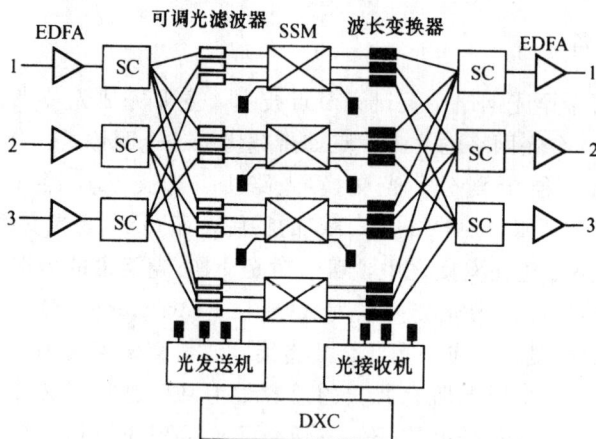

图 9-38　含波长变换器 OXC（$N = 3$，$M = 4$）

（2）分送耦合交换 OXC 结构。分送耦合交换 OXC 的基本单元是星形耦合器和光开关，图 9-39 所示为分送耦合交换 OXC 的结构示意图，图中的波长变换器具有波长选择功能，也可以起到滤波的功能。

（3）波长交换 OXC 结构。波长交换 OXC 结构如图 9-40 所示。这种 OXC 方案交换机制主要是在频域进行的，交换通过波长来完成。该结构具有严格的无阻塞特性，如果在设计星形耦合器 SC 数量的时候，留够足够的冗余。该结构还具有波长和链路模块性，便于网络的升级扩容。

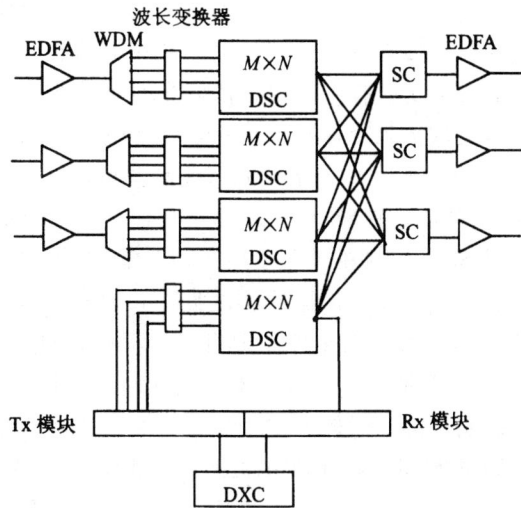

图 9-39 耦合交换 OXC 结构

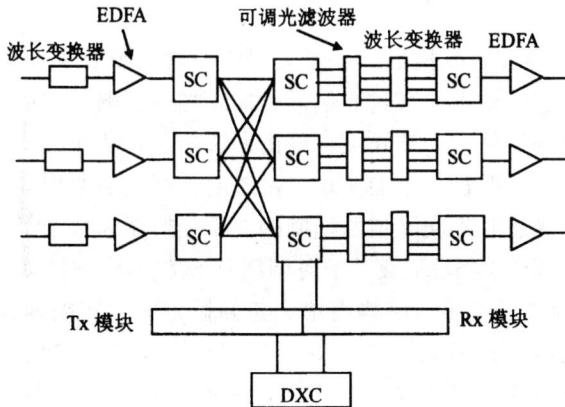

图 9-40 基于波长交换 OXC 结构

3. 波长变换技术

全光网在干线网的交叉点引入光交叉连接和波长变换器，从而形成端到端的"虚波长"通道，只要各段链路分别存在未被占用的空闲波长，就可以通过波长变换建立通信路由，大大提高了波长利用率。尤其是对大容量、多节点的网状网，波长变换器的加入能大大降低网络的阻塞率。波长转换技术已经成为光通信基础研究的一项热点，并在一些全光试验网中采用。常见的波长变换技术主要有以下几种类型。

（1）光/电/光波长变换技术。采用该技术进行波长变换，先用光电检测器接收该光信号，将光信号变成电信号，然后，将信号调制到所需波长的激光器发射出去，实现电/光转换，从而实现波长变换。这种技术优点是可以将光信号变换成精确的需要波长以满足通信和器件需要，可以对信号进行再生、整形和再定时。此外，该系统原理简单，在较宽的输入光功率范围下都能够适应，而且对偏振不敏感。缺点是电路结构相对复杂，同时，经过光/电/光的转换，原先光信号的相位、幅度等信息会丢失，无法实现光信号的完全透明传输。但是其技术成熟、性能稳定。

（2）全光波长变换技术。全光波长变换技术不需要过光/电/光处理，而是直接在光域内将某一波长的光信号直接转换到另外的一个波长上。避开了光电转换过程中的瓶颈问题，可以大大提高转换速率。全光波长变换技术主要是依靠光的非线性效应，目前，通常实现全光变换的器件主要有：半导体光放大器（Semiconductor Optical Amplifier，SOA）、饱和吸收双稳态激光器、注入锁定 Y 型激光器、强度调制（或频率调制）的 DBR 激光器、基于光波混频的铌酸锂（LiNbO3）波导或铝镓砷（AlGaAs）波导、非线性光纤环镜等。

在这些实现方案中，用 SOA 实现的波长变换方法具有比较好的使用前景，同其他器件相比，它具有如下优点：响应速度快，偏振敏感度低，频率转换范围大，所需泵浦功率低，结构紧凑便于集成。SOA 技术实现波长变换主要有以下两种原理。

① 基于光混频原理的波长变换器，主要包括差频和四波混频。这种变换方式的优点是：转换速率高、对信号格式透明、能同时转换多个波长。混频产生的光波保留了信号光的相位和幅度信息，是目前唯一能够实现严格透明的波长变换技术。利用该技术可以将 WDM 系统中的一组信号同时进行频率搬移，实现全光波长变换。它的主要缺点是：输出特性与转换间距相关。输出特性主要包括噪声、转换效率、信噪比恶化等指标；器件转换效率比较低，典型值为-20dB。

② 基于光调制原理的波长变换器。基于光调制原理的波长变换器主要是利用交叉增益调制和交叉相位调制。它实质上是通过光信号和连续光（探测光）信号的交叉调制，将输入信号所携带的信息转移到另外一个波长上再输出。这种波长变换方式只适用于强度调制的信号，所以说是达到有限的透明性，不能实现严格透明。利用该原理具体实现的波长变换器主要有两种：基于半导体光放大器交叉增益调制的波长变换器和基于半导体光放大器交叉相位调制的波长变换器，分别称为 SOA-交叉增益调制和 SOA-交叉相位调制全光波长变换器。

SOA-交叉增益调制波长变换器结构简单、与偏振无关、转换速率快（40Gbit/s 左右）。其缺点是输出的信号与输入信号的极性正好相反，向短波长方向变换容易获得较高的消光比，信号向长波长方向变换时消光比明显下降，一般只有 8dB 左右。变换后信号的消光比是一项重要的指标，因为每次变换后的光信号如果有较大的恶化，经过几次变换后，光信号的质量就不能为用户所接受。另外，SOA 的自发辐射噪声系数比较大（7~8dB），导致信噪比明显下降，波长变换会带来啁啾和信号幅度畸变。SOA 有源区载流子密度的变化将导致变换信号的啁啾加大，加剧色散对传输系统的影响。

SOA-交叉相位调制波长变换器可以克服交叉增益调制波长转换中消光比降低的缺点。它实际上是由马赫-曾德尔干涉仪及其臂上的两个 SOA 组成。由于 SOA 有源区的折射率同载流子密度有关，输入光信号强度的变化会使 SOA 的折射率随之改变，导致相差的产生。SOA-交叉相位调制波长变换器的一个重要优点是：对有较小消光比的输入信号，变换后信号的消光比可以得到提高。

另外，全光波长变换技术还有非线性光纤环镜型波长变换器和光纤光栅外腔波长变换器等。

波长变换器是充分发掘现有光通信设备的潜力，实现 WDM/DWDM 通信网的必要手段，也是解决未来全光网中波长路由竞争的关键器件。世界各国都在开展全光波长变换技术的研究，波长变换技术的进展对于光分插复用、光交叉连接以及全光网的发展都有极其重要的推动作用。

小　　结

当前通信网络的发展有两个方向，一是传输层面呈现光网络的发展趋势，从核心层的 ASON 技术到接入层的 FTTH 技术，无不预示网络承载向光的演化；另外是以 IP 为核心的业务整合，IPTV、VOIP 的快速发展同样说明了 IP 承载的发展方向。

SDH 是目前光网络的主流技术，不论是 ASON 技术、MSTP 技术，还是波分复用技术基本上都是基于 SDH。SDH 采用全球统一的接口和复用映射路径，实现了多厂家环境的兼容；设置的大量开销字节实现了高效协调一致的管理和操作，引入的指针技术使灵活的组网与业务调度成为现实；此外，SDH 网络还具有很强的自愈功能。随着传送业务的多样化、传送速率的不断提高，SDH 的接口也越来越丰富，逐步过渡到多业务传送平台（MSTP），并退却到光网络的边缘。

光互联网是随着以 IP 为核心的业务整合而新兴起来的，主要包括 IP over SDH 技术、IP over WDM 技术等。IP over SDH 技术将 IP 分组通过点到点协议直接映射到 SDH 帧，简化了网络体系结构，提高了传输效率；IP over WDM 是一个真正的链路层数据网，可以通过指定波长作旁路或直通连接，网络的业务工程可以只在 IP 层完成。

光接入网是解决全网瓶颈的手段，无源宽带光接入网技术使 FTTH 成为现实的首选，它主要包括 EPON、GPON 等技术。EPON 将以太网技术与无源光网络（PON）技术结合起来，以最简单的方式实现一个点到多点拓扑结构的千兆以太网光纤接入网络。GPON 采用标准通用组帧程序，可以透明、高效地将各种数据信号封装进现有 SDH 网络，适应任何信号格式和传输制式，业务提供灵活。

智能交换光网络是一种基于 SDH 传送网和光传送网的、通过分布式控制平面自动实现配置连接管理的光网络，主要由传送平面、控制平面、管理平面构成。控制平面的引入可以完成路由自动发现、呼叫连接管理、保护恢复等功能，从而实现了网络资源的按需分配，使光网络具有智能化功能。随着传输、交换速率的进一步提高，电子器件工作的上限速率将成为网络带宽的"瓶颈"，因此，为了克服电子器件的"瓶颈"，必须发展全光网络。

复习思考题

1. SDH 帧由哪几部分组成？SDH 有哪些显著特点？

2. 根据帧结构，计算 STM-1、STM-4 的标称速率。

3. STM-N 帧长、帧频、周期各为多少？帧中每个字节提供的通道速率是多少？

4. 段开销分几部分？每部分在帧中的位置如何？作用是什么？

5. 管理单元指针位于帧中什么位置？其作用是什么？

6. 简述 2.048Mbit/s 信号到 STM-1 的映射复用过程。

7. STM-1 最多能接入多少个 2Mbit/s 信号？多少个 34Mbit/s 信号？多少个 140Mbit/s 信号？

8. SDH 网采用异步映射方式接入 PDH 信号时，140Mbit/s、2Mbit/s 和 34Mbit/s 信号接入时各采用何种调整方式？

9. 简述指针的作用，指针有哪几种类型？

10. 按照应用的不同，SDH 设备有哪几种类型？

11. 简述 DXC X/Y 的含义。

12. 什么是网络的拓扑结构？基本的拓扑结构有哪些？

13. 在线形网保护中，简述 1＋1 和 1:1 保护倒换方式的区别。

14. 什么是自愈功能？简述二纤单向通道倒换环和二纤双向复用段倒换环的工作原理。

15. 什么是 MSTP？画出 MSTP 的组成框图。

16. IP 包进入 SDH 净负荷的封装采用什么协议？

17. PPP 帧格式是如何定义的？

18. 简述 IP over SDH 的分层模型。

19. 简述 IP over WDM 的基本工作原理。

20. IP over WDM 的协议模型分为几层？

21. 简述 EPON 的组成单元。

22. 简述 EPON 的基本工作原理。

23. 简述 GPON 系统的网络结构。

24. GPON 系统的技术特点有哪些？

25. 比较 EPON 和 GPON 的技术特点。

26. 什么是智能网络？其主要特点有哪些？

27. 从功能的角度分，ASON 体系结构主要由哪些部分组成？

28. 在 ASON 体系结构中，有哪些类型的连接方式？各有什么样的特点？

29. 涉及控制平面的关键技术包括哪些方面？

30. 控制平面网络接口有哪些？它们的功能分别是什么？

31. 控制平面协议包括哪些？它们的功能分别是什么？

第 **10** 章　光纤通信系统设计

本章主要介绍系统的设计任务，系统设计与工程设计任务上的差别；模拟光纤通信系统的主要性能指标及传输距离设计方法；数字光纤通信系统的假设参考模型，主要性能指标、光接口规范及数字光纤通信系统的损耗限制距离、色散限制距离和光通道的光信噪比。

10.1　概述

光纤通信系统根据传送的信号可以分为模拟光纤通信系统和数字光纤通信系统。模拟光纤通信系统目前一般只用于传送广播式的视频信号，最主要的应用是广电的 HFC（Hybrid Fiber Coax）网。其他场合一般采用数字光纤通信系统，它具有传输距离长，传输质量高，噪声不积累等模拟传输无法比拟的优点。

随着光纤通信技术的进步，系统的传输容量（速率）越来越高，例如：HFC 网络过去多为单向 300MHz 系统（传 20 余套 PAL-D 制式电视节目），现在多为双向 870MHz 系统（传 59 套 PAL-D 制式电视节目和双向数据）；数字光纤通信系统的速率由过去的 140Mbit/s 提高到 2.5Gbit/s、10Gbit/s 以上，并开始大量应用光波分复用技术（现实用速率到 1.6Tbit/s）。掺铒光纤放器等新器件也不断实用化，使得光传输系统中各种非线性效应逐渐显著，克服和利用这些效应的手段也变得灵活而复杂，给系统的集成带来一定的复杂性，因此，出现了系统设计。

系统设计的任务是：遵循建议规范，采用先进、成熟技术，综合考虑系统经济成本，合理地选用器件和设备，明确系统的全部技术参数，完成实用系统的合成。它与工程设计主要区别如下[9]。

（1）系统设计与工程设计的区别表现在复杂程度上。系统设计需要了解光源、光纤、光器件应用数据速率限制，要在不同类型的光源、光纤、光器件间以及它们的工作波长作合理的选择。

（2）系统设计与工程设计的区别表现在它们的任务不同。系统设计的任务是完成系统的集成。工程设计的主要任务是工程建设中的详细经费概预算，设备、线路的具体工程安装细节。当然，这并不表示系统设计不考虑实用系统的成本和实施的可行性，追求最佳性价比也是系统设计的根本宗旨。只是系统设计考虑的是系统的总体经济性，并通过全部接口满足规范要求来确保系统实施的可行性。

10.2 模拟光纤通信系统

模拟光纤通信系统多采用副载波复用技术。所谓副载波是指射频电磁波，以区别于光调制时的光载波。副载波调制的电视系统框图如图 10-1 所示。在发送端视频信号（视频 i）对一个特定射频副载波（f_i）进行调幅，然后通过一个带通滤波器，实现残留边带幅度调制（VSB-AM），n 路副载波调制信号通过组合电路复用成一路宽带信号，复用得到的宽带信号放大后在发光机中调制在光波上（光波波长可以是 1 330nm，也可以是 1 550nm），注入光纤传输；在光接收端，光电检测器将光信号还原为复用的宽带电信号，分离电路将宽带复用信号分接成 n 路副载波调制信号，再用解调器从各个已调副载波上解调出各路视频信号。作为光纤通信系统的设计，主要是讨论光发送机、光接收机的选用，系统指标的分配和核算。

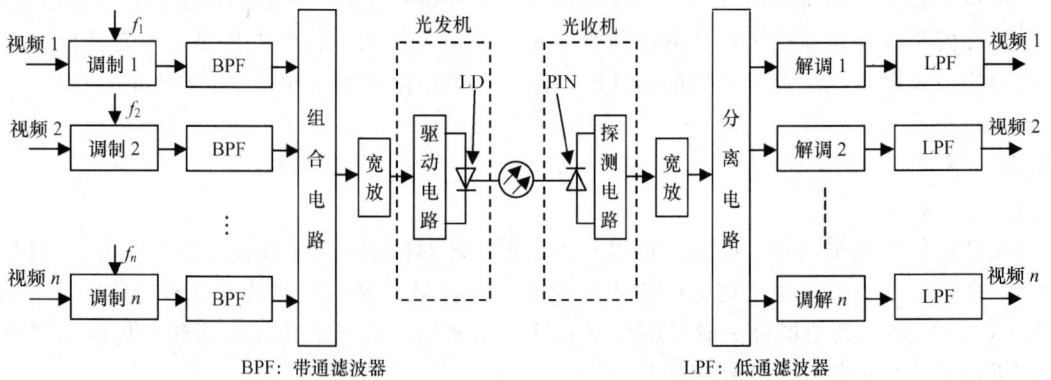

BPF：带通滤波器　　　　　　　　　　　　LPF：低通滤波器

图 10-1　副载波复用模拟电视传输系统

10.2.1 系统主要性能指标

作为残留边带调幅的副载波光纤传输系统，其主要指标有：载噪比（Carrier Noise Ratio，CNR）、组合二阶互调失真（Composite Second Order intermodulation，CSO）、组合三阶差拍失真（Composite Triple Beat，CTB）。

1. 载噪比

载噪比（CNR）是在规定的带宽内一个频道中的载波功率（C）与噪声功率（N）之比，一般以 dB 作单位。定义式为：

$$CNR = 10 \lg \frac{C}{N} \qquad (10\text{-}1)$$

如图 10-2 所示，假设流过激光器的某一频道的载波（频率为 ω_j）电流为：

$$i(t) = I_m \sin \omega_j t \qquad (10\text{-}2)$$

不存在失真时激光器的输出功率为：

$$P(t) = P_b(1 + m \sin \omega_j t) \qquad (10\text{-}3)$$

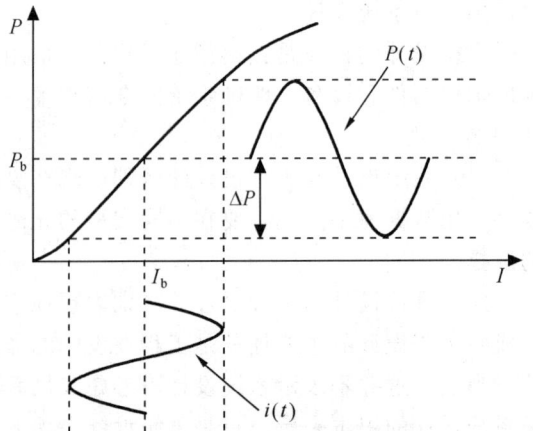

图 10-2　激光器模拟调制示意图

式中的 m 为光调制度：

$$m = \frac{\Delta P}{P_b} \tag{10-4}$$

不考虑线路和光电转换失真，则光电检测器输出的光生电流为：

$$
\begin{aligned}
i_p(t) &= I_0(1 + m\sin\omega_j t) \\
&= RP_r(1 + m\sin\omega_j t)
\end{aligned}
\tag{10-5}
$$

式中 R 为光电检测器的响应度，P_r 为光接收机的平均接收功率。

从式（10-5）中可以导出载波功率为：

$$C = \frac{1}{2}m^2 I_0^2 = \frac{1}{2}m^2 R^2 P_r^2 \tag{10-6}$$

噪声包括光探测器后放大器热噪声、光电转换散弹噪声、激光器相对强度噪声等，噪声功率为：

$$N = 4kTN_F B\frac{1}{R_L} + 2e(I_0 + I_d)B + I_0^2 B 10^{\frac{n_{RIN}}{10}} \tag{10-7}$$

式中：$k = 1.38 \times 10^{-23}$ J/K 为玻尔兹曼常数，N_F 为前置放大器噪声指数，B 为每个频道的带宽，$e = 1.6 \times 10^{-19}$ C 为电子电荷，I_0 为接收机平均光生电流，T 为绝对温度，R_L 为前置放大器的输入阻抗，I_d 为光探测器的暗电流，n_{RIN} 为激光器相对强度噪声系数（以 dB 为单位）。

与 I_0 相比，光电探测器的暗电流 I_d 很小，通常可以忽略。此时 VSB-AM 系统的载噪比为：

$$CNR = \frac{\frac{1}{2}m^2 I_0^2}{4kTN_F B\frac{1}{R_L} + 2eI_0 B + I_0^2 B 10^{\frac{n_{RIN}}{10}}} = \frac{\frac{1}{2}m^2 R^2 P_r^2}{4kTN_F B\frac{1}{R_L} + 2eRP_r B + R^2 P_r^2 B 10^{\frac{n_{RIN}}{10}}} \tag{10-8}$$

光接收机的平均接收光功率 P_r，由激光器的发送功率和光纤链路损耗确定。

$$P_r = P_o 10^{-\alpha L/10} \tag{10-9}$$

式中：α 为光纤的损耗常数，L 为光链路的长度。结合式（10-9）和式（10-8）可见，系统的载噪比（CNR）与激光器的发光功率与光路链损密彻相关，不能脱离光纤链路而就某光发送机来讨论载噪比。

根据式（10-8）可以得到各种噪声对系统 CNR 的影响程度。

前置放大器的热噪声所决定的 $(CNR)_T$ 为：

$$(CNR)_T = \frac{m^2 R^2 P_r^2 R_L}{8kTN_F B} \tag{10-10}$$

$(CNR)_T$ 与输入功率的平方成正比，即输入功率增加 1dB，$(CNR)_T$ 增加 2dB。当接收机的接收光功率很小时，前置放大器的热噪声占主导地位，系统的 CNR 近似符合这种规律。

光电转换散弹噪声决定的 $(CNR)_q$ 为：

$$(CNR)_q = \frac{m^2 RP_r}{4eB} \tag{10-11}$$

$(CNR)_q$ 与接收机输入功率成正比，输入功率增加 1dB，$(CNR)_q$ 增加 1dB。当系统光接收机输入功率很强时，光电转换散弹噪声占主导地位，此时系统的 CNR 近似符合这个规律。

激光器相对强度噪声决定的 $(CNR)_{RIN}$ 为：

$$(CNR)_{\text{RIN}} = \frac{m^2}{2B10^{\frac{n_{\text{RIN}}}{10}}} \tag{10-12}$$

$(CNR)_{\text{RIN}}$与光接收机的接收功率无关。

综合3种噪声的影响可以肯定地得到：由于激光器相对强度噪声的存在，光路链损过大时（接收光功率很小），随着链损的增加，下降速度会加快；光路链损过小时（接收光功率很大），随着链损的增大，CNR下降的速度会放慢；光接收功率在0dB左右时，基本上是链损增加1dB，CNR下降1dB。

从式（10-8）还可以得到：系统的CNR与调制度m的平方成正比，单从提高CNR的角度出发，调制度越高越好，但m的增大，会使CSO和CTB指标劣化，因此，m存在一个最佳值。

2. 非线性失真

前面的分析是在假设系统不存在失真的前提下进行的，而实际上并非严格如此。激光器的P−I曲线是非线性的，如图10-2所示。光纤线路的色散和光纤中的反射也将引起系统非线性。光电检测器和前置放大器也存在非线性。但由于经过长途传输后到达接收机的信号功率很小，一般落在接收机的线性范围，接收机的非线性可以忽略。同时系统设计时，严格控制了光纤线路色散，线路的非线性相对于激光器的非线性通常也被忽略。也就是说，系统的非线性主要来源于激光器。

设N个频道的载波幅度均为I，频率分别为ω_j，初始相位为θ_j，则激光器的驱动电流$i(t)$为：

$$i(t) = I_{\text{b}} + \sum_{j=1}^{N} I\sin(\omega_j t + \theta_j) \tag{10-13}$$

此时激光器的输出功率为：

$$P(t) = P(i) \tag{10-14}$$

$P(i)$为非线性函数，且在I_{b}附近连续可导，因此，可以将激光器输出功率在偏置点I_{b}附近展开为泰勒级数：

$$P(t) = P_0 + \sum_{k=1}^{\infty} \frac{1}{k!} \frac{d^k P}{di^k}\bigg|_{i=I_{\text{b}}} \big[i(t) - I_{\text{b}}\big]^k$$

$$P(t) = P_0 + \sum_{k=1}^{\infty} \frac{1}{k!} \frac{d^k P}{di^k}\bigg|_{i=I_{\text{b}}} \Big[\sum_{j=1}^{N} I\sin(\omega_j t + \theta_j)\Big]^k \tag{10-15}$$

式中：P_0为对应偏置点$i=I_{\text{b}}$时的直流光功率，对式（10-15）作三角函数展开可以得到：

$k=1$时，频率仍为$\omega_j(j=1,2,3\cdots N)$，对应的是线性放大部分。

$k=2$时，对应二阶失真。此时会出现二次谐波$2\omega_j(j=1,2,3\cdots N)$，二阶互调$\omega_i \pm \omega_j$ $(i,j=1,2,3\cdots N, \ i\neq j)$等新的频率成分，它们是二阶失真的产物。

$K=3$时，对应三阶失真。将三角函数展开会出现三次谐波$3\omega_j(j=1,2,3\cdots N)$，三阶互调$2\omega_i \pm \omega_j(i,j=1,2,3\cdots N, \ i\neq j)$和三阶差拍$\omega_i \pm \omega_j \pm \omega_l(i,j,l=1,2,3\cdots N, \ i\neq j\neq l)$等新的频率成分。三阶互调总数为$2N(N-1)$，三阶差拍总数为$2N(N-1)(N-2)/3$，$N$很大时，三阶差拍总数远大于三阶互调总数，这也是为什么经常将三阶失真称之为三阶差拍失真的原因。

二阶、三阶失真所产生的新的频率成分可能落入原有信号频道，对信号的传输产生背景干扰，这种干扰在多频道的 AM－VSB 系统中表现为电视机荧光屏上的网纹。为了定量描述由于失真引入的干扰，引入组合二阶互调（CSO）和组合三阶差拍（CTB）两个参量。

组合二阶互调（CSO）定义为落在某频道内的所有二阶互调产物总功率与该频道载波功率之比，用 dBc 来表示，其值为负数；通常等效地定义为载波组合二阶互调比（C/CSO），即载波功率与落在该频道内的所有二阶互调产物的总功率之比，用 dB 表示，其值为正。

组合三阶差拍（CTB）定义为落入某频道内的所有三阶差拍产物和三阶互调产物的总功率与该频道载波功率之比，用 dBc 来表示，其值为负数；通常等效地定义为载波组合三阶差拍比（C/CTB），即载波功率与落在该频道内的所有三阶互调产物和三阶差拍产物的总功率之比，用 dB 表示，其值为正。

从式（10-15）不难得到第 j 个频道中 CSO 和 CTB 的表达式为：

$$CSO = 10 \lg \left[C_{2j} \left(\frac{P'' P_0 m}{2 P'^2} \right)^2 \right] \tag{10-16}$$

$$CTB = 10 \lg \left[C_{3j} \left(\frac{P'' P_0^2 m^2}{4 P'^3} \right)^2 \right] \tag{10-17}$$

式中：C_{2j} 和 C_{3j} 分别为组合二阶互调和组合三阶差拍系数，分别是落入第 j 个频道内的二阶互调产物数和三阶差拍产物数，在频道频率配置后具体计算得到；P'、P'' 和 P''' 为 $P(i)$ 对 I 的一阶、二阶和三阶导数；m 为调制度。

从式（10-16）和式（10-17）可以看出：

① CSO、CTB 分别随 C_{2j} 和 C_{3j} 的增加而劣化，合理地进行频道频率的配置，可以减小 C_{2j}，C_{3j}，从而改善 CSO 和 CTB。

② CSO 正比于 m^2，而 CTB 正比于 m^4。因此，限制调制指数 m，以保证 CSO 和 CTB 符合规定指标。

10.2.2　传输距离设计

在 HFC 网络中，为节省投资、优化网络，模拟光网络一般分为两级。由总前端和分前端组成一级光网络，一般采用双向自愈环的方式组网，总前端的光发射机同时沿环的两个方向（顺时针方向和逆时针方向）向各分前端发送光信号，每个分前端的光接收机同时接收两个方向传来的光信号，然后"择优"接收。这种网络光发射机、光分路器、光缆和光接收机组成 1＋1 备份，无论光设备故障，还是光缆意外截断，环形网络上各个分前端的信号均不会中断，确保网络的服务质量。总前端、分前端到各个光节点构成二级光网络，一般采用星形组网，考虑到安全性和双向业务，一般每台光发射机所带的光节点不超过 6 个。

一级光网的自愈环一般有两种选择："物理环形，逻辑星形"或是"物理环形，逻辑树形"结构，如图 10-3 所示。在大、中城市总前端到最后一个分前端距离很长，采用 1310nm 工作波长时达不到指标要求。为了解决这一问题往往采用 1550nm 工作，并在路由中设置掺铒光纤放大器（EDFA），距离太长时还采用多级 EDFA 级联。

直接强度调制光纤电视传输系统的传输距离绝大多数是损耗限制系统。根据发射功率、接收机灵敏度、线路损耗和分光器损耗可以计算出传输距离 L：

$$L = \frac{P_0 - P_r - M - A_i - A_d}{\alpha} \tag{10-18}$$

式中：P_0 为光发送机发射光功率（dBm），P_r 为接收机的最低接收光功率（dBm），M 为系统富余量（dB）；α 为光缆线路每千米的损耗（包括每千米光纤损耗、光纤接头损耗、光纤活动连接器的损耗，单位为 dB/km）；A_i 为分光器附加损耗（dB）；A_d 为分光器分光损耗（dB）。

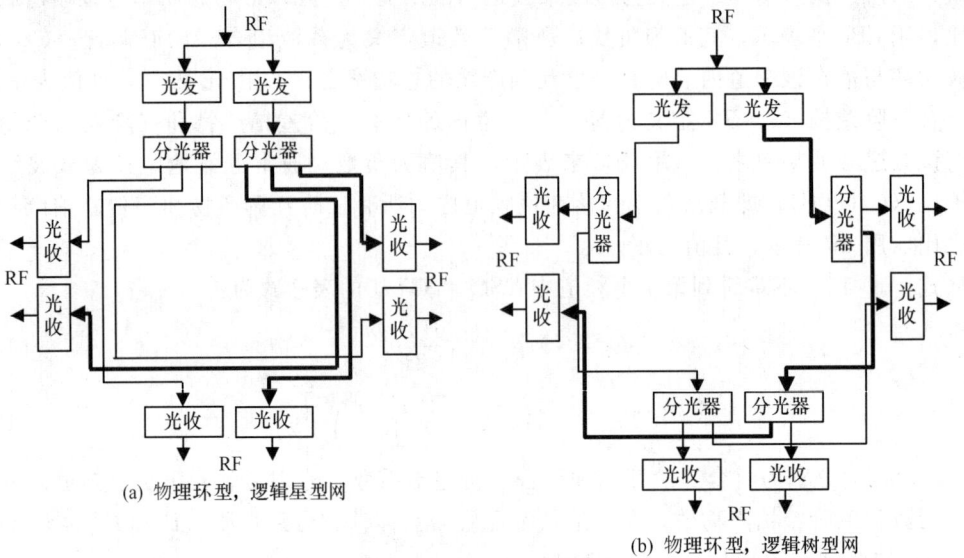

(a) 物理环型，逻辑星型网

(b) 物理环型，逻辑树型网

图 10-3　一级光网结构

如果单从满足系统的传输带宽来考虑，只要系统要求的带宽不大于单模光纤可提供带宽即可，此时系统的最大传输距离为：

$$L = \frac{0.44}{D \cdot \Delta\lambda \cdot B} \tag{10-19}$$

式中：D 为单模光纤的色散系数；$\Delta\lambda$ 为光源的谱线宽度；B 为系统传输信号带宽。这个距离是相当大的，但考虑到色散对系统非线性的影响，受限距离没有如此长，但也会大于损耗受限距离，所以在设计时，一般只需验证损耗限制距离。

在实际的设计中，往往是将系统指标分配到各段，如表 10-1 所示。设计时根据厂商提供的技术参数和分配的指标确定接收光功率（P_r）；根据分前端或光节点选择的位置确定传送距离（L）；根据系统的工作波长和选定的光缆确定光缆线路每千米损耗（α）。如系统工作波长为 1310nm 时，G.652 光纤的损耗常数选为 0.36dB/km，工作波长为 1550nm 时，G.652 光纤的损耗常数选为 0.2dB/km，活动连接器损耗选为 0.3dB/个，熔接损耗每个 0.04dB；根据分光器的分支数确定分光器的附加损耗（A_i）；光纤富余度选取 0.5～1dB；然后，根据这些参数反过来确定光发机端的发送光功率（P_0）和分光器的分光比，反复调整这两个数值，使系统达到最佳性价比。

表 10-1　　　　　　　　　　　　　　　　系统指标分配表

参　数	设计值	总　前　端		一级光网		二级光网		同轴分配	
		比例（%）	指　标	比例（%）	指　标	比例（%）	指　标	比例（%）	指　标
C/N	45.00	10	55.00	20	51.99	25	51.02	45	48.47
C/CSO	55.00	0		20	65.5	40	61	40	61
C/CTB	55.00	0		30	62	35	61.8	35	61.8

10.3　数字光纤通信系统

以光波为载波，光纤为传输媒介的数字通信系统称为数字光纤通信系统。由于对需要传送的信号进行了抽样、量化、编码，系统传送的是一些有限的离散值，对于数字光纤通信系统传送的主要是二进制"0"、"1"脉冲，在光路上用"无光"、"有光"表示。由于数字光纤通信系统传送的是"0"、"1"脉冲，可以通过取样、判决再生出规则脉冲，因而数字系统具有模拟系统无法比拟的优点。

（1）抗干扰能力强，传输质量好。数字通信信息不包含在脉冲波形中，而由脉冲的"有"和"无"表示，当有噪声寄生在波形上时，只要经过取样，判决就可以消除噪声影响，再生出"干净"信号。当然，如果噪声超过一定阈值时，也会产生误码。

（2）可以再生，传输距离远。数字通信可以用不同的方式再生信号，消除噪声和各种干扰，还原出原信号，延长中继距离。

（3）数字系统采用大量的数字电路，容易集成，采用超大规模集成电路芯片使数字设备体积小，功耗低。

正是由于这些特点，数字光纤通信应用相当普及。从其发展过程看，存在过 PDH（Plesiochronous Digital Hierarchy）和 SDH（Synchronous Digital Hierarchy）两种传输体制（两种体制的根本区别在于帧结构和映射、复用路径不同，具体可查阅参考文献），PDH 由于其技术体制缺陷的原因，已逐渐被淘汰，取而代之的是同步数字体制（SDH）。以下的讨论如没有特别说明均指 SDH 体制。

10.3.1　主要性能指标

数字光纤通信系统的性能主要包括误码性能、抖动性能和系统的可靠性。

1. 参考模型[13]

（1）假设参考通道

为了便于研究传输损伤及分配性能指标，需要规定一个具有一定组成和长度的网络模型，从而引入假设参考通道（Hypothetical Reference Path，HRP）模型。

两个通道端点间的国际最长假设参考通道的长度为 27 500km，其组成如图 10-4 所示。

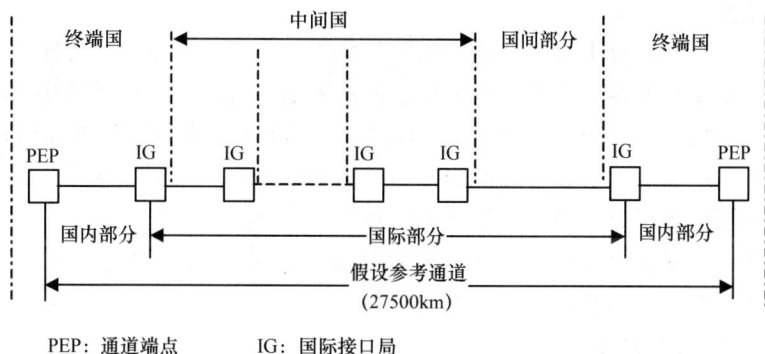

PEP: 通道端点　　　　IG: 国际接口局

图 10-4　全程端到端假设参考通道组成

我国国内标准最长 HRP 全长 6 900km，如图 10-5 所示，共分为 3 部分。长途网中两个最远长途传输节点之间的距离为 6 500km；中继网中长途传输节点与本地传输节点的最长距离为 150km；本地传输节点与通道端点之间的最长距离为 50km。网络中大部分实际通道的长度都短于最长假设参考通道，因而其性能优于 HRP 的性能。

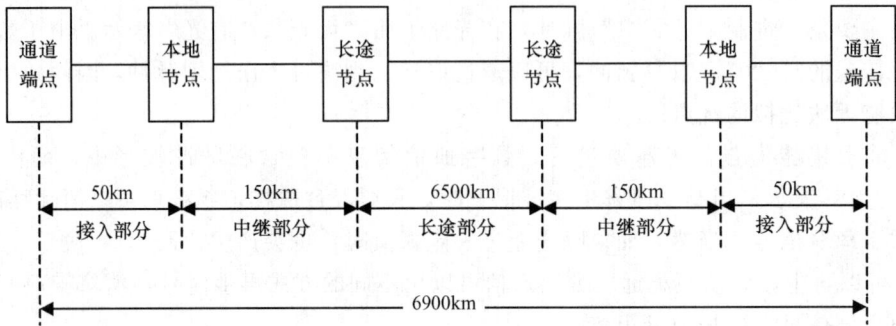

图 10-5　我国国内标准最长 HRP

（2）假设参考数字段

两个相邻数字配线架之间（或等效设备之间）用来传送一种规定速率的数字信号的全部装置构成一个数字段。数字段可以分为数字有线段（例如光缆系统）和数字无线段（例如微波系统）。所谓的假设参考数字段（Hypothetical Reference Digital Section，HRDS）就是具有一定长度和指标规范的数字段。HRDS 是构成 HRP 的一部分，其长度应该是实际网络中所遇到的数字段的典型长度，例如，长途通信的 HRDS 为 280km，有些国家也可能取更长的距离，例如，美国的 HRDS 为 400km，中国的 HRDS 为 420km 和 280km。其中国家一级干线（又称省际干线）通常按 420km 设计，二级干线（又称省内干线）按 280km 设计，而市内局间中继通信按 50km 设计。

假设参考数字段的模型一般是均匀的，不含复用设备，只含端机和再生器。但随着光电一体化的发展和 SDH 的出现这种界线已不那么严格。例如 SDH 线路设备就包含复用功能在内。由于复用器所引入的传输损伤远比线路系统的小，通常可以忽略，因而上述有关数字段的定义不会影响性能指标的实际分配结果。

2. 误码特性

（1）误码概念

误码就是经接收判决再生后，数字码流的某些比特发生了差错，使传输信息的质量产生了损伤。传统上常用长期误比特率来衡量信息传输质量；实际上，误码的出现往往呈突发性质，且带有极大随机性，误码对各种业务的影响主要取决于业务的种类和码流的分布。例如，随机误码在语声通信中的影响远不如数据通信中那么严重，但数据通信相对能容忍突发性错误。因此不同的误码分布对通信质量的影响是不一样的。

理想的光纤传输系统是十分稳定的，但实际运行中常受突发脉冲干扰。因此，总的说来，从网络性能角度，可以将误码分为下列两类。

① 内部机理产生的误码

它包括各种噪声源产生的误码；定位抖动产生的误码；复用器、交叉连接设备和交换机的误码。此外，光纤色散会产生码间干扰，码间干扰当然也会产生误码。

② 脉冲干扰产生的误码

一些具有突发性质的脉冲干扰如外部电磁干扰、静电放电、设备故障、电源瞬态干扰和人为活动会产生误码。

光纤传输系统的内部误码机理是一些互相独立的因素，因而误码分布应服从泊松分布。而脉冲干扰则往往构成占主导的突发误码性质，在数学上可以较好地用一类 A 型传染病（或称纽曼·分布）来描述。

ITU-T 有两个建议规范误码性能，G.821《运行在低于基群比特率并构成 ISDN 之一部分的国际数字连接的误码性能》和 G.826《基群及更高速率国际固定比特率数字通道的误码性能参数和指标》。数字光纤通信系统一般都是提供基群及更高速率数字通道，故以下的叙述如没有特别说明均指 G.826 建议的规定。

（2）误码性能事件

误码性能事件是导出误码性能参数的基础，G.826 建议是以块差错（误块）事件为基础的规范，它规范的是运行在基群和基群以上速率数字通道的误码性能事件、参数和指标。G.826 建议指标规范的对象是数字通道。建议提出的误码性能指标具体数值是针对 27 500km 的假设参考通道（HRP）规定的，适用于每一方向（见图 10-4）。

所谓块是通道上连续比特的集合，通俗地说就是一组比特。每一比特属于、且仅属于唯一的一块。以块为基础 G.826 建议定义的事件有以下几个。

① 误块（Errored Block，EB）：在 1 块中有 1 个或多个差错比特。

② 误块秒（Errored Second，ES）：在 1 秒中有 1 个或多个块差错。

③ 严重误块秒（Severely Errored Second，SES）：在 1 秒中含有≥30％的误块，或者至少有一个缺陷。

④ 背景误块（Background Block Error，BBE）：扣除不可用时间和严重误块秒期间出现的误块后所剩下的误块。

考查误码性能总的观察时间（S_{total}）可分成两个部分，即通道被认定为可用（S_{avail}）和不可用（S_{unavai}）两个部分。误码性能将只考虑可用状态。在 10 个连续秒的时间里，每一秒都是 SES，通道便处于不可用状态，这 10 秒也被认为是不可用时间，也就是说从这 10 秒的第一秒开始进入不可用时间；尔后，如果在 10 个连续秒的时间内，每一秒都不是 SES，通道就处于可用状态，这 10 秒也被认为是可用时间，即是说从这 10 秒的第一秒开始重新进入可用时间。

根据误码事件 G.826 建议定义的误码性能参数有以下几个。

① 误块秒比（Errored Second Ratio，ESR）：在一个确定的测试周期，在可用时间内的 ES 和总秒数之比。

② 严重误块比（Severely Errored Second Ratio，SESR）：在一个确定的测试周期，在可用时间内的 SES 与总秒数之比。

③ 背景误块比（Background Block Errored Ratio，BBER）：在一个确定的测试周期，在可用时间内的背景误块总块数与扣除 SES 中的所有块后剩余块数之比。

（3）误码性能指标

表 10-2 规定了 27 500km HRP 端到端的指标。一条国际数字通道应同时满足所有参数

的指标，如其中任一项不满足，则认为该通道不满足误码性能指标。

表 10-2　　　　　　基群和更高速率 27 500km 国际数字 HRP 端到端误码性能指标

速率 Mbit/s	1.5～5	>5～15	>15～55	>55～160	>160～3500
bit/s 块	800～5 000	2 000～8 000	4 000～20 000	6 000～20 000	15 000～30 000
ESR	0.05	0.05	0.075	0.16	未定
SESR	0.002	0.002	0.002	0.002	0.002
BBER	2×10^{-4}	2×10^{-4}	2×10^{-4}	2×10^{-4}	10^{-4}

需要说明的是 SES 事件并不总是孤立的事件，它可能会连续地发生 SES。n 个连续的 SES 与 n 个孤立的 SES 对用户感到的性能会产生很不相同的影响。

运行在 G.826 所包括的速率下的通道是由传输系统（数字段）来承载的。传输系统具有和通道相同或者更高的速率。传输系统应满足它所承载的最高比特率通道指标。通常满足了最高比特率通道指标，也就能满足所有比特率通道指标。例如，SDH 一个 STM-1 可以承载 VC-4 通道，也可以承载 63 个 VC-12 通道，因此，STM-1 复用段应按照满足 VC-4 通道指标来设计。

误码性能指标如何应用到系统设计，目前 ITU-T 还没有建议。我国国标《同步数字体系（SDH）光缆线路系统进网要求》中规定，实际 SDH 系统误码设计指标应比网络性能指标严格 10 倍，因此，很容易从网络性能指标导出 SDH 系统误码设计指标，如表 10-3、表 10-4、表 10-5 所示。

表 10-3　　　　　　　　420km 系统误码设计指标

速率（kbit/s）	2 048	34 368	139 264/155 520	622 080	2 488 320
ESR	9.24×10^{-5}	1.733×10^{-4}	3.696×10^{-4}	待定	待定
SESR	4.62×10^{-6}	4.62×10^{-6}	4.62×10^{-6}	4.62×10^{-6}	4.62×10^{-6}
BBER	4.62×10^{-7}	4.62×10^{-7}	4.62×10^{-7}	2.31×10^{-7}	2.31×10^{-7}

表 10-4　　　　　　　　280km 系统误码设计指标

速率（kbit/s）	2 048	34 368	139 264/155 520	622 080	2 488 320
ESR	6.16×10^{-5}	1.155×10^{-4}	2.464×10^{-4}	待定	待定
SESR	3.08×10^{-6}	3.08×10^{-6}	3.08×10^{-6}	3.08×10^{-6}	3.08×10^{-6}
BBER	3.08×10^{-7}	3.08×10^{-7}	3.08×10^{-7}	1.54×10^{-7}	1.54×10^{-7}

表 10-5　　　　　　　　50km 系统误码设计指标

速率（kbit/s）	2 048	34 368	139 264/155 520	622 080	2 488 320
ESR	1.1×10^{-5}	2.063×10^{-5}	4.4×10^{-5}	待定	待定
SESR	5.5×10^{-7}	5.5×10^{-7}	5.5×10^{-7}	5.5×10^{-7}	5.5×10^{-7}
BBER	5.5×10^{-8}	5.5×10^{-8}	5.5×10^{-8}	2.75×10^{-8}	2.75×10^{-8}

3. 抖动和漂移特性

（1）抖动和漂移的概念

定时抖动（简称抖动）是指一个数字信号的有效瞬时（如最佳抽样点）在时间上偏离其

理想位置的短期的、非积累的偏离。所谓短时间偏离是指变化频率高于 10Hz 的相位变化；所谓非积累是指这种偏离是随机的，有正偏，也有负偏。通常将偏离的间隔称为抖动幅度，其单位为时隙（UI），1UI 即一个码元的时隙宽度。对于二进制的不归零码 1UI 等于码速率的倒数，例如，对于 2048kbit/s 信号，1UI＝488ns；对于 155520kbit/s 信号，1UI＝6.43ns。

定时抖动对网络的性能损伤表现在下面几个方面。

① 对数字编码的模拟信号，在解码后数字流的随机相位抖动使恢复后的样值具有不规则的相位，从而造成输出模拟信号的失真，形成所谓抖动噪声。

② 在再生器中，定时的不规则性使有效判决偏离接收眼图的中心，从而降低了再生器的信噪比余度，直至发生误码。

③ 在 SDH 网中，像同步复用器等配有缓存器的网络单元，过大的输入抖动会造成缓存器的溢出或取空，从而产生滑动损伤。

抖动对各类业务的影响不同。数字编码的语声信号能够耐受很大的抖动，允许均方根抖动达 1.4μs。然而，由于人眼对相位变化的敏感性，数字编码的彩色电视对抖动的容忍性就差得多，例如，PAL 制彩色电视信号所允许的峰—峰抖动值大约仅 5ns，对于 155.520Mbit/s 传输速率相当 0.78UI 的峰—峰抖动。

漂移是指一个数字信号的有效瞬时在时间上偏离其理想位置的长期的、非积累的偏离。所谓长期的偏离是指偏离随时间较慢地变化，通常认为变化频率低于 10Hz 就是较慢的变化。

（2）抖动和漂移性能的规范

抖动和漂移指标主要有：无输入抖动时的输出抖动限值、输入抖动限值和抖动转移函数三种。指标规范的对象有网络接口、系统和设备。因为本章讨论的是系统设计，故在本节只给出网络接口和系统的抖动指标。

（3）抖动和漂移指标

PDH 信号在 SDH/PDH 边界处应满足原有 PDH 网的抖动性能要求。

① PDH 网络接口允许的最大输出抖动

为了保证各种业务不受抖动损伤的影响，PDH 网络输出接口允许的最大抖动不应超过表 10-6 中所规定的数值。

表 10-6　　　　　　　　　　　PDH 网络输出接口允许的最大抖动

速率 参数值 kbit/s	网络接口限值		测量滤波器参数		
	B_1（UI_{P-P}）	B_2（UI_{P-P}）	f_1	f_3	f_4
2 048	1.5	0.2	20Hz	18kHz	100kHz
34 368	1.5	0.15	100Hz	10kHz	800kHz
139 264	1.5	0.075	200Hz	10kHz	3500kHz

② SDH 设备的 PDH 支路输入口抖动和漂移容限

SDH 设备的 PDH 支路输入口的抖动和漂移容限定义为不产生误码的最大输入正弦抖动和漂移的峰—峰值。为了确保数字设备（包括 PDH 和 SDH 设备）能够连至 PDH 网络接口而不会引起网络传输质量的下降，必须使数字设备的输入口都能至少容忍上述网络接口的最大允许抖动，即数字设备输入口应能容忍电特性符合 G.703 接口要求但受正弦抖动和漂移调制的数字信号，SDH 设备的 PDH 支路输入口的抖动和漂移容限应符合图 10-6 所示的模框要求，对应的参数和限值如表 10-7 所示。

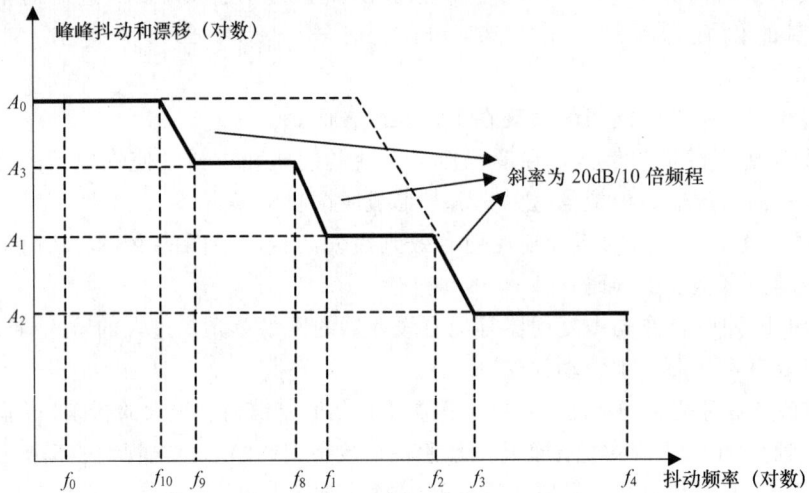

图 10-6　PDH 输入口最大允许输入抖动和漂移下限

表 10-7　　　　　　　　　　**PDH 支路输入口抖动和漂移容限参数值**

速率 (kbit/s)	UIp-p				频　率								伪随机 测试 信号
参数值	A_0	A_1	A_2	A_3	f_0 Hz	f_{10} Hz	f_9 Hz	f_8 Hz	f_1 Hz	f_2 kHz	f_3 kHz	f_4 kHz	
2 048	36.9 ($18\mu s$)	1.5	0.2	18	$1.2\times$ 10^{-5}	$4.88\times$ 10^{-3}	0.01	1.667	20	2.4	18	100	$2^{15}-1$
34 368	618.6 ($18\mu s$)	1.5	0.15	*	*	*	*	*	100	1	10	800	$2^{23}-1$
139 264	2 506.6 ($18\mu s$)	1.5	0.07 5	*	*	*	*	*	200	0.5	10	3500	$2^{23}-1$

＊　表示具体数值待研究。

注：2 048kbit/s 速率一栏中的 f_8、f_9 和 f_{10} 的数值代表不携带同步信号的 2 048 kbit/s 接口特性。

③ SDH 网络输出接口允许的最大抖动

为了保证不同 SDH 网元之间的互连而不影响网络的传输质量，SDH 网络输出接口允许的最大抖动不应超过表 10-8 中所规定的数字。括号中数值为数字段要求。

表 10-8　　　　　　　　　**SDH 网络输出接口允许的最大抖动**

DH 等级	网络接口限值		测量滤波器参数		
参　数　值	B_1（UI_{p-p}）	B_2（UI_{p-p}）	f_1	f_3	f_4
STM-1	1.5（0.75）	0.15	500Hz	65kHz	1.3MHz
STM-4	1.5（0.75）	0.15	1 000Hz	250kHz	5MHz
STM-16	1.5（0.75）	0.15	5 000Hz	1 000kHz	20MHz

④ SDH 设备的输入口的抖动和漂移容限

SDH 设备的输入口至少能容忍按图 10-6 模框所施加的输入抖动和漂移，其各参数值如表 10-9 所示。

⑤ SDH 抖动转移特性

再生器抖动转移特性为再生器中 STM-N 输出信号的抖动与再生器输入 STM-N 信号的抖动之比的值随频率变化的关系。ITU-T 目前只对 SDH 再生器的抖动转移特性作了规范，尚未对数字段的抖动转移特性作出规范。SDH 再生器的抖动转移特性应满足图 10-7 和表 10-10 的要求。

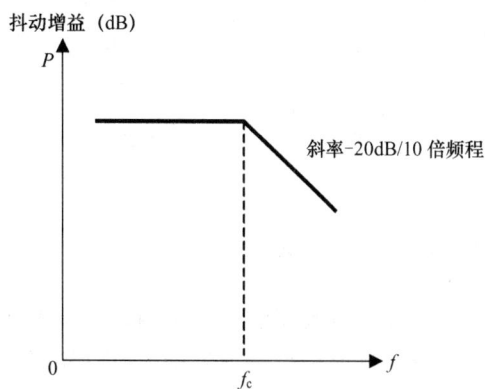

图 10-7　SDH 再生器抖动转移特性

表 10-9　SDH 设备输入抖动和漂移容限

SDH 等级	UI$_{p-p}$					频　率									
	A_0 18μs	A_1 2μs	A_2 0.25 (μs)	A_3	A_4	f_0 (×10^{-5} Hz)	f_{12} (×10^{-4} Hz)	f_{11} (×10^{-3} Hz)	f_{10} (×10^{-3} Hz)	f_9 Hz	f_8 Hz	f_1 Hz	f_2 kHz	f_3 kHz	f_4 MHz
STM-1	2 800	311	39	1.5	0.15	1.2	1.78	1.6	15.6	0.125	19.3	500	6.5	65	1.3
STM-4	11 200	1 244	156	1.5	0.15	1.2	1.78	1.6	15.6	0.125	9.65	1 000	25	250	5
STM-16	44 790	4 977	622	1.5	0.15	1.2	1.78	1.6	15.6	0.125	12.1	5 000	100	1 000	20

表 10-10　SDH 再生器抖动转移特性参数值

STM 等级	f_c (kHz)	P (dB)
STM-1 （A）	130	0.1
STM-1 （B）	30	0.1
STM-4 （A）	500	0.1
STM-4 （B）	30	0.1
STM-16 （A）	2 000	0.1
STM-16 （B）	30	0.1

表中括弧内 A 表示 A 型中继器，其定时滤波器为声表面滤波器或陶瓷谐振器等无源器件；B 表示 B 型中继器，其定时滤波器为锁相环等有源器件。

4. 系统可靠性

系统的可靠性一般采用故障统计分析法，即根据实际调查结果，统计足够长时间内的可用时间和不可用时间，然后用可用性指标来表示。所谓可用性是指可用时间占系统全部运营时间的百分比。因为是统计量，因此统计时间越长，所得结果越精确。

各类假设参考数字段的可用性指标如表 10-11 所示。

表 10-11   **假设参考数字段的可用性指标**

长　度	可　用　性	不　可　用　性	不可用时间/年
420km	99.997%	2.3×10^{-4}	120 分/年
280km	99.985%	1.5×10^{-4}	78 分/年
50km	99.989%	1.1×10^{-4}	57 分/年

10.3.2　系统设计

随着光纤放大器的大量实用，数字光纤通信系统一般分为无光纤放大器系统和有光纤放大器系统。同时根据是否应用了波分复用，数字光纤通信系统又可分为单信道系统和多信道系统。单信道系统和多信道系统的设计差别不大。但对于有光纤放大器的系统，由于光纤放大器引入光自发辐射噪声，使得设计时必须讨论光信噪比（Optical Signal-Noise Ratio，OS-NR）。因而无光放大器系统和有光放大器系统的设计差别较大。此处以多信道系统（m 个信道）为例说明数字光纤通信系统的设计，所得结论只需令 $m = 1$ 就可适用于单信道系统。数字光纤通信系统的组成如图 10-8 所示。

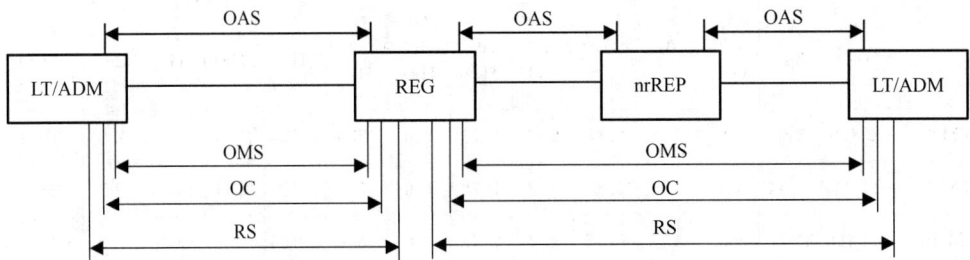

图 10-8　数字光纤通信系统组成示意图

图 10-8 中，LT/ADM 为终端复用设备或分插复用设备（统称复用设备），对于单信道系统，为电终端复用设备或电分插复用设备，对于波分复用系统，为多波长终端复用设备或光分插复用设备；REG 为电中继器；nrREP 为光放大器。OAS 为光放大段；OMS 为光复用段；OC 为光通道；RS 为再生段。

复用设备与相邻电中继器之间，电中继器与相邻光放大器之间或相邻的光放大器之间的物理实体构成一个光放大段（Optical Amplifier Section，OAS）。相邻的复用设备之间或复用设备与相邻的电中继器之间的物理实体构成一个再生段（Regenerator Section，RS）。系统的损耗限制光放大段的长度；系统的色散限制电再生段的长度；而光信噪比限制光放大段的数量。

1. 设计方法

在技术上，系统设计的主要问题是确定中继距离，尤其对长途光纤通信系统，中继距离的设计对系统的性能和经济效益影响很大。工程上常用的设计方法主要有 3 种：最坏值设计法、统计设计法和联合设计法。

（1）最坏值设计法

最坏值设计法就是在设计再生段距离时，所有参数（包括光功率、光谱范围、光谱宽度、接收机灵敏度、光纤衰减系数、接头与活动连接器插入损耗等参数）均采用寿命期中允许的最坏值，而不管其具体的分布如何。其优点是不存在先期失效的问题，但它牺牲了可能达到的最大长度。我国的工程设计基本采用此方法。

（2）统计设计法

统计设计法是利用光参数分布的统计特性更有效地设计再生段距离。与最坏值设计法相比，统计设计法可以延长再生段距离，但横向兼容性不再满足。如果部分光参数用统计特性，而另一半仍用最坏值设计，称为半统计法。典型的统计法有映射法、蒙特卡罗法和高斯近似法。

（3）联合设计法

在某些情况下，按标准的光接口参数值进行设计不能满足实际工程再生段距离，运营者需要仔细考虑设计中不满足光接口规范的主要方面。联合设计法就是运营者同制造商就工程特殊要求与实际设备可实现水平进行协商，最终达成共识的设计过程。采用联合设计法的缺点是系统不再具有横向兼容性。

2. 光接口

为了在再生段上实现横向兼容性，与过去的 PDH 体系不同，SDH 体系和波分复用系统有世界范围的标准光接口，这些光接口标准是系统设计必须遵循的依据。

（1）单信道系统

单信道光接口的位置如图 10-9 所示。图中：S 点是刚好在光发送机（Tx）的光连接器（C_{Tx}）后光纤上的参考点，R 点是刚好在光接收机（Rx）的光连接器（C_{Rx}）前光纤上的参考点。若使用光分配架，其上的附加光连接器则作为光纤链路的一部分，并位于 S 点和 R 点之间。

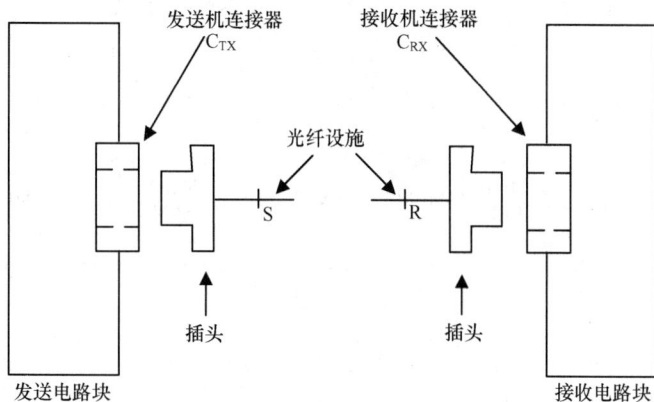

图 10-9　光接口位置示意图

单信道系统根据是否包括光放大器和线路速率是否达到 STM-64（10Gbit/s），可以将系统光接口分为两类：第 Ⅰ 类系统是不包括任何光放且速率低于 STM-64 的系统；第 Ⅱ 类系统是包括光放及速率达到 STM-64 的系统。这两种系统光接口及其参数因是否引入光放大器及线路速率是否达到 STM-64 而显著不同。

根据应用场合不同，光接口分为三类：局内通信、短距离局间通信和长距离局间通信接口。分别用代码表示，第一个字母表示应用场合：I 表示局内通信，S 表示短距离局间通信，

L 表示长距离局间通信，V 表示很长距离局间通信，U 表示超长距离局间通信。

字母后第一个数字表示 STM 的等级。

字母后第二个数字表示工作窗口和所用的光纤类型：空白或 1 表示工作波长为 1 310nm，所用的光纤为 G. 652 光纤；2 表示工作波长为 1 550nm，所用光纤为 G. 652 光纤；3 表示工作波长为 1 550nm，所用光纤为 G. 653 光纤；5 表示工作波长为 1 550nm，所用光纤为 G. 655 光纤。

表 10-12 所示为单信道系统光接口的分类，其中虚线内对应于第 Ⅰ 类系统，其余对应第 Ⅱ 类系统。表 10-13～表 10-15 为单信道系统各类光接口的参数。

表 10-12　　　　　　　　　　　　单信道系统的光接口分类

应　用											
波长（nm）	1 310	1 310	1 550	1 550	1 310	1 550	1 550	1 310	1 550	1 550	1 550	1 550
光纤类型	G. 652	G. 652	G. 652	G. 653	G. 652	G. 652	G. 653	G. 652	G. 652	G. 653	G. 652	G. 653
目标距离（km）	≤2	～15	～15		～40	～80	～80	～80	～120	～120	～160	～160
STM-1	I-1	S-1. 1	S-1. 2		L-1. 1	L-1. 2	L-1. 3	—	—	—		
STM-4	I-4	S-4. 1	S-4. 2	—	L-4. 1	L-4. 2	L-4. 3	V-4. 1	V-4. 2	V-4. 3	U-4. 2	U-4. 3
STM-16	I-16	S-16. 1	S-16. 2		L-16. 1	L-16. 2	L-16. 3	V-16. 1	V-16. 2	V-16. 3	V-16. 2	V-16. 3
目标距离（km）		～20	～40	～40	～40	～80	～80	～80	～120	～120		
STM-64	—	S-64. 1	S-64. 2	S-64. 3	L-64. 1	L-64. 2	L-64. 3	V-64. 1	V-64. 2	V-64. 3		

表 10-13　　　　　　　　　　　　STM-1 光接口参数规范

项　目		单位	数　值								
标称比特率		kbit/s	STM-1 155520								
应用分类代码			I-1	S-1. 1	S-1. 2	L-1. 1	L-1. 2		L-1. 3		
工作波长范围		nm	1 260～1 360	1 261～1 360	1 430～1 576	1 430～1 580	1 280～1 335	1 480～1 580	1 534～1 566	1 523～1 577	1 480～1 580
发送机在 S 点特性	光源类型		MLM LED	MLM	MLM	SLM	MLM SLM	SLM	MLM	MLM	SLM
	最大（rms）谱宽(σ) 最大 20dB 谱宽 最小边模抑制比	nm nm dB	40　80 — —	7. 7 — —	2. 5 — —	— 1 30	4 — — 1 — 30	— 1 30	3 — —	2. 5 — —	— 1 30
	最大平均发送功率 最小平均发送功率	dBm dBm	−8 −15−8	−8 −15	−8 −15	−8 −15	0 −5	0 −5	0 −5	0 −5	0 −5
	最小消光比	dB	8. 2	8. 2	8. 2	8. 2	10	10	10	10	10
SR 点光通道特性	衰减范围	dB	0−7	0−12	0−12	0−12	10−28	10−28	10−28	10−28	10−28
	最大色散	ps/nm	18　25	96	295	NA	185 NA	NA	246	296	NA
	光缆在 S 点的最小回波损耗（含有任何活接头）	dB	NA	NA	NA	NA	NA	20	NA	NA	NA
	SR 点间最大离散反射系数	dB	NA	NA	NA	NA	NA	−25	NA	NA	NA

续表

项 目		单位	数 值								
接收机在R点特性	最差灵敏度	dBm	−23	−28	−28	−28	−34	−34	−34	−34	−34
	最小过载点	dBm	−8	−8	−8	−8	−10	−10	−10	−10	−10
	最大光通道代价	dB	1	1	1	1	1	1	1	1	1
	接收机在 R 点的最大反射系数	dB	NA	NA	NA	NA	NA	−25	NA	NA	NA

NA 表示不作要求

表 10-14   **STM-4 光接口参数规范**

项 目		单位	数 值								
标称比特率		kbit/s	STM-4 622080								
应用分类代码			I-4	S-4.1	S-4.2	L-4.1			L-4.1 (JE)	L-4.2	L-4.3
工作波长范围		nm	1 261～1 360	1 293～1 334	1 274～1 356	1 430～1 580	1 300～1 325	1 296～1 330	1 280～1 335	1 302～1 318	1 480～1 580	1 480～1 580
发送机在S点特性	光源类型		MLM LED	MLM	MLM	SLM	MLM	MLM	SLM	MLM	SLM	SLM
	最大（rms）谱宽（σ） 最大 20dB 谱宽 最小边模抑制比	nm nm dB	14.5 35 — —	4 — —	2.5 — —	— 1 30	2 — —	1.7 — —	— 1 30	<1.7 — —	— <1 * 30	— 1 30
	最大平均发送功率 最小平均发送功率	dBm dBm	−8 −15	−8 −15	−8 −15	−8 −15	2 −3	2 −3	2 −3	2 −2	2 −3	2 −3
	最小消光比	dB	8.2	8.2	8.2	8.2	10	10	10	10	10	10
SR点光通道特性	衰减范围	dB	0—7	0—12	0—12	0—12	10—24	10—24	10—24	27	10—24	10—24
	最大色散	ps/nm	13 14	46	74	NA	92	109	NA	109	*	NA
	光缆在 S 点的最小回波损耗（含有任何活接头）	dB	NA	NA	NA	24	20	20	20	24	24	20
	SR 点间最大离散反射系数	dB	NA	NA	NA	−27	−25	−25	−25	−25	−27	−25
接收机在R点特性	最差灵敏度	dBm	−23	−28	−28	−28	−28	−28	−28	−30	−28	−28
	最小过载点	dBm	−23 −8	−8	−8	−8	−8	−8	−8	−8	−8	−8
	最大光通道代价	dB	1	1	1	1	1	1	1	1	1	1
	接收机在 R 点的最大反射系数	dB	NA	NA	−27	−27	−14	−14	−14	−14	−27	−14

*   表示待将来国际标准确定

NA 表示不作要求

表 10-15 STM-16 光接口参数规范

项　目	单位	数　值							
标称比特率	kbit/s	STM-16 2488320							
应用分类代码		I-16	S-16.1	S-16.2	L-16.1	L-16.1 (JE)	L-16.2	L-16.2 (JE)	L-16.3
工作波长范围	nm	1266—1360	1260—1360	1430—1580	1280—1335	1280—1335	1500—1580	1530—1560	1500—1580
发送机在S点特性 — 光源类型		MLM	SLM	SLM	SLM	SLM	SLM	SLM (MQW)	SLM
发送机在S点特性 — 最大（rms）谱宽（δ）	nm	4	—	—	—	—	—	2.5	—
发送机在S点特性 — 最大20dB谱宽	nm	—	1	<1*	1	<1	1*	<0.6	<1*
发送机在S点特性 — 最小边模抑制比	dB	—	30	30	30		30		30
发送机在S点特性 — 最大平均发送功率	dBm	−3	0	0	+3	+3	+3	+5	+3
发送机在S点特性 — 最小平均发送功率	dBm	−10	−5	−5	−2	−0.5	−2	+2	−2
发送机在S点特性 — 最小消光比	dB	8.2	8.2	8.2	8.2	8.2	8.2	8.2	8.2
SR点光通道特性 — 衰减范围	dB	0—7	0—12	0—12	0—24	26.5	10—24	28	10—24
SR点光通道特性 — 最大色散	ps/nm	12	NA	*	NA	216	1200—1600	1600	*
SR点光通道特性 — 光缆在S点的最小回波损耗（含有任何活接头）	dB	24	24	24	24	24	24	24	24
SR点光通道特性 — SR点间最大离散反射系数	dB	−27	−27	−27	−27	−27	−27	−27	−27
接收机在R点特性 — 最差灵敏度	dBm	−18	−18	−18	−27	−18	−18	−18	−27
接收机在R点特性 — 最小过载点	dBm	−3	0	0	−9	−9	−9	−9	−9
接收机在R点特性 — 最大光通道代价	dB	1	1	1	1	1	1	1	1
接收机在R点特性 — 接收机在R点的最大反射系数	dB	−27	−27	−27	−27	−27	−27	−27	−27

* 表示待将来国际标准确定
NA 表示不作要求

（2）多信道系统

多信道光接口的位置如图 10-10 所示。

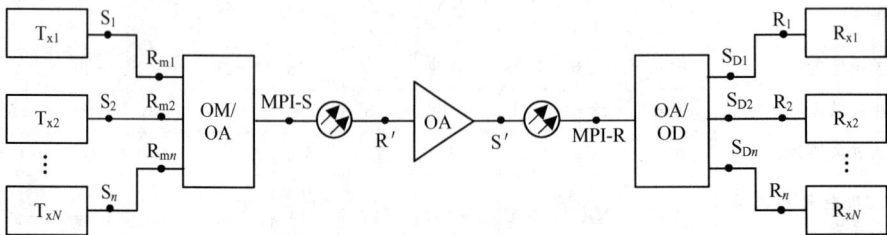

图 10-10　多信道系统光接口位置

图中：$S_1 \cdots S_n$ 为通路 $1 \cdots n$ 在发射机光输出连接器处光纤上的参考点；$R_{m1} \cdots R_{mn}$ 为通道 $1 \cdots n$ 在

OM/OA 的光输入连接器处光纤上的参考点；MPI-S 为 OM/OA 的光输出连接器后面光纤上的参考点；R' 为线路光放大器的光输入连接器前面光纤上的参考点；S' 为线路光放大器的光输出连接器后面光纤上的参考点；MPI-R 为 OA/OD 的光输入连接器前面光纤上的参考点；S_{D1} … S_{Dn} 为 OA/OD 的光输出连接器处的参考点；R_1 … R_n 为接收机光输入连接器处的参考点。

多信道系统的类别一般用 nWx-y.z 代码表示，其中 n 代表最大波长数；W 为代表中继距离的字母，如 L 代表长距离，V 代表很长距离，U 代表超长距离；x 代表最大光放段的数量，如果没有这一项，表示系统为无中继系统；y 代表该波长信号的最大比特率（STM 的等级）；z 代表光纤的类型，如 2 代表 G.652 光纤，3 代表 G.653 光纤，5 代表 G.655 光纤。例如 16L5-16.5 表示 16 波的长距离波分复用系统，有 5 个光放段，16 个波上传送的最高速率为 STM-16（2.5Gbit/s），系统采用的光纤为 G.655 光纤。再如 16V-4.2 表示 16 波的很长距离波分复用系统，无光线路放大器，使用光纤为 G.652 光纤，单信道最高传送速率为 STM-4（622Mbit/s）。因为目标的传送距离长、很长和超长只是定性的描述，而在系统设计中又往往需要定量的表达，因此，往往用光放段的允许损耗值来描述目标传送距离，从而出现了另一种表述方法，如 5×30dB16，表示 16 通路波分系统有 5 个光放大段，每个光放大段允许损耗为 30dB。

多信道系统中主光通道光接口的参数如表 10-16～表 10-18 所示[14]。

表 10-16　　　　8×22dB16（8）通路 WDM 系统主光通道参数

	单 位	8 通路	16 通路
通路数		8	16
比特速率		STM-16（2.5Gbit/s）	STM-16（2.5Gbit/s）
MPI-S 和 S' 点的光接口			
光发送端串音	dB	*	*
每通路输出功率			
——最大	dBm	+9.0	+9.0
——最小	dBm	+1.0	+1.0
总发送功率			
——最大	dBm	+14.0	+17.0
MPI-S 点每通路信噪比	dB	*	*
MPI-S 点的最大通路功率差	dB	8	8
光通道（MPI-S-MPI-R）			
光通道代价	dB	*	*
衰减范围			
——最大	dB	24×8	24×8
——最小	dB	22×8	22×8
色散	ps/nm	12 800	12 800
反射	dB	−27	−27
最小回损	dB	24	24
MPI-R 和 R' 点的光接口			
平均每通路的输入光功率			
——最大	dBm	−13.0	−13.0
——最小	dBm	−23.0	−23.0
平均总输入功率			
——最大	dBm	−8.0	−5.0
MPI-R 点每通路最小光信噪比	dB	22	22
光信号串音	dB	*	*
MPI-R 点的最大通路功率差	dB	10	10

* ：待研究

表 10-17　　　　　　　5×30dB16（8）通路 WDM 系统主光通道参数

	单　位	8 通路	16 通路
通路数		8	16
比特速率		STM-16（2.5Gbit/s）	STM-16（2.5Gbit/s）
MPI-S 和 S′点的光接口			
光发送端串音	dB	*	*
每通路输出功率			
——最大	dBm	+11.0	+9.0
——最小	dBm	+5.0	+2.0
总发送功率			
——最大	dBm	+17.0	+17.0
MPI-S 点每通路信噪比	dB	*	*
MPI-S 点的最大通路功率差	dB	6	7
光通道（MPI-S-MPI-R）			
光通道代价	dB	*	*
衰减范围			
——最大	dB	30×5	30×5
——最小	dB	28×5	28×5
色散	ps/nm	12000	12000
反射	dB	−27	−27
最小回损	dB	24	24
MPI-R 和 R′点的光接口			
平均每通路的输入光功率			
——最大	dBm	−17.0	−19.0
——最小	dBm	−25.0	−28.0
平均总输入功率			
——最大	dBm	−11.0	−11.0
MPI-R 点每通路最小光信噪比	dB	21	20
光信号串音	dB	*	*
MPI-R 点的最大通路功率差	dB	8	9

*：待研究

表 10-18　　　　　　　3×33dB16（8）通路 WDM 系统主光通道参数

	单　位	8 通路	16 通路
通路数		8	16
比特速率		STM-16（2.5Gbit/s）	STM-16（2.5Gbit/s）
MPI-S 和 S′点的光接口			
光发送端串音	dB	*	*
每通路输出功率			
——最大	dBm	+11.0	+9.0
——最小	dBm	+6.0	+3.0
总发送功率			
——最大	dBm	+17.0	+17.0
MPI-S 点每通路信噪比	dB	*	*
MPI-S 点的最大通路功率差	dB	5	6
光通道（MPI-S-MPI-R）			
光通道代价	dB	*	*
衰减范围			
——最大	dB	33×3	33×3
——最小	dB	31×3	31×3
色散	ps/nm	7200	7200
反射	dB	−27	−27
最小回损	dB	24	24

	单　位	8 通路	16 通路
MPI-R 和 R′点的光接口			
平均每通路的输入光功率			
——最大	dBm	−20.0	−22.0
——最小	dBm	−27.0	−30.0
平均总输入功率			
——最大	dBm	−14.0	−14.0
MPI-R 点每通路最小光信噪比	dB	20	20
光信号串音	dB	*	*
MPI-R 点的最大通路功率差	dB	7	8

＊：待研究

3. 系统设计

（1）损耗限制

2.5Gbit/s 及其以下速率的无光放系统的中继距离和有光放系统的光放段距离主要受光纤损耗限制。此时要求主信道的发送和接收之间（单信道系统的 S 和 R 点之间）总损耗不能超过系统的允许损耗范围，即：

$$L(\alpha + \alpha_s + \alpha_m) + 2A_c + M_e + A_d \leqslant P_o - P_r$$

$$L \leqslant \frac{P_o - P_r - 2A_c - M_e - A_d}{\alpha + \alpha_s + \alpha_m} \tag{10-20}$$

式中：P_o 为平均发送光功率（dBm）；P_r 为接收灵敏度（dBm）；A_c 为每个活动连接器损耗（如果没有光分配架此项为零）；M_e 为系统设备富余量（dB）；α 为光纤损耗常数（dB/km）；α_s 为每千米光纤平均接头损耗（dB/km）；α_m 为每千米光纤线路损耗余量；A_d 为光通道代价（dB）；L 为光放段长度。

活动连接器的损耗一般为 0.2～0.3dB/个；设备富余量 M_e 主要是考虑随着使用时间的增加和环境的变化（如环境温度升高）光发射功率和光接收灵敏度会有所下降，光纤连接器性能劣化等因素而预留的光功率，一般 M_e 取 3dB。同时考虑到线路环境的变化、线路可能出现的路由变更、接头的增加和光纤性能的劣化，设计时留有光纤线路损耗余量 α_m，一般 α_m 取 0.1～0.2dB/km，但一个中继段总富余量不要超过 5dB。

式（10-20）中引入了光通道代价的概念，光通道代价是由于脉冲在光纤中传输过程中波形的失真导致的接收机灵敏度明显下降。例如，色散对于低速系统虽不会限制中继距离，但它的存在会引起脉冲展宽，从而使波形失真，引起接收机灵敏度下降，严重时会引起误码。因此，设计时应考虑光通道的代价。一般对于低色散系统，最大光通道代价定义为 1dB，对于高色散系统（10Gbit/s 以上速率），允许的最大光通道代价取 2dB。

（2）色散限制

信号在光纤中传输时，一方面由于线路系统的损耗，其幅度会越来越小，另一方面会寄生很多噪声，同时由于色散的存在其波形也要发生畸变。幅度减小可以用光放大器来补偿，但是光放大器是将其带宽内的所有信号同时放大，而不论其是信号还是噪声，同时它对脉冲波形也没有任何改善，因此，不能无限度地增加光放大器，每隔一定的距离必须设立一个电中继器，用以对信号进行再定时、整形、再生，还原出"干净"的规则信号，以进一步延长信号的传输距离。色散就是限制电中继距离的主要因素，也就是说，色散主要限制如图 10-8

所示中的中继段（RS）距离。

如图 10-11 所示，发送端输出的是一个规则的"101"码组，由于色散的存在，经长途传送后脉冲将会展宽，两个"1"码出现码间重叠。图中 δ 为码间串扰，当这个串扰等于"1"码幅度的 1/4 时，"101"码组就难免会判为"111"，发生误码，这个相对值（1/4）就是码间串扰的极限值。造成脉冲展宽的原因很多，主要包括：光纤色散、频率啁啾、抖动、反射等，但光纤色散是引起脉冲展宽最主要的因素。考虑到其他因素的存在，一般将色散引起脉冲展宽产生的码间串扰（δ）的容限值设定在相对值 1/5。根据码间串扰的容限值可以推导出系统的色散限制距离。

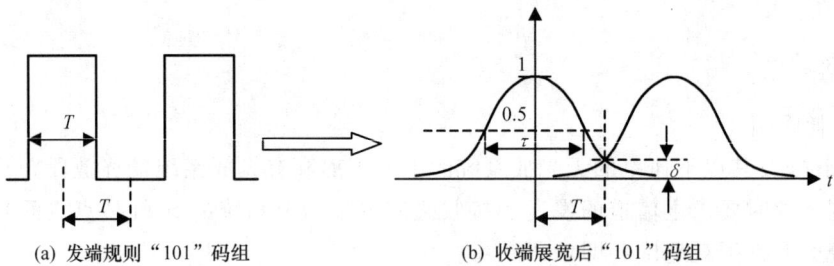

图 10-11 "101" 码组在传输过程中的展宽

(a) 发端规则"101"码组   (b) 收端展宽后"101"码组

如图 10-11（b）所示，经过长途传送以后，规则的脉冲由于展宽会变为近似高斯波形。归一化后高斯波形在时域内的波形可以表示为：

$$g(t) = \exp\left(-\frac{t^2}{2\sigma^2}\right) \tag{10-21}$$

式中：σ 为均方根脉冲宽度。$t=T$ 时，$g(t)$ 的值就是码间串扰 δ，取串扰的容限 $\delta=1/5$ 则有：

$$\exp\left(-\frac{T^2}{2\sigma^2}\right) = \frac{1}{5} \tag{10-22}$$

所以：

$$\sigma = \frac{T}{1.79} \tag{10-23}$$

为了确定中继距离和光纤色散的关系，定义脉冲宽度 τ 为波形的半高全宽，即：

$$\exp\left(-\frac{\tau^2/4}{2\sigma^2}\right) = \frac{1}{2}$$

由此式得到：

$$\tau = \sqrt{8\ln 2}\,\sigma \tag{10-24}$$

将式（10-23）代入式（10-24）可以得到展宽后的脉冲宽度为：

$$\tau = 1.3154T \tag{10-25}$$

允许的脉冲展宽为：

$$\Delta\tau = \tau - T = 0.3154T \tag{10-26}$$

由第 3 章的知识可知：对于单模光纤而言，色散对脉冲的展宽为：

$$\Delta\tau = D_\mathrm{m} \cdot \Delta\lambda \cdot L$$

上式代入式（10-26）得到色散限制距离为：

$$L = \frac{0.3154T}{D_\mathrm{m} \cdot \Delta\lambda} = \frac{0.3154}{D_\mathrm{m} \cdot \Delta\lambda \cdot f_\mathrm{b}} \tag{10-27}$$

式中：D_m 为单模光纤的色散系数；$\Delta\lambda$ 为光源的谱线宽度；f_b 为光通路传送速率，$f_b = 1/T$。

根据式（10-27）可以求出光通道的色散限制距离，但在实际的工程设计中如果确定了系统代码，则可以从相应的光接口规范中查找到允许色散，此时色散限制距离也可以由下式估算得到：

$$L = \text{允许色散} / \text{光纤色散系数}$$

如 $5 \times 30\text{dB}16$（8）的主光通道的色散为 12 000ps/nm，如果光纤的色散系数 D_m 为 17ps/nm·km，则光纤限制距离为：

$$L = 12000/17 = 705.8(\text{km})$$

（3）光信噪比

光放大器的应用可以大大地提高系统的可用功率，增加系统的衰减范围，延长无中继的传输距离，它还可以取代一些光—电—光的电中继器，只进行光—光转换，减少设备的复杂程度，提高系统的可靠性。

在长途光纤通信中，掺铒光纤放大器（EDFA）和电中继器将共同存在，EDFA 用来补偿光纤的损耗，而常规的电中继器用来补偿色散、噪声积累带来的信号失真。经过多少个 EDFA 级联后，必须进行一次光/电转换，对电信号进行再定时、整形、再生，受到光信噪比的限制。

EDFA 在放大光信号的同时，也发生自发辐射（Amplified Spontaneous Emission，ASE），产生自发辐射噪声，从而使系统的信噪比降低。光放大器引入的自发辐射噪声功率为[4]：

$$P_{\text{ASE}} = 2N_{sp}(G-1)h\nu\Delta\nu \tag{10-28}$$

式中：h 为普朗克常数；N_{sp} 为自发辐射因子；ν 为光信号频率；$\Delta\nu$ 为滤波器的频率带宽。对于光放段的损耗等于 EDFA 增益的系统，ASE 噪声到达接收机，从而引入系统的功率为：

$$N_{\text{ASE}} = 2N_{sp}h\nu\Delta\nu = (2N_{sp})h\frac{c}{\lambda} \cdot \frac{c}{\lambda^2}\Delta\lambda$$
$$= (2N_{sp})h\frac{c^2}{\lambda^3} \cdot \Delta\lambda \tag{10-29}$$

如果上式以 dB 为单位表示，则：

$$N_{\text{ASE}}(\text{dB}) = 10\log(N_{\text{ASE}}) = 10\log(h\frac{c^2}{\lambda^3}\Delta\lambda) + 10\log(2N_{SP}) \tag{10-30}$$

光放大器的噪声系数 N_F 为：

$$N_F = 10\log\left[2N_{sp} - \frac{2N_{sp}-1}{G}\right] + \eta_{IN} \tag{10-31}$$

对于增益系数很大的系统，η_{IN} 是激光器的输入耦合损耗，实际情况中该值很小，可以忽略，又因为：

$$\left[2N_{SP} - \frac{2N_{SP}-1}{G}\right] \approx 2N_{SP}$$

因此：

$$N_F \approx 10\log[2N_{sp}] \tag{10-32}$$

每个 EDFA 引入 ASE 噪声为：

$$N_{\text{ASE}}(\text{dB}) = 10\log(h\frac{c^2}{\lambda^3}\Delta\lambda) + N_F \tag{10-33}$$

式中：$C = 2.997925 \times 10^8$ m/s 为光速；$\Delta\lambda$ 为滤波器带宽，取 1.0×10^{-10} m，代入式 (10-33) 得：

$$N_{ASE}(\text{dB}) = -58.03\text{dB}_m + N_F(\text{dB}) \tag{10-34}$$

经过 N 个光放大段传输，由于各个 EDFA 拥有相同的特性，因此，噪声线性叠加：

$$N_{ASE}(\text{dB}) = -58.03\text{dB}_m + N_F(\text{dB}) + 10\log N \tag{10-35}$$

对于各路功率都相等的 M 路多信道系统（单信道系统 $M=1$），假设总的入纤功率为 P_{out}（dB_m），则每路的入纤功率为 $P_{out} - 10\log M$。假设任意两个光放大器之间的衰耗都是 AdB（包括连接器和接头损耗），则接收机的输入端信号功率为：

$$S_{sig} = P_{out} - 10\log M - A \tag{10-36}$$

则光信噪比（Optical Signal-Noise Ratio，OSNR）为：

$$OSNR = P_{out} - 10\log M - A + 58.03 - N_F - 10\log N \tag{10-37}$$

如果已知系统要求的 OSNR，根据式 (10-37) 可以求出允许的最大光放大段数 N；如果知道了光放大段数，利用式 (10-37) 也可以验证系统的 OSNR 是否符合要求。

小　结

系统设计的任务是遵循建议规范，采用先进、成熟技术，综合考虑系统经济成本，合理地选用器件和设备，明确系统的全部技术参数，完成实用系统的合成。在复杂程度和设计任务上系统设计和工程设计都是有明显区别的。

对于模拟的 HFC 网的设计，主要需要考虑系统的 CNR、CTB 和 CSO 指标，其传输距离主要受限于链路的损耗。在模拟的 HFC 网中，EDFA 的引入可以延长传输距离，它的引入对 CTB 和 CSO 等非线性指标没有多大的影响，但对 CNR 影响较大，在系统设计时注意验算。

对于数字光纤通信系统，其系统性能指标主要有：误码特性、抖动特性和系统的可靠性，网络设计时必须满足。目前大量使用的 SDH 和 WDM 系统，为了提高其横向兼容性，对其光接口作了较为严格的规范，它是系统设计的依据。在设计中一般认为：损耗限制光放大段的长度，色散限制电再生段的距离，光信噪比取决于 EDFA 级联的个数。

复习思考题

1. 系统设计与工程设计有何区别？
2. 残留边带调幅的副载波光纤传输系统的主要指标有哪些？
3. 残留边带调幅时的调制度 m 是否越大越好？为什么？
4. 残留边带调幅的副载波光纤传输系统的调制度 $m=0.05$，响应度为 0.8A/W，激光器相对强度噪声系数为 -150dB/Hz，噪声带宽为 4×10^6 Hz，负载电阻为 $1k\Omega$，前置放大器的噪声系数为 3dB，热噪声温度为 290K，试求各噪声对 CNR 的贡献，并求出总的 CNR。
5. G.826 与 G.821 有何区别？G.826 中定义了哪些事件和指标？
6. 什么叫抖动？什么叫漂移？抖动会产生什么不良影响？
7. 设 140Mbit/s 数字光纤通信系统发射光功率为 -3dBm，接收机灵敏度为 -34dBm，系统余量为 4dB，连接器损耗为 0.5dB/个，平均接头损耗为 0.05dB/km，光纤损耗系数为 0.35dB/km，光纤损耗余量为 0.05dB/km。计算中继距离。

8. 在光缆线路中可以利用 EDFA 补偿光纤的损耗，是否可以说只要增加 EDFA 的个数，就可以达到任何需要的传输距离？为什么？

9. 16 信道的波分复用系统总的输出功率为 14dBm，每一光放段的损耗为 30dB，光放大器的噪声系数为 5dB，求 4 个放大器级联时的光信噪比是多少？

10. 一光纤通信系统，信道速率为 2488320kbit/s，光源最大谱线宽度为 1nm，如果选用色散系数为 17ps/nm·km 的光纤，试求其色散限制距离。

第 **11** 章 光纤通信新技术

光纤通信技术经过了 30 年的发展历史，目前已经进入第五代光通信时代，其高速率和大容量的特点大大促进了社会的发展，随着世界信息化程度的日新月异，对通信速率、通信距离、通信容量的要求也更加强烈。为了更好地适应需要，光纤通信的新技术领域也取得了很大的成就。

本章将介绍光纤通信中的一些新技术，主要包括相干光通信技术的相关原理及关键技术，光孤子通信技术的原理及实验进展情况。

11.1 相干光通信

自从光纤通信系统走向实用化以来，所有的系统都是采用强度调制-直接检波的方式，这种系统有很多优点，调制和解调比较容易，成本也很低，是一种应用最广泛也是最成熟的技术。光载波在光频率范围内，频率远比信号频谱高得多，也就是说，光纤的巨大带宽还未得到充分利用。为了进一步利用光纤的宽带宽，提高传输容量，人们开始考虑将无线电通信中使用的外差方式用于光纤通信。因为光波也是一种电磁波。如果充分利用光信号脉冲的参数（幅度、频率、相位等），便可以构成一种新型光纤通信方式——相干光通信。这种通信方式将无线通信中普遍采用的外差接收或零差接收方式和幅移键控（Amplitude Shift Keying，ASK）、相移键控（Phase Shift Keying，PSK）和频移键控（Frequency Shift Keying，FSK）等先进的调制技术应用于光纤通信，实现相干通信。

11.1.1 相干光通信技术基本原理及发展

相干光通信系统可以把光频段划分为许多频道，从而使光频段得到充分利用，即多信道光纤通信。我们知道无线电技术中相干通信具有接收灵敏度高的优点，相干光通信技术同样具有这个特点，采用该技术的接收灵敏度可比直接检测技术高 18dB。同时，相干光接收机可以采用如同外差收音机那样，在其内部设置一台本地激光器。稍微改变本地激光器的光频，就可改变所选择的信道。早期，研究相干光通信时要求采用保偏光纤作传输介质，因为光信号在常规光纤线路中传输时其相位和偏振面会随机变化，要保持光信号的相位、偏振面不变就需要采用保偏光纤。但是后来发现，光信号在常规光纤中传输时，其相位和偏振面的变化是慢变化，可以通过接收机内用偏振控制器来纠正，因此，仍然可以用常规光纤进行相干通信，这个发现使相干光通信的前景呈现光明。

与强度调制—直接检测系统不同，相干光纤通信系统在光接收机中增加了外差或零差接收所需的本地振荡光源，该光源输出的光波与接收到的已调光波在满足波前匹配和偏振匹配的条件下，进行光电混频。混频后输出的信号光波场强和本振光波场强之和的平方成正比，从中可选出本振光波与信号光波的差频信号。由于该差频信号的变化规律与信号光波的变化规律相同，而不像直检波通信方式那样，检测电流只反映光波的强度，因而，可以实现幅度、频率、相位和偏振等各种调制方式。根据本振光波的频率与信号光波的频率是否相等可以将相干光通信系统分为两类：当本振光频率和信号光频率之差为一非零定值时，该系统称为外差接收系统；当本振光波的频率和相位与信号光波的频率和相位相同时，称为零差接收系统。但不管采用何种接收方式其根本点是外差检测。图 11-1 所示为相干光通信系统的结构示意图。

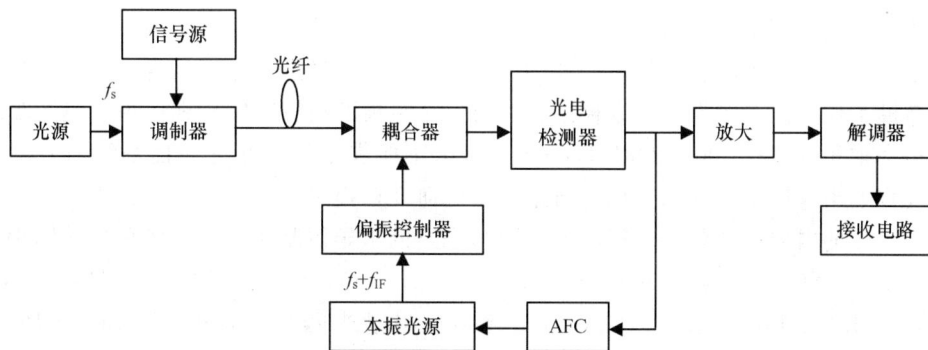

图 11-1　相干光通信系统的结构示意图

如图 11-1 所示，光源发出频率为 f_s 的光脉冲，通过调制器将已经变成电信号的信号源调制到光脉冲包络上，通过长距离线路传输后，到达接收端，接收端采用外差技术，首先通过耦合器将光信号和本振光源信号同时送到光电检测器接收，本振光源频率为 $f_s + f_{IF}$，信号光和本振光在满足波前匹配和偏振匹配的条件下混频，得到频率为 f_{IF} 的中频信号，该信号经过放大后送到解调器解调，最终到达接收电路完成通信过程。耦合器可以使信号光和本振光保持波前匹配，偏振控制器可以纠正本振光的偏振，从而使本振光和信号光保持偏振匹配，自动频率控制电路（Auto Frequency Control，AFC）可以通过输出的中频信号作为控制源来控制本振光源发出的光具有稳定的频率。零外差相干光通信中没有中频，它对光源稳定性的要求非常的高，要求光源谱线非常的窄，否则很难得到满意的结果。

相干光通信系统灵敏度的提高主要是因为它采用了本地振荡得到了一定的增益，根据无线电知识中外差接收技术知识可以得到光电检测器的电流[15]：

$$I_s = 2 \frac{\eta e}{h f} \sqrt{P_s P_L} m(t - \tau_g) \cos[(\omega_s - \varphi_L)t - (\varphi_s - \varphi_L)] \tag{11-1}$$

式中：η 为光电检测量子效率，h 为普朗克常量，e 为电子电量，f 为光频率，P_s 为信号光功率，P_L 为本振光功率，m 为调制系数，$(t - \tau_g)$ 为群延时，ω_s、ω_L 和 φ_s、φ_L 分别为信号光和本振光的角频率和相位。

从式（11-1）中可以看出，接收机检测信号输出电流随本振光功率增大而增大，即所谓的"本振增益"。

同时还可以看到，信号光的角频率和相位以及本振光的角频率和相位有相对随机起伏时均会造成噪声，采用不同的解调方式，这些影响是不一样的。

11.1.2　相干光通信关键技术

1. 光源技术

相干光纤通信系统中对信号光源和本振光源的要求比较高，它要求光谱线窄、频率稳定度高。光源本身的谱线宽度将决定系统所能达到的最低误码率，应尽量减小。同时半导体激光器的频率对工作温度与注入电流的变化非常敏感，其变化量一般在几十 GHz/℃ 和 GHz/mA 左右，因此，为使频率稳定，除注入电流和温度稳定外，还应采取其他主动稳频措施，使光频保持稳定。为使半导体激光器具有谱线窄、频率稳定度高的特点，人们采取了很多的方法来使光源满足相干通信的要求。

普通的法布里－珀罗半导体激光器的增益谱线较宽，虽然通过适当的制作工艺基本上能保证基横模工作，但一般都是多纵模运转，且每一纵模的线宽较宽，即使单纵模运转时，它的线宽功率乘积也高达 100～200MHz·mW，远不能满足相干光纤通信系统的要求。为了得到窄线宽的半导体激光器，人们进行了大量的研究，提出了各种不同的解决方案。一种方法是从激光器的内部结构着手进行研究，通过先进的半导体制作工艺，优化半导体激光器内部结构来实现，如多量子阱（Multi-Quantum Well，MQW）、有源层分布反馈激光器（Distributed Feedback Laser，DFB）、分布布喇格反射激光器（Distributed Bragg Reflector，DBR）等；另一种方法是从半导体激光器的外部来考虑，应用电负反馈技术来压窄线宽就是其中一种压缩技术。电负反馈技术是从半导体激光器输出光中鉴别出频率的抖动，经负反馈电路控制激光器的注入电流。由于负反馈作用，将使原有调频噪声大大降低。根据鉴别调频噪声的方法不同，电负反馈半导体激光器可分为两类：一类为外差检测方式，主要是用一本振光与待压窄线宽的半导体激光器输出光进行差拍、光电混频，然后对中频信号进行放大、限幅，最后由中频鉴频器提取调频噪声；另一类是利用光学元件，如法布里－珀罗标准具，光纤环形腔等提取调频噪声。前者需要一个窄线宽、频率稳定的本振光源，这本身就比较困难，相比之下后者较简单可行。但从实用的观点来说，外腔半导体激光器和电负反馈半导体激光器不如多电极分布布喇格反射器半导体激光器有发展前途，多电极分布布喇格反射器半导体激光器产生的光不仅谱线窄，而且调频响应平坦，尤其以多量子阱结构为有源层时激光器谱线更窄。

除了窄谱的要求外，相干光通信光源还要求稳频，稳频技术目前一般也可以分为两类：一类是对信号光的绝对稳频，可以采用分子、原子吸收谱线稳频，光电流效应稳频及法布里－珀罗腔稳频等稳频技术，其中应用最多的是法布里－珀罗腔稳频技术。该技术利用法布里－珀罗腔或吸收谱等陡峭的频率特性，将激光器的频率变化变成光电流的变化，通过放大滤波控制激光器的注入电流，使激光器的频率稳定在法布里－珀罗腔或吸收谱的频率基准上；另一种稳频技术是通过本振光频率 AFC 来进行，该技术一般采用射频鉴频器，将中频信号的频率抖动鉴别出来，经过放大、滤波后去控制激光器的注入电流，从而使中频保持稳定。

2. 调制技术

一般相干光通信的光调制技术有半导体激光器直接调制和光波导型外调制两种。半导体激光器直接调制技术一般是采用具有动态单纵模特性的 DFB 激光器来进行直接调制，采用该技术在调制过程中可以使光谱保持良好的窄谱特性，同时频率也较稳定。也有把激光器制成两段、三段的复杂结构的多电极激光器，可以在各电极分别注入偏置和信号，效果较好，又因为它可以用集成方法制作，故有发展前景。光波导型外调制器技术大多是采用铌酸锂（LiNbO₃）外调器来进行调制，由半导体激光器作光源，在 LiNbO₃ 调制器电极上施加调制信号。这种方法的优点是调制频率较高，可实现无啁啾噪声调制，但在信号光耦合时的光损耗较大。

相干光纤通信系统中采用的主要调制方式有幅移键控、相移键控、频移键控和偏振移键控等。初期一般采用法布里—珀罗型半导体激光器作为光源，这种激光器的光谱线宽及调频特性不是很理想，所以当时大多采用 ASK 调制方式和包络检波，目前该方式已用得不多。后来随着外腔半导体激光器和 DFB 激光器的发展，逐步开始采用相移键控和频移键控等方式。相移键控方式的接收灵敏度高，但它对光源的谱线宽度要求较高。此外，光信号耦合损耗也比较大。于是有人提出用归零码直接注入激光器进行相移键控调制，这种技术的缺点是占用的频带比较宽，大容量的多路复用技术有所限制。目前，应用得最普及的是频移键控（FSK）和连续相位频移键控（Continued Phase Frequency Shift Keying，CPFSK）方式，它们的最大优点是可以利用半导体激光器注入电流进行频率调制，而且可根据光源线宽的不同，选择不同的解调方式，如双滤波解调、单滤波解调、差分—延迟解调等。尤其是 CPFSK 技术，它不仅可以采用直接注入电流进行频率调制，而且它的调频谱非常紧凑，适合 WDM 通信方式，此外，它的接收灵敏度高，几乎等于相移键控系统的灵敏度。

3. 接收技术

相干光通信的接收技术包括两部分，一部分是光的接收技术，另一部分是中频之后的各种制式的解调技术。解调技术实际上是电子的 ASK、FSK 和 PSK 等的解调技术，不需详述，这里着重介绍光的接收技术。

（1）平衡接收法

在 FSK 制式中，由于半导体激光器在调制过程中，难免带有额外的幅度调制噪声，利用平衡接收方法可以减少调幅噪声。平衡法的主要思想是当光信号从光纤进入后，本振光经偏振控制以保证与信号的偏振状态相适应，本振光和信号光同时经过方向耦合器分两路，分别输入两个相同的 PIN 光电检测器，使得两个光电检测器输出的是等幅度而反相的包络信号，再将这两个信号合成后，使得调频信号增加一倍，而寄生的调幅噪声相互抵消，直流成分也抵消，达到消除调幅噪声影响的要求。

（2）相位分集接收法

除了调幅噪声外，如果本振光相位和信号光相位有相对起伏，就将产生相位噪声，严重影响接收效果。针对这种影响，可以采用相位分集法克服相位噪声。三相相位分集法主要是将信号和本振光分成三路，本振光的三路信号相位分别为 0°、120°、240°，因此，尽管信号与本振光之间有相对相位的随机起伏，将三路信号合成后，仍能保持恒定，可以减免相位噪声的影响，同时，这种技术可以用于零差接收系统而不采用光锁相。

（3）偏振控制技术

前面已经指出：相干光通信系统接收端必须要求信号光和本振光的偏振同偏，才能取得良好的混频效果，提高接收质量。信号光经过单模光纤长距离传输后，偏振态是随机起伏的，为了解决这个问题，人们提出了很多方法，如采用保偏光纤、偏振控制器和偏振分集接收等方法。光在普通光纤中传输时，相位和偏振面会随机变化，保偏光纤就是通过工艺和材料的选择使得光相位和偏振保持不变的特种光纤，但是这种光纤损耗大，价格也非常昂贵；偏振控制器主要是使信号光和本振光同偏，这种方法响应速度比较慢，环路控制的要求也比较高；偏振分集接收主要是利用信号光和本振光混频后，由偏振分束元件将混合光分成两个相互垂直的偏振分量，本振光两个垂直偏振分量由偏振控制器控制，使两个分量功率相等，这样当信号光中偏振随机起伏也许造成其中一个分支中频信号衰落，但另一个分支的中频信号仍然存在，所以该系统最后得到的解调信号几乎和信号光的偏振无关，该技术响应速度比较快，比较实用，但实现比较复杂。

11.2 光孤子通信技术

孤子的概念是 20 世纪非线性科学的重要发现，其起源可追溯到 1834 年英国海军工程师 Scott Russel 观察到河面上船过后隆起的水波可以保形传输，从此揭开了孤子理论的研究序幕。光孤子概念产生于 1973 年，Hasegawa 在解决光纤通信中色散问题时，发现了光纤非线性包络与电子回旋波之间的相似性，与 Tappert 一起从理论上证明了光孤子脉冲能在光纤中保形传输这一现象，这种发现诱发了人们将光孤子作为一种信息载体用于高速通信的遐想。光孤子显示出其潜在的价值后，立即引起了人们的巨大兴趣，目前已经成为新型光纤通信，尤其是长距离越洋通信研究的新方向。本节主要介绍光孤子脉冲的理论基础、光孤子源、光孤子传输过程的影响因素以及目前国际光孤子通信的研究现状。

11.2.1 光孤子通信技术的基本原理

前面的章节已经介绍过，光脉冲在光纤中传输时有两种作用影响脉冲的传输，一种是光纤色散作用，光纤色散使脉冲在时域上展宽，展宽到一定程度后将引起相邻脉冲的叠加，产生误码。另一种是光纤的非线性作用，这种作用将引起光脉冲在频域上展宽，在时域上压缩，也影响光通信。也就是说单独的色散作用和单独的非线性作用都将影响光通信，而且两种影响作用效果刚好是相反的。如果能将这两种影响综合起来相互抵消，将使光脉冲保持原形传输。光孤子（Optical Soliton）就是一种具有双曲正割形状的光脉冲，这种脉冲在光纤中传输是利用光纤的群速度色散（Group Velocity Dispersion，GVD）和非线性作用中的自相位调制（Self-Phase Modulation，SPM）两种影响达到平衡的情况下，从而能保持原来形状传输。

1. 非线性薛定谔方程及解法

根据光学知识，光脉冲可以用下列式子表示：

$$E(z,t) = A(z,t)\exp[j(\omega_0 t - \beta_0 z)]$$

其中：$A(z,t)$ 是脉冲包络，对于常用的直接检波光通信系统我们主要关心光脉冲的包络情况。在考虑色散作用下，并引入光纤非线性效应中自相位调制作用时，光脉冲包络的传输方程可写为下式[7]：

$$\frac{\partial A}{\partial z} + \beta_1 \frac{\partial A}{\partial t} + \frac{j}{2}\beta_2 \frac{\partial^2 A}{\partial t^2} - \frac{1}{6}\beta_3 \frac{\partial^3 A}{\partial t^3} = i\gamma |A|^2 A \tag{11-2}$$

式中：$A(z,t)$ 为脉冲包络，$\beta_1 = 1/v_g$，β_2 为群速度色散系数，β_3 为高阶色散系数，γ 是代表自相位调制效应的非线性系数。对该方程引入下列归一化参数：

$$\tau = \frac{T}{T_0} = \frac{t - \frac{z}{v_g}}{T_0} \quad \text{和} \quad U(z,t) = A(z,t)/\sqrt{P_0}$$

忽略高阶色散项 β_3 的作用，则式（11-2）可写为：

$$i \frac{\partial U}{\partial z} = \frac{\mathrm{sgn}(\beta_2)}{2L_D} \frac{\partial^2 U}{\partial \tau^2} - \frac{1}{L_{NL}} |U|^2 U \tag{10-3}$$

式中：T_0 为脉冲初始脉冲宽度，P_0 为脉冲峰值功率，$L_D = T_0^2/\beta_2$ 为色散长度，$L_{NL} = 1/\gamma P_0$ 为非线性长度，如果令：

$$N^2 = L_D/L_{NL} = \gamma P_0 T_0^2 / |\beta_2|，并令 \xi = z/L_D$$

则方程式（11-3）可变为：

$$i \frac{\partial U}{\partial \xi} = \frac{\mathrm{sgn}(\beta_2)}{2} \frac{\partial^2 U}{\partial \tau^2} - N^2 |U|^2 U = 0 \tag{11-4}$$

该方程就是描述光孤子脉冲传输的重要方程：非线性薛定谔方程。该方程是一个非线性方程，常规的方法很难求出其解，求解该方程常用的方法有逆散射方法、Hirota 法、Backlund 变换法、Darboux 变换法以及变分法等，限于篇幅原因，在此不一一叙述，有兴趣的读者可参见参考文献[16~18]。上述的非线性薛定谔方程是一种特殊的偏微分方程，常规方法很难求解，根据参考文献[16]，该方程利用逆散射法已经证明，只有当 N 为整数时，方程解才存在。日本著名学者 Satsuma 等人用逆散射方法研究了非线性薛定谔方程中的初值问题，即设初始条件：

$$U(0,\tau) = N\mathrm{sech}\tau$$

当 $N = 1$ 时，求解方程式（11-4）有优美的形式解：

$$U(\xi,\tau) = \mathrm{sech}\tau \cdot \exp(i\xi/2) \qquad N = 1 \tag{11-5}$$

该解称为基本孤子，或称为一阶孤子，显然我们可以看出该解的包络与传输距离 ξ 无关，也就是说一阶孤子脉冲能在光纤中保形传输。当 $N = 2$ 时，方程式（11-4）的解为：

$$U(\xi,\tau) = \frac{4[\cosh(3\tau) + 3\exp(4i\xi)\cosh\tau]}{\cosh(4\tau) + 4\cosh(2\tau) + 3\cos(4\xi)}\exp(i\xi/2) \qquad N = 2 \tag{11-6}$$

该解称为二阶孤子，可以看出该解的包络是随传输距离 ξ 成周期变化的。当 $N = 3$ 时，式(11-4)解的表达式更为复杂，但解依然是和传输距离 ξ 周期变化的，此时的解称为三阶孤子。一般地说当 $N \geqslant 2$ 所得式(11-4)的解都称为高阶孤子。图 11-2 所示为一阶、二阶、三阶孤子脉冲的对比图。

在高阶孤子中，$\xi_0 = \pi/2$ 为孤子周期，该周期也可用 $z_0 = \pi/2L_D$ 来表示。对 $N = 2$ 的二阶孤子，当 $\xi = \xi_0/2$ 时，孤子脉宽最窄，当 $\xi = \xi_0$ 时，脉冲恢复原始脉宽。对 $N = 3$ 的三阶孤子脉冲，当 $\xi = \xi_0/4$ 时，孤子脉宽最窄，当 $\xi = \xi_0/2$ 时，孤子脉冲分裂为两个子孤子脉冲，当 $\xi = \xi_0$

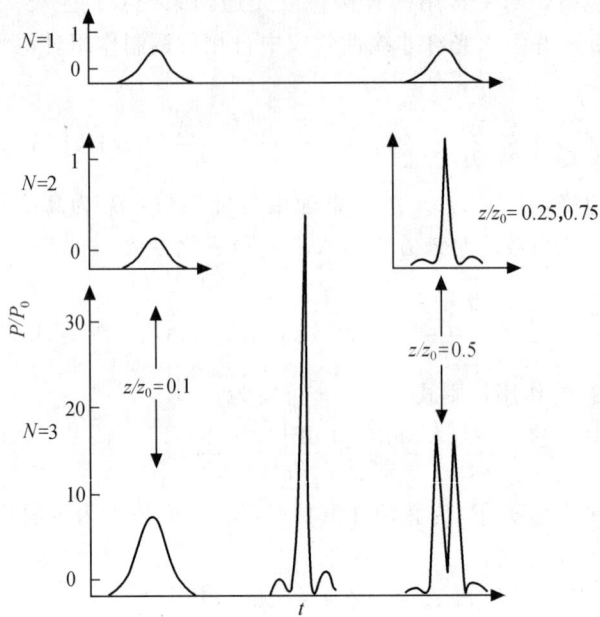

图 11-2 一阶、二阶、三阶孤子脉冲对比图

时,恢复原始脉宽。

由 $N^2 = \gamma P_0 T_0 / \beta_2$ 的表达式我们可以看出,只要控制好输入脉冲的初始功率和脉宽,并选择具有合适色散和非线性度量的光纤,可以得到 $N = 1$ 时的一阶孤子脉冲,该脉冲在光纤中传播的时候,如果忽略光纤损耗的情况下,其脉冲包络的幅度和形状都不会发生变化,这是光波通信的理想通信方式。

2. 常见的光孤子源

作为理想情况下的光通信,孤子脉冲应该具有很好的确定的形状、宽度、功率和能量,为了解决这样的问题,已提出了几种解决方案。

(1) 自锁模掺铒光孤子激光器

自锁模掺铒光孤子激光器原理图如图 11-3 所示。自锁模掺铒光纤激光器主要是利用光

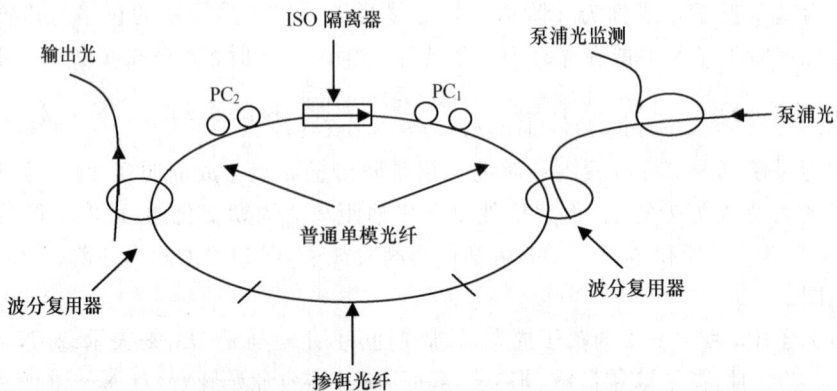

图 11-3 自锁模掺铒光孤子激光器

脉冲在光纤中传输时所产生的非线性偏振旋转效应制成的。非线性偏振旋转效应是一个非常重要的效应，在图 11-3 中，PC_1 和 PC_2 是偏振控制器，光通过 PC_2 后起偏为线偏振光，然后再通过 PC_1，将光分解为沿 PC_1 快轴和慢轴的偏振光 A_e 和 A_o，当 A_e 和 A_o 产生相位差 σ 不是 π 的整数倍时，其合成光矢量的偏振态沿传输方向不停地旋转，轨迹为一椭圆。当输入光较弱时，可以不计光的非线性效应，每经过一个波长的距离后，偏振态就旋转一周；当输入光比较强的时候，由于自相位调制（SPM）和交叉相位调制 XPM 效应的影响，使 A_e 和 A_o 间产生一种与光强和传输距离有关的非线性相移 $\Delta\varphi = f(A^2, L)$，使其合成光的旋转与弱光传输时不同，通过对光纤的设计可使光孤子脉冲强度高的部分透过率高，强度低的部分透过率低，具有强滤波功能，从而实现光孤子的整形。为了更好地理解这种非常重要的效应，作者从理论上推导了非线性偏振旋转效应的产生机理。

设非线性偏振旋转效应的光轴方向与起偏器的方向的夹角为 θ，将输入的线偏振光沿 PC_1 的快、慢轴分解得到 A_e 光和 A_o，经过 PC_1 后，光此时已变为椭圆光，A_e 光和 A_o 光分别为：

$$A_e = A_{in}\cos\theta\exp[i(\omega t + \varphi'_e)]$$
$$A_o = A_{in}\sin\theta\exp[i(\omega t + \varphi'_o)]$$

式中：A_{in} 为输入线偏振光振幅，φ'_e 和 φ'_o 分别为经 PC_1 后产生的相位变化，其差 $\varphi'_e - \varphi'_o = \sigma$，当采用 1/4 波片作为 PC_1 时，$\sigma = \pi/2$，A_e 和 A_o 通过光纤时，由于光纤 SPM 和 XPM 的作用，其输出光强变为：

$$A'_e = A_{in}\cos\theta\exp[i(\omega t + \varphi'_e + \varphi''_e)]$$
$$A'_o = A_{in}\sin\theta\exp[i(\omega t + \varphi'_o + \varphi''_o)]$$

式中的 φ''_e 和 φ''_o 均是由 SPM 及 XPM 产生的非线性相移，分别为：

$$\varphi''_e = \frac{\gamma L}{3}\left(|A_e|^2 + \frac{2}{3}|A_o|^2\right) = \frac{\gamma L}{3}|A_{in}|^2\left(\cos^2\theta + \frac{2}{3}\sin^2\theta\right)$$
$$\varphi''_o = \frac{\gamma L}{3}\left(|A_o|^2 + \frac{2}{3}|A_e|^2\right) = \frac{\gamma L}{3}|A_{in}|^2\left(\sin^2\theta + \frac{2}{3}\cos^2\theta\right)$$

式中：γ 为光纤非线性系数，L 为光纤长度。当该光再次通过 PC_2 时，椭圆光又起偏为线偏振光，从 PC_2 输出的光强为：

$$|A_{out}|^2 = |A'_e\cos\theta + A'_o\sin\theta|^2$$
$$= |A_{in}|^2[\cos^4\theta + \sin^4\theta + 2\sin^2\theta\cos^2\theta\cos(\sigma - \Delta\varphi)] \tag{11-7}$$

式中：$\Delta\varphi = \varphi''_e - \varphi''_o = \gamma L/3A^2(\cos^2\theta - \sin^2\theta)$，由于 PC_1 采用 $1/4\lambda$ 的波片，及 $\sigma = \pi/2$，根据式（11-7）可得非线性偏振旋转效应传输系数 T 为：

$$T = \frac{|A_{out}|^2}{|A_{in}|^2} = \cos^4\theta + \sin^4\theta + 2\sin^2\theta\cos^2\theta\sin(k|A_{in}|^2)$$

式中：$k = \gamma L/3(\cos^2\theta - \sin^2\theta)$。可见，当 $0 < k < \pi/2A_{in}^2$ 时，T 是随着 A^2 的增大而增大，$A^2 = 0$ 时，T 最小，$A^2 = \pi/2k$ 时，T 最大，当 $A^2 > \pi/2k$ 时，T 出现饱和，随着 A^2 的增大而减小，并呈周期变化特性。当 $\theta = 30°$ 时，$T_{max} = 1$，$T_{min} = 5/8$，A^2 在 $0 \sim \pi/2k \sim \pi/k$ 区间变化时，T 在 $0.63 \sim 1$ 间变化。这一特性显示 NPR 对弱光传输的系数低，对强光传输的系数高，但过高的光强，传输系数亦具有强滤波器的特点。

（2）法布里—珀罗光纤孤子激光器

图 11-4 所示为被动锁模法布里—珀罗光纤孤子激光器的原理图。实验所用光纤数值孔

径 NA＝0.12，色散 D＝17ps/nm·km，有效模面积＝124μm^2，泵浦源采用波长为 980nm 的钛宝石激光器。

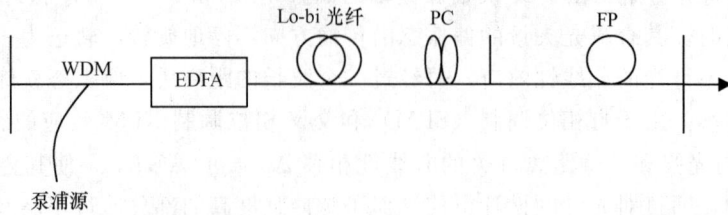

注：WDM—波分复用器　PC—偏振控制器　FP—光纤偏振器

图 11-4　被动锁模法布里-珀罗光纤孤子激光器原理图

当泵浦光功率增加到高于 450mW 的锁模阈值后，激光器进入锁模区并产生窄的锁模脉冲。一经激发后，甚至泵浦功率小于 25mW 以下时，激光器仍能工作。当然 450mW 的阈值功率是比 8 字形和环形孤子激光器的阈值功率（一般为 20～30mW）要高一些。

根据泵浦功率和偏振控制器的调节，观察到两个锁模区。在"方形—脉冲"区，观察到在腔内的往复频率为 2MHz，脉宽为 7 200ps 的方脉冲。在孤子区和高的泵浦功率区（450mW 左右），激光器产生紧密相接的孤子束，当泵浦功率降下来后，孤子束产生分裂，产生稳定的间隔无规则的孤子束。

（3）DFB 激光器/外调制孤子源

目前最简单也用得比较多的孤子源是图 11-5 所示的 DFB 激光器/外调制孤子源。它的原理是利用一个 DFB 激光器去驱动外调制器，并利用压缩光纤组成的重复频率为 10GHz 的孤子源系统。本质上说，该激光器是由外调制器形成所需要的脉冲宽度和重复频率，如果适当改变施加于外调制器的上的光频率和光功率，并施加一些啁啾，可以使孤子脉冲的宽度得到一些压缩，压缩和去啁啾功能是通过一根长度约为 4km 的普通单模光纤来实现的，该光纤的色散系数在 1 557nm 波段处为 D＝17ps/nm·km。

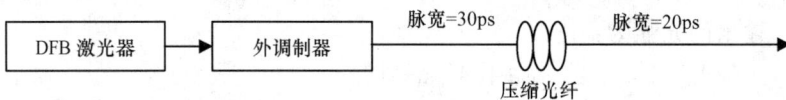

图 11-5　DFB 激光器/外调制孤子源

（4）DFB 激光器/集成调制孤子源

理想情况下，孤子脉冲源应该是集成在单个芯片上的，有参考文献[19]报道说，用单个半导体器件—集成的多量子阱 DFB 激光器/调制器，已经得到脉冲重复频率为 20GHz、脉宽为 7ps 的变换限制孤子脉冲。图 11-6 给出了参考文献[19]中所使用的激光器的轮廓图，它是由一个应变 InGasP MQW DFB 激光器和一个应变 InGasP MQW 电吸收调制器组成的单片集成光源。其调制器部分是由一个 PIN 构件所组成，该构件具有一个循环的 InGaAsP 阱和 InGaAsP 垒的 i—区，p—掺杂和 n—掺杂的 InP 包层，即一个 P-InGaAsP 的覆盖层。激光器部分由两个 MQW 波导层组成，即一个激光器激活层和一个调制器的芯层。上面的激活层是由四次循环的 InGAASP 阱和 InGaAsP 垒组成。调制器的端面镀有一层 0.1% 的消反射膜。器件的 CW 阈值为 20mW，振荡在单纵模状态，边模抑制超过 40dB，在注入 100mA

电流的情况下，当调制器为 0 偏置时，输出功率为 5mW，调制器为反偏时，输出功率降至 0.5mW。这种器件紧凑、稳定和简单，重复频率很容易由调节射频来控制，是一种用于未来系统中极有前途的孤子源。

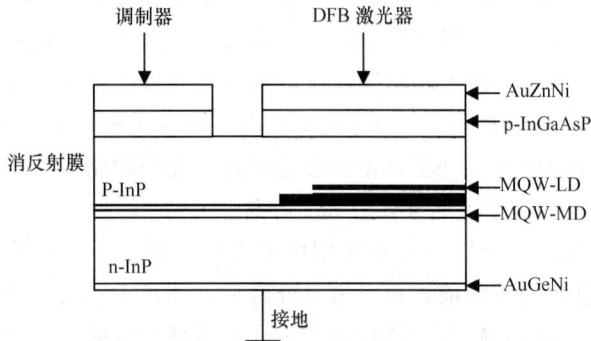

图 11-6　DFB 激光器/集成调制孤子源轮廓图

11.2.2　光孤子通信技术的新进展

光孤子通信从理论的提出到 20 世纪 80 年代在实验中发现孤子，并提出将光孤子作为一种信息载体用于高速光纤通信已有几十年的过程了，经过广大科研工作者的不懈努力，光孤子通信系统取得了许多新的进展。

1. 理论研究进展

首先，在理论方法方面，基于标准非线性薛定谔方程和逆散射理论，深入研究了理想孤子解的基本结构和特征；基于光孤子通信系统的实际结构和扰动非线性薛定谔方程，建立了研究光孤子传输特性的各种扰动理论方法，深入研究了光孤子的动力学过程、动态演化特性、稳定性及稳定传输的条件和能力；基于光孤子的粒子性，建立了分析孤子相互作用的各种理论方法，揭示了光时分复用、波分复用系统中光孤子相互作用的机制和规律。

其次，在光孤子通信系统分析设计模型方面，基于不同系统结构、运行条件和性能要求，研究了光孤子传输方案和理论模型，建立了平均孤子或导引中心孤子模型及动态孤子和绝热孤子传输方案，确立了系统结构的基本模式。

最后，在光孤子通信系统能力的评价方面，研究了限制通信容量的各种因素和机制，包括光源的非标准特性、放大器的噪声、相邻孤子相互作用、高阶色散与高阶非线性及系统参量的随机变化。基于孤子的粒子性和扰动非线性薛定谔方程的可控性，提出和研究了光孤子通信的传输控制方案和方法，包括频域滤波控制（固定导频和滑频）、时域有源控制（同步调幅和同步调相）、非线性增益（强度滤波）控制、色散补偿控制及相位共轭控制，建立了系统的理论方法。

2. 色散管理孤子

经过十余年对孤子脉冲传输研究，探索了各种实验系统方案和系统设计方法，解决了许多关键技术，脉冲在光纤中传输时所产生的色散、损耗和非线性是公认的三大影响孤子脉冲传输的因素，掺铒光纤放大器（EDFA）问世后，损耗问题已经得到很好的解决，但是随着孤子脉冲源脉宽的越来越窄，色散作用越来越影响孤子的传输，于是对色散进行补偿成为一个紧要的技术，现在光孤子通信系统的色散补偿大体有两类技术：一类是弱色散和局部色散补偿，这种方案可使普通孤子通信系统（恒色散）的性能获得显著的改善，但系统中传输的仍是经典孤子，波形仍为 sech 形；另一类是周期性全局强色散补偿，这是非绝热补偿方案，这种方案中传输的脉冲已不是经典的 sech 孤子，而是一种形状为高斯形的脉冲，从孤子传输控制的角度看，可以称这种孤子为色散管理孤子（Dispersion Management Soliton，DMS）。

光纤孤子通信系统中的色散补偿技术一般是通过在光纤线路中加入色散性质不同的光纤或色散元件和 EDFA 构成。常用的方式有如下几种。

① 将等长的正负色散光纤与 EDFA 周期性串接形成系统，既可采用预补偿，亦可采用后补偿，一般采用负色散光纤领前，正色散光纤殿后，EDFA 一般置于正色散光纤段始端或中间，但以始端为佳，可达到较高的能量增长因子和较低的定时抖动。

② 将不等长正负色散光纤与 EDFA 周期性串接系统，一般在一个补偿周期中都采用长而低的负色散光纤领前，短而高的正色散光纤殿后，这是一种后补偿方案。

③ 在长的负色散光纤中，周期性地插接进短而高的正色散，当所有正色散光纤的色散参数和每补偿段光纤的平均色散相等时，称为普通正色散补偿方案；当相邻补偿正色散光纤和相邻补偿段的平均色散周期变化时，称为交替平均色散补偿方案，此方案传输距离更长。

④ 色散递减光纤补偿系统方案，采用周期性色散指数递减或色散分级递减的光纤段串接，此方案特别适用于 WDM 光孤子系统，但光纤选配和组合将显得比较麻烦一些。

DMS 上述动态演化特性，一般可以利用变分法和扰动分析法来分析扰动非线性薛定谔方程，求得 DMS 的幅度、脉宽、啁啾、频率、中心位置和相位随传输距离的变化。与采用恒色散的普通孤子系统相比，DMS 的主要特点是功率增长因子大、信噪比高、平均色散低、G-H 定时抖动小、高斯波形前后沿下降快、相邻孤子相互作用弱、脉冲间距小、比特率高；强色散补偿时，相邻信道相位匹配条件难以维持、四波混频效应弱、WDM 信道间孤子碰撞导致的定时抖动低，复用信道数高、光纤谱效率高。从商业应用角度看，不仅可在专门设计的新建高速、大容量长途越洋系统中应用，DMS 比普通孤子系统具有更长的光中继距离，可达 120～140km，而普通孤子系统仅为 30～50km，同时光孤子通信也可在中短距离的陆地广域网、城域网和局域网中应用，特别是对已建光纤通信网的扩容升级。

如采用如图 11-7 所示的实验装置：增益开关 DFB 激光器产生 5GHz 脉冲串，啁啾参量 $C=-2.29$，并采用普通单模光纤（Single-Mode Fiber，SMF）和色散补偿光纤（Dispersion Compensated Fiber，DCF）搭配进行孤子脉冲传输，其中 SMF 长度为 30km，$D=17\text{ps/nm·km}$，DCF 的长度为 8km，$D=-62\text{ps/nm·km}$，通过利用 DCF 补偿色散，传输 38km 以后的孤子脉冲仍能保持原来的形状，并且啁啾参量 $C=-1.57$，也就是说经过色散补偿后的 DMS 改善了脉冲的传输质量。

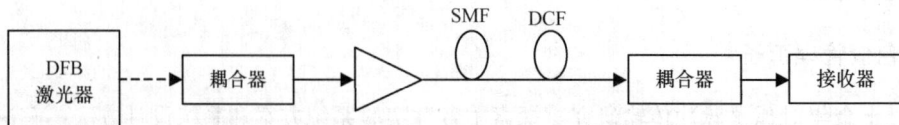

图 11-7　5GHz，38km 色散管理孤子传输实验图

色散补偿技术的引入使孤子通信系统设计更简单，性能更优良，更便于实用。1997 年 NTT 的一项研究中，采用 50km SMF、9km DCF 和 EDFA 周期串接的 472km 的环路中，DMS 稳定地传输了 6 000km 距离；若在环路中接入一偏振扰码器，传输距离可达到 10 600km。当调整到线路平均色散为零时，归零码脉冲和非归零脉冲分别可传输 3 800km 和 4 800km。在另一实验中，除采用色散补偿技术外，再接入同步幅度调制器和光滤波器，实现了 40Gbit/s、70 000km 的无误码传输。在色散补偿系统中，若再加入色散斜率补偿技术，可有效进行色散管理孤子的 WDM 系统研究。1997 年 Bell 实验室的一项研究中，采用色散斜率补偿技术，在 SMF 上实现了单波长速率 26Gbti/s，10 个信道 WDM 系统的 DMS 1 000km 无误码传输。采用类似系统结构，亦实现了单波长速率 5Gbit/s，20 信道 WDM 系统的 DMS 9100km 传输。1998 年 KDD 实现了单波长速率 20Gbit/s，8 信道 WDM 系统的 DMS 9000km 传输。如果系统中接入控制机构，速率和距离将进一步提高。1999 年 CNET 实现单波长速率 20Gbit/s，51 信道 WDM 系统的 DMS 1000km 传输；2001 年 Marconi 公司实现单波长速率 10Gbit/s，160 信道 WDM 系统的 DMS 3000km 传输。上述试验结果充分显示了 DMS 通信技术的潜力。表 11-1 所示为几个 DMS 系统的实验数据情况[20]。

表 11-1　　　　　　　　　　　　　DMS 实验情况

试验时间	试验单位	比特率 Gbit/s	系统长度 （km）	放大器间距 （km）	光孤子源	光弧子脉宽 （ps）	色散参数 ps/nm·km	系统结构方案
1991 年	NTT	10	10^6	50	GS-DFB-LD	36～42	0.7～2.2	环形＋同步调幅＋滤波控制
1993 年	Bell	10×2 WDM	13000	26	MQW-DFB-LD	18	0.45	环形＋滤波控制
1994 年	NTT	20	3000	50	MQW-DFB-LD	11～12	0.4	线性无控制
1994 年	KDD	20	3000	50	MQW-DFB-LD	11～12	0.4	线形无控制
1994 年	Bell	10	35000	26	ML-FRL	16	0.45	环形＋滑频滤波
1995 年	CNET	10×2 WDM	19000	35	EAM-LD		0.37	环形＋偏振复用
1995 年	NTT	10	30000	50	MQW-DFB-LD	15	0.27	环形＋信号频率滑动控制
1995 年	CNET	10	10^6	105	EAM-LD	16	0.53	环形＋同步调幅＋滤波控制
1996 年	NTT	10×4 WDM	10000	140	EAM-MQW-LD	22～25	0.2～0.5	环形＋同步调幅＋滤波控制
1996 年	CNET	40	500	50	EAM-MQW-LD	10	0.16	线形无控制
1997 年	NTT	20×5 WDM	10000	50	EAM-MQW-LD	11～12	0.4	环形＋同步调幅＋滤波控制

试验时间	试验单位	比特率 Gbit/s	系统长度 (km)	放大器间距 (km)	光孤子源	光孤子脉宽 (ps)	色散参数 ps/nm·km	系统结构方案
1998 年	NTT	40	70000	50	ML-FRL	5	0.04	环形＋同步 调幅＋滤波控制
2000 年	NTT	16×40 DWDM	1000	50				环形＋同步 调幅＋滤波控制
2001 年	NTT	25×40 DWDM	1500	50				环形＋同步 调幅＋滤波控制
2001 年	Marconi	160×10 DWDM	3000					

3. 光孤子通信实用化研究进程

1995 年，当光孤子通信在技术上取得突破后，各国光孤子通信研究开始向实用化方向进发。日本在 1996 年制订的科学技术行动计划中提出了一项称为 Starproject 的项目，日本几家大公司和多所大学均参与了该项发展计划，其目标旨在采用孤子技术构建全球距离的 Tbit/s 全光网，以满足急剧增长的多兆比、多媒体业务的需求，要求传输比特距离积（BL）比现有网提高 10 倍。美国 MIT 林肯实验室起动了超快孤子、高吞吐量多接入网研究计划，网络总容量 100Gbit/s，并能向非均匀用户群、高速终端用户、高速 Video 业务、Tbit/s 媒体群以及超级计算机网等提供智能化、可变带宽和分组业务，支持大数据信息的快速转移，低速用户的灵活接入。欧共体各国协同组建了多项孤子发展项目，欧洲各相关光通信公司、研究所和大学基本上都参加了其项目研究，表 11-2 给出了其中五个项目的基本情况。

表 11-2　　　　　　　　　　　　部分欧共体孤子发展计划

项　目	主持单位	参加单位	目　标	主要指标	试验场地
ESTHER	意大利 Pirellicavi S.P.A	意、法、德、英等 8 国 6 公司 5 大学	欧洲 ACTS 之一，采用孤子技术提高现存网容量	10Gbit/s, 500km G.652 40Gbit/s, 700km G.653	意大利 Roma-P0mezia
MIDAS	英国 Southampton 大学	英、意、法、瑞典 5 国 4 研究所 4 大学	ACTS 之二，采用孤子技术在已建网上传送 40Gbit/s 数据	40Gbit/s, 1000km G.653 40Gbit/s, 700km G.652	瑞典 Jonkoppong Ring 现场试验
UP-GRADE	荷兰 Philips 光电子研究中心	荷、德、西、葡等 4 国	ACTS 之三，采用 1.3μm 孤子传输技术为骨架干线扩容升级	10Gbit/s, 1000km G.652	德国 Kassel-Hannover 西班牙 Madrid-葡萄牙 Lisbon 现场试验
Corvis 公司	CNET	Corvis 公司	致力于 WDM 孤子传输技术的产业化	1Tb/s, 1000km	法国 Corvis 公司
SOLSTIS 小组	Marconi 公司	SOLSTIS 小组	使用 WDM 技术，实现 1Tb/s, 1000km 以上的色散管理孤子传输	160×40Gb/s, 无（电）中继 5000km	英国 Marconi 公司

20 世纪 90 年代前，孤子技术虽然取得巨大进步，但几乎所有试验都在实验室完成的，而且大多数是利用环路模型来完成孤子的长距离传输，1995 年后开始现场试验和实用化研究。2000 年，全球十大通信集团之一的英国 Marconi 公司成立了一个名为 SOLSTIS 的小组以发展基于孤子技术的超高速光网络，目标是使用 WDM 技术，实现 1Tbit/s，1 000km 以上的色散管理孤子传输。该小组包括原属于英国 Aston 大学光子研究组的成员。2001 年 6 月，该公司正式推出基于孤子的 SmartPhotoniX UPL160 商用系统，此系统具有的关键技术非常先进，同时还节约了相当的成本。值得注意的是，它提供的总容量为 10Gbit/s ～1.6Tbit/s 的 160 个多信道系统，可无（电）中继传输 3 000km。这套系统采用了先进的色散管理孤子技术，具有可扩展性和灵活性。综合前向纠错（FEC）和喇曼放大，孤子技术允许服务提供商配置长距离的光网络而不需要昂贵的电中继设备。此系统可工作在已铺设的光纤上，并能提供很高的传输速率、灵活的上下路以及远端重配置。并且还计划将该系统升级到 160×40Gbit/s，无（电）中继传输 5 000km。2002 年 3 月，澳大利亚的大规模长途通信运营商 Amcom Ip1 Pty 有限公司选择了 Marconi 公司的超长距离孤子通信技术作为 Amcom Ip1 方案的一部分。这是迄今为止全球最长的没有信号（电）中继的陆地商业光传输网络。Amcom Ip1 首先将建造一条穿越澳洲东西的宽带链路，然后将建造从澳大利亚的阿德莱德到佩斯的宽带链路。Amcom Ip1 方案是澳洲第一条采用下一代（NG）技术的方案，也是首批商用的孤子通信系统。

光孤子通信技术自诞生以来，随着在理论和试验中均取得重大进展后，现已经日趋成熟并已引起工业界和电信运营商的高度重视，孤子系统固有的优点，必将推动人们去为该系统的实用化而继续努力，它将是下一代光纤通信的主流方式。

小　结

本章主要就新型光纤通信技术的相干光通信技术、光孤子通信技术从原理、关键技术及发展等多方面作了介绍。近几年来，光纤通信技术的快速发展促进了社会的信息化，而社会的信息化又进一步加速了光纤通信技术的发展，大容量、高速率是社会信息化的两个重要特征，新型光通信技术正是为了针对性地解决这些问题而孕育产生的，这必将促使光纤通信技术取得更大的发展。

复习思考题

1. 简述相干光通信技术和强度调制/直接检测光通信技术的不同点。

2. 某孤子系统中，若 $L_D = 9L_{NL}$，孤子周期 $\xi_0 = \dfrac{50}{L_D}$km，请问：

（1）当孤子传输距离 z 为多远的时候，孤子脉冲发生第一次分裂？

（2）当孤子传输距离 z 为多远的时候，孤子脉冲脉宽最窄？

3. 某孤子系统中，若脉冲的初始输入功率为 1mW，初始脉宽为 100ps，请问应该如何设计传输线路中光纤的二阶色散系数 β_2 和非线性系数 γ，使得在该系统中能形成稳定的一阶孤子。

4. 推导非线性偏振旋转效应 NPR 中传输系数的表达式。

$$T = \frac{|A_{out}|^2}{|A_{in}|^2} = \cos^4\theta + \sin^4\theta + 2\sin^2\theta\cos^2\theta\sin(k|A_{in}|^2)$$

ADM	Add and Drop Multiplexer	分插复用器
AFC	Automatic feedback circuit	自动反馈电路
AG	Access Group	接入组
AGC	Automatic Gain Control	自动增益控制
AM	Amplitude Modulation	振幅调制
AON	All-Optical Network	全光网络
APC	Automatic Power Control	自动功率控制
APD	Avalanche Photodiode	雪崩光电二极管
ASE	Amplified Spontaneous Emission	放大自发辐射
ASK	Amplitude-shifted Keying	幅移键控
ASON	Automatically Switched Optical Network	自动交换光网络
ATC	Automatic Temperature Control	自动温度控制
ATM	Asynchronous Transfer Mode	异步传输模式
AU	Administration unit	管理单元
AUG	Administration unit group	管理单元组
AU PTR	Administration unit pointer	管理单元指针
BA	Booster (power) Amplifier	功率放大器
BBE	Background Block Error	背景误块
BBER	Background Block Errored Ratio	背景误块比
BER	Bit-Error Ration	误码率
B-ISDN	Broad-band Integrated Services Digital Network	宽带综合服务数字网
CATV	Community Antenna Television	有线电视
CC	Connection Controller	连接控制器
CCI	Connection Controller Interface	连接控制器接口
CDM	Code Division Multiplexing	码分复用
CMIP	Common Management Information Protocol	通用管理信息协议
CNR	Carrier Noise Rate	载噪比
CP	Control Plane	控制平面

CPFSK	Continuous Phase-shifted Keying	连续相位频移键控
CR	Coupling Ratio	分光比
CR-LDP	Constraint-Based Routed Label Distribution Protocol	基于约束的路径标签分布协议
CSO	Composite Second Order intermodulation	组合二阶互调失真
CTB	Composite Triple Beat	组合三阶差拍失真
CTP	Connection Termination point	连接终节点
CW	Continuous Wave	连续波
DA	Discovery Agent	发现代理
DBR	Distributed Brugg Reflector	分布布喇格反射器
DCF	Dispersion Compensate Fiber	色散补偿光纤
DCN	Data Communication Network	数据通信网络
DDF	Dispersion Degressive Fiber	色散递减光纤
DFB	Distributed Feedback	分布式反馈
DFB-LD	Distributed Feedback Laser Diode	分布式反馈激光器
DH	Double Heterology	双异质结
DMS	Dispersion Management Soliton	色散管理孤子
DPSK	Differential Phase-shifted Keying	差分相移键控
DRA	Distributed Raman Amplifier	分布式喇曼放大器
DSB/SC	Double Sideband/Suppressing Carrier	双边带抑制载波
DSF	Dispersion-Shifted Fiber	色散位移光纤
DWDM	Dense Wavelength Division Multiplexing	密集波分复用
DXC	Digital Cross-Connection	数字交叉连接
EB	Errored Block	误块
EDFA	Erbium Doped Fiber Amplifier	掺铒光纤放大器
EDWA	Erbium Doped Wave-guide Amplifier	掺铒波导放大器
EL	Excess Loss	附加损耗
E-NNI	External Network-to-Network Interface	外部网络-网络接口
EPON	EThernet Passive Optical Network	基于以太的无源光网络
ES	Errored Second	误块（码）秒
ESA	Excited State Absorption	激发态吸收
ESR	Errored Second Ratio	误块（码）秒比
ETDM	Electrical Time Division Multiplexing	电时分复用
EX	Extinction Ration	消光比
FDM	Frequency Division Multiplexing	频分复用
FET	Field Effect Transistor	场效应管
FRA	Fiber Raman Amplifier	光纤喇曼放大器
FSK	Frequency-shifted Keying	频移键控
FTTB	Fiber to the Building	光纤到大楼

FTTC	Fiber to the Curb	光纤到路边
FTTH	Fiber to the Home	光纤到家
FWM	Four Wave Mixing	四波混频
GFP	Generic Framing Procedure	通用成帧规程
GIF	Graded-Index Fiber	渐变型光纤
GMPLS	Generalized Multi-Protocol Label Switching	通用多协议标记交换
CPON	Gigabit Passive Optical Network	吉比特无源光网络
GSMP	General Switching Management Protocol	通用交换管理协议
GVD	Group Velocity Dispersion	群速度色散
HDLC	High-Level Data Link Control1	高级数据链路控制
HDTV	High-Definition Television	高清晰度电视
HFC	Hybrid Fiber Coax	混合光纤同轴
HRDS	Hypothetical Reference Digital Section	假设参考数字段
HRP	Hypothetical Reference Path	假设参考通道
IETF	Internet Engineering Task Force	互联网工程任务组
IL	Insertin Loss	插入损耗
I-NNI	Internal Network -to-Netwok Interface	内部网络-网络接口
IM	Intensity Modulation	强度调制
IM-DD	Intensity Modulation-Direct Demodulation	强度调制-直接检波
IP	Internet Protocol	互联网协议
ITU-T	International Telecommunication Union Telecommunication Standardization Sector	国际电信同盟电信标准部
LA	Line Amplifer	线路放大器
LCAS	Link Capacity Adjustment Scheme	链路容量调整机制
LCP	Link Control Protocol	链路控制协议
LD	Laser Diode	激光二极管
LED	Light-emitting Diode	发光二极管
LMP	Link Management Protocol	链路和理协议
LN	Layer Network	层网络
LPD	Linearly Polarized Mode	线偏振模
LRM	Link Resource Manager	链路资源管理器
LSA	Service Level Access	业务等级接入
MLM	Multi-Longitudinal Mode	多纵模
MMF	Multi-Mode Fiber	多模光纤
MP	Management Plane	管理平面
MPI	Multi-path Interference	多通道干扰
MPLS	Multi-protocol Label Switching	多协议标记交换
MQW	Multi-Quantum Well	多量子阱

MSOH	Multiplexer section overhead	复用段开销
MSTP	Multi-service Transport Platform	多业务传送平台
NA	Numerical Aperture	数值孔径
NCP	Network Control Protocol	网络控制协议
NMI-A	Network Management Interface-A	网络管理 A 接口
NMI-T	Network Management Interface-T	网络管理 T 接口
NNI	Network -to -Network Interface	网络-网络接口
NRZ	Non Return to Zero	不归零
NZDF	Non-Zero Dispersion Fiber	非零色散光纤
OA	Optical Amplifier	光放大器
OAS	Optical Amplifier Section	光放大段
OADM	Optical Add and Drop Multiplexer	光分插复用器
OBS	Optical Burst Switching	光突发交换
OC	Optical Channel	光通道
OCDM	Optical Code Division Multiplexing	光码分复用
OFA	Optical Fiber Amplifier	光纤放大器
OFDM	Optical Frequency Division Multiplexing	光频分复用
OMS	Optical Multiplexer Section	光复用段
OPS	Optical Packet Switch	光分组交换
OPS	Optical Packet Section	光通道层
OS	Optical Soliton	光孤子
OSC	Optical Supervisory Channel	光监控通道
OSCM	Optical Subcarrier Multiplexing	光副载波复用
OSNR	Optical Signal-Noise Ratio	光信号信噪比
OTDM	Optical Time Division Multiplexing	光时分复用
OTS	Optical Transmission Section	光传输段层
OTU	Optical transition Unit	光转发器
OXC	Optical Cross-Connection	光交叉连接
PA	Pre-Amplifier	前置放大器（预放）
PC	Permanent Connection	永久连接
PCM	Pulse Code Modulation	脉冲编码调制
PDFA	Praseodymium-Doped Fiber Amplifier	掺镨光纤放大器
PDH	Plesiochronous Digital Hierarchy	准同步数字系列
PDL	Polarization Dependent Loss	偏振相关损耗
PINPD	PIN Photodiode	PIN 光电二极管
PNPD	PN Photodiode	PN 光电二极管
POH	Path Overhead	通道开销
PON	Passive Optical Network	无源光网络
PPP	Point to Point Protocol	点到点协议

PSK	Phase-shifted Keying	相移键控
QoS	Quality of Service	服务质量
QW	Quantum Well	量子阱
RC	Routing Controller	路由控制器
REG	Regenerator	中继器
RPR	Resilient Packet Ring	弹性分组环
RS	Regenerator Section	再生段
RSOH	Regenerator section overhead	再生段开销
RSVP-TE	Resource Reservation Protocol-Traffic Engineering	资源预定协议－流量工程
SBS	Stimulated Brillouin Scattering	受激布里渊散射
SC	Standard Coupler	标准耦合器
SC	Switching Connection	交换连接
SCR	Semiconductor Cooler	半导体制冷器
SDH	Synchronous Digital Hierarchy	同步数字系列
SDL	Simple Data Link	简化数据链路协议
SES	Severely Errored Second	严重误块（码）秒
SESR	Severely Errored Second Ratio	严重误块（码）秒比
SIF	Step-Index Fiber	阶跃型光纤
SLM	Single-Longitudinal Mode	单纵模
SMF	Single Mode Fiber	单模光纤
SNMP	Simple Network Management Protocol	简单网络管理协议
SNP	Sub-Network Point	子网类
SNR	Signal-Noise Ratio	信噪比
SOA	Semiconductor Optical Amplifier	半导体光放大器
SOH	Section overhead	段开销
SONET	Synchronous Optical Network	同步光网络
SPC	Soft Permanent Connection	软永久连接
SPM	Self-Phase Modulation	自相位调制
SRS	Stimulated Raman Scattering	受激喇曼散射
SSB	Single Sideband	单边带
SSM	Space Switching Matrix	空间开关矩阵
STDM	Statistical Time Division Multiplexing	统计时分多路复用
STM	Synchronous Transport Module	同步传输模块
TCP	Termination Connection Point	终结连接点
TMN	Telecommunication Management Network	电信管理网
TP	Transport Plane	传送平面
TTP	Trail Termination Point	踪迹终节点
TU	Tributary unit	支路单元

TUG	Tributary unit group	支路单元组
UI	Unit Interval	码元间隔（时隙）
UNI	User-Network Interface	用户-网络接口
UML	Unified Modelling language	统一建模语言
VC	Virtual Container	虚容器
VPN	Virtual Private Network	虚拟专用网
VSB	Vestigial Sideband	残余边带
VSB-AM	Vestigial Sideband-Amplitude Modulation	残留边带幅度调制
WDM	Wavelength Division Multiplexing	波分复用
WGR	wave-guide grating router	波导光栅路由器
XGM	Cross Gain Modulation	交叉增益调制
XPM	Cross-Phase Modulation	交叉相位调制

参 考 文 献

[1] 毕德显．电磁场理论．北京：电子工业出版社，1985

[2] 顾畹仪，李国瑞．光纤通信系统．北京：北京邮电大学出版社，1999

[3] 吴彝尊，蒋佩璇，李玲．光纤通信基础．北京：人民邮电出版社，1987

[4] 赵梓森等．光纤通信工程．北京：人民邮电出版社，1994

[5] 叶培大，吴彝尊．光波导技术基本理论．北京：人民邮电出版社，1981

[6] 张引发，王宏科，邓大鹏．光缆线路工程设计、施工与维护．北京：电子工业出版社，2002

[7] 杨祥林．光纤通信系统．北京：国防工业出版社，2000

[8] Luc B. Jeunhomme. Single-Mode Fiber Optics Principles and Applications. Marcel Dekker Inc. N. Y. and Base. 1983

[9] 马声全．高速光纤通信ITU-T规范与系统设计．北京：北京邮电大学出版社，2002

[10] 刘增基等．光纤通信．西安：西安电子科技大学出版社，2002

[11] 纪越峰．光波分复用系统（修订版）．北京：北京邮电大学出版社，2001

[12] 齐丕智等．光敏感器件及其应用．北京：科学出版社，1987

[13] 邮电技术规定（YDN 099-1998）．光同步传送网技术体制．中华人民共和国信息产业部，1998

[14] 邮电技术规定（YDN 120-1999）．光波分复用系统总体技术要求（暂行规定）．中华人民共和国信息产业部，1999

[15] 李玲．光纤通信．北京：人民邮电出版社，1995

[16] L. F. Mollenaur et al, Phys. Rev. Lett, 1980, 45, 1095

[17] S. Wabnitz et al, Opt. Lett, 1989, 14, 1071

[18] S. Trillo ct al, Opt. Lett, 1988, 13, 672,

[19] L. G. 卡佐夫斯基，S. 贝勒迪多，A. 威尔勒．光纤通信系统．北京：人民邮电出版社，1999

[20] 杨祥林．光孤子通信技术的发展．全国第十次光纤通信大会及第十一届集成光学学术会议OFCIO' 2001. 262～267

[21] 林学煌等．光无源器件．北京：人民邮电出版社，1998

[22] 黄章勇编著．光电子器件和组件．北京：北京邮电大学出版社，2001

[23] 杨世平，张引发，邓大鹏，何渊．光同步数字传输设备与工程应用．北京：人民邮电出版社，2001

[24] 林如俭著．光纤电视传输技术．北京：电子工业出版社，2001

[25] 韦乐平．世纪之交的光通信技术．电信技术，2000（8）

[26] 张煦．光纤通信的现状与回顾．电信快报，2000（4）

[27] 谢小平．飞秒光孤子脉冲传输过程中三阶色散和高阶非线性．光子学报，2002（5）

［28］谢小平．飞秒光孤子脉冲传输过程中四阶色散．光电子激光，2002（4）

［29］杨富印，尹树华，陈光静．对若干光纤通信问题的研究．电信技术，2002（6）

［30］邓大鹏，吴铁龙，尹树华．HFC 网中 EDFA 的应用研究，中国有限电视，2003（5）

［31］尹树华等．光纤通信工程与工程管理．北京：人民邮电出版社，2005

［32］吴彦文等．光网络的生存性技术．北京：北京邮电大学出版社，2002

［33］李履信等．光纤通信系统．北京：机械工业出版社，2005

［34］胡先志等．光网络与波分复用．北京：人民邮电出版社，2003

［35］韦乐平等．多业务传送技术．北京：人民邮电出版社，2007

［36］管爱东．IP over SDH 技术在电力系统数据网中的应用．计算机技术与发展，2006.7

［37］沈　可．IP over DWDM 技术研究．中国有线电视，2001.6

［38］廖广伦．IP over DWDM 技术及其应用．电信快报，2002.8

［39］韦乐平．光网络技术发展与展望．光通信高层论坛，2008

［40］詹宝容．GPON 接入技术及其应用．有线电视技术，2007.1

［41］沈开贵．GPON 网络结构及其安全性研究．科技资讯，2007.17

［42］张成良．EPON 技术与 FTTH 的发展．电信技术，2007.8

［43］王　韵．无源光网络技术．长沙通信职业技术学院学报，2008.3

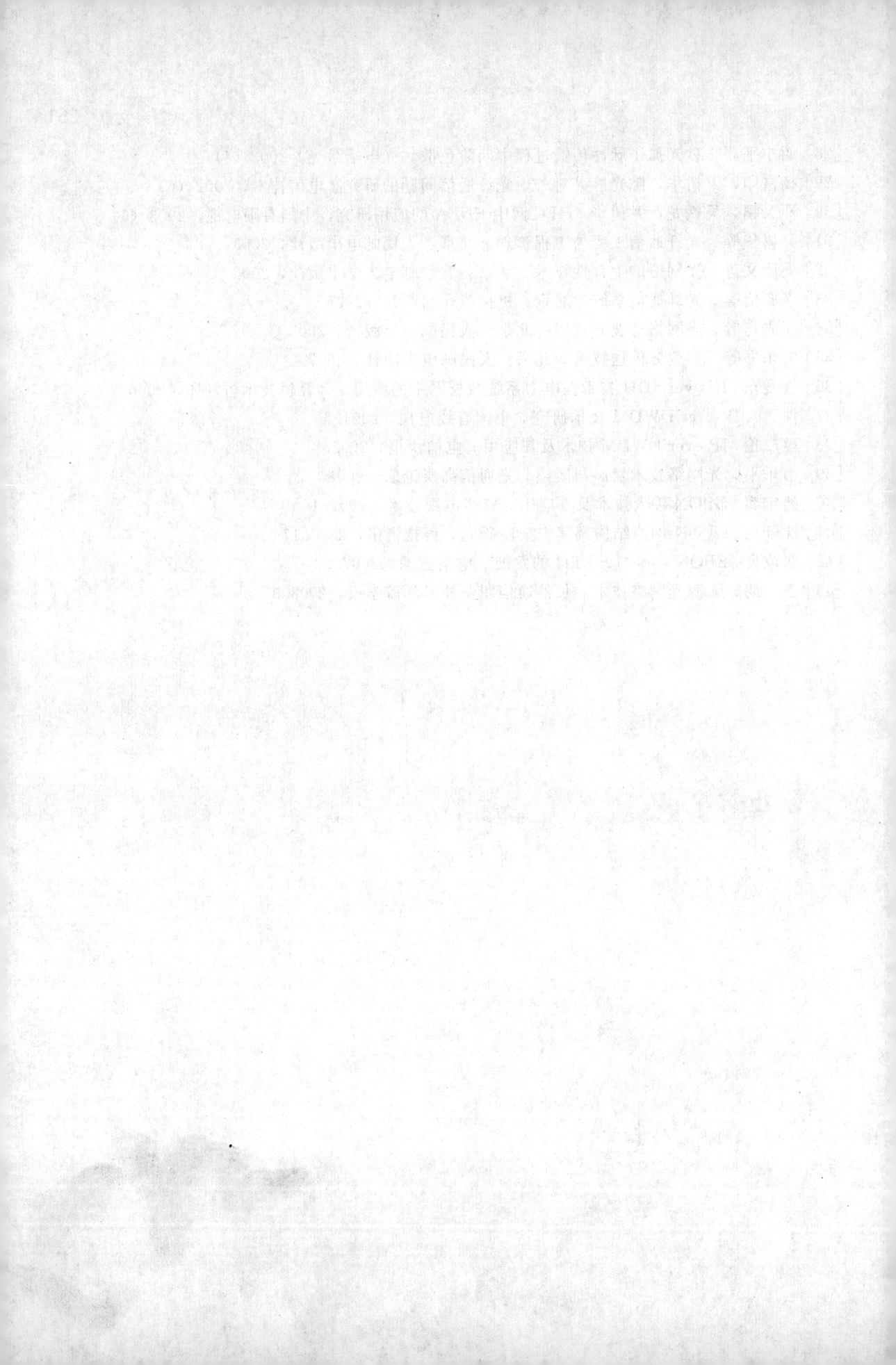